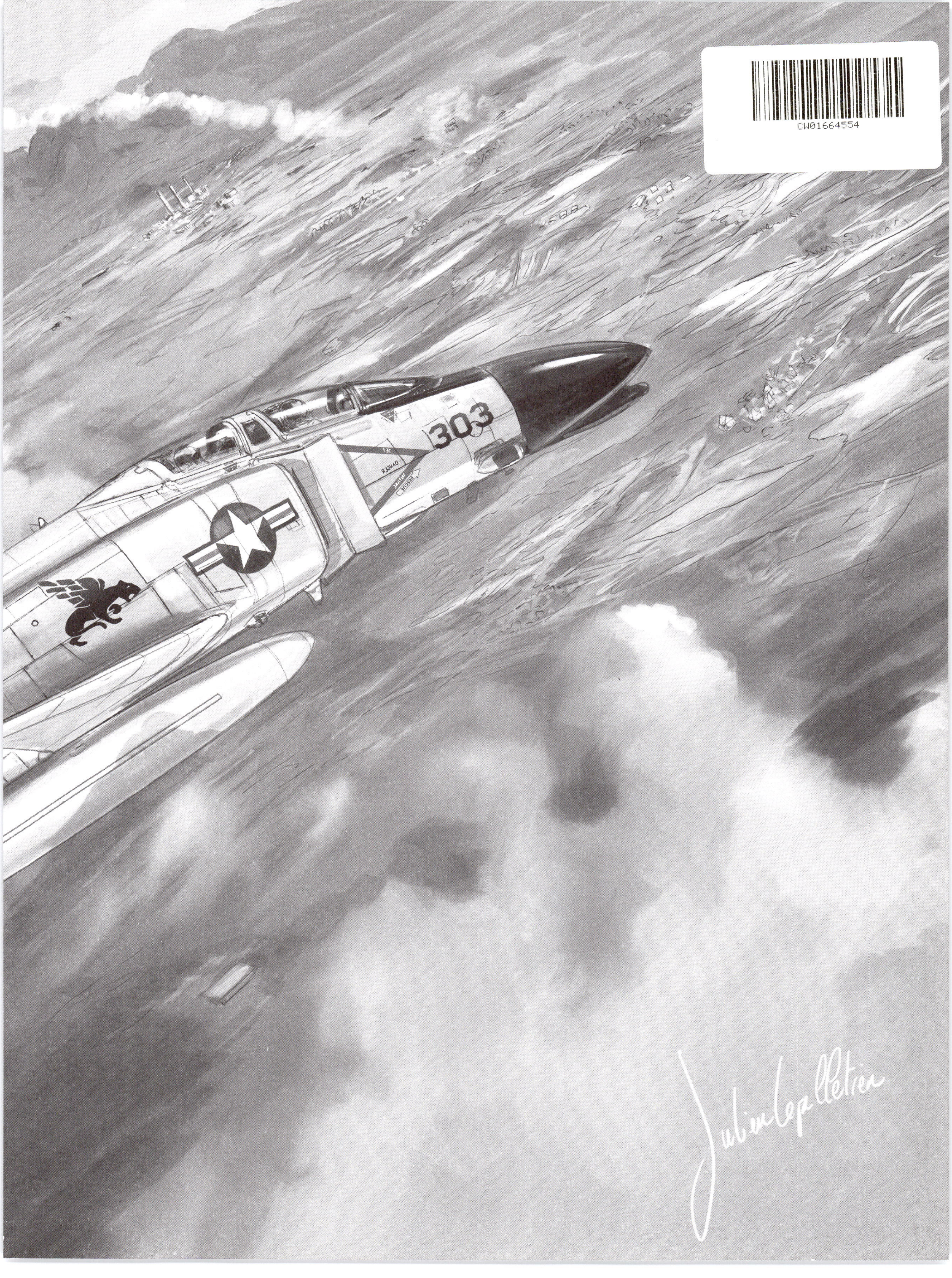
303
Julien Lepelletier

AIR FORCES

VIETNAM

1. Opération Desoto

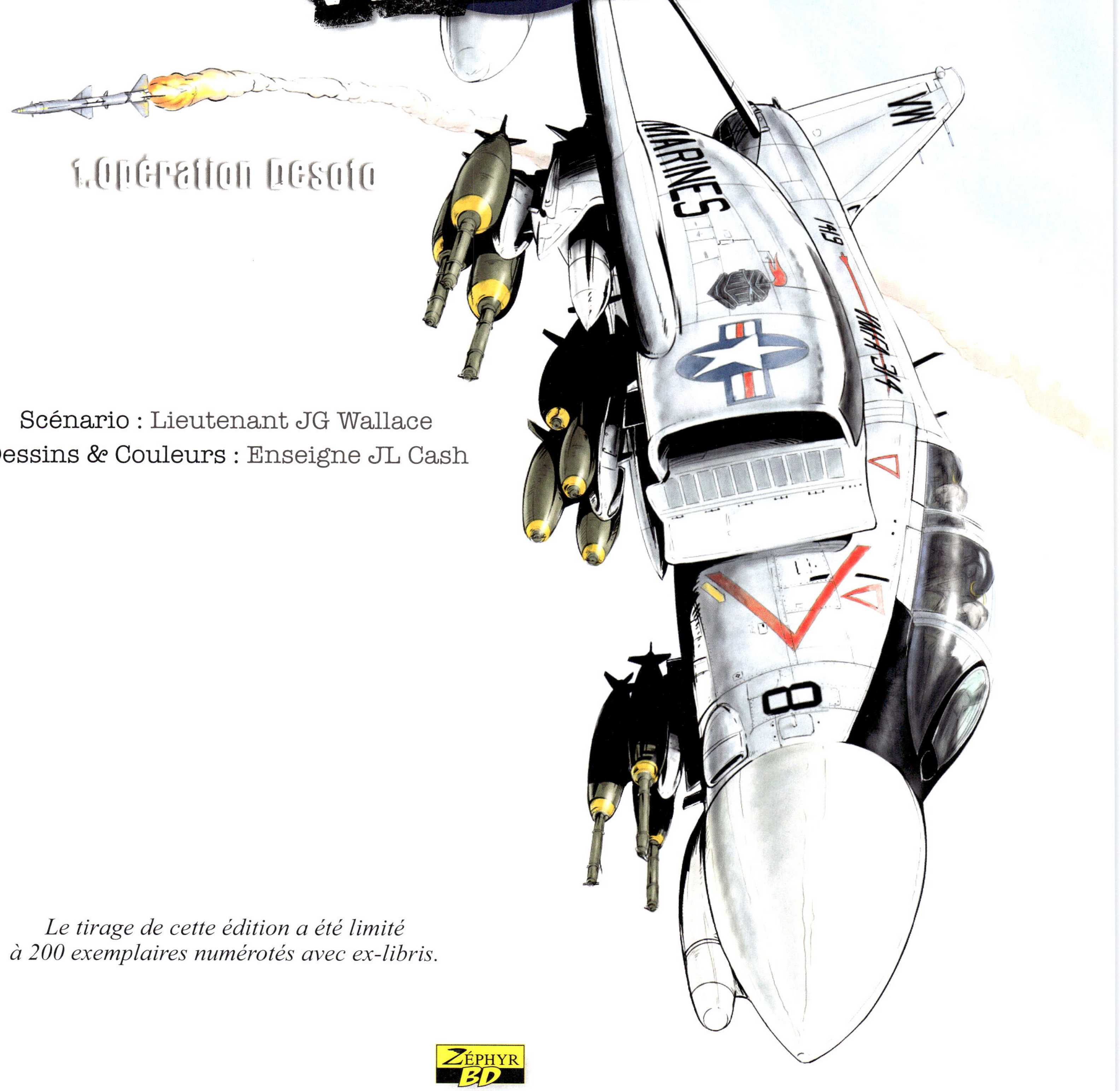

Scénario : Lieutenant JG Wallace
Dessins & Couleurs : Enseigne JL Cash

Le tirage de cette édition a été limité à 200 exemplaires numérotés avec ex-libris.

ZÉPHYR BD

Un grand merci pour leur aide précieuse à Bruno Manaranche, Gopher, Damien Dufrenrey, Samuel Prétat, Damien Andrieu, Jérôme Laye, Lionel Pigaglio, Yves Le Clair, Franck Bellucci et Johann Leroux.

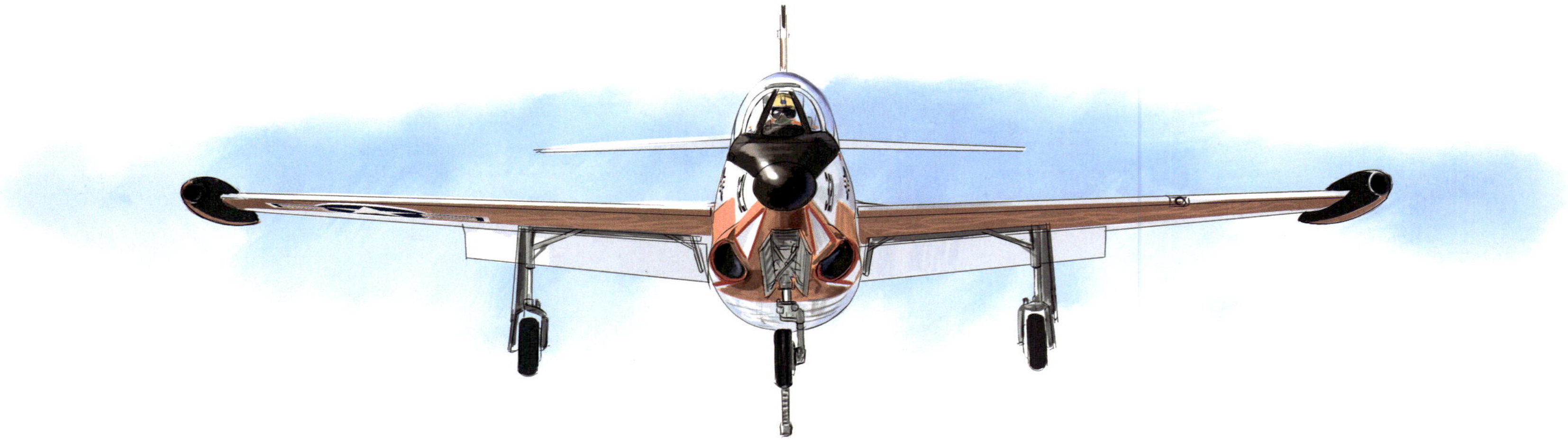

Je dédie cet album à ma compagne Eva,
à mon ami Claude Requi et à mes parents.

Julien lepelletier

76, rue de la pompe
75116 Paris
Tel : 06 16 30 46 24

Edition limitée

Imprimé en Belgique par Lesaffre
Relecture : Catherine Legendre-Narbeburu
Maquette : Karine Michelin
Collection dirigée par Alexandre Paringaux
Alex.paringaux@zephyreditions.net
Dépôt légal : février 2011
ISBN: 978-2-36118-016-4

www.zephyreditions.com

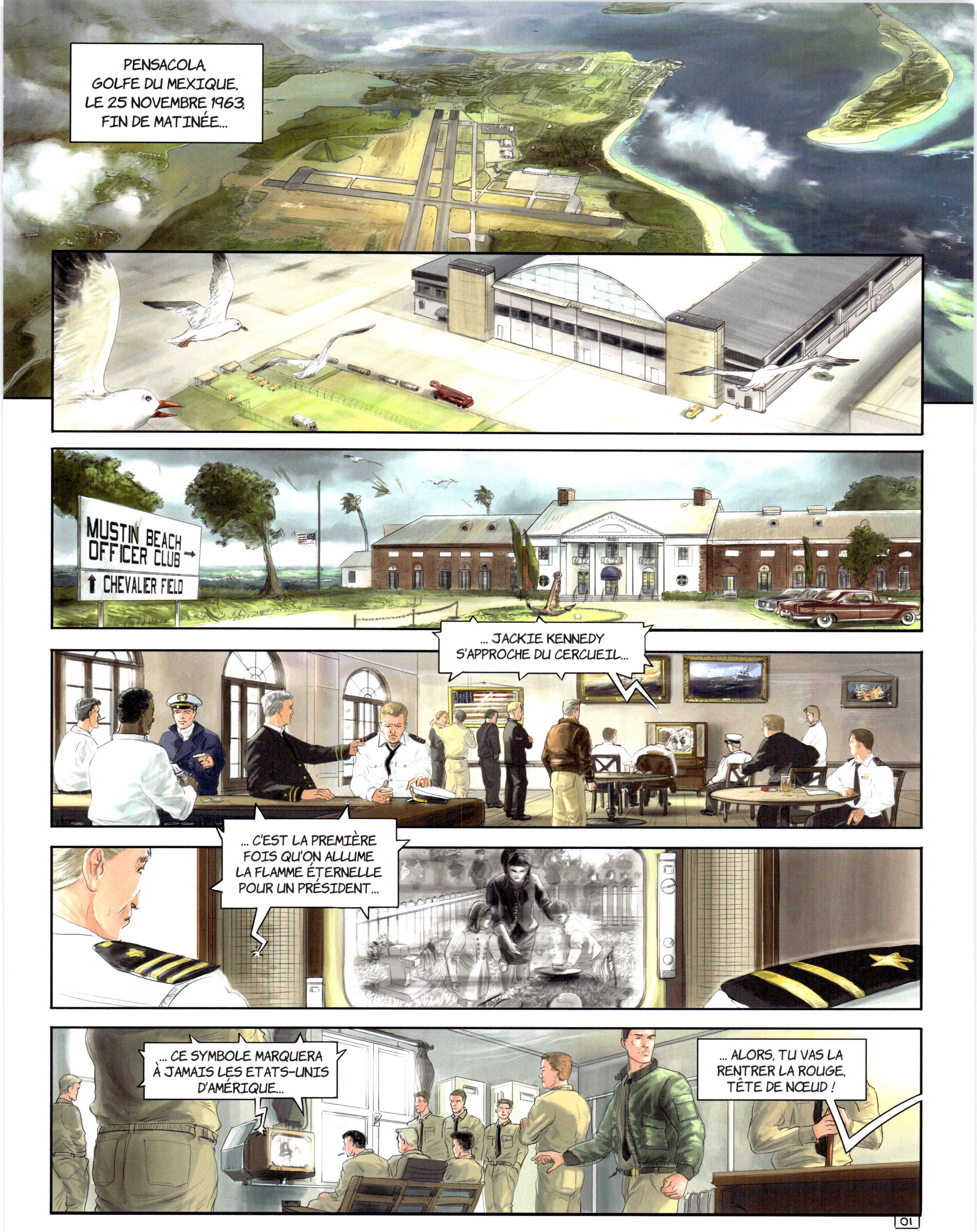
PENSACOLA
GOLFE DU MEXIQUE.
LE 25 NOVEMBRE 1963.
FIN DE MATINÉE...
MUSTIN BEACH OFFICER CLUB
CHEVALIER FIELD
... JACKIE KENNEDY S'APPROCHE DU CERCUEIL...
... C'EST LA PREMIÈRE FOIS QU'ON ALLUME LA FLAMME ÉTERNELLE POUR UN PRÉSIDENT...
... CE SYMBOLE MARQUERA À JAMAIS LES ETATS-UNIS D'AMÉRIQUE...
... ALORS, TU VAS LA RENTRER LA ROUGE, TÊTE DE NŒUD !
01

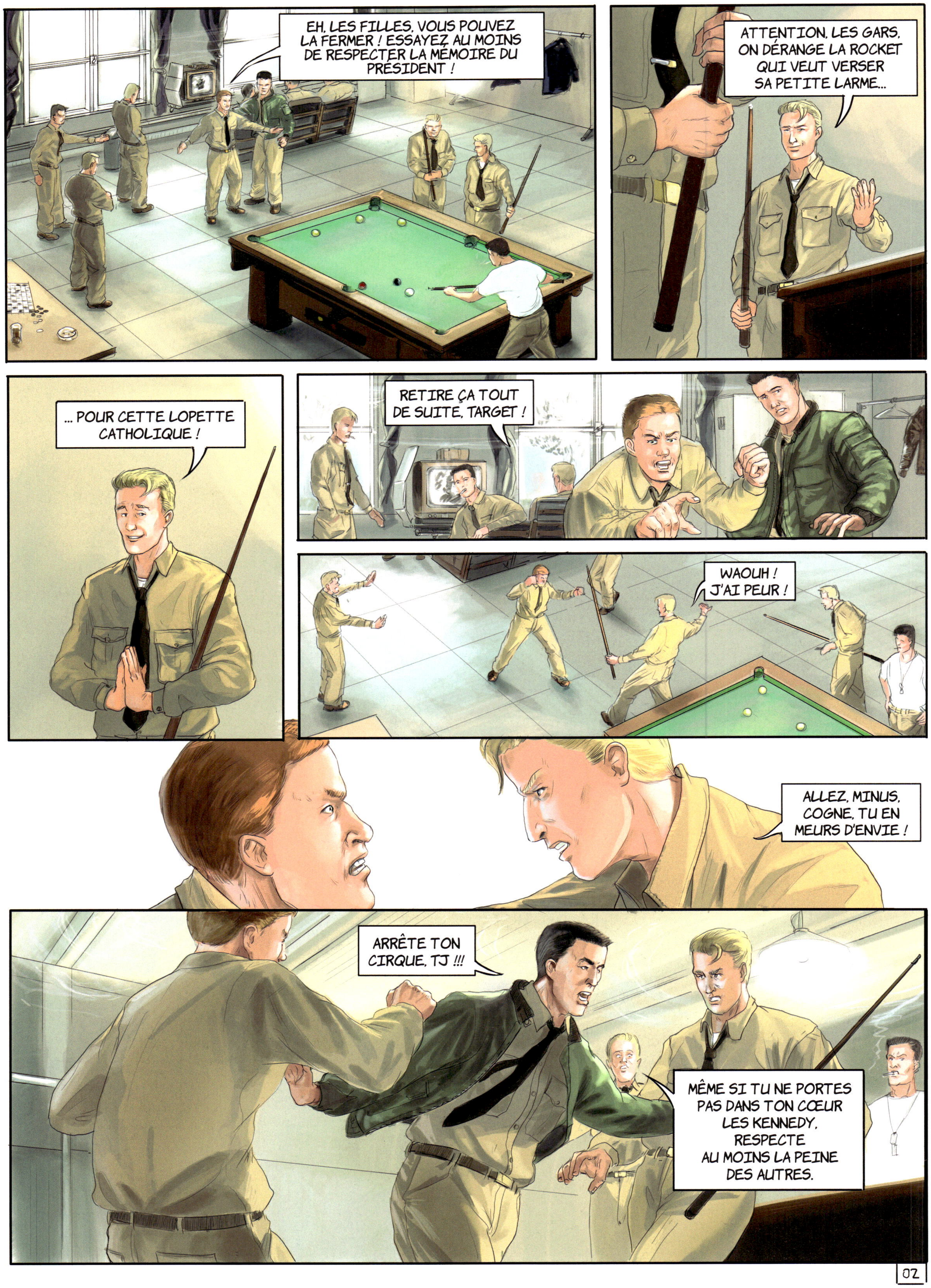
EH, LES FILLES, VOUS POUVEZ LA FERMER ! ESSAYEZ AU MOINS DE RESPECTER LA MÉMOIRE DU PRÉSIDENT !
ATTENTION, LES GARS, ON DÉRANGE LA ROCKET QUI VEUT VERSER SA PETITE LARME...
... POUR CETTE LOPETTE CATHOLIQUE !
RETIRE ÇA TOUT DE SUITE, TARGET !
WAOUH ! J'AI PEUR !
ALLEZ, MINUS, COGNE, TU EN MEURS D'ENVIE !
ARRÊTE TON CIRQUE, TJ !!!
MÊME SI TU NE PORTES PAS DANS TON CŒUR LES KENNEDY, RESPECTE AU MOINS LA PEINE DES AUTRES.
02

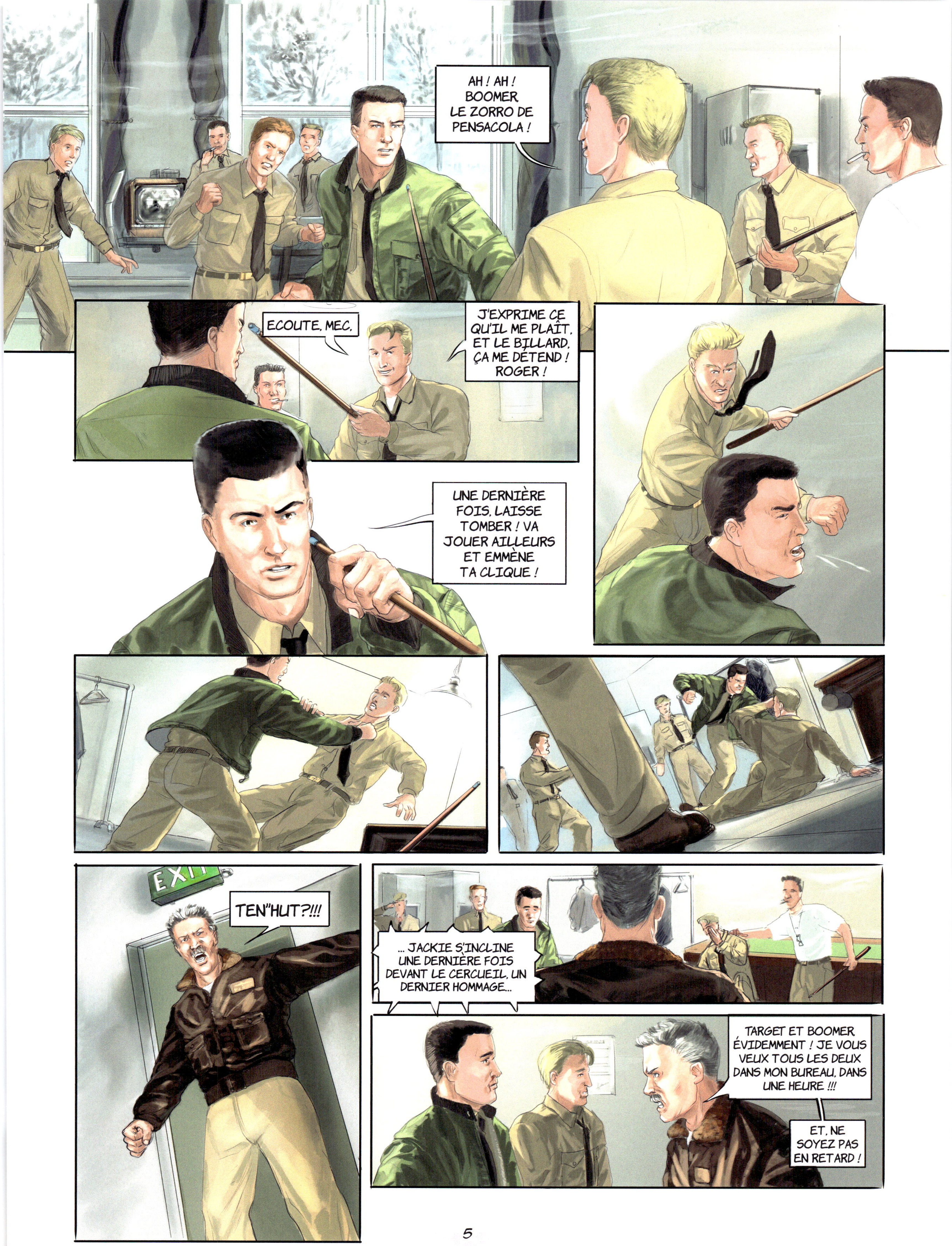
AH ! AH ! BOOMER LE ZORRO DE PENSACOLA !
ECOUTE, MEC.
J'EXPRIME CE QU'IL ME PLAÎT. ET LE BILLARD, ÇA ME DÉTEND ! ROGER !
UNE DERNIÈRE FOIS, LAISSE TOMBER ! VA JOUER AILLEURS ET EMMÈNE TA CLIQUE !
TEN"HUT?!!!
... JACKIE S'INCLINE UNE DERNIÈRE FOIS DEVANT LE CERCUEIL. UN DERNIER HOMMAGE...
TARGET ET BOOMER ÉVIDEMMENT ! JE VOUS VEUX TOUS LES DEUX DANS MON BUREAU, DANS UNE HEURE !!!
ET, NE SOYEZ PAS EN RETARD !

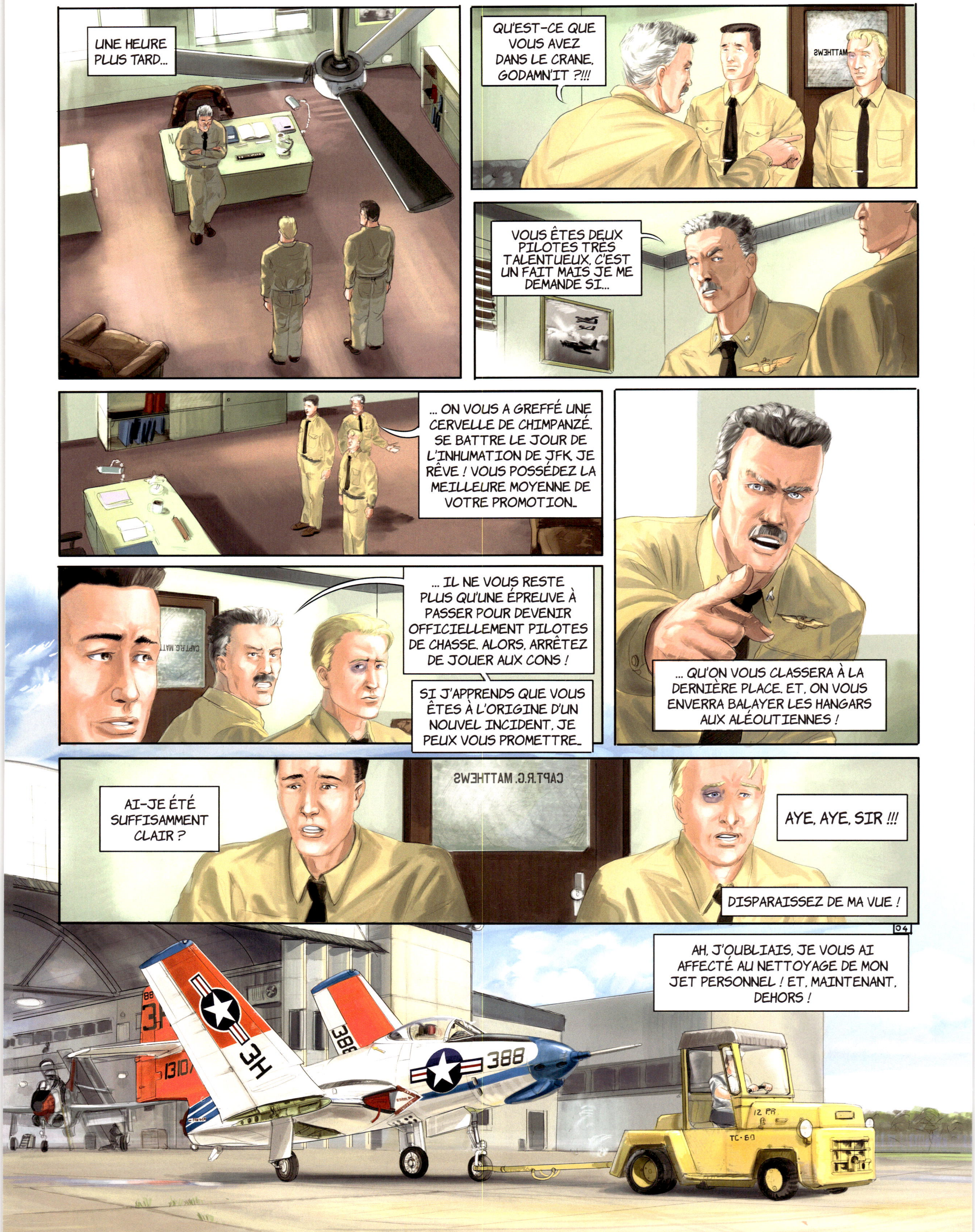
UNE HEURE PLUS TARD...
QU'EST-CE QUE VOUS AVEZ DANS LE CRANE, GODAMN'IT ?!!!
CAPT.R.G. MATTHEWS
VOUS ÊTES DEUX PILOTES TRÈS TALENTUEUX, C'EST UN FAIT MAIS JE ME DEMANDE SI...
... ON VOUS A GREFFÉ UNE CERVELLE DE CHIMPANZÉ. SE BATTRE LE JOUR DE L'INHUMATION DE JFK JE RÊVE ! VOUS POSSÉDEZ LA MEILLEURE MOYENNE DE VOTRE PROMOTION...
... IL NE VOUS RESTE PLUS QU'UNE ÉPREUVE À PASSER POUR DEVENIR OFFICIELLEMENT PILOTES DE CHASSE. ALORS, ARRÊTEZ DE JOUER AUX CONS !
SI J'APPRENDS QUE VOUS ÊTES À L'ORIGINE D'UN NOUVEL INCIDENT, JE PEUX VOUS PROMETTRE...
... QU'ON VOUS CLASSERA À LA DERNIÈRE PLACE. ET, ON VOUS ENVERRA BALAYER LES HANGARS AUX ALÉOUTIENNES !
AI-JE ÉTÉ SUFFISAMMENT CLAIR ?
AYE, AYE, SIR !!!
DISPARAISSEZ DE MA VUE !
AH, J'OUBLIAIS, JE VOUS AI AFFECTÉ AU NETTOYAGE DE MON JET PERSONNEL ! ET, MAINTENANT, DEHORS !
3H
388
TC-60

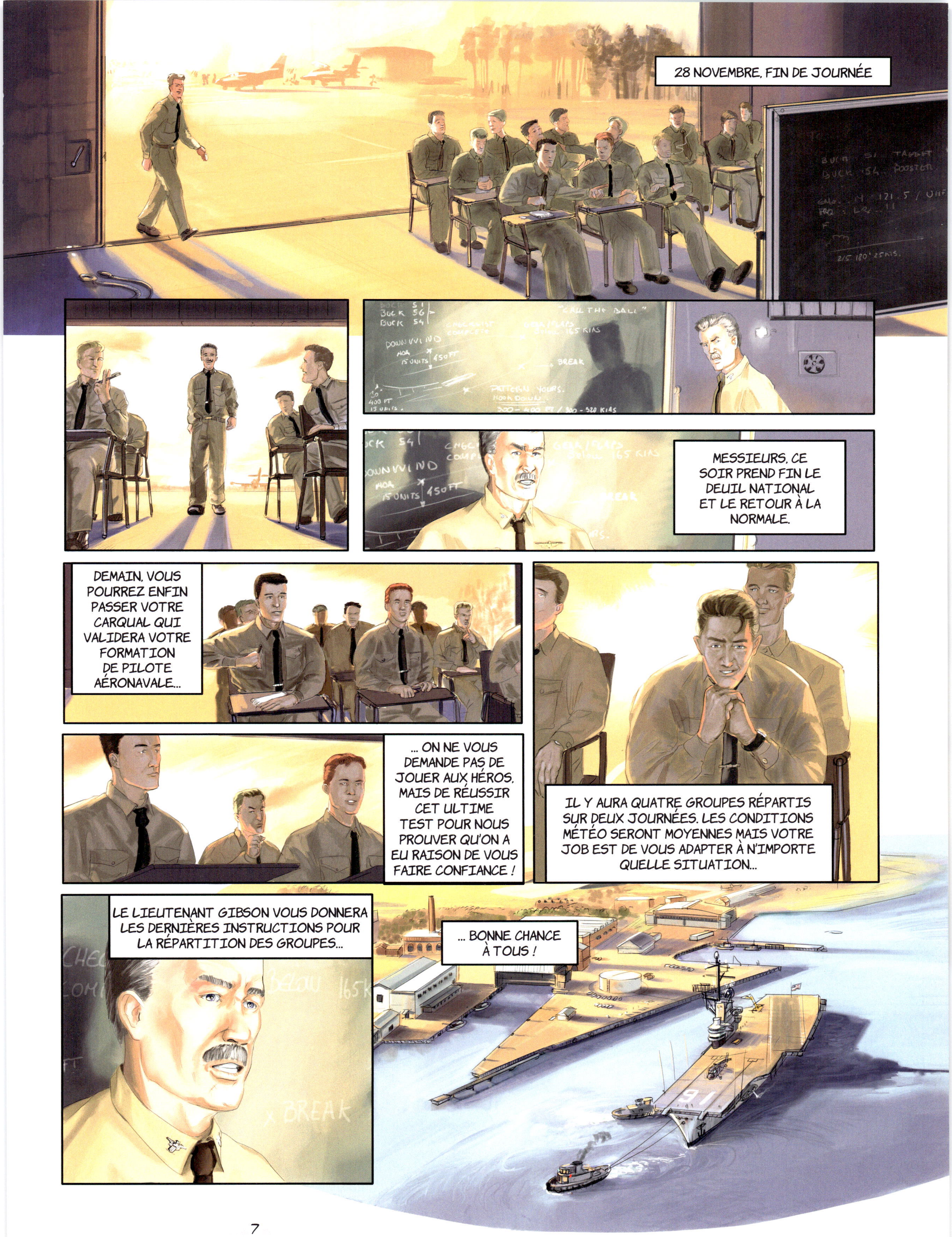

28 NOVEMBRE, FIN DE JOURNÉE
MESSIEURS, CE SOIR PREND FIN LE DEUIL NATIONAL ET LE RETOUR À LA NORMALE.
DEMAIN, VOUS POURREZ ENFIN PASSER VOTRE CARQUAL QUI VALIDERA VOTRE FORMATION DE PILOTE AÉRONAVALE...
... ON NE VOUS DEMANDE PAS DE JOUER AUX HÉROS, MAIS DE RÉUSSIR CET ULTIME TEST POUR NOUS PROUVER QU'ON A EU RAISON DE VOUS FAIRE CONFIANCE !
IL Y AURA QUATRE GROUPES RÉPARTIS SUR DEUX JOURNÉES. LES CONDITIONS MÉTÉO SERONT MOYENNES MAIS VOTRE JOB EST DE VOUS ADAPTER À N'IMPORTE QUELLE SITUATION...
LE LIEUTENANT GIBSON VOUS DONNERA LES DERNIÈRES INSTRUCTIONS POUR LA RÉPARTITION DES GROUPES...
... BONNE CHANCE À TOUS !

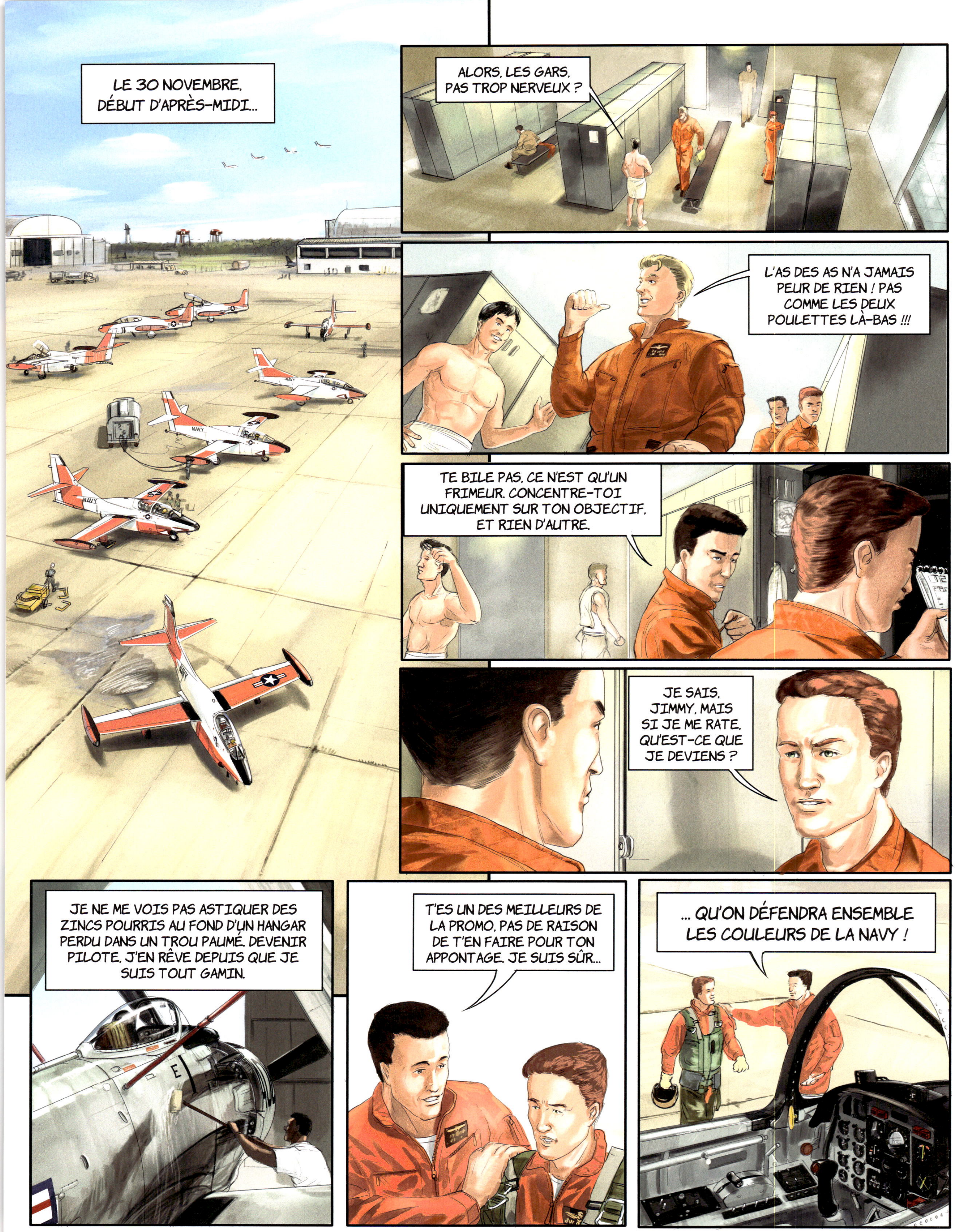
LE 30 NOVEMBRE, DÉBUT D'APRÈS-MIDI...
ALORS, LES GARS, PAS TROP NERVEUX ?
L'AS DES AS N'A JAMAIS PEUR DE RIEN ! PAS COMME LES DEUX POULETTES LÀ-BAS !!!
TE BILE PAS, CE N'EST QU'UN FRIMEUR. CONCENTRE-TOI UNIQUEMENT SUR TON OBJECTIF, ET RIEN D'AUTRE.
JE SAIS, JIMMY, MAIS SI JE ME RATE, QU'EST-CE QUE JE DEVIENS ?
JE NE ME VOIS PAS ASTIQUER DES ZINCS POURRIS AU FOND D'UN HANGAR PERDU DANS UN TROU PAUMÉ. DEVENIR PILOTE, J'EN RÊVE DEPUIS QUE JE SUIS TOUT GAMIN.
T'ES UN DES MEILLEURS DE LA PROMO, PAS DE RAISON DE T'EN FAIRE POUR TON APPONTAGE. JE SUIS SÛR...
... QU'ON DÉFENDRA ENSEMBLE LES COULEURS DE LA NAVY !

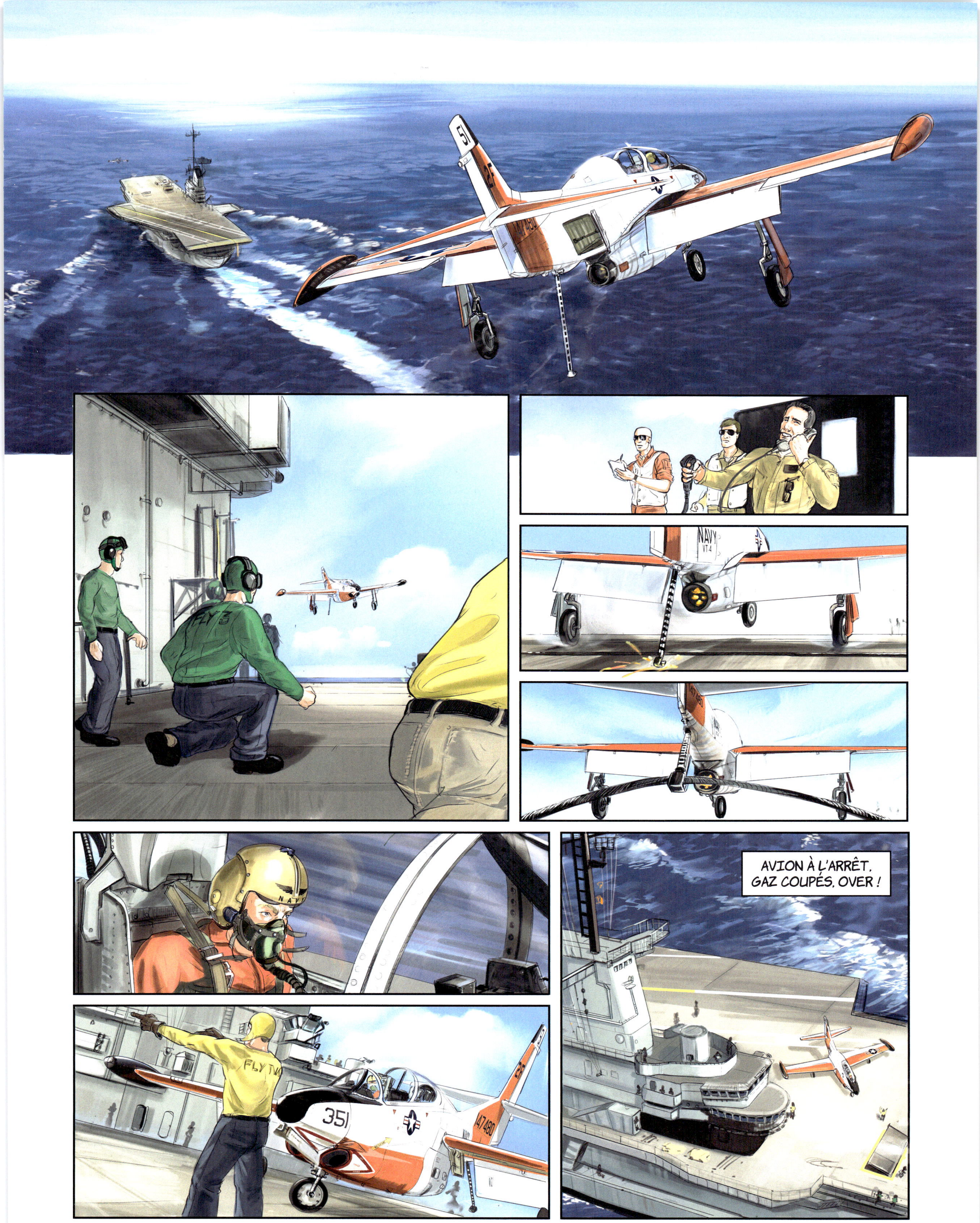
AVION À L'ARRÊT.
GAZ COUPÉS. OVER !

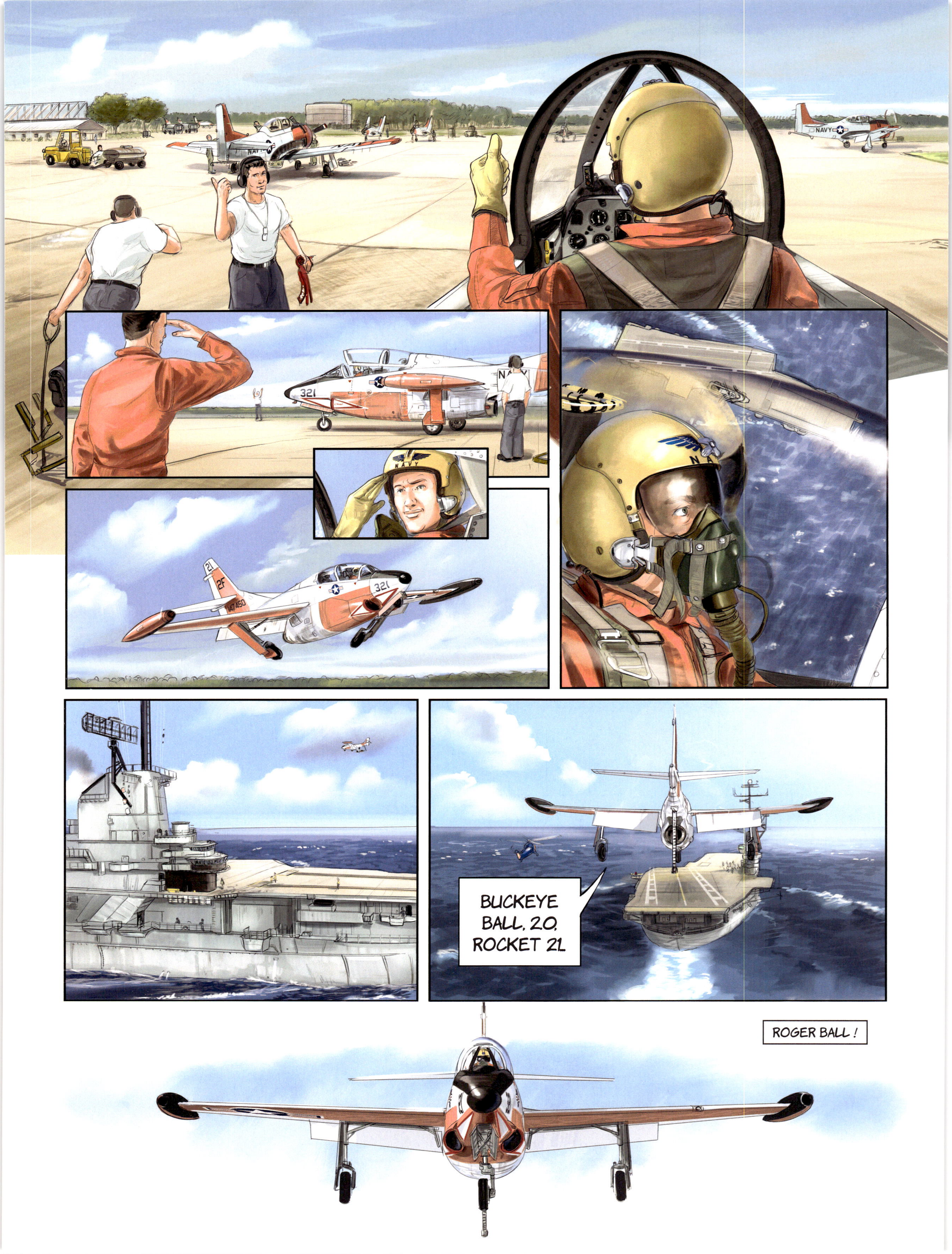
BUCKEYE
BALL, 2.0,
ROCKET 21
ROGER BALL !

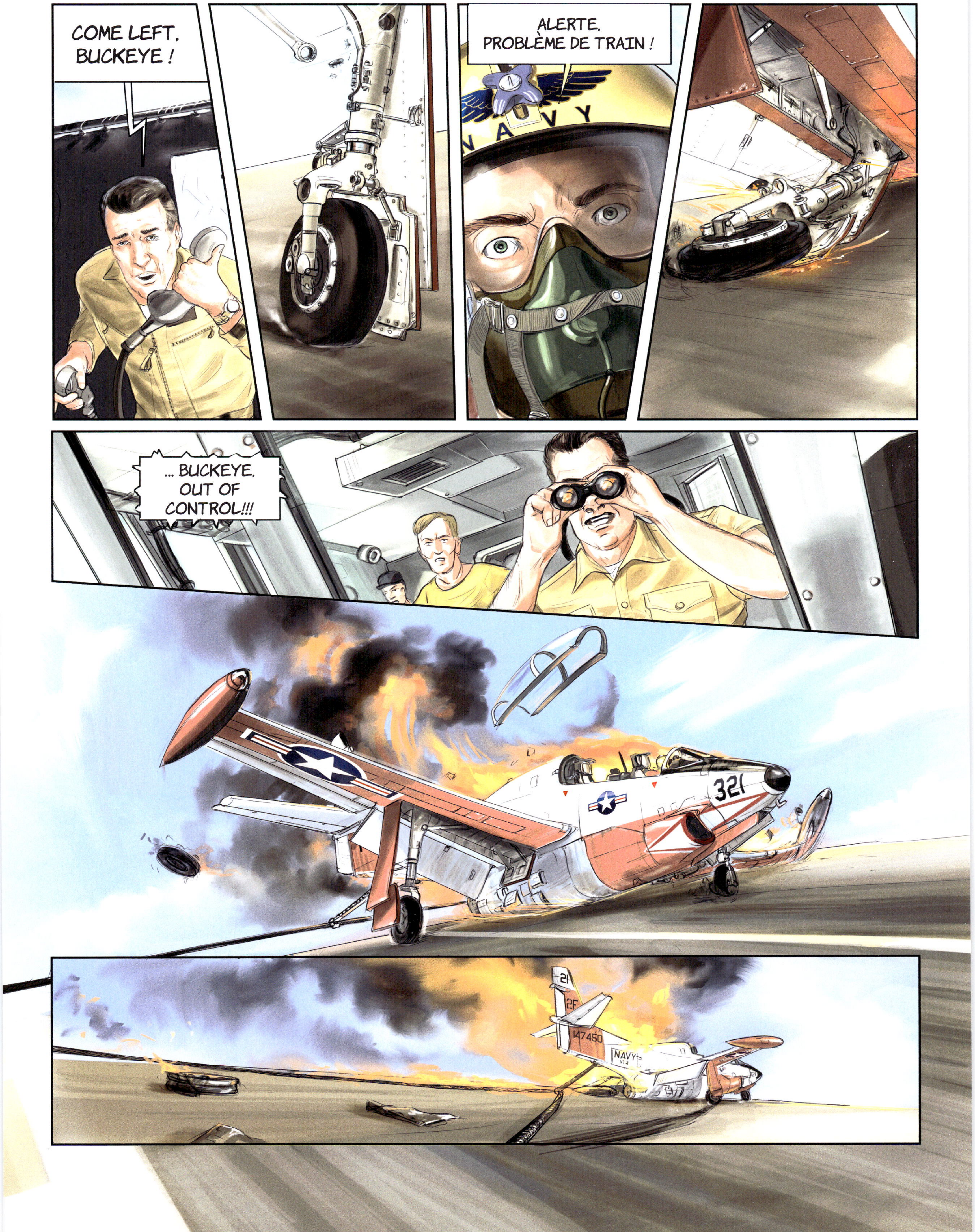
COME LEFT, BUCKEYE !
ALERTE, PROBLÈME DE TRAIN !
NAVY
... BUCKEYE, OUT OF CONTROL!!!
321
NAVY
147450

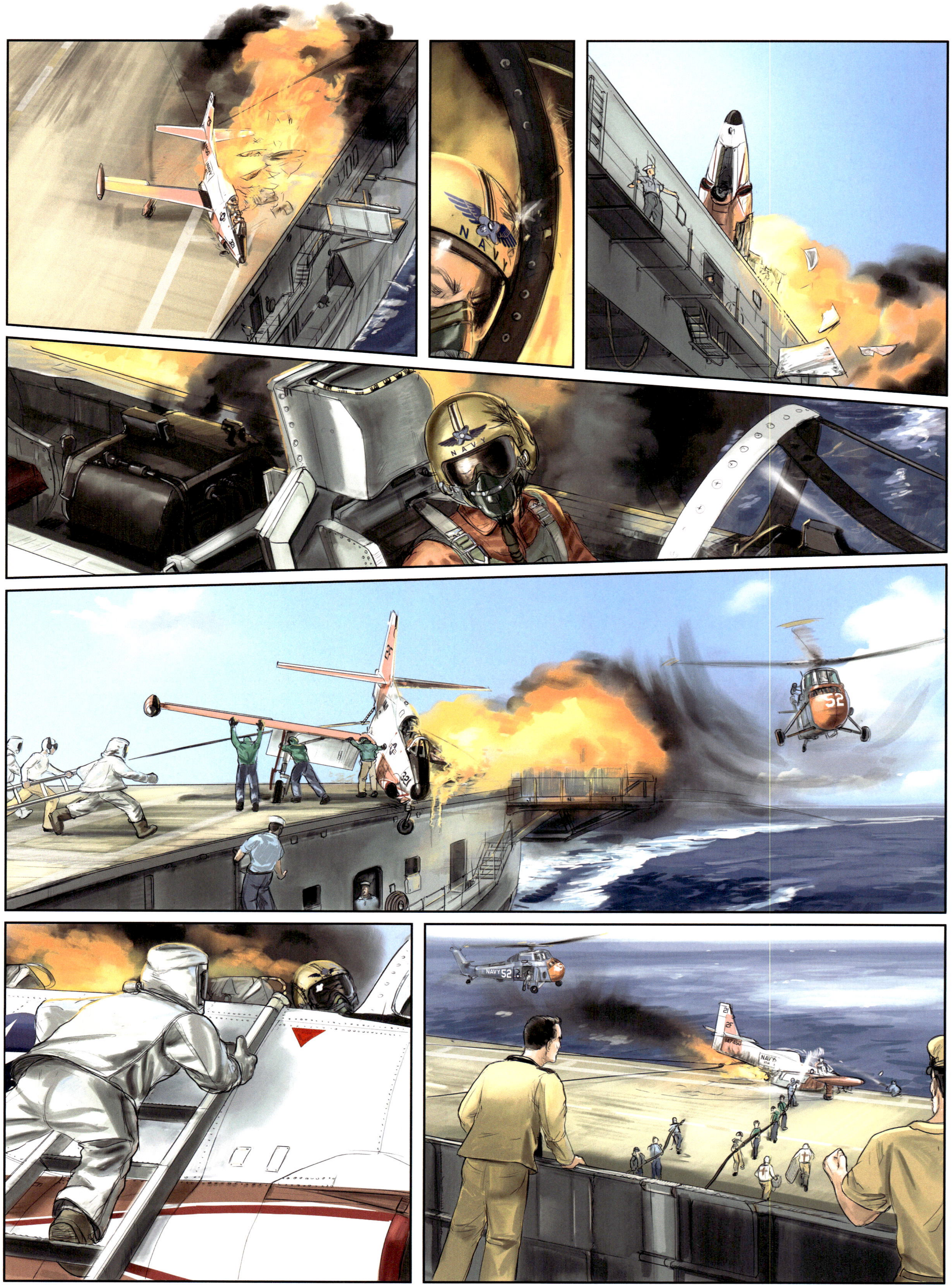
NAVY
NAVY 52

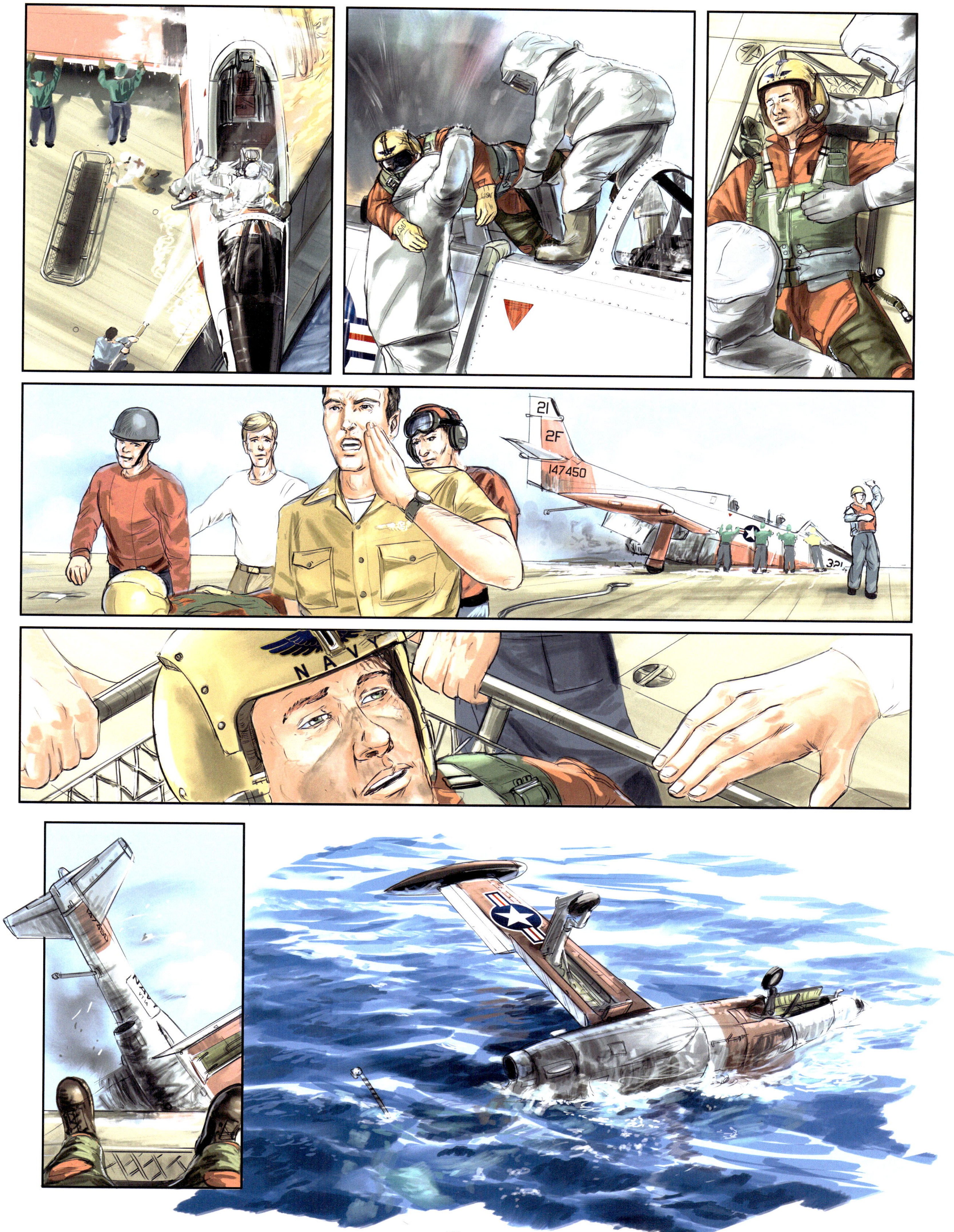
21
2F
147450
NAVY

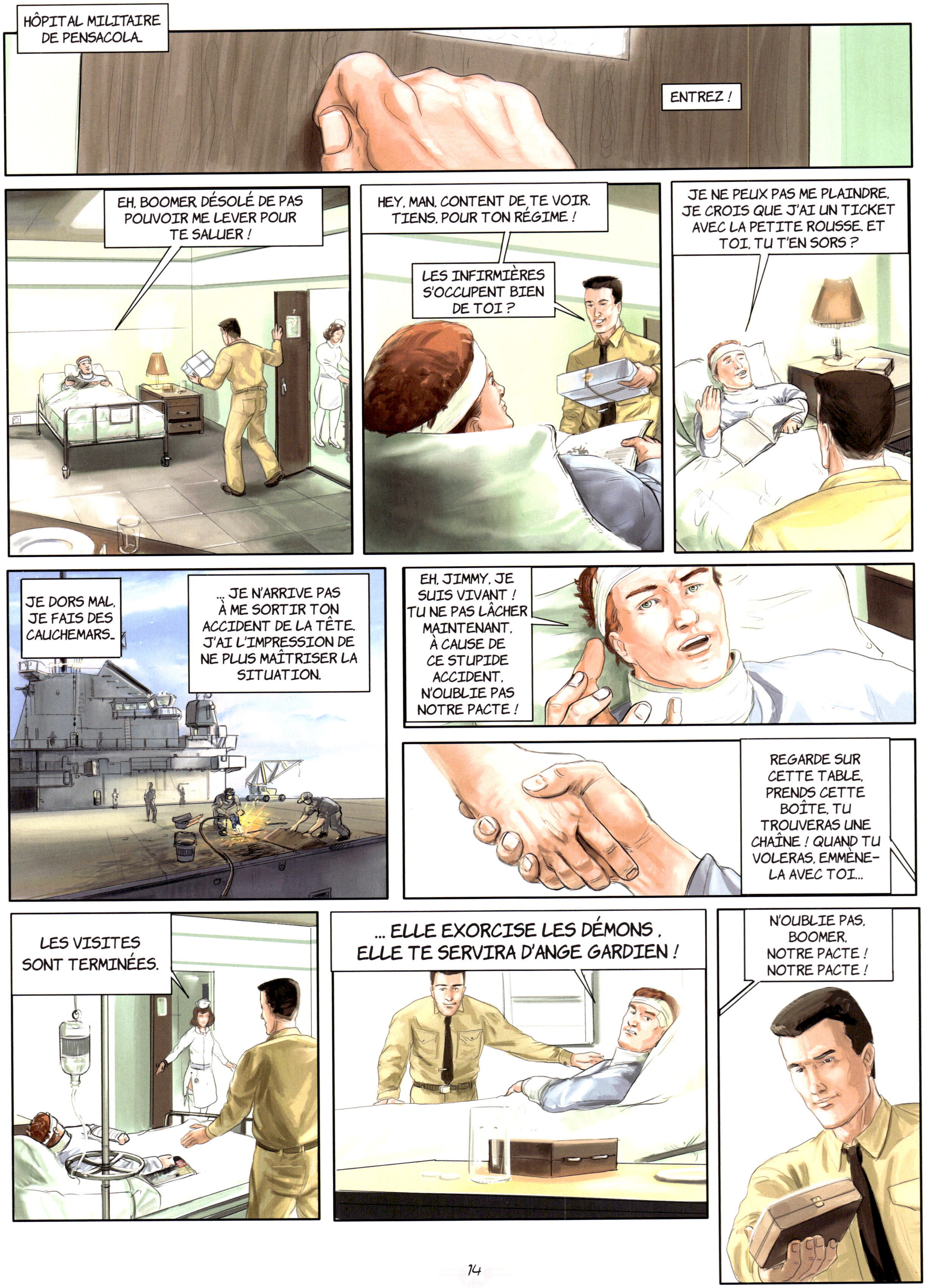
HÔPITAL MILITAIRE DE PENSACOLA
ENTREZ !
EH, BOOMER DÉSOLÉ DE PAS POUVOIR ME LEVER POUR TE SALUER !
HEY, MAN, CONTENT DE TE VOIR. TIENS, POUR TON RÉGIME !
LES INFIRMIÈRES S'OCCUPENT BIEN DE TOI ?
JE NE PEUX PAS ME PLAINDRE, JE CROIS QUE J'AI UN TICKET AVEC LA PETITE ROUSSE. ET TOI, TU T'EN SORS ?
JE DORS MAL, JE FAIS DES CAUCHEMARS...
... JE N'ARRIVE PAS À ME SORTIR TON ACCIDENT DE LA TÊTE. J'AI L'IMPRESSION DE NE PLUS MAÎTRISER LA SITUATION.
EH, JIMMY, JE SUIS VIVANT ! TU NE PAS LÂCHER MAINTENANT, À CAUSE DE CE STUPIDE ACCIDENT, N'OUBLIE PAS NOTRE PACTE !
REGARDE SUR CETTE TABLE, PRENDS CETTE BOÎTE, TU TROUVERAS UNE CHAÎNE ! QUAND TU VOLERAS, EMMÈNE-LA AVEC TOI...
LES VISITES SONT TERMINÉES.
... ELLE EXORCISE LES DÉMONS , ELLE TE SERVIRA D'ANGE GARDIEN !
N'OUBLIE PAS, BOOMER, NOTRE PACTE ! NOTRE PACTE !

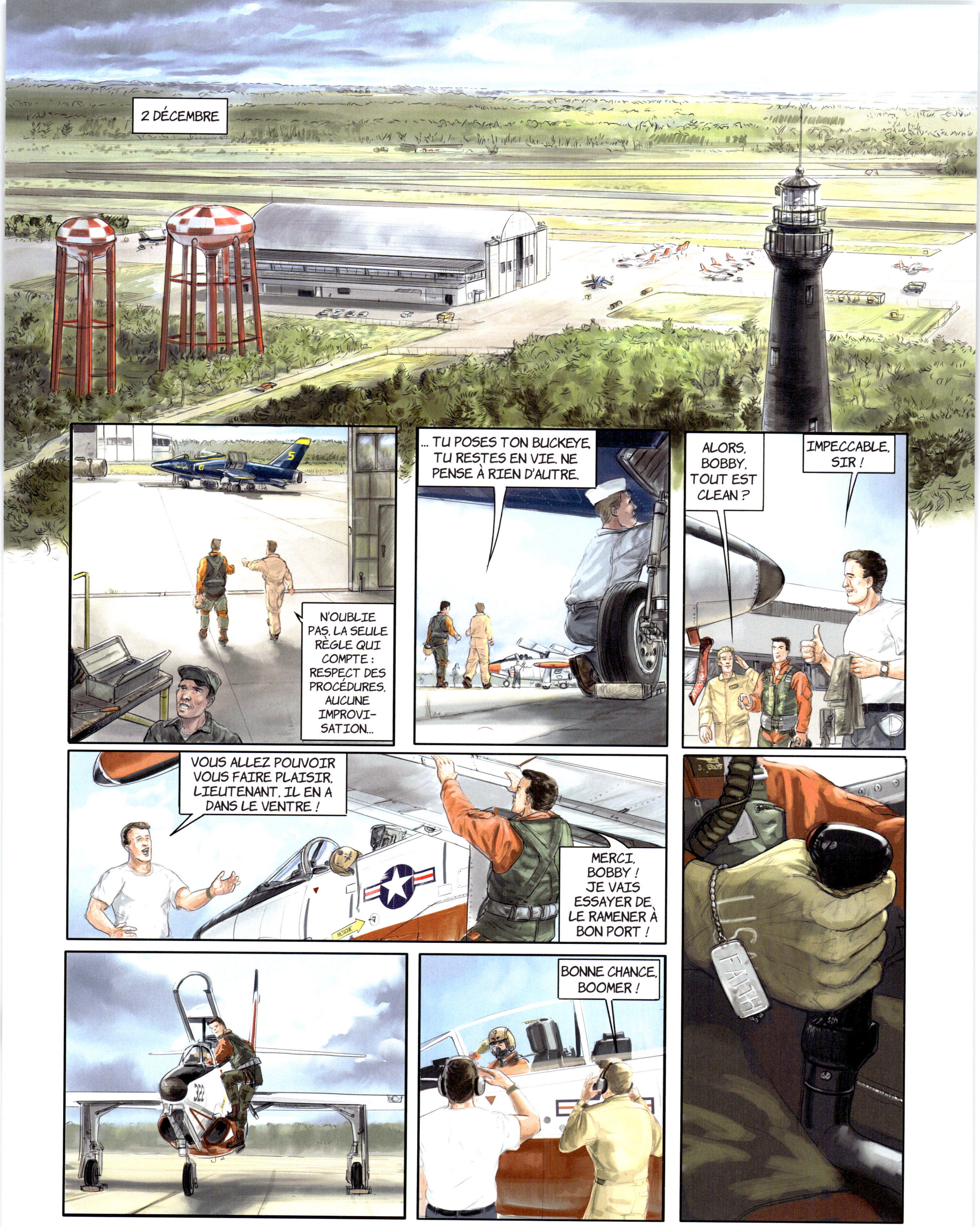
2 DÉCEMBRE
N'OUBLIE PAS, LA SEULE RÈGLE QUI COMPTE : RESPECT DES PROCÉDURES, AUCUNE IMPROVI-SATION...
... TU POSES TON BUCKEYE, TU RESTES EN VIE. NE PENSE À RIEN D'AUTRE.
ALORS, BOBBY, TOUT EST CLEAN ?
IMPECCABLE, SIR !
VOUS ALLEZ POUVOIR VOUS FAIRE PLAISIR, LIEUTENANT. IL EN A DANS LE VENTRE !
MERCI, BOBBY ! JE VAIS ESSAYER DE LE RAMENER À BON PORT !
BONNE CHANCE, BOOMER !

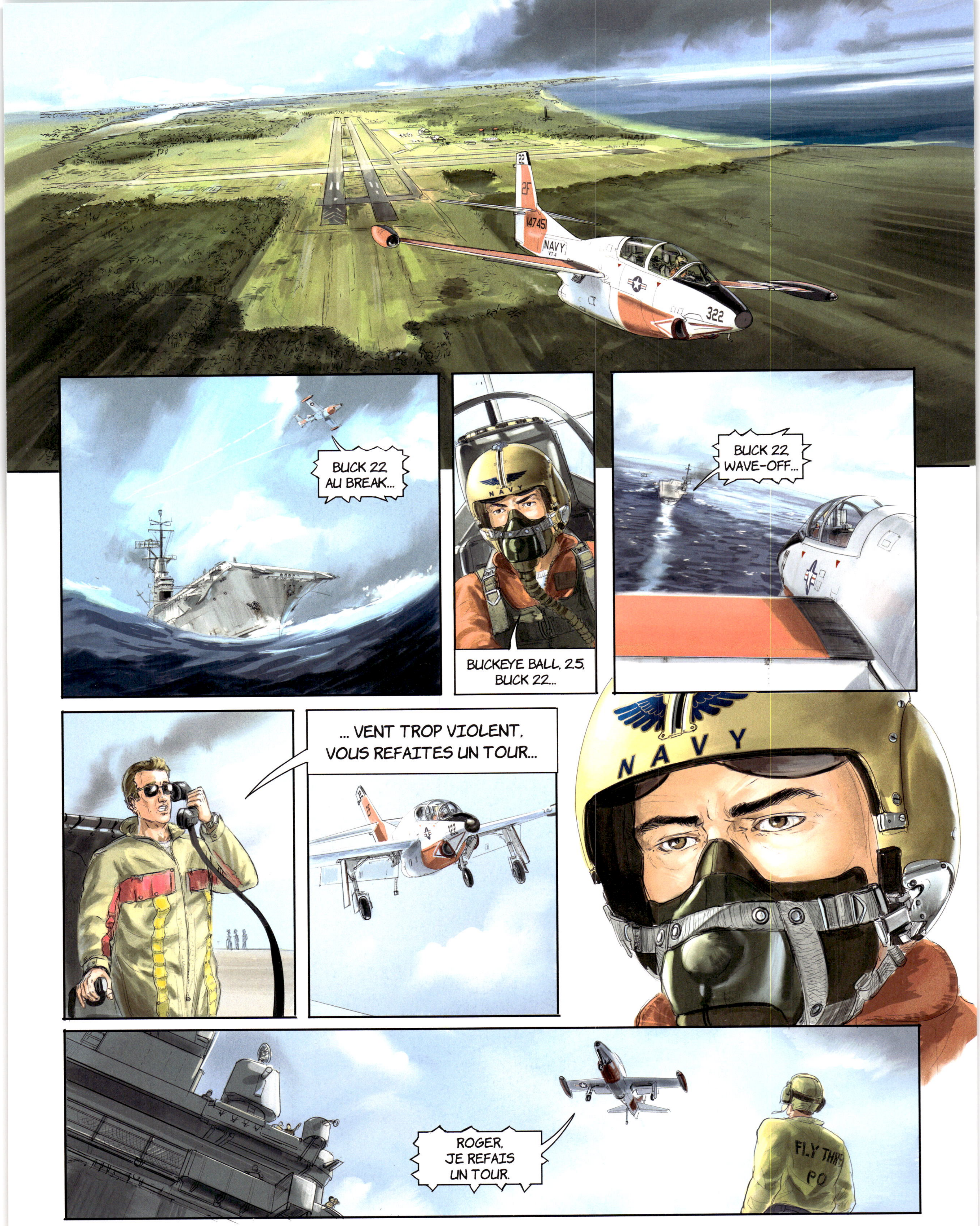
BUCK 22, AU BREAK...
BUCKEYE BALL, 2.5, BUCK 22...
BUCK 22, WAVE-OFF...
... VENT TROP VIOLENT, VOUS REFAITES UN TOUR...
ROGER, JE REFAIS UN TOUR.

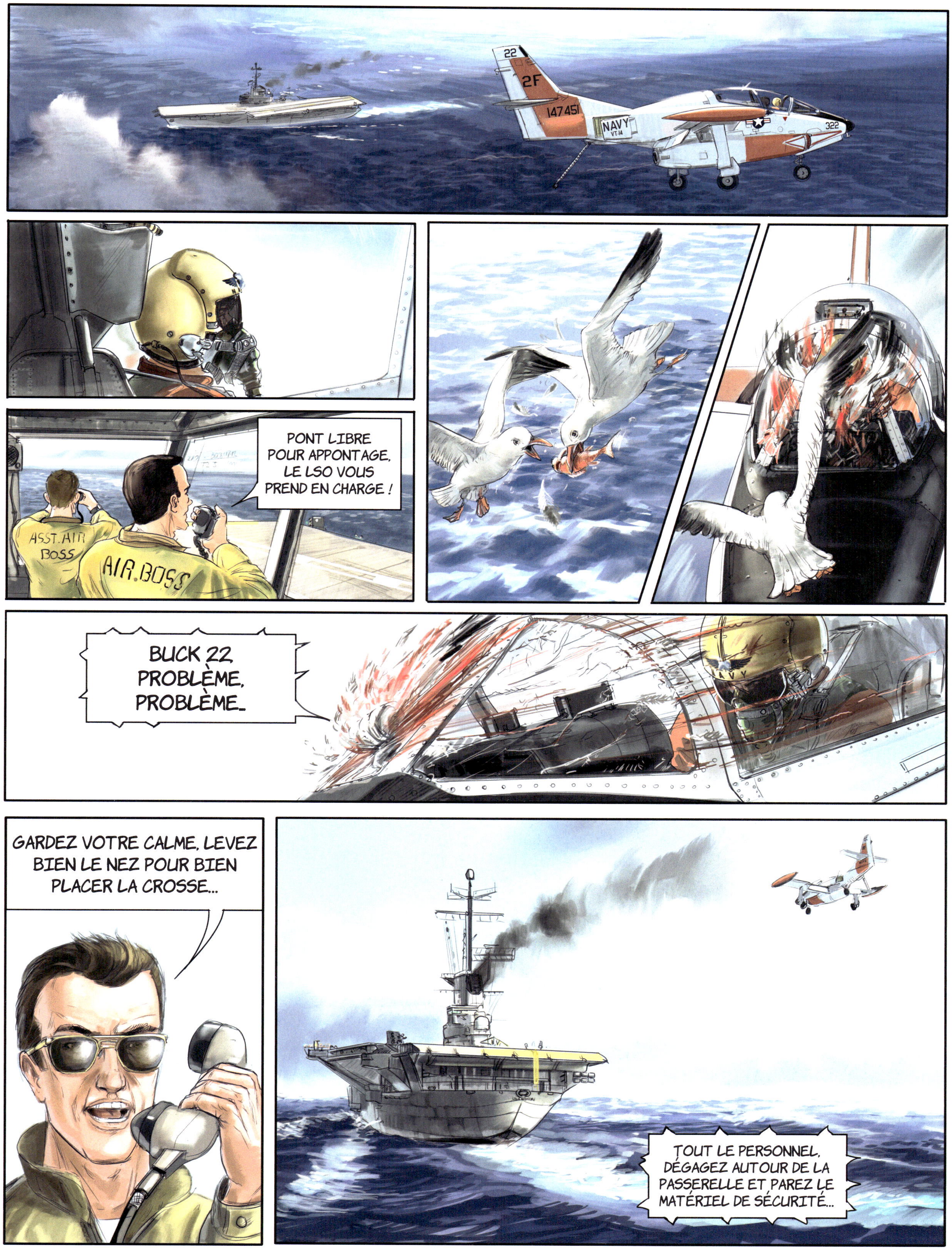
22
2F
147451
NAVY
VT-14
322
PONT LIBRE POUR APPONTAGE, LE LSO VOUS PREND EN CHARGE !
ASST. AIR BOSS
AIR BOSS
BUCK 22, PROBLÈME, PROBLÈME...
GARDEZ VOTRE CALME, LEVEZ BIEN LE NEZ POUR BIEN PLACER LA CROSSE...
TOUT LE PERSONNEL, DÉGAGEZ AUTOUR DE LA PASSERELLE ET PAREZ LE MATÉRIEL DE SÉCURITÉ...

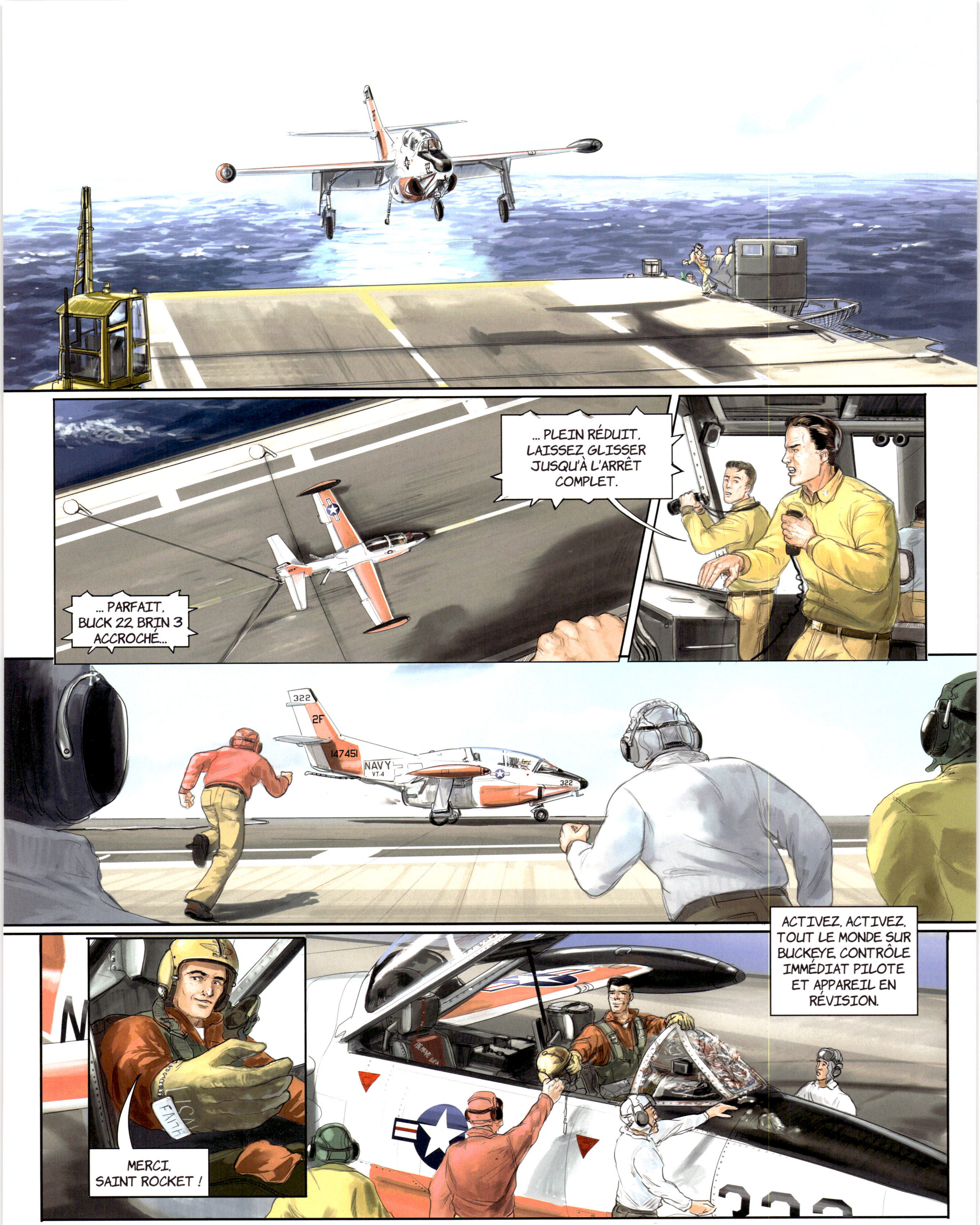
... PARFAIT. BUCK 22, BRIN 3 ACCROCHÉ...
... PLEIN RÉDUIT. LAISSEZ GLISSER JUSQU'À L'ARRÊT COMPLET.
ACTIVEZ, ACTIVEZ, TOUT LE MONDE SUR BUCKEYE, CONTRÔLE IMMÉDIAT PILOTE ET APPAREIL EN RÉVISION.
MERCI, SAINT ROCKET !

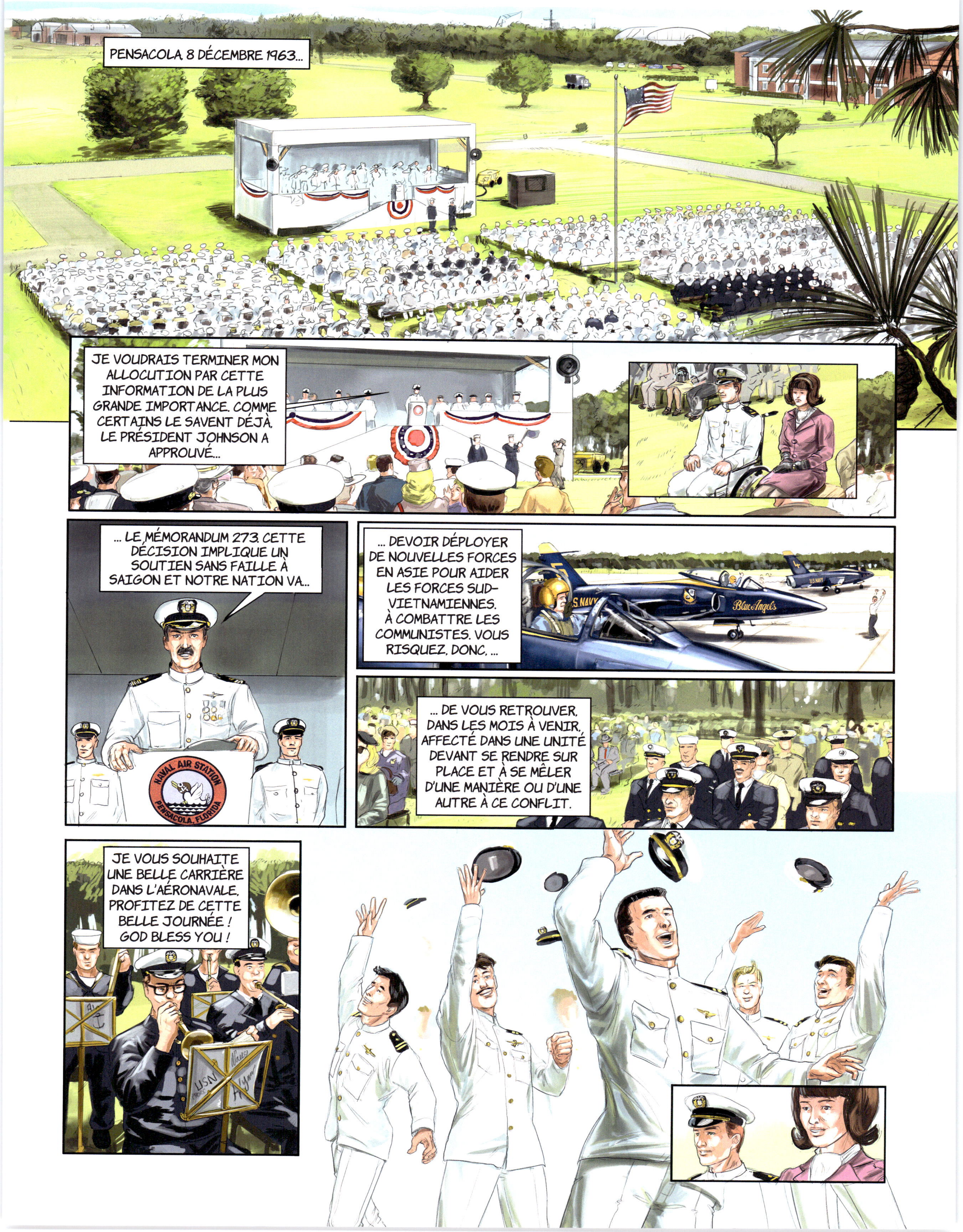
PENSACOLA 8 DÉCEMBRE 1963...
JE VOUDRAIS TERMINER MON ALLOCUTION PAR CETTE INFORMATION DE LA PLUS GRANDE IMPORTANCE. COMME CERTAINS LE SAVENT DÉJÀ, LE PRÉSIDENT JOHNSON A APPROUVÉ...
... LE MÉMORANDUM 273. CETTE DÉCISION IMPLIQUE UN SOUTIEN SANS FAILLE À SAIGON ET NOTRE NATION VA...
NAVAL AIR STATION
PENSACOLA, FLORIDA
... DEVOIR DÉPLOYER DE NOUVELLES FORCES EN ASIE POUR AIDER LES FORCES SUD-VIETNAMIENNES À COMBATTRE LES COMMUNISTES. VOUS RISQUEZ, DONC, ...
U.S. NAVY
Blue Angels
... DE VOUS RETROUVER, DANS LES MOIS À VENIR, AFFECTÉ DANS UNE UNITÉ DEVANT SE RENDRE SUR PLACE ET À SE MÊLER D'UNE MANIÈRE OU D'UNE AUTRE À CE CONFLIT.
JE VOUS SOUHAITE UNE BELLE CARRIÈRE DANS L'AÉRONAVALE. PROFITEZ DE CETTE BELLE JOURNÉE ! GOD BLESS YOU !
USN

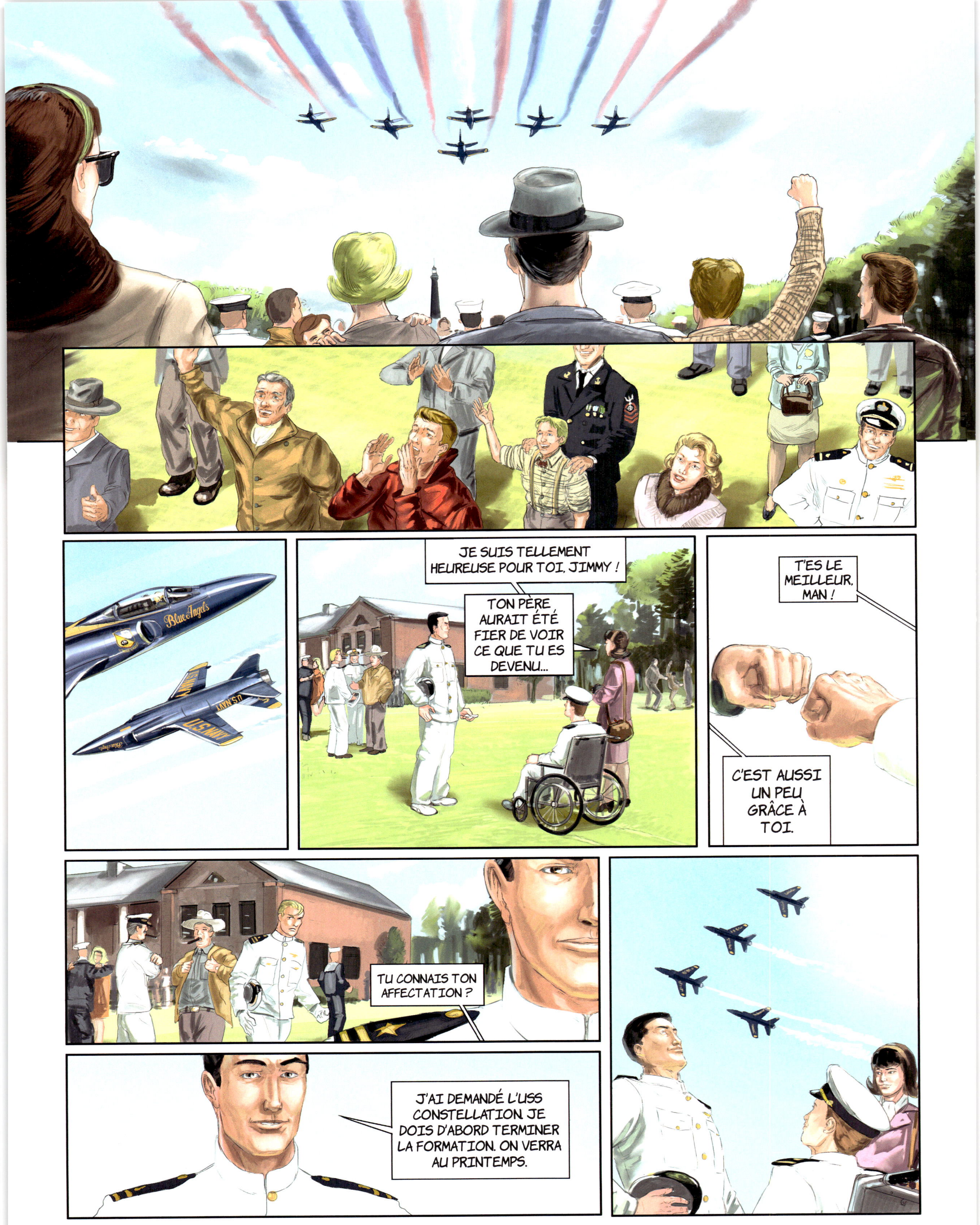
JE SUIS TELLEMENT HEUREUSE POUR TOI, JIMMY !
TON PÈRE AURAIT ÉTÉ FIER DE VOIR CE QUE TU ES DEVENU...
T'ES LE MEILLEUR, MAN !
C'EST AUSSI UN PEU GRÂCE À TOI.
TU CONNAIS TON AFFECTATION ?
J'AI DEMANDÉ L'USS CONSTELLATION. JE DOIS D'ABORD TERMINER LA FORMATION. ON VERRA AU PRINTEMPS.

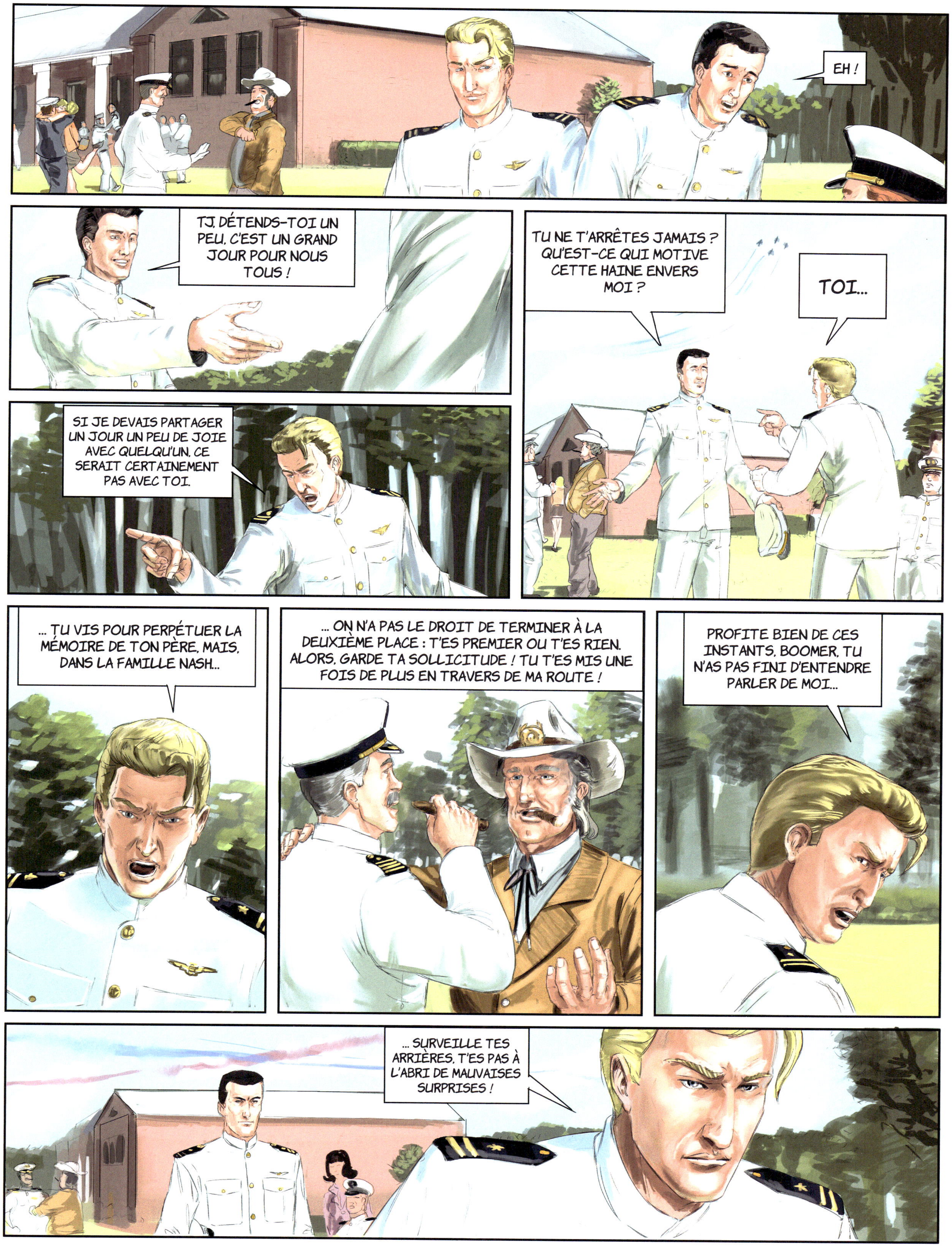
EH !
TJ, DÉTENDS-TOI UN PEU, C'EST UN GRAND JOUR POUR NOUS TOUS !
TU NE T'ARRÊTES JAMAIS ? QU'EST-CE QUI MOTIVE CETTE HAINE ENVERS MOI ?
TOI...
SI JE DEVAIS PARTAGER UN JOUR UN PEU DE JOIE AVEC QUELQU'UN, CE SERAIT CERTAINEMENT PAS AVEC TOI.
... TU VIS POUR PERPÉTUER LA MÉMOIRE DE TON PÈRE, MAIS, DANS LA FAMILLE NASH...
... ON N'A PAS LE DROIT DE TERMINER À LA DEUXIÈME PLACE : T'ES PREMIER OU T'ES RIEN. ALORS, GARDE TA SOLLICITUDE ! TU T'ES MIS UNE FOIS DE PLUS EN TRAVERS DE MA ROUTE !
PROFITE BIEN DE CES INSTANTS, BOOMER, TU N'AS PAS FINI D'ENTENDRE PARLER DE MOI...
... SURVEILLE TES ARRIÈRES, T'ES PAS À L'ABRI DE MAUVAISES SURPRISES !

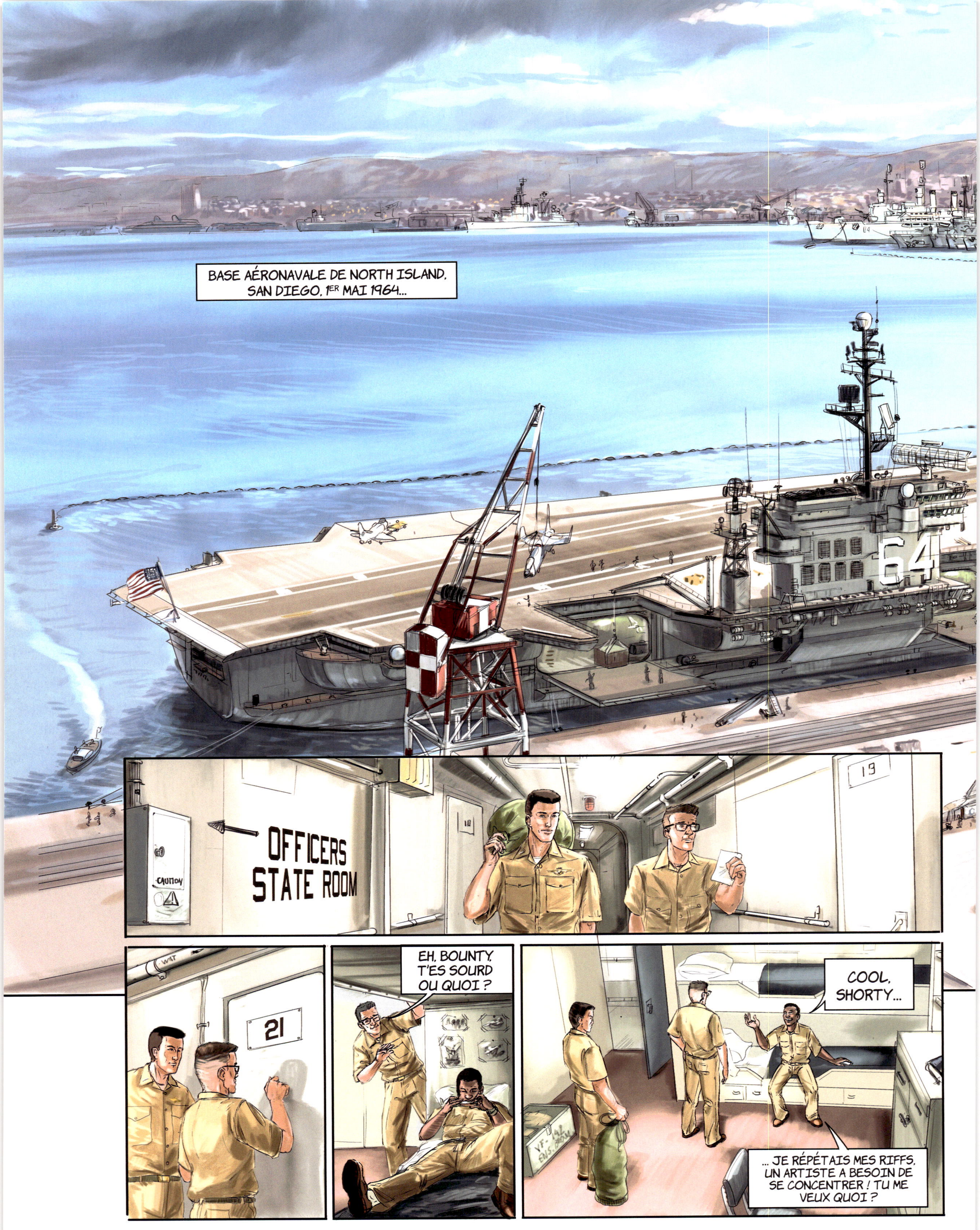
BASE AÉRONAVALE DE NORTH ISLAND, SAN DIEGO, 1ER MAI 1964...
64
OFFICERS STATE ROOM
CAUTION
19
21
EH, BOUNTY, T'ES SOURD OU QUOI ?
COOL, SHORTY...
... JE RÉPÉTAIS MES RIFFS. UN ARTISTE A BESOIN DE SE CONCENTRER ! TU ME VEUX QUOI ?

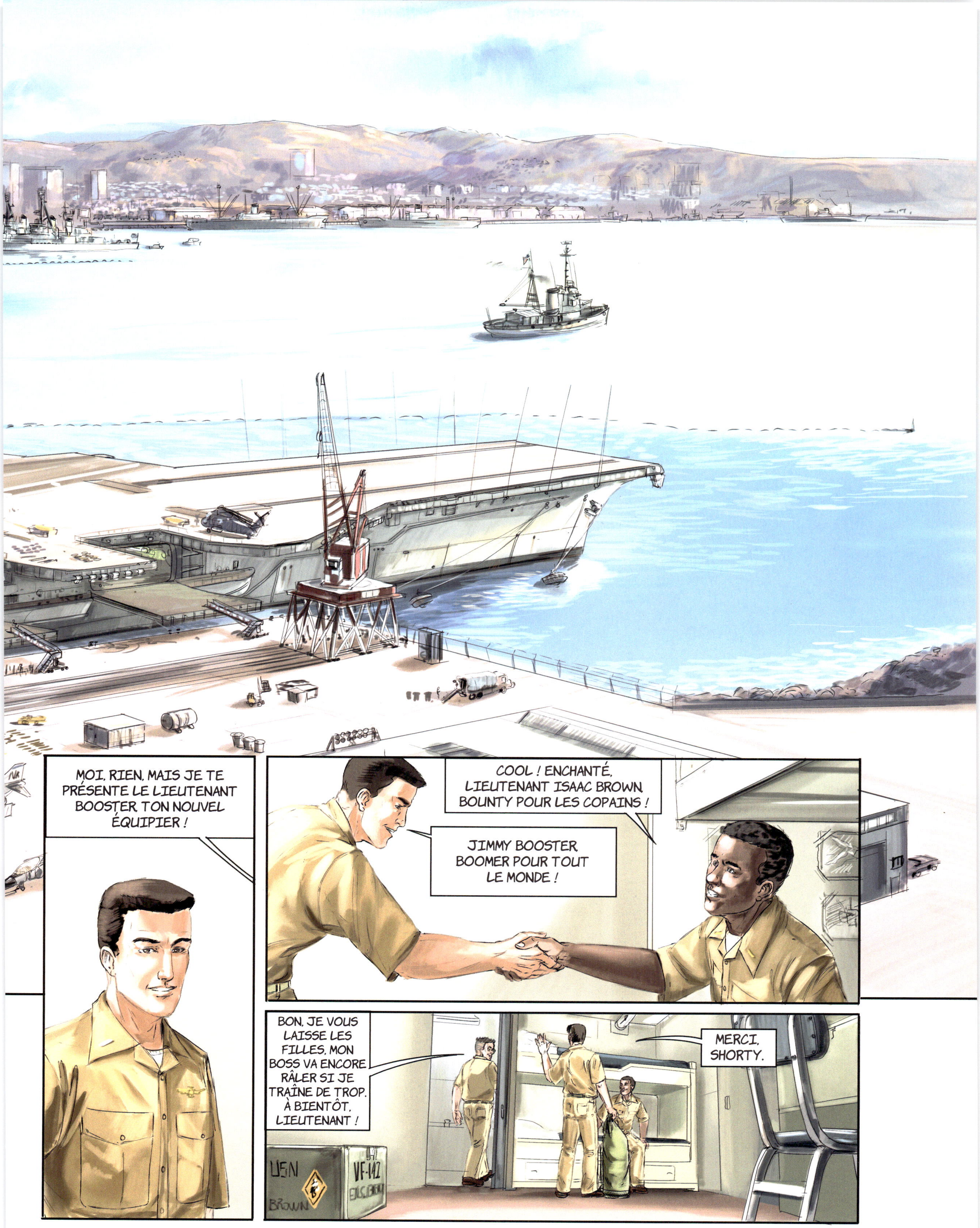
MOI, RIEN, MAIS JE TE PRÉSENTE LE LIEUTENANT BOOSTER, TON NOUVEL ÉQUIPIER !
COOL ! ENCHANTÉ, LIEUTENANT ISAAC BROWN, BOUNTY POUR LES COPAINS !
JIMMY BOOSTER, BOOMER POUR TOUT LE MONDE !
BON, JE VOUS LAISSE LES FILLES, MON BOSS VA ENCORE RÂLER SI JE TRAÎNE DE TROP. À BIENTÔT, LIEUTENANT !
MERCI, SHORTY.
USN
BROWN
VF-142

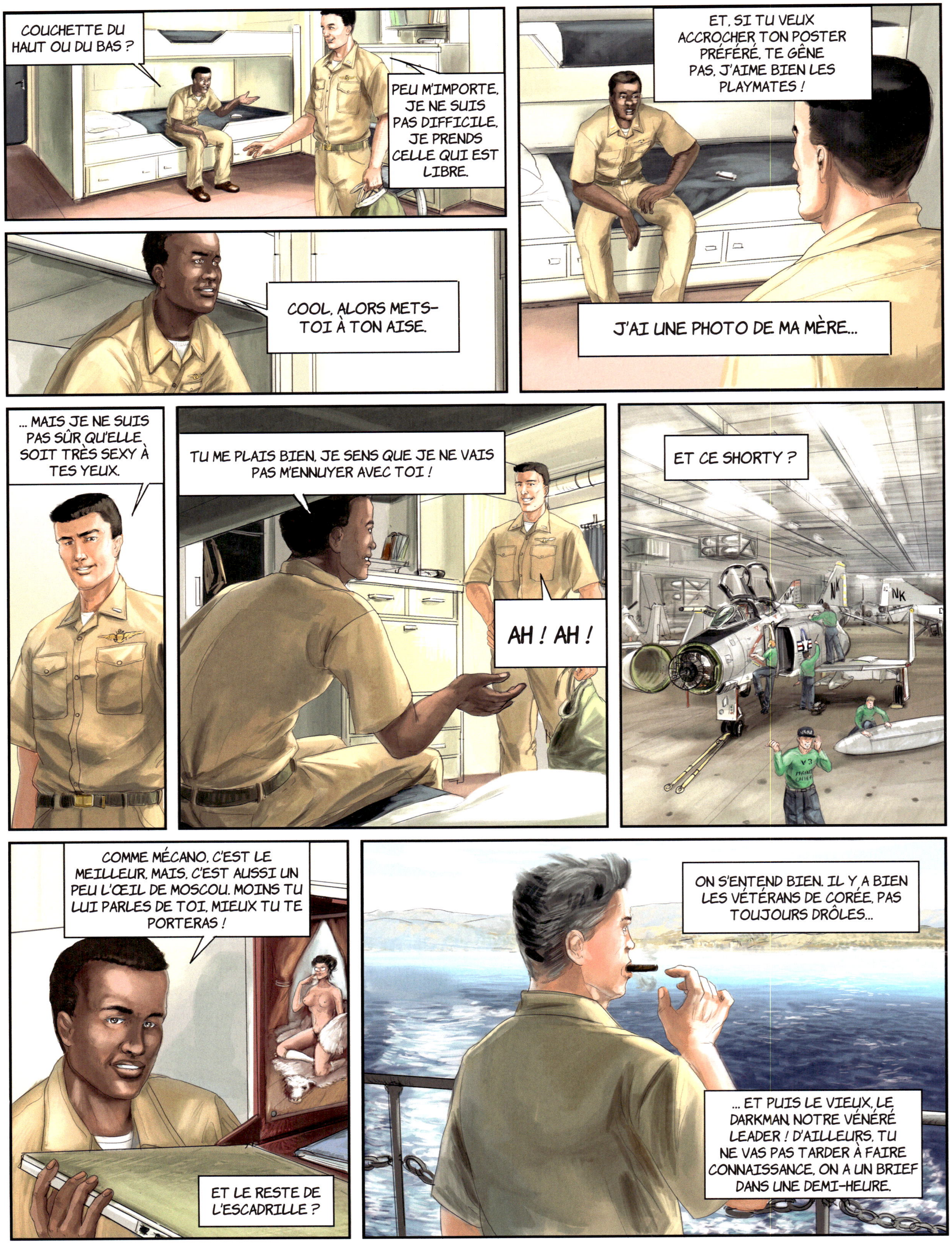
COUCHETTE DU HAUT OU DU BAS ?
PEU M'IMPORTE. JE NE SUIS PAS DIFFICILE. JE PRENDS CELLE QUI EST LIBRE.
COOL. ALORS METS-TOI À TON AISE.
ET, SI TU VEUX ACCROCHER TON POSTER PRÉFÉRÉ, TE GÊNE PAS. J'AIME BIEN LES PLAYMATES !
J'AI UNE PHOTO DE MA MÈRE...
... MAIS JE NE SUIS PAS SÛR QU'ELLE SOIT TRÈS SEXY À TES YEUX.
TU ME PLAIS BIEN. JE SENS QUE JE NE VAIS PAS M'ENNUYER AVEC TOI !
AH ! AH !
ET CE SHORTY ?
COMME MÉCANO, C'EST LE MEILLEUR. MAIS, C'EST AUSSI UN PEU L'ŒIL DE MOSCOU. MOINS TU LUI PARLES DE TOI, MIEUX TU TE PORTERAS !
ET LE RESTE DE L'ESCADRILLE ?
ON S'ENTEND BIEN. IL Y A BIEN LES VÉTÉRANS DE CORÉE, PAS TOUJOURS DRÔLES...
... ET PUIS LE VIEUX, LE DARKMAN, NOTRE VÉNÉRÉ LEADER ! D'AILLEURS, TU NE VAS PAS TARDER À FAIRE CONNAISSANCE. ON A UN BRIEF DANS UNE DEMI-HEURE.

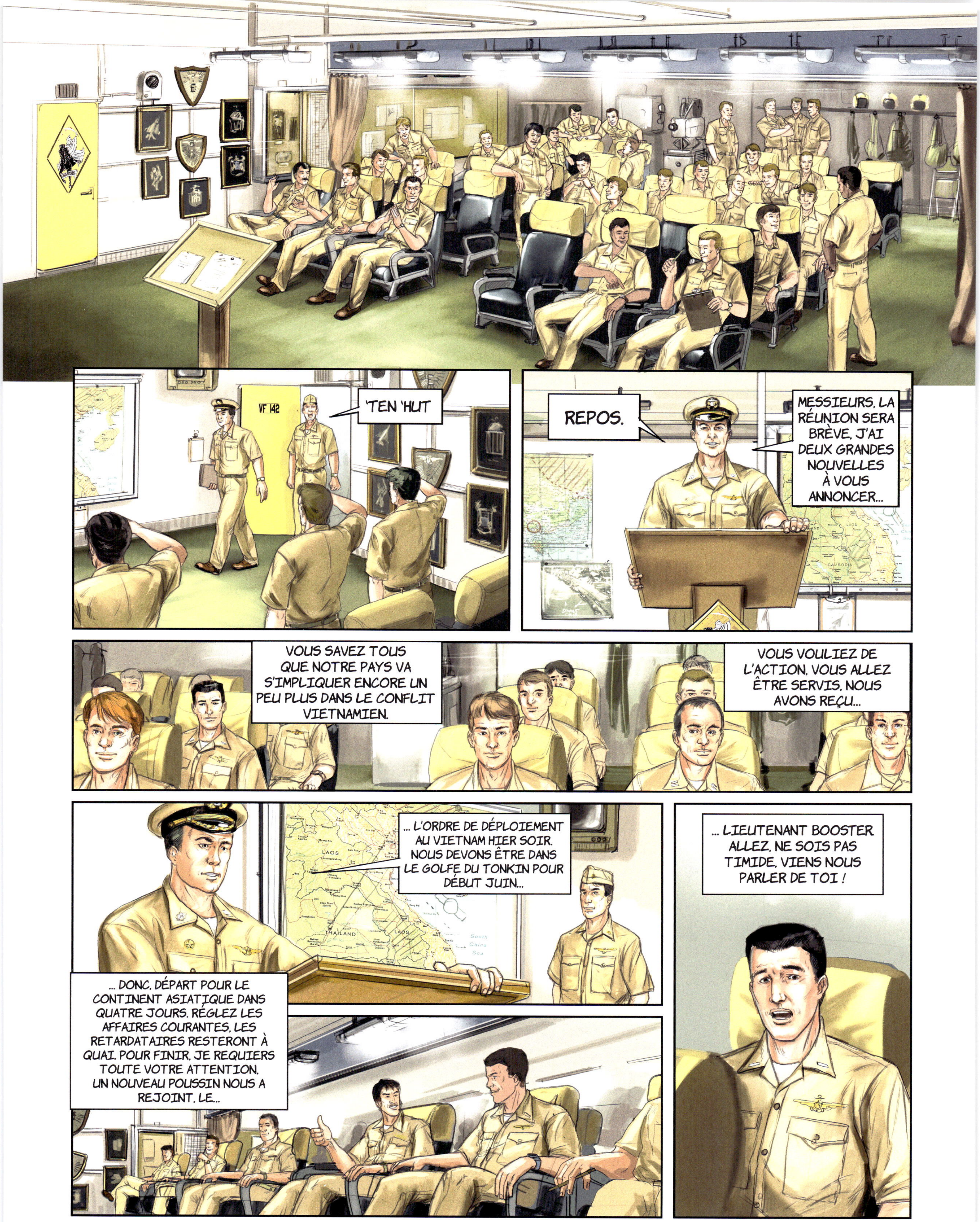
VF 142
'TEN 'HUT
REPOS.
MESSIEURS, LA RÉUNION SERA BRÈVE, J'AI DEUX GRANDES NOUVELLES À VOUS ANNONCER...
VOUS SAVEZ TOUS QUE NOTRE PAYS VA S'IMPLIQUER ENCORE UN PEU PLUS DANS LE CONFLIT VIETNAMIEN.
VOUS VOULIEZ DE L'ACTION, VOUS ALLEZ ÊTRE SERVIS. NOUS AVONS REÇU...
... L'ORDRE DE DÉPLOIEMENT AU VIETNAM HIER SOIR. NOUS DEVONS ÊTRE DANS LE GOLFE DU TONKIN POUR DÉBUT JUIN...
LAOS
THAILAND
... DONC, DÉPART POUR LE CONTINENT ASIATIQUE DANS QUATRE JOURS. RÉGLEZ LES AFFAIRES COURANTES, LES RETARDATAIRES RESTERONT À QUAI. POUR FINIR, JE REQUIERS TOUTE VOTRE ATTENTION. UN NOUVEAU POUSSIN NOUS A REJOINT, LE...
... LIEUTENANT BOOSTER ALLEZ, NE SOIS PAS TIMIDE, VIENS NOUS PARLER DE TOI !

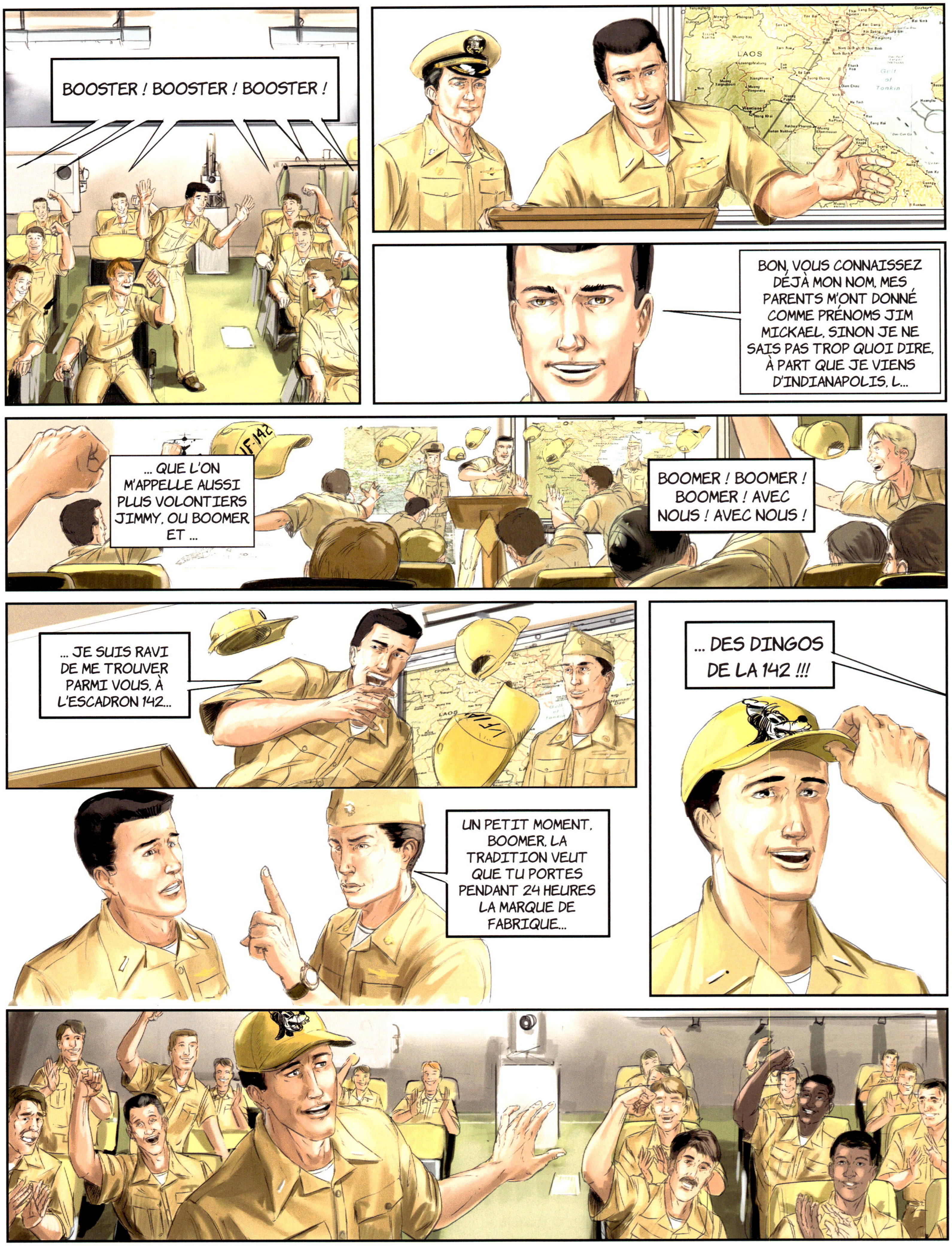
BOOSTER ! BOOSTER ! BOOSTER !
BON, VOUS CONNAISSEZ DÉJÀ MON NOM. MES PARENTS M'ONT DONNÉ COMME PRÉNOMS JIM MICKAEL. SINON JE NE SAIS PAS TROP QUOI DIRE, À PART QUE JE VIENS D'INDIANAPOLIS, L...
... QUE L'ON M'APPELLE AUSSI PLUS VOLONTIERS JIMMY, OU BOOMER ET ...
BOOMER ! BOOMER ! BOOMER ! AVEC NOUS ! AVEC NOUS !
... JE SUIS RAVI DE ME TROUVER PARMI VOUS, À L'ESCADRON 142...
... DES DINGOS DE LA 142 !!!
UN PETIT MOMENT, BOOMER, LA TRADITION VEUT QUE TU PORTES PENDANT 24 HEURES LA MARQUE DE FABRIQUE...

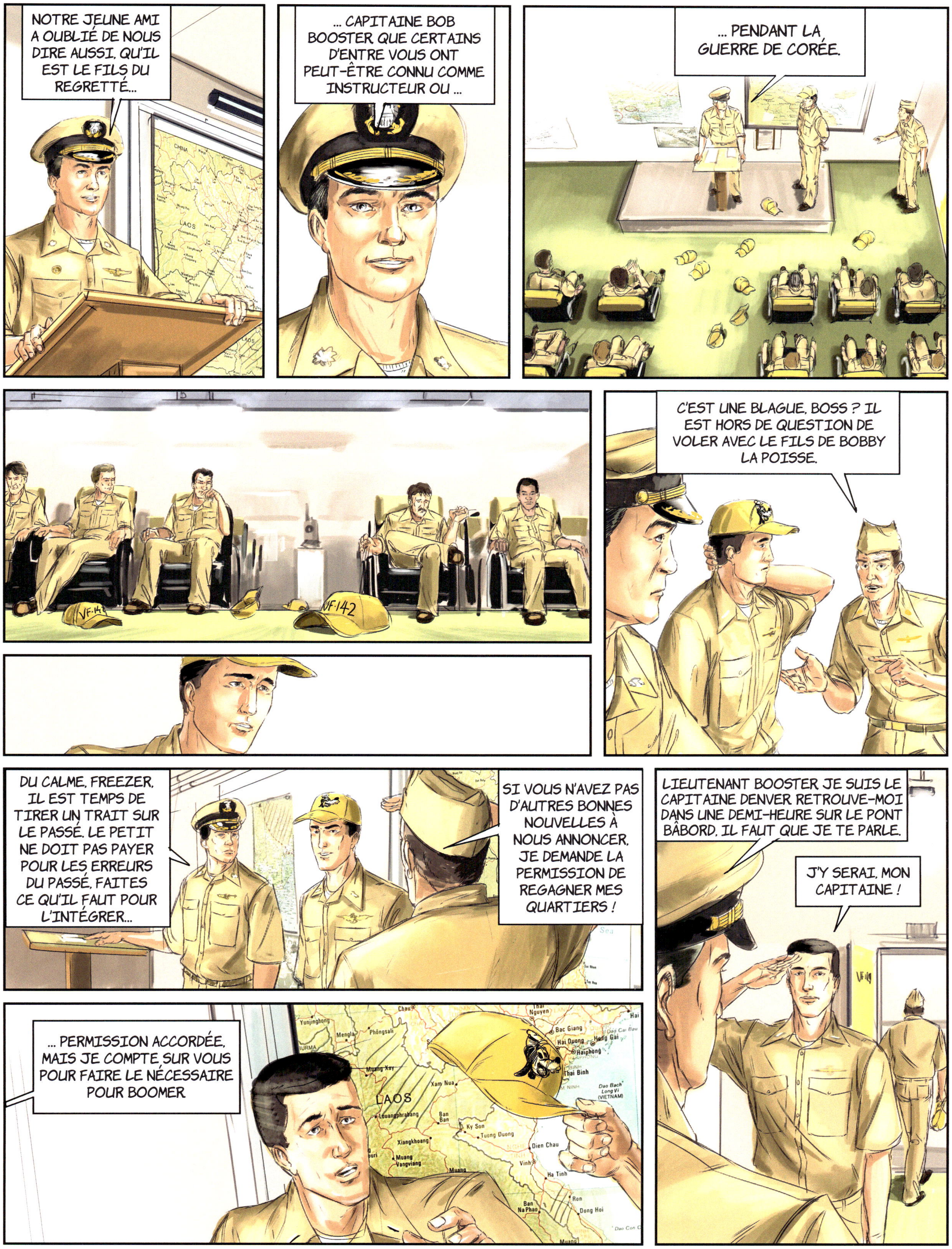
NOTRE JEUNE AMI A OUBLIÉ DE NOUS DIRE AUSSI, QU'IL EST LE FILS DU REGRETTÉ...
... CAPITAINE BOB BOOSTER QUE CERTAINS D'ENTRE VOUS ONT PEUT-ÊTRE CONNU COMME INSTRUCTEUR OU ...
... PENDANT LA GUERRE DE CORÉE.
VF-142
VF-142
C'EST UNE BLAGUE, BOSS ? IL EST HORS DE QUESTION DE VOLER AVEC LE FILS DE BOBBY LA POISSE.
DU CALME, FREEZER. IL EST TEMPS DE TIRER UN TRAIT SUR LE PASSÉ. LE PETIT NE DOIT PAS PAYER POUR LES ERREURS DU PASSÉ. FAITES CE QU'IL FAUT POUR L'INTÉGRER...
SI VOUS N'AVEZ PAS D'AUTRES BONNES NOUVELLES À NOUS ANNONCER, JE DEMANDE LA PERMISSION DE REGAGNER MES QUARTIERS !
LIEUTENANT BOOSTER JE SUIS LE CAPITAINE DENVER RETROUVE-MOI DANS UNE DEMI-HEURE SUR LE PONT BÂBORD. IL FAUT QUE JE TE PARLE.
J'Y SERAI, MON CAPITAINE !
... PERMISSION ACCORDÉE. MAIS JE COMPTE SUR VOUS POUR FAIRE LE NÉCESSAIRE POUR BOOMER
LAOS

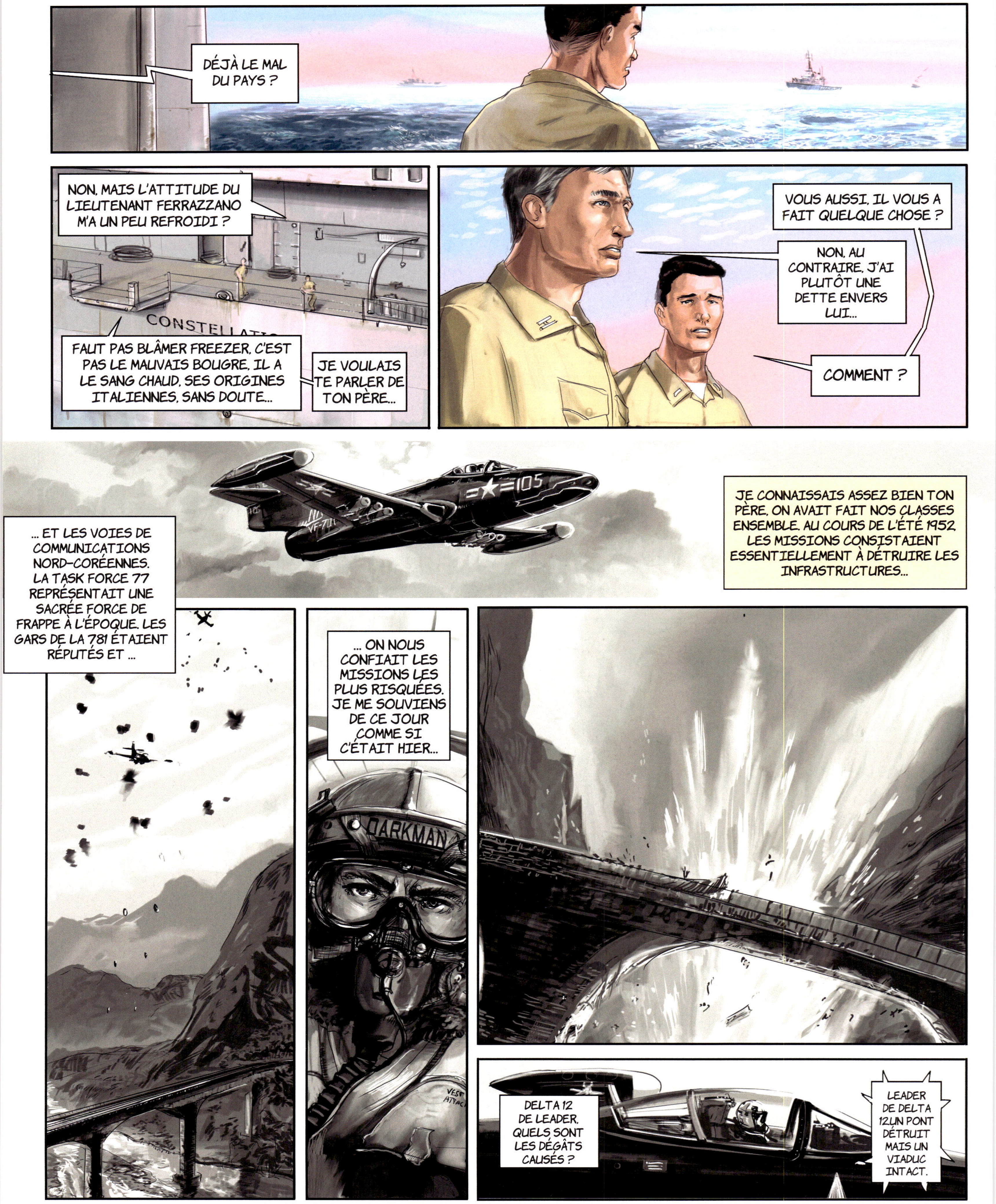
DÉJÀ LE MAL DU PAYS ?
NON, MAIS L'ATTITUDE DU LIEUTENANT FERRAZZANO M'A UN PEU REFROIDI ?
CONSTELLATIO
FAUT PAS BLÂMER FREEZER, C'EST PAS LE MAUVAIS BOUGRE, IL A LE SANG CHAUD, SES ORIGINES ITALIENNES, SANS DOUTE...
JE VOULAIS TE PARLER DE TON PÈRE...
VOUS AUSSI, IL VOUS A FAIT QUELQUE CHOSE ?
NON, AU CONTRAIRE, J'AI PLUTÔT UNE DETTE ENVERS LUI...
COMMENT ?
JE CONNAISSAIS ASSEZ BIEN TON PÈRE, ON AVAIT FAIT NOS CLASSES ENSEMBLE. AU COURS DE L'ÉTÉ 1952 LES MISSIONS CONSISTAIENT ESSENTIELLEMENT À DÉTRUIRE LES INFRASTRUCTURES...
105
VF-781
... ET LES VOIES DE COMMUNICATIONS NORD-CORÉENNES. LA TASK FORCE 77 REPRÉSENTAIT UNE SACRÉE FORCE DE FRAPPE À L'ÉPOQUE. LES GARS DE LA 781 ÉTAIENT RÉPUTÉS ET ...
... ON NOUS CONFIAIT LES MISSIONS LES PLUS RISQUÉES. JE ME SOUVIENS DE CE JOUR COMME SI C'ÉTAIT HIER...
DARKMAN
DELTA 12 DE LEADER. QUELS SONT LES DÉGÂTS CAUSÉS ?
LEADER DE DELTA 12. UN PONT DÉTRUIT MAIS UN VIADUC INTACT.

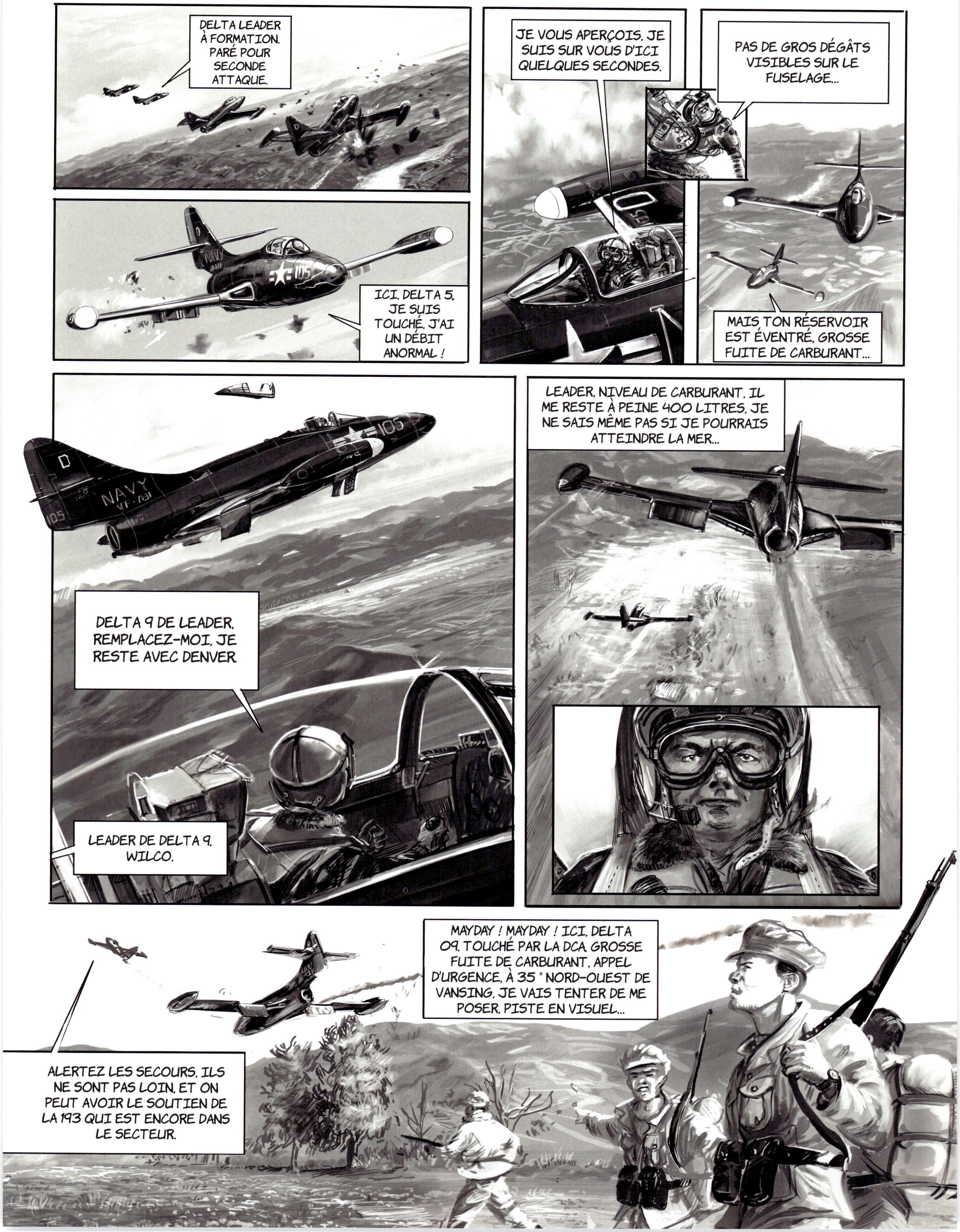
DELTA LEADER À FORMATION. PARÉ POUR SECONDE ATTAQUE.
ICI, DELTA 5. JE SUIS TOUCHÉ, J'AI UN DÉBIT ANORMAL !
JE VOUS APERÇOIS. JE SUIS SUR VOUS D'ICI QUELQUES SECONDES.
PAS DE GROS DÉGÂTS VISIBLES SUR LE FUSELAGE...
MAIS TON RÉSERVOIR EST ÉVENTRÉ, GROSSE FUITE DE CARBURANT...
DELTA 9 DE LEADER, REMPLACEZ-MOI, JE RESTE AVEC DENVER.
LEADER DE DELTA 9, WILCO.
LEADER, NIVEAU DE CARBURANT. IL ME RESTE À PEINE 400 LITRES. JE NE SAIS MÊME PAS SI JE POURRAIS ATTEINDRE LA MER...
MAYDAY ! MAYDAY ! ICI, DELTA 09, TOUCHÉ PAR LA DCA, GROSSE FUITE DE CARBURANT, APPEL D'URGENCE, À 35 ° NORD-OUEST DE VANSING, JE VAIS TENTER DE ME POSER, PISTE EN VISUEL...
ALERTEZ LES SECOURS, ILS NE SONT PAS LOIN, ET ON PEUT AVOIR LE SOUTIEN DE LA 193 QUI EST ENCORE DANS LE SECTEUR.

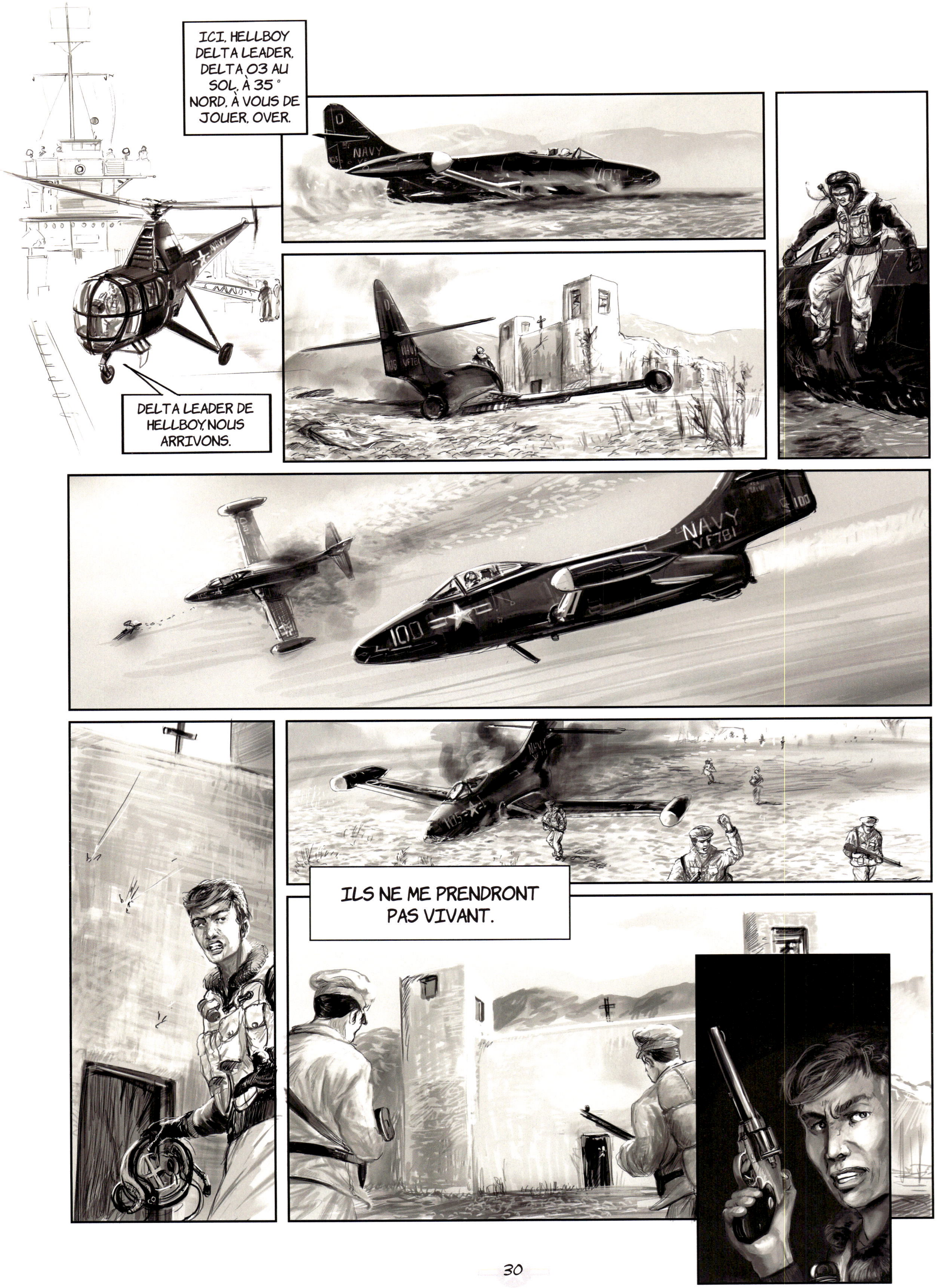
ICI, HELLBOY DELTA LEADER, DELTA 03 AU SOL, À 35 ° NORD, À VOUS DE JOUER, OVER.
DELTA LEADER DE HELLBOY, NOUS ARRIVONS.
ILS NE ME PRENDRONT PAS VIVANT.

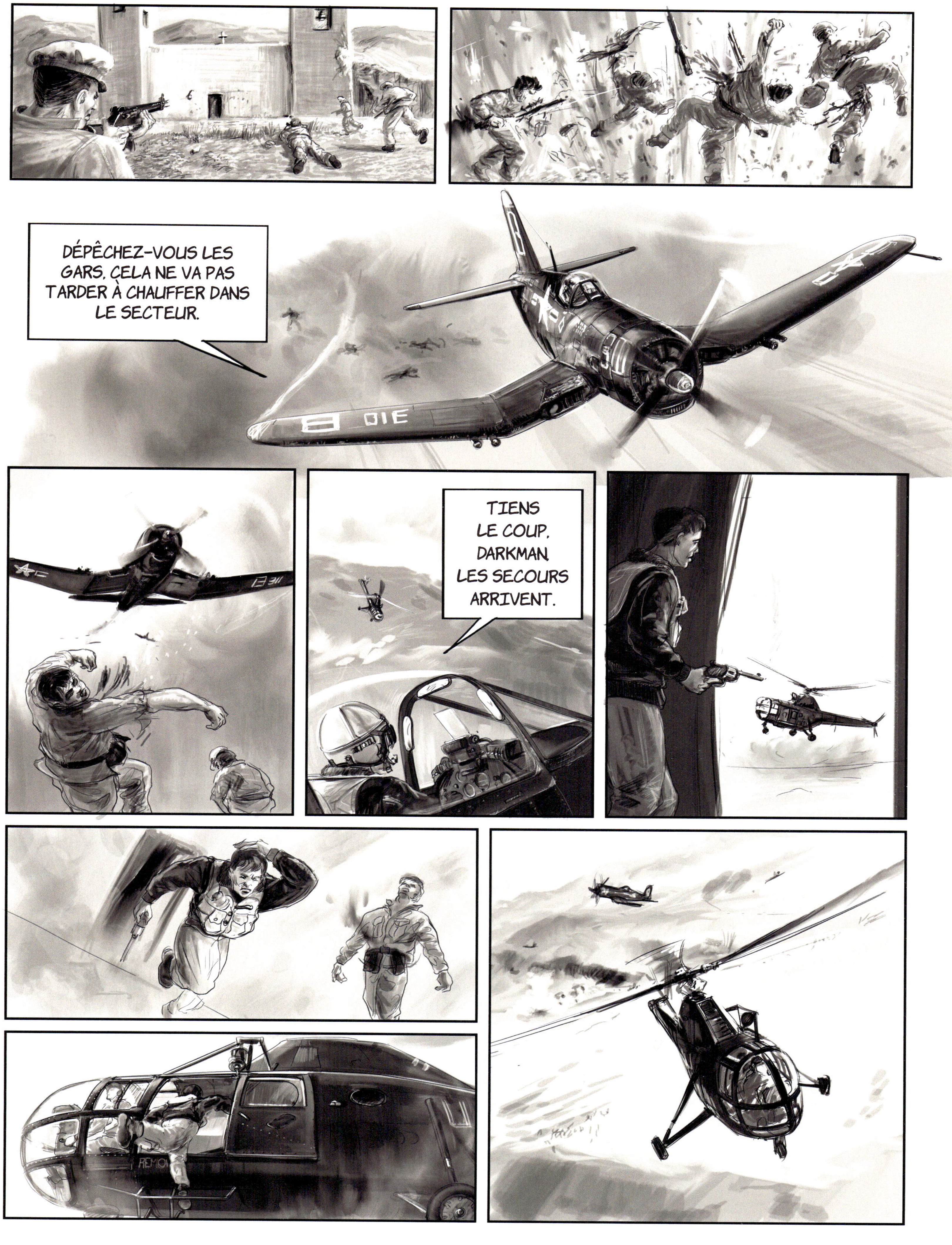
DÉPÊCHEZ-VOUS LES GARS. CELA NE VA PAS TARDER À CHAUFFER DANS LE SECTEUR.
TIENS LE COUP, DARKMAN. LES SECOURS ARRIVENT.

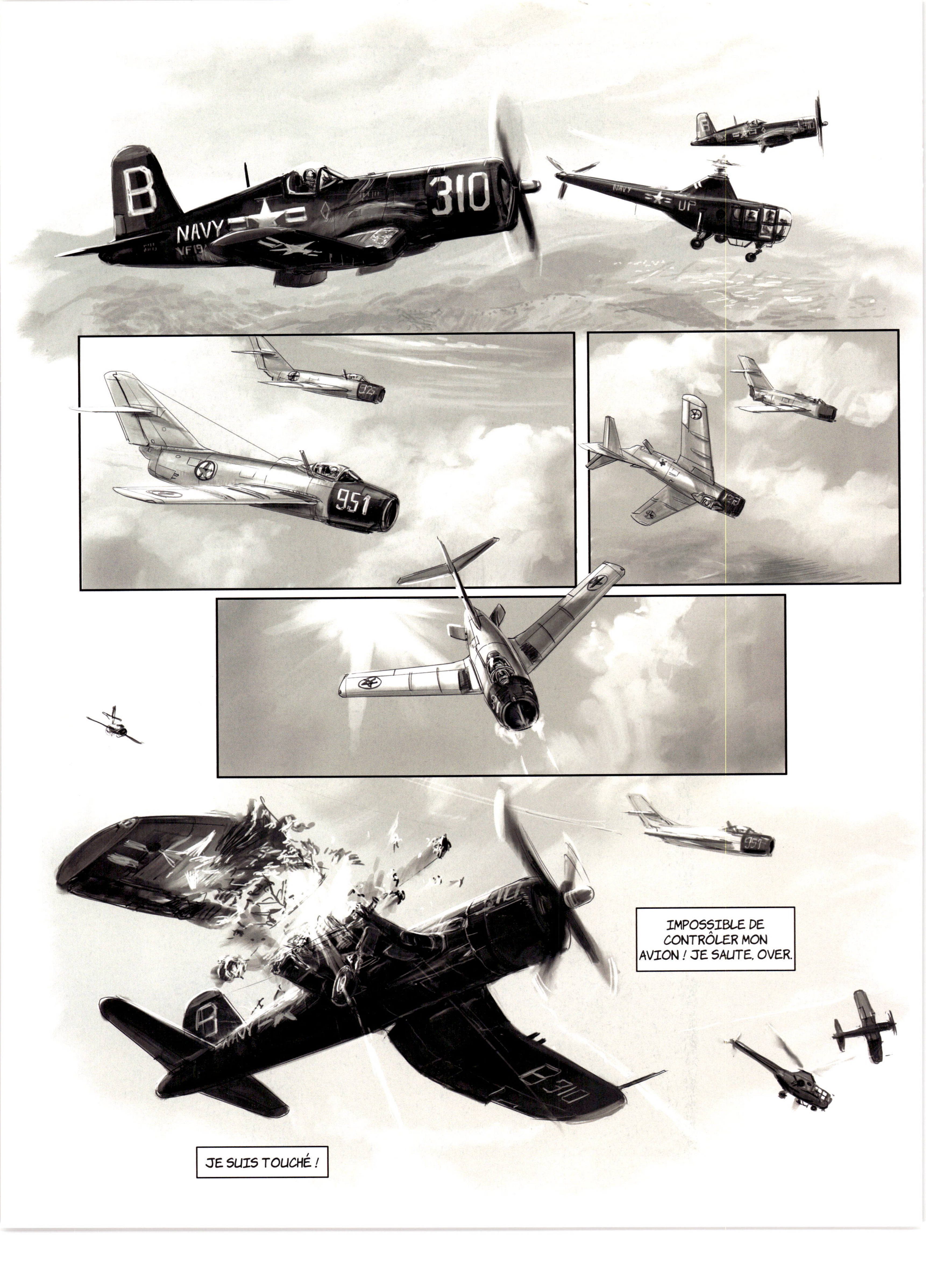
IMPOSSIBLE DE CONTRÔLER MON AVION ! JE SAUTE. OVER.
JE SUIS TOUCHÉ !

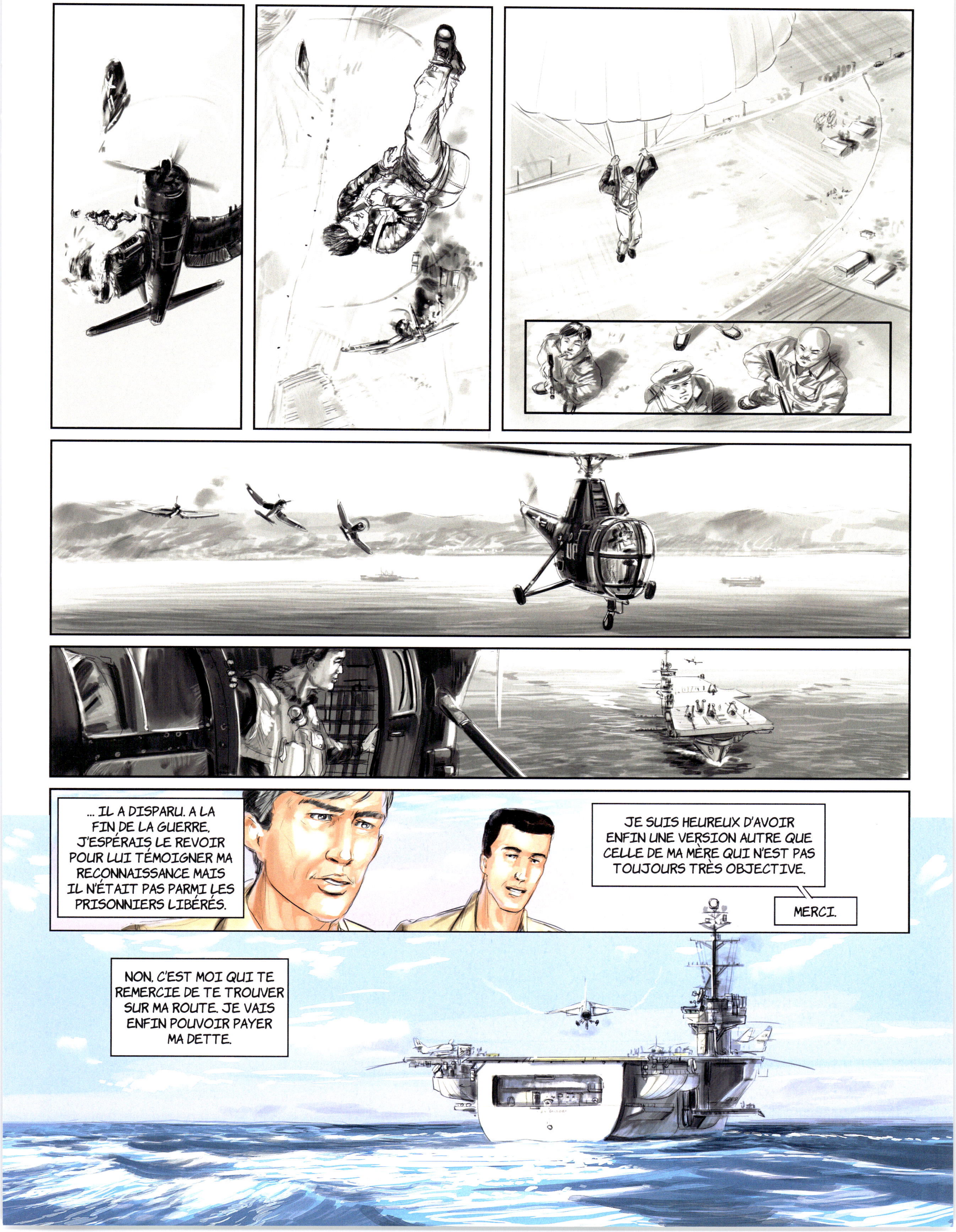
... IL A DISPARU. A LA FIN DE LA GUERRE. J'ESPÉRAIS LE REVOIR POUR LUI TÉMOIGNER MA RECONNAISSANCE MAIS IL N'ÉTAIT PAS PARMI LES PRISONNIERS LIBÉRÉS.
JE SUIS HEUREUX D'AVOIR ENFIN UNE VERSION AUTRE QUE CELLE DE MA MÈRE QUI N'EST PAS TOUJOURS TRÈS OBJECTIVE.
MERCI.
NON, C'EST MOI QUI TE REMERCIE DE TE TROUVER SUR MA ROUTE. JE VAIS ENFIN POUVOIR PAYER MA DETTE.

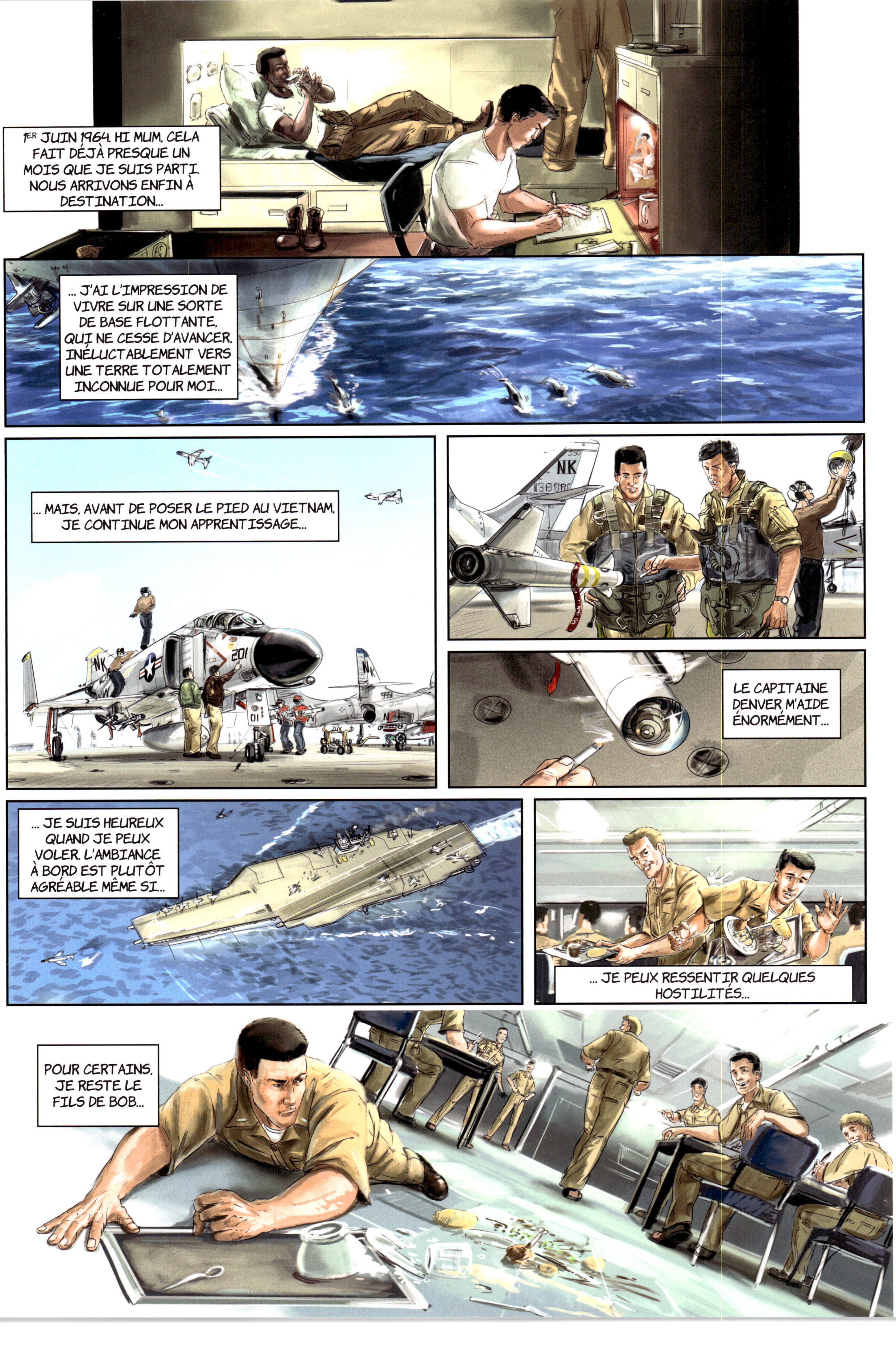
1ER JUIN 1964. HI MUM. CELA FAIT DÉJÀ PRESQUE UN MOIS QUE JE SUIS PARTI. NOUS ARRIVONS ENFIN À DESTINATION...
... J'AI L'IMPRESSION DE VIVRE SUR UNE SORTE DE BASE FLOTTANTE, QUI NE CESSE D'AVANCER, INÉLUCTABLEMENT VERS UNE TERRE TOTALEMENT INCONNUE POUR MOI...
... MAIS, AVANT DE POSER LE PIED AU VIETNAM, JE CONTINUE MON APPRENTISSAGE...
NK
201
LE CAPITAINE DENVER M'AIDE ÉNORMÉMENT...
... JE SUIS HEUREUX QUAND JE PEUX VOLER. L'AMBIANCE À BORD EST PLUTÔT AGRÉABLE MÊME SI...
... JE PEUX RESSENTIR QUELQUES HOSTILITÉS...
POUR CERTAINS, JE RESTE LE FILS DE BOB...

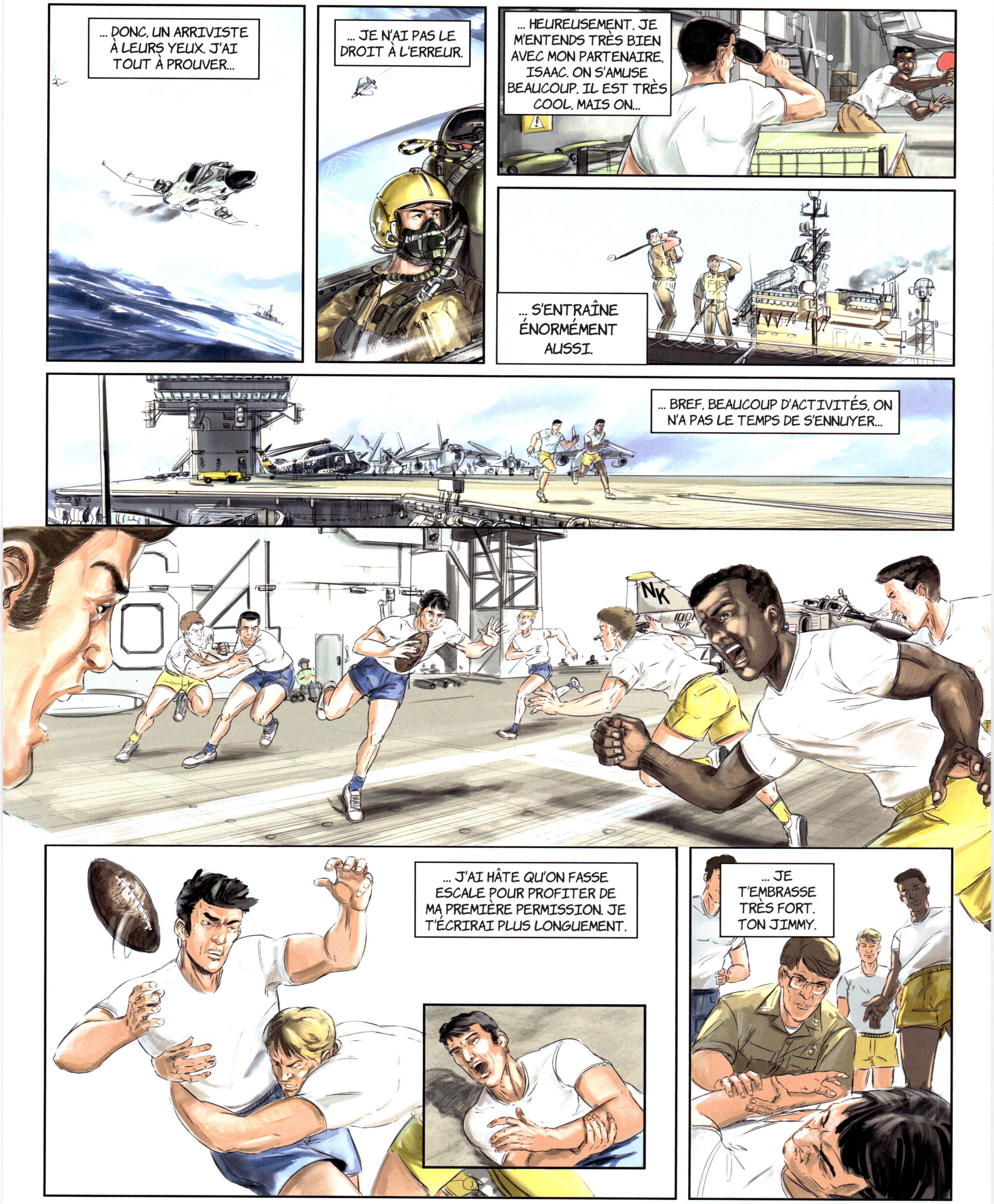
... DONC, UN ARRIVISTE À LEURS YEUX. J'AI TOUT À PROUVER...
... JE N'AI PAS LE DROIT À L'ERREUR.
... HEUREUSEMENT, JE M'ENTENDS TRÈS BIEN AVEC MON PARTENAIRE, ISAAC. ON S'AMUSE BEAUCOUP, IL EST TRÈS COOL, MAIS ON...
... S'ENTRAÎNE ÉNORMÉMENT AUSSI.
... BREF, BEAUCOUP D'ACTIVITÉS, ON N'A PAS LE TEMPS DE S'ENNUYER...
NK
... J'AI HÂTE QU'ON FASSE ESCALE POUR PROFITER DE MA PREMIÈRE PERMISSION. JE T'ÉCRIRAI PLUS LONGUEMENT.
... JE T'EMBRASSE TRÈS FORT. TON JIMMY.

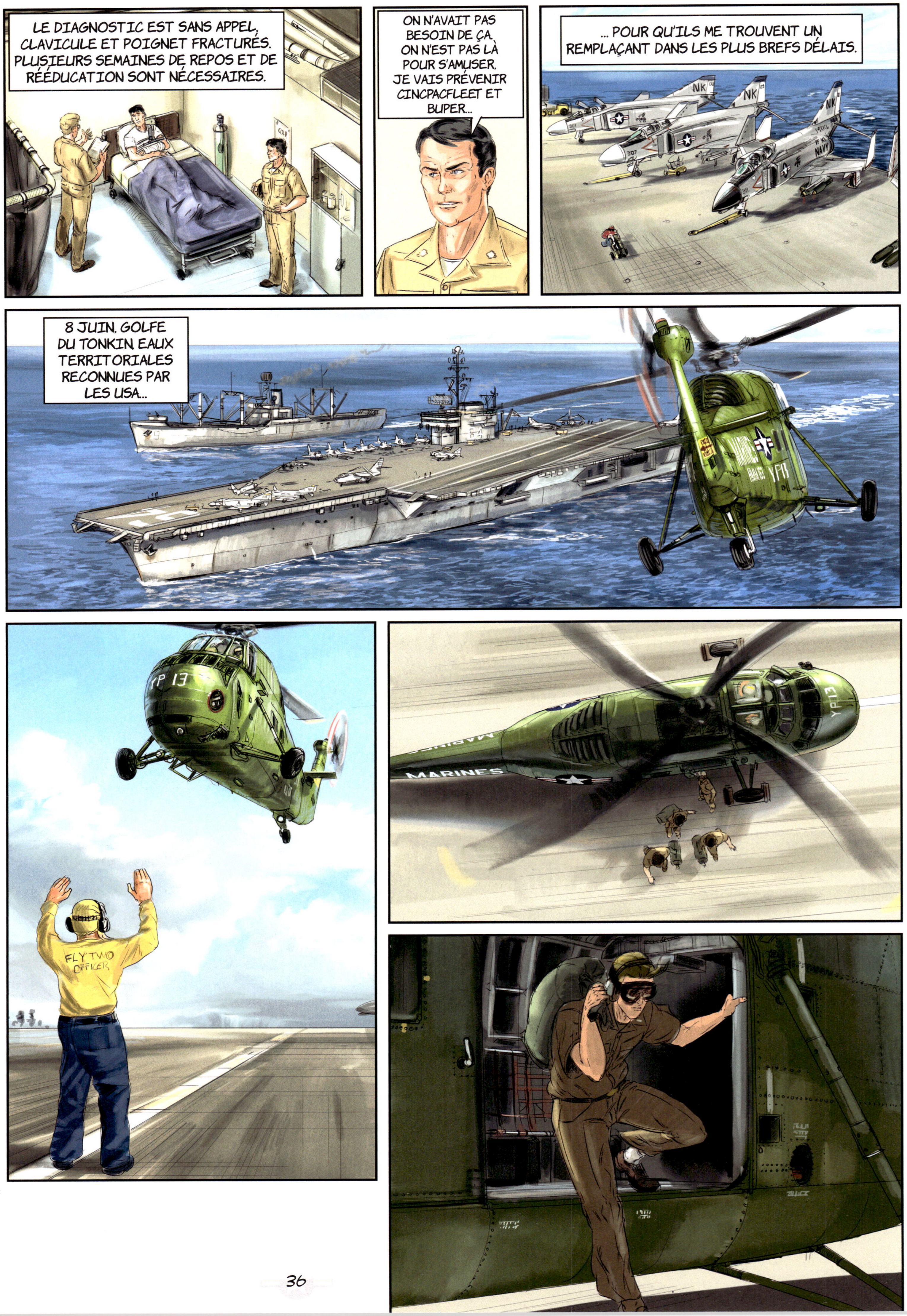
LE DIAGNOSTIC EST SANS APPEL, CLAVICULE ET POIGNET FRACTURÉS. PLUSIEURS SEMAINES DE REPOS ET DE RÉÉDUCATION SONT NÉCESSAIRES.
ON N'AVAIT PAS BESOIN DE ÇA. ON N'EST PAS LÀ POUR S'AMUSER. JE VAIS PRÉVENIR CINCPACFLEET ET BUPER...
... POUR QU'ILS ME TROUVENT UN REMPLAÇANT DANS LES PLUS BREFS DÉLAIS.
8 JUIN. GOLFE DU TONKIN. EAUX TERRITORIALES RECONNUES PAR LES USA...
MARINES
FLY TWO OFFICER

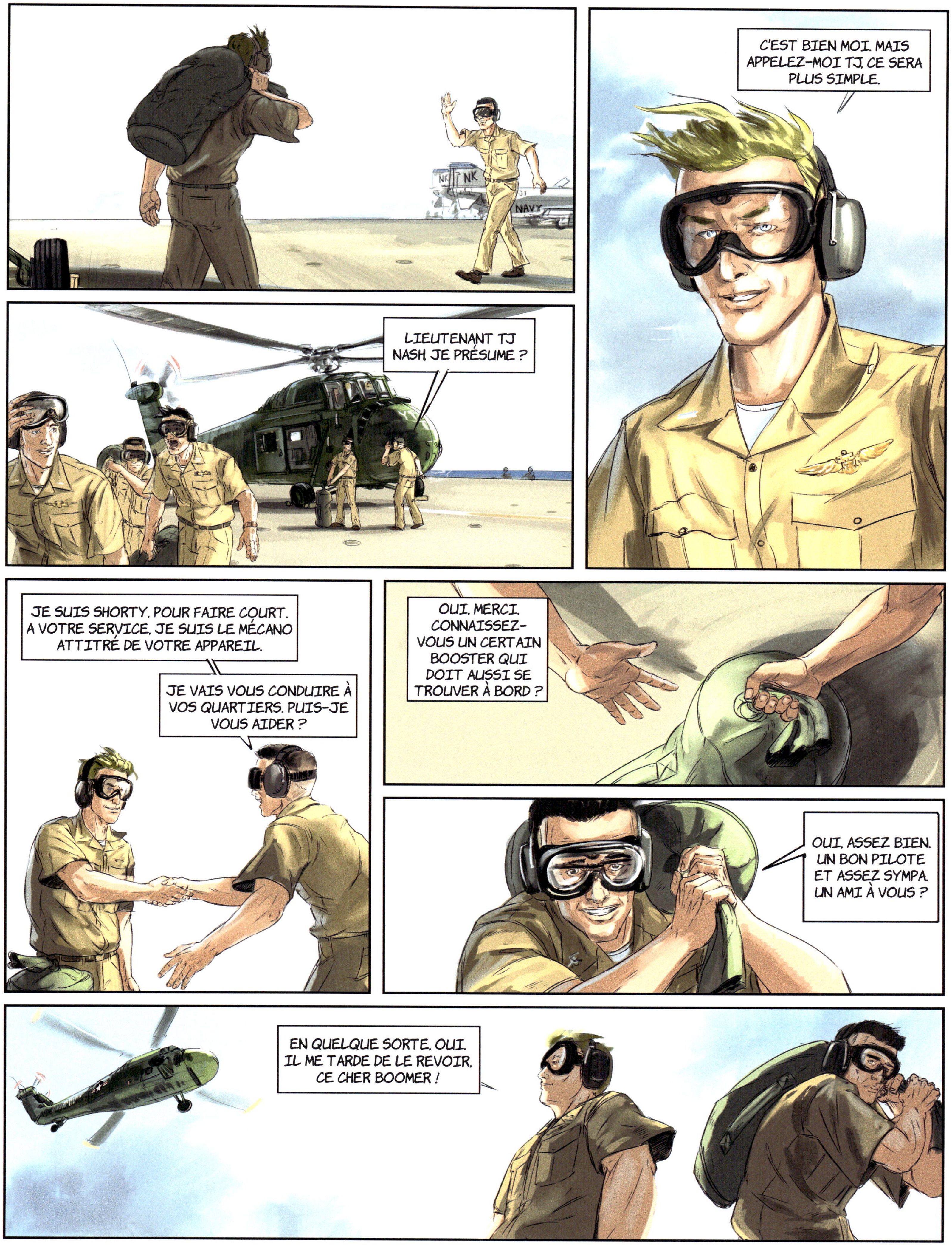
C'EST BIEN MOI. MAIS APPELEZ-MOI TJ. CE SERA PLUS SIMPLE.
LIEUTENANT TJ NASH JE PRÉSUME ?
JE SUIS SHORTY. POUR FAIRE COURT. A VOTRE SERVICE. JE SUIS LE MÉCANO ATTITRÉ DE VOTRE APPAREIL.
JE VAIS VOUS CONDUIRE À VOS QUARTIERS. PUIS-JE VOUS AIDER ?
OUI. MERCI. CONNAISSEZ-VOUS UN CERTAIN BOOSTER QUI DOIT AUSSI SE TROUVER À BORD ?
OUI. ASSEZ BIEN. UN BON PILOTE ET ASSEZ SYMPA. UN AMI À VOUS ?
EN QUELQUE SORTE. OUI. IL ME TARDE DE LE REVOIR. CE CHER BOOMER !

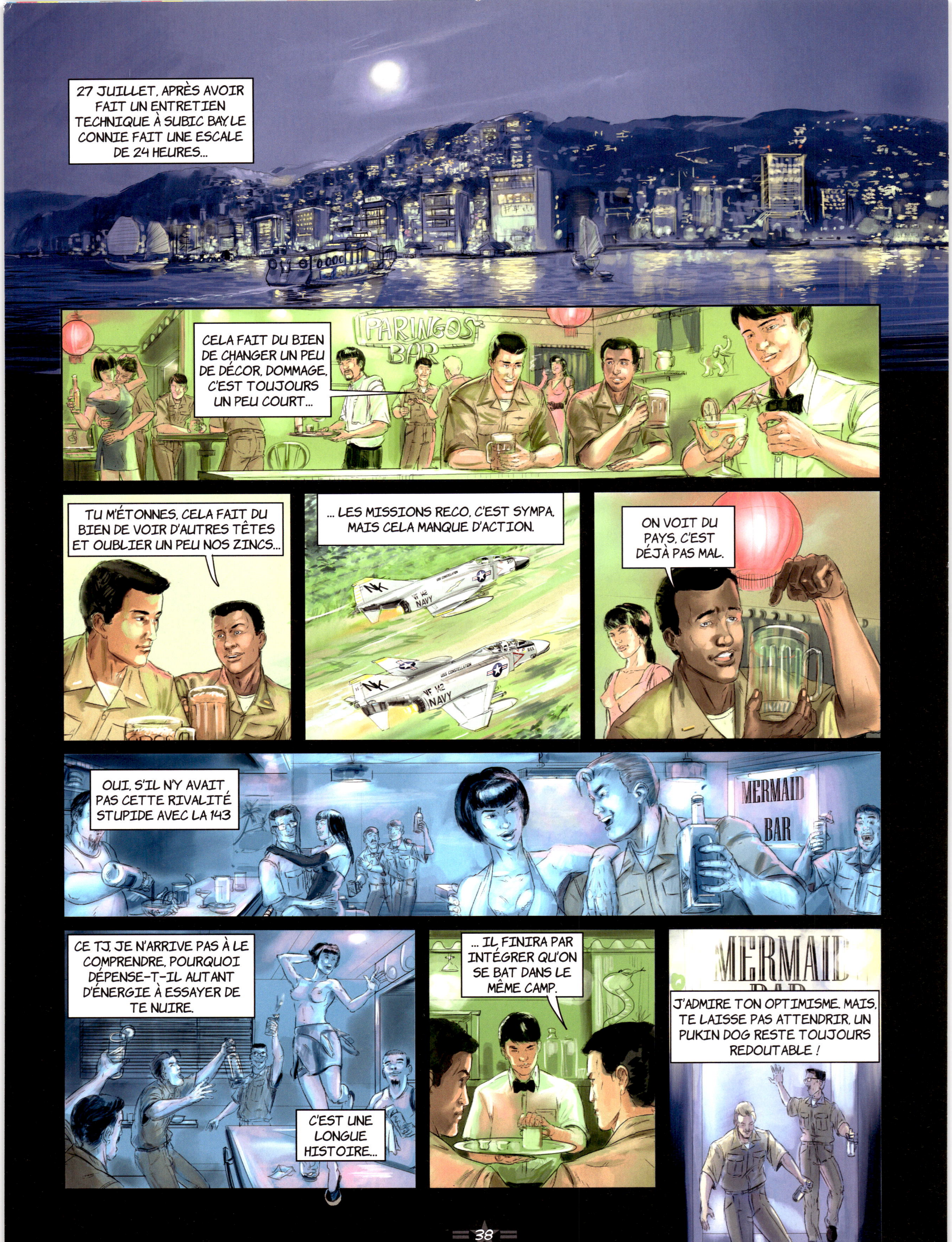
27 JUILLET, APRÈS AVOIR FAIT UN ENTRETIEN TECHNIQUE À SUBIC BAY, LE CONNIE FAIT UNE ESCALE DE 24 HEURES...
PARINGOS BAR
CELA FAIT DU BIEN DE CHANGER UN PEU DE DÉCOR. DOMMAGE, C'EST TOUJOURS UN PEU COURT...
TU M'ÉTONNES, CELA FAIT DU BIEN DE VOIR D'AUTRES TÊTES ET OUBLIER UN PEU NOS ZINCS...
... LES MISSIONS RECO, C'EST SYMPA, MAIS CELA MANQUE D'ACTION.
NK
VF 142
NAVY
ON VOIT DU PAYS, C'EST DÉJÀ PAS MAL.
OUI, S'IL N'Y AVAIT PAS CETTE RIVALITÉ STUPIDE AVEC LA 143
MERMAID BAR
CE TJ, JE N'ARRIVE PAS À LE COMPRENDRE. POURQUOI DÉPENSE-T-IL AUTANT D'ÉNERGIE À ESSAYER DE TE NUIRE.
C'EST UNE LONGUE HISTOIRE...
... IL FINIRA PAR INTÉGRER QU'ON SE BAT DANS LE MÊME CAMP.
J'ADMIRE TON OPTIMISME. MAIS, TE LAISSE PAS ATTENDRIR. UN PUKIN DOG RESTE TOUJOURS REDOUTABLE !

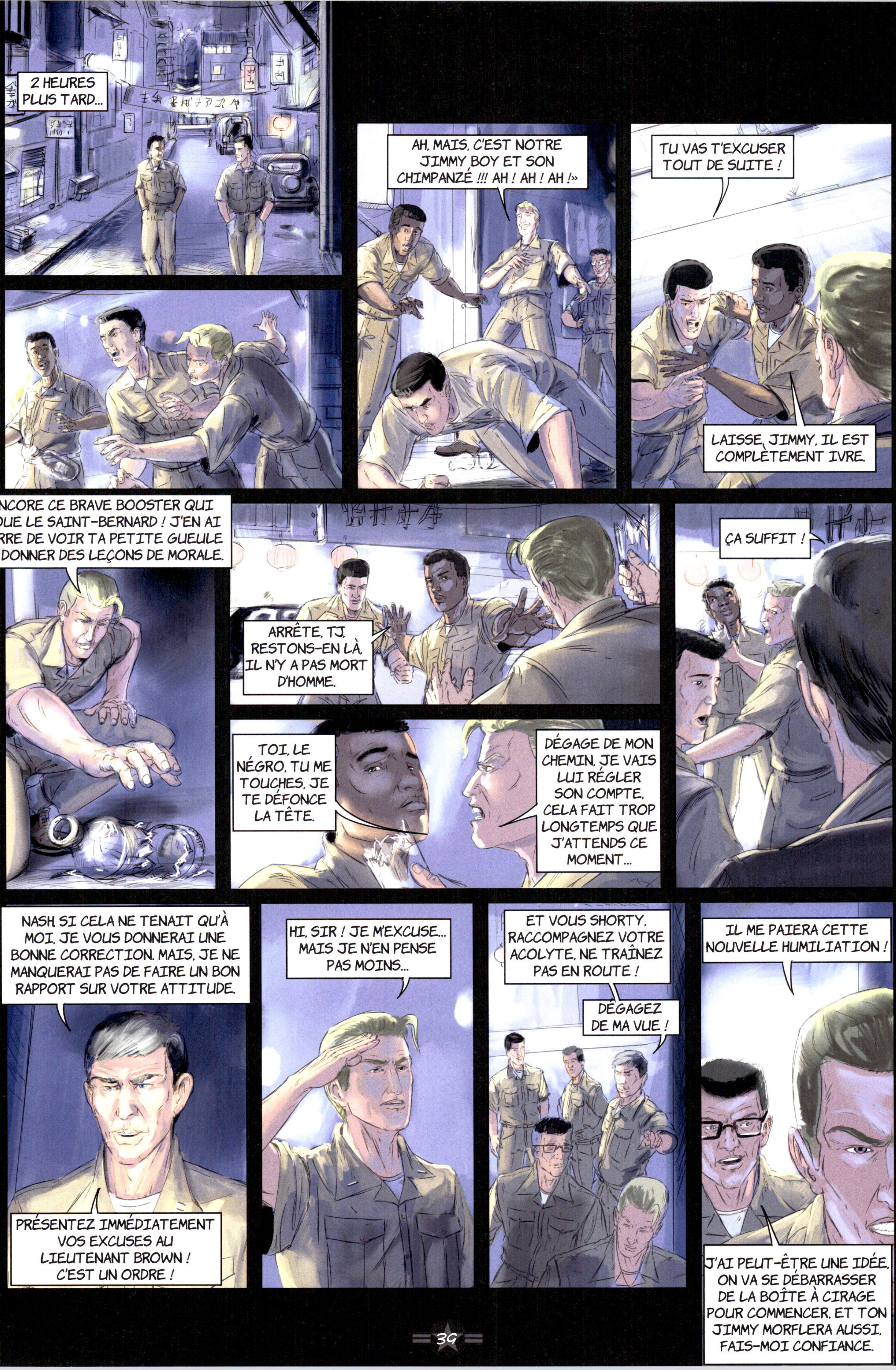
2 HEURES PLUS TARD...
AH, MAIS, C'EST NOTRE JIMMY BOY ET SON CHIMPANZÉ !!! AH ! AH ! AH !»
TU VAS T'EXCUSER TOUT DE SUITE !
LAISSE, JIMMY, IL EST COMPLÈTEMENT IVRE.
ENCORE CE BRAVE BOOSTER QUI JOUE LE SAINT-BERNARD ! J'EN AI MARRE DE VOIR TA PETITE GUEULE ME DONNER DES LEÇONS DE MORALE.
ARRÊTE, TJ, RESTONS-EN LÀ, IL N'Y A PAS MORT D'HOMME.
ÇA SUFFIT !
TOI, LE NÉGRO, TU ME TOUCHES, JE TE DÉFONCE LA TÊTE.
DÉGAGE DE MON CHEMIN, JE VAIS LUI RÉGLER SON COMPTE. CELA FAIT TROP LONGTEMPS QUE J'ATTENDS CE MOMENT...
NASH, SI CELA NE TENAIT QU'À MOI, JE VOUS DONNERAI UNE BONNE CORRECTION. MAIS, JE NE MANQUERAI PAS DE FAIRE UN BON RAPPORT SUR VOTRE ATTITUDE.
PRÉSENTEZ IMMÉDIATEMENT VOS EXCUSES AU LIEUTENANT BROWN ! C'EST UN ORDRE !
HI, SIR ! JE M'EXCUSE... MAIS JE N'EN PENSE PAS MOINS...
ET VOUS SHORTY, RACCOMPAGNEZ VOTRE ACOLYTE, NE TRAÎNEZ PAS EN ROUTE !
DÉGAGEZ DE MA VUE !
IL ME PAIERA CETTE NOUVELLE HUMILIATION !
J'AI PEUT-ÊTRE UNE IDÉE, ON VA SE DÉBARRASSER DE LA BOÎTE À CIRAGE POUR COMMENCER, ET TON JIMMY MORFLERA AUSSI. FAIS-MOI CONFIANCE.

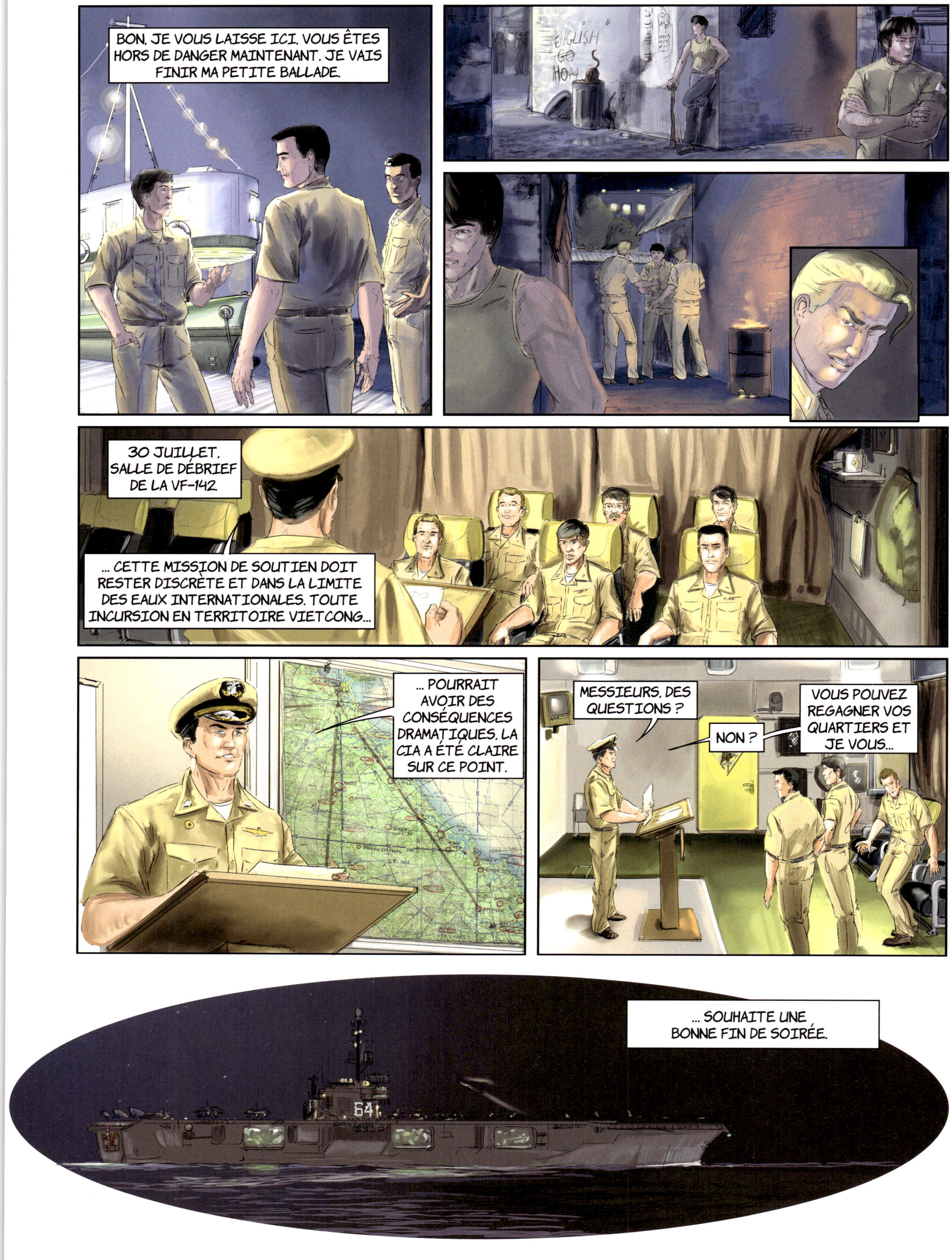
BON, JE VOUS LAISSE ICI. VOUS ÊTES HORS DE DANGER MAINTENANT. JE VAIS FINIR MA PETITE BALLADE.
ENGLISH GO HOM
30 JUILLET. SALLE DE DÉBRIEF DE LA VF-142
... CETTE MISSION DE SOUTIEN DOIT RESTER DISCRÈTE ET DANS LA LIMITE DES EAUX INTERNATIONALES. TOUTE INCURSION EN TERRITOIRE VIETCONG...
... POURRAIT AVOIR DES CONSÉQUENCES DRAMATIQUES. LA CIA A ÉTÉ CLAIRE SUR CE POINT.
MESSIEURS, DES QUESTIONS ?
NON ?
VOUS POUVEZ REGAGNER VOS QUARTIERS ET JE VOUS...
... SOUHAITE UNE BONNE FIN DE SOIRÉE.
64

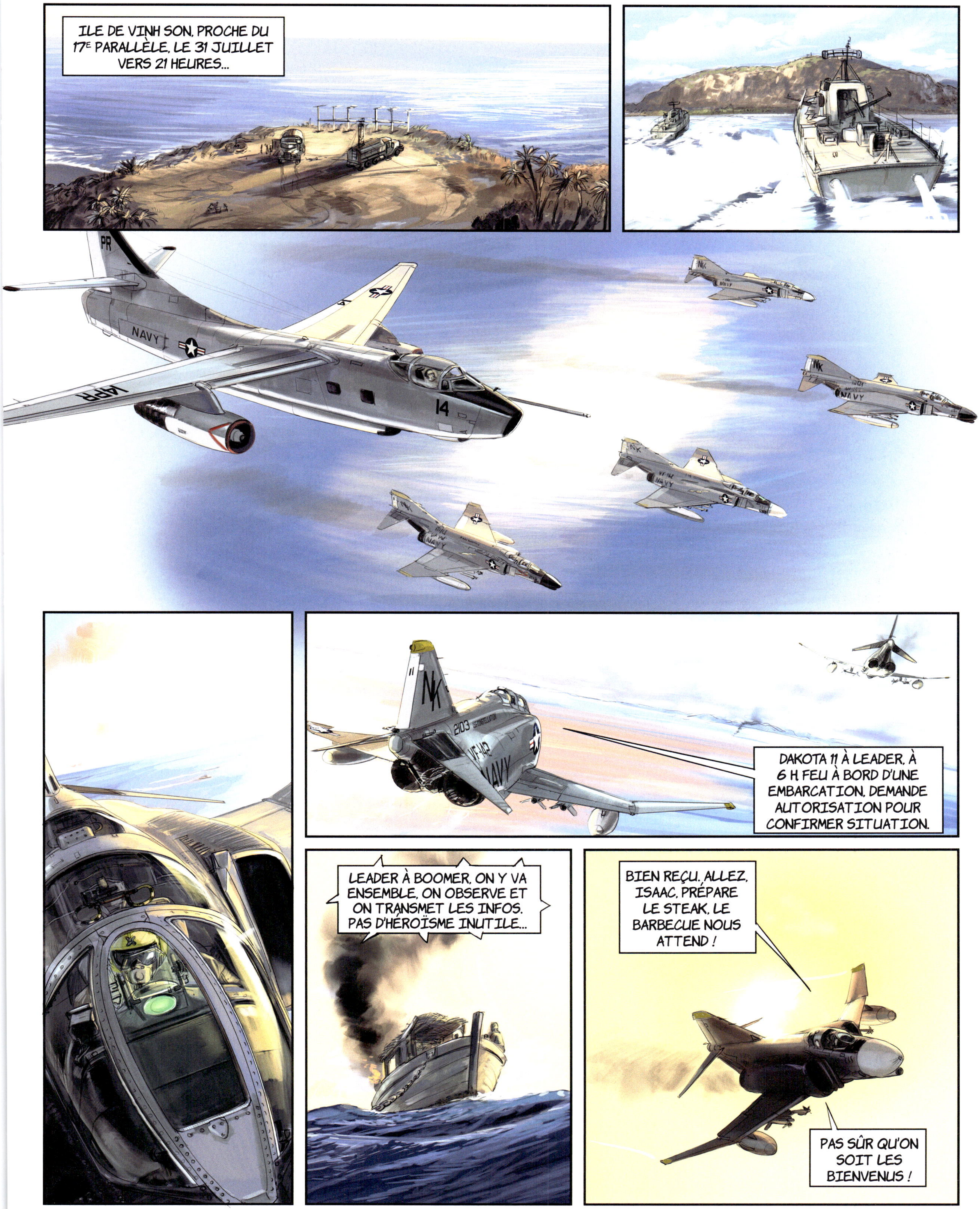
ILE DE VINH SON, PROCHE DU 17E PARALLÈLE, LE 31 JUILLET VERS 21 HEURES...
DAKOTA 11 À LEADER, À 6 H, FEU À BORD D'UNE EMBARCATION, DEMANDE AUTORISATION POUR CONFIRMER SITUATION.
LEADER À BOOMER, ON Y VA ENSEMBLE, ON OBSERVE ET ON TRANSMET LES INFOS. PAS D'HÉROÏSME INUTILE...
BIEN REÇU, ALLEZ, ISAAC, PRÉPARE LE STEAK, LE BARBECUE NOUS ATTEND !
PAS SÛR QU'ON SOIT LES BIENVENUS !

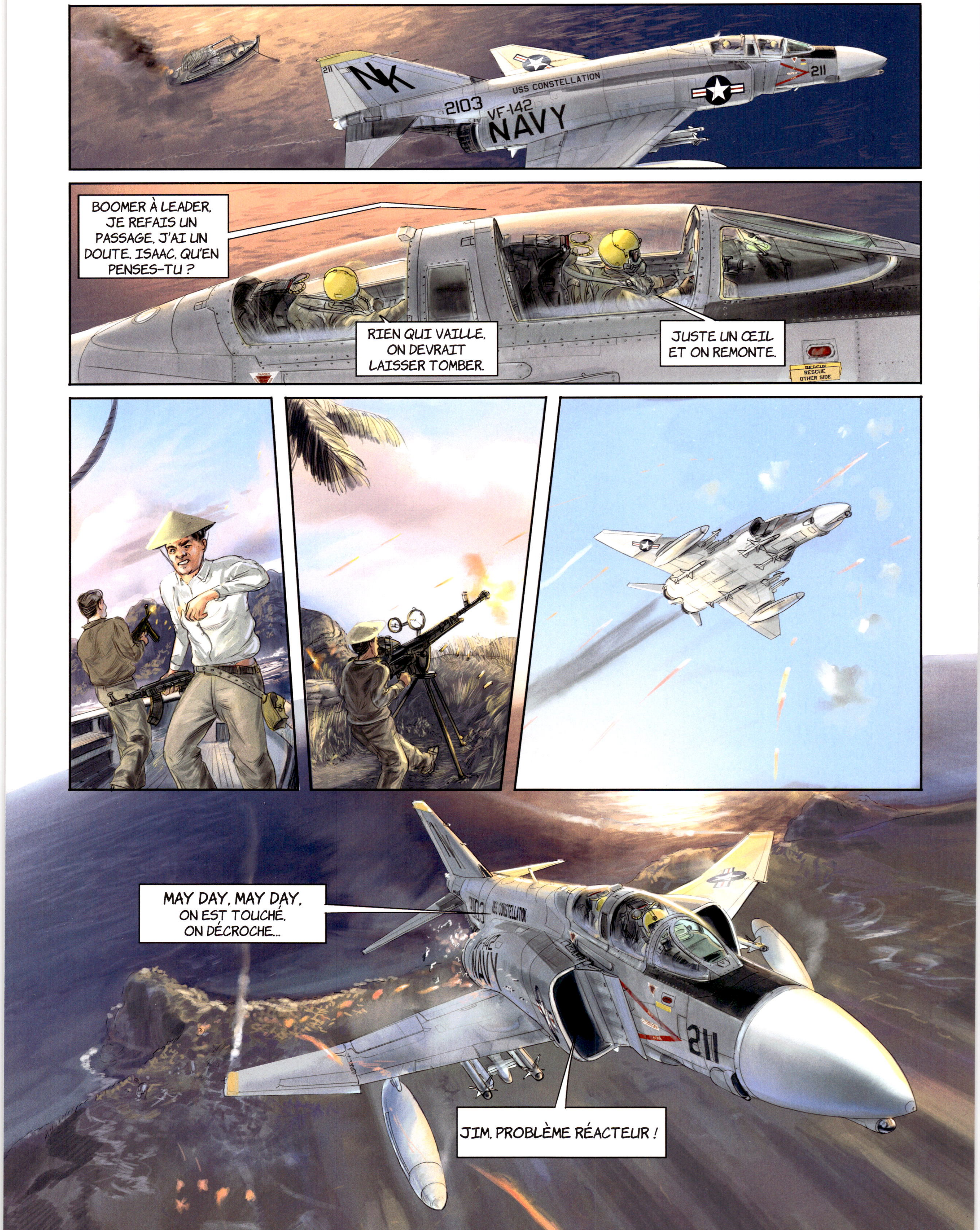
NK
211
2103
VF-142
NAVY
USS CONSTELLATION
211
BOOMER À LEADER. JE REFAIS UN PASSAGE. J'AI UN DOUTE. ISAAC, QU'EN PENSES-TU ?
RIEN QUI VAILLE. ON DEVRAIT LAISSER TOMBER.
JUSTE UN ŒIL ET ON REMONTE.
RESCUE OTHER SIDE
MAY DAY, MAY DAY, ON EST TOUCHÉ. ON DÉCROCHE...
JIM, PROBLÈME RÉACTEUR !
211

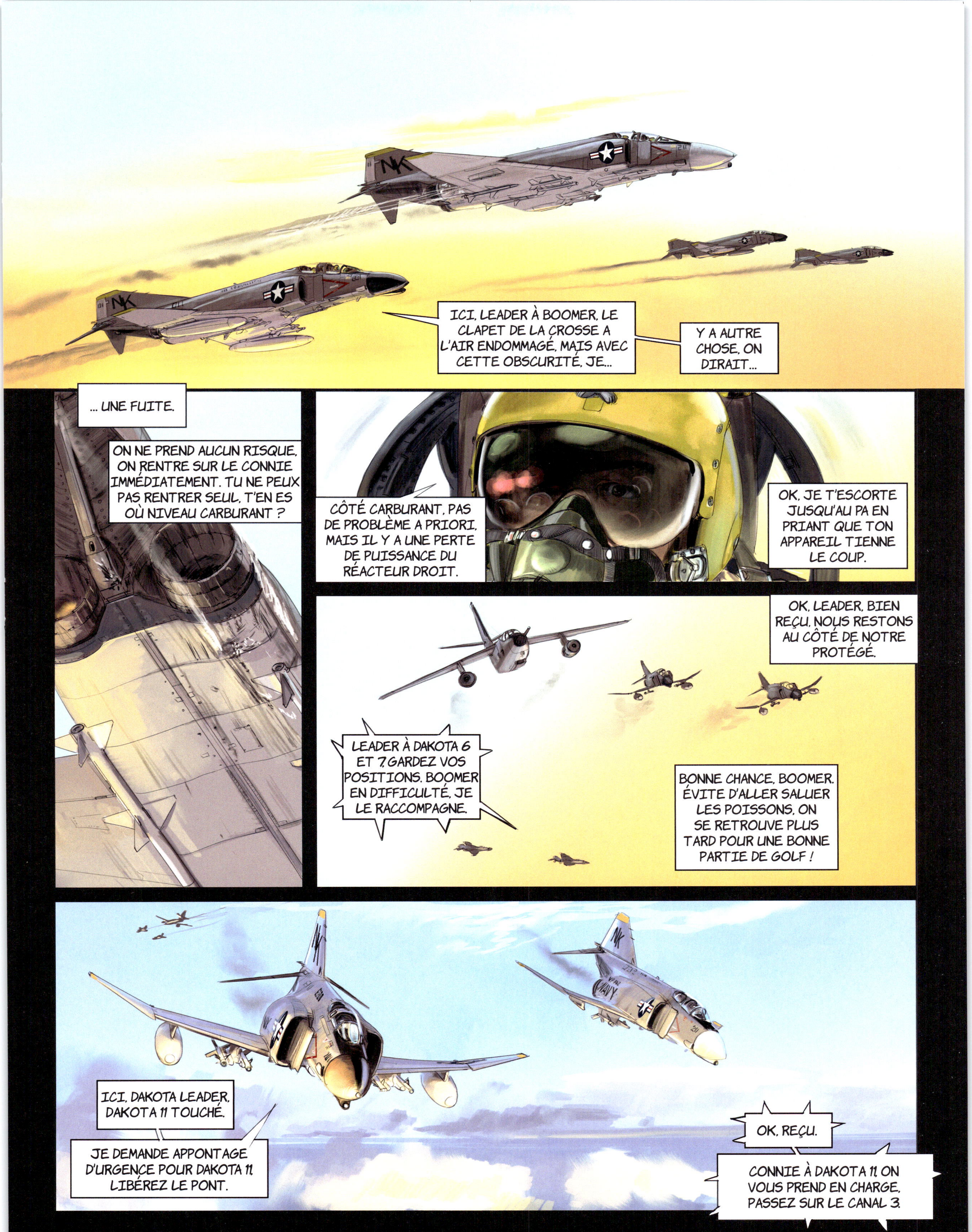
ICI, LEADER À BOOMER. LE CLAPET DE LA CROSSE A L'AIR ENDOMMAGÉ, MAIS AVEC CETTE OBSCURITÉ, JE...
Y A AUTRE CHOSE. ON DIRAIT...
... UNE FUITE.
ON NE PREND AUCUN RISQUE. ON RENTRE SUR LE CONNIE IMMÉDIATEMENT. TU NE PEUX PAS RENTRER SEUL. T'EN ES OÙ NIVEAU CARBURANT ?
CÔTÉ CARBURANT, PAS DE PROBLÈME A PRIORI, MAIS IL Y A UNE PERTE DE PUISSANCE DU RÉACTEUR DROIT.
OK, JE T'ESCORTE JUSQU'AU PA EN PRIANT QUE TON APPAREIL TIENNE LE COUP.
OK, LEADER, BIEN REÇU. NOUS RESTONS AU CÔTÉ DE NOTRE PROTÉGÉ.
LEADER À DAKOTA 6 ET 7. GARDEZ VOS POSITIONS. BOOMER EN DIFFICULTÉ. JE LE RACCOMPAGNE.
BONNE CHANCE, BOOMER. ÉVITE D'ALLER SALUER LES POISSONS. ON SE RETROUVE PLUS TARD POUR UNE BONNE PARTIE DE GOLF !
ICI, DAKOTA LEADER. DAKOTA 11 TOUCHÉ.
JE DEMANDE APPONTAGE D'URGENCE POUR DAKOTA 11. LIBÉREZ LE PONT.
OK, REÇU.
CONNIE À DAKOTA 11, ON VOUS PREND EN CHARGE. PASSEZ SUR LE CANAL 3.

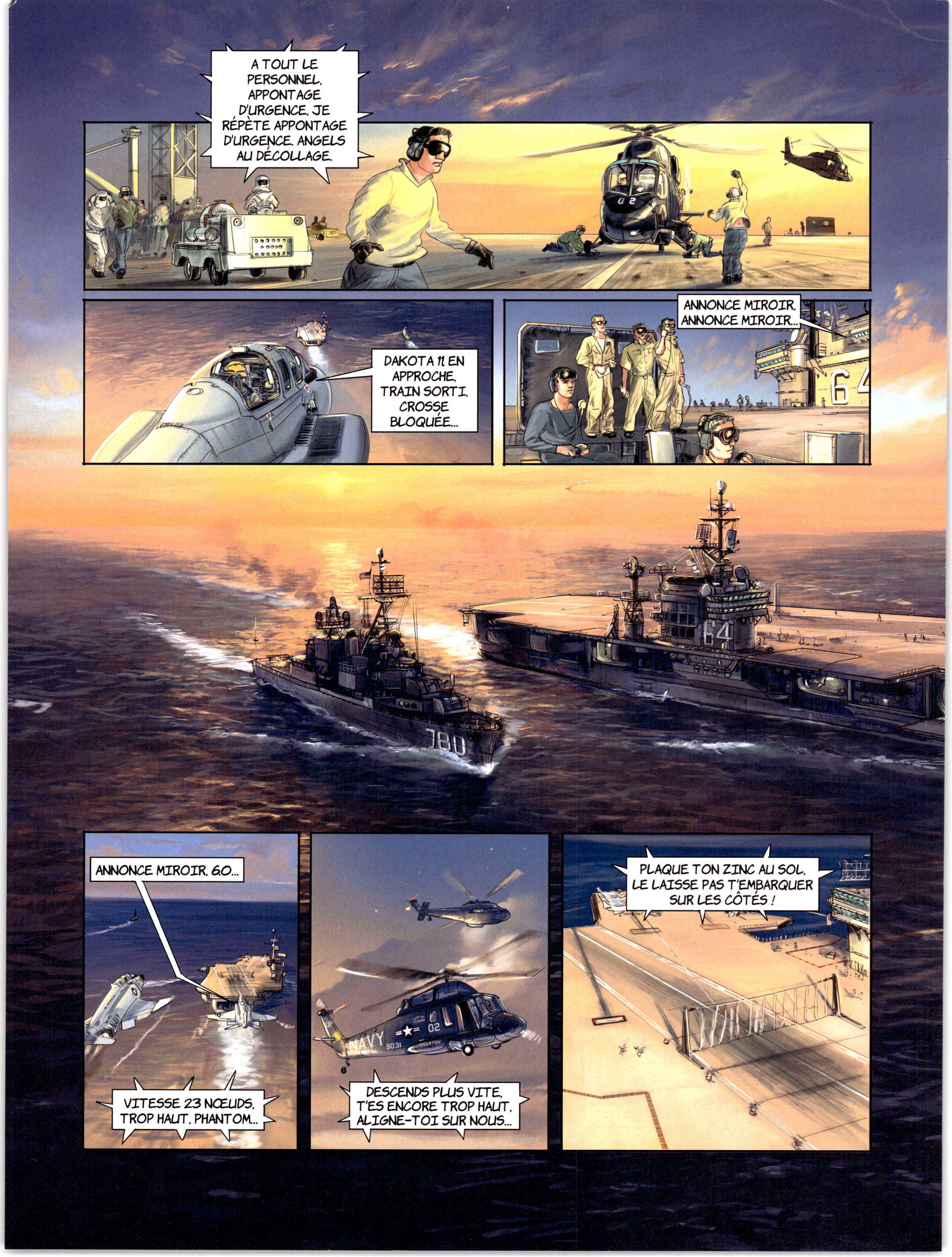
A TOUT LE PERSONNEL. APPONTAGE D'URGENCE. JE RÉPÈTE APPONTAGE D'URGENCE. ANGELS AU DÉCOLLAGE.
DAKOTA 11 EN APPROCHE. TRAIN SORTI. CROSSE BLOQUÉE...
ANNONCE MIROIR. ANNONCE MIROIR...
ANNONCE MIROIR. 6.0...
VITESSE 23 NŒUDS. TROP HAUT. PHANTOM...
DESCENDS PLUS VITE. T'ES ENCORE TROP HAUT. ALIGNE-TOI SUR NOUS...
PLAQUE TON ZINC AU SOL. LE LAISSE PAS T'EMBARQUER SUR LES CÔTÉS !

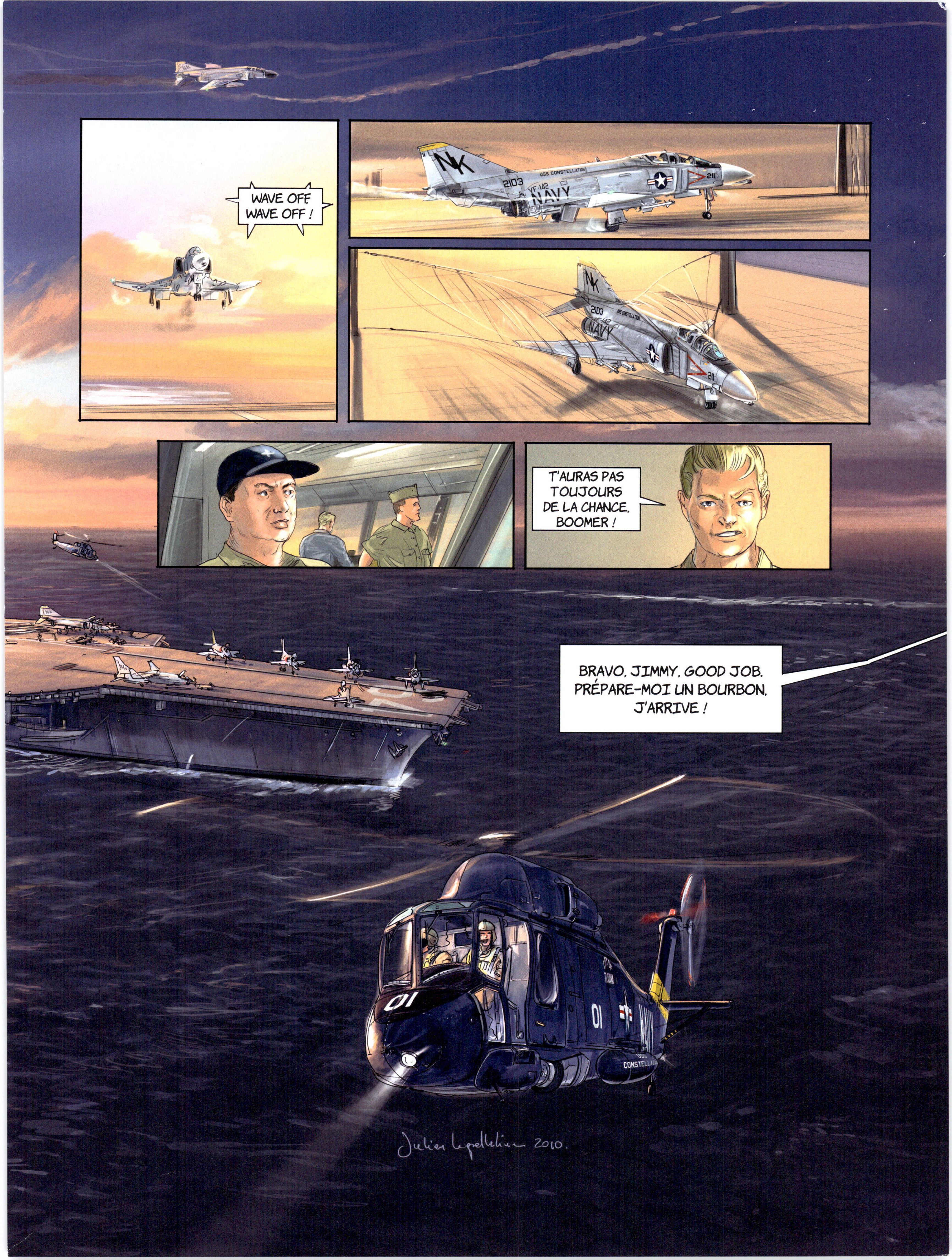

WAVE OFF, WAVE OFF !
T'AURAS PAS TOUJOURS DE LA CHANCE, BOOMER !
BRAVO, JIMMY, GOOD JOB. PRÉPARE-MOI UN BOURBON, J'ARRIVE !
Julien Lepelletier 2010.

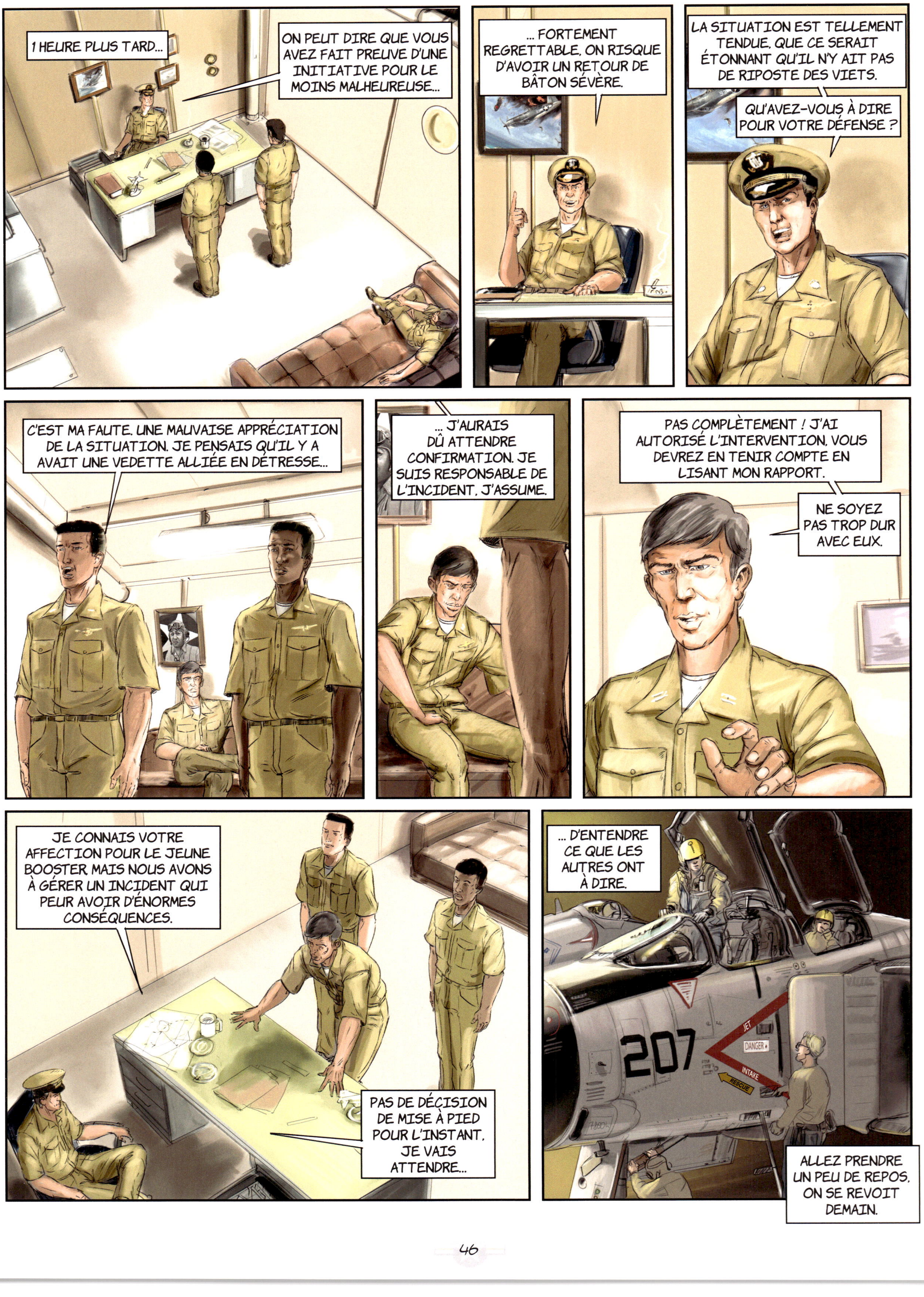
1 HEURE PLUS TARD...
ON PEUT DIRE QUE VOUS AVEZ FAIT PREUVE D'UNE INITIATIVE POUR LE MOINS MALHEUREUSE...
... FORTEMENT REGRETTABLE. ON RISQUE D'AVOIR UN RETOUR DE BÂTON SÉVÈRE.
LA SITUATION EST TELLEMENT TENDUE, QUE CE SERAIT ÉTONNANT QU'IL N'Y AIT PAS DE RIPOSTE DES VIETS.
QU'AVEZ-VOUS À DIRE POUR VOTRE DÉFENSE ?
C'EST MA FAUTE. UNE MAUVAISE APPRÉCIATION DE LA SITUATION. JE PENSAIS QU'IL Y A AVAIT UNE VEDETTE ALLIÉE EN DÉTRESSE...
... J'AURAIS DÛ ATTENDRE CONFIRMATION. JE SUIS RESPONSABLE DE L'INCIDENT. J'ASSUME.
PAS COMPLÈTEMENT ! J'AI AUTORISÉ L'INTERVENTION. VOUS DEVREZ EN TENIR COMPTE EN LISANT MON RAPPORT.
NE SOYEZ PAS TROP DUR AVEC EUX.
JE CONNAIS VOTRE AFFECTION POUR LE JEUNE BOOSTER MAIS NOUS AVONS À GÉRER UN INCIDENT QUI PEUR AVOIR D'ÉNORMES CONSÉQUENCES.
PAS DE DÉCISION DE MISE À PIED POUR L'INSTANT. JE VAIS ATTENDRE...
... D'ENTENDRE CE QUE LES AUTRES ONT À DIRE.
207
JET
DANGER
INTAKE
RESCUE
ALLEZ PRENDRE UN PEU DE REPOS. ON SE REVOIT DEMAIN.

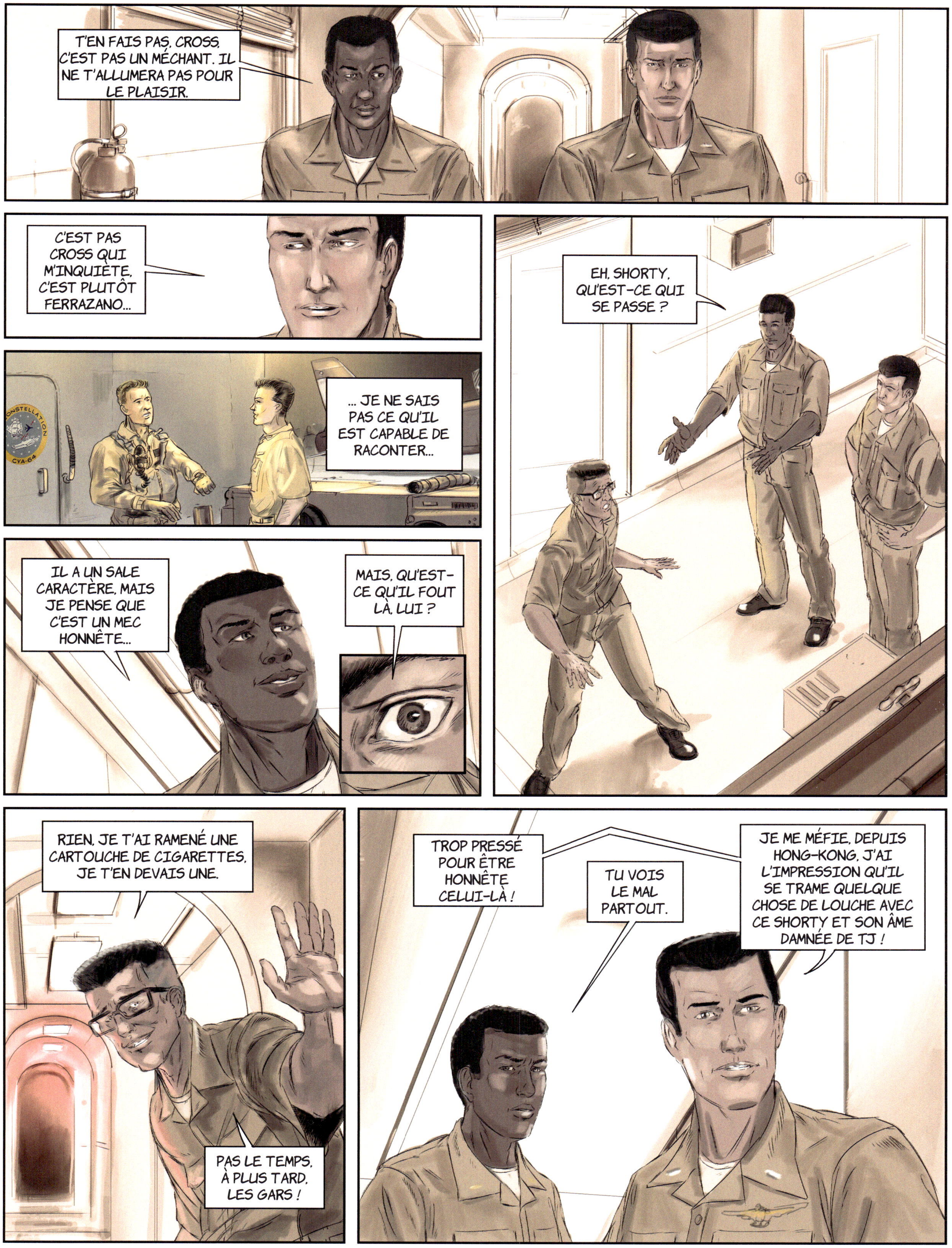
T'EN FAIS PAS, CROSS, C'EST PAS UN MÉCHANT. IL NE T'ALLUMERA PAS POUR LE PLAISIR.
C'EST PAS CROSS QUI M'INQUIÈTE, C'EST PLUTÔT FERRAZANO...
... JE NE SAIS PAS CE QU'IL EST CAPABLE DE RACONTER...
CONSTELLATION
CVA-64
IL A UN SALE CARACTÈRE, MAIS JE PENSE QUE C'EST UN MEC HONNÊTE...
MAIS, QU'EST-CE QU'IL FOUT LÀ, LUI ?
EH, SHORTY, QU'EST-CE QUI SE PASSE ?
RIEN, JE T'AI RAMENÉ UNE CARTOUCHE DE CIGARETTES, JE T'EN DEVAIS UNE.
PAS LE TEMPS, À PLUS TARD, LES GARS !
TROP PRESSÉ POUR ÊTRE HONNÊTE CELUI-LÀ !
TU VOIS LE MAL PARTOUT.
JE ME MÉFIE. DEPUIS HONG-KONG, J'AI L'IMPRESSION QU'IL SE TRAME QUELQUE CHOSE DE LOUCHE AVEC CE SHORTY ET SON ÂME DAMNÉE DE TJ !

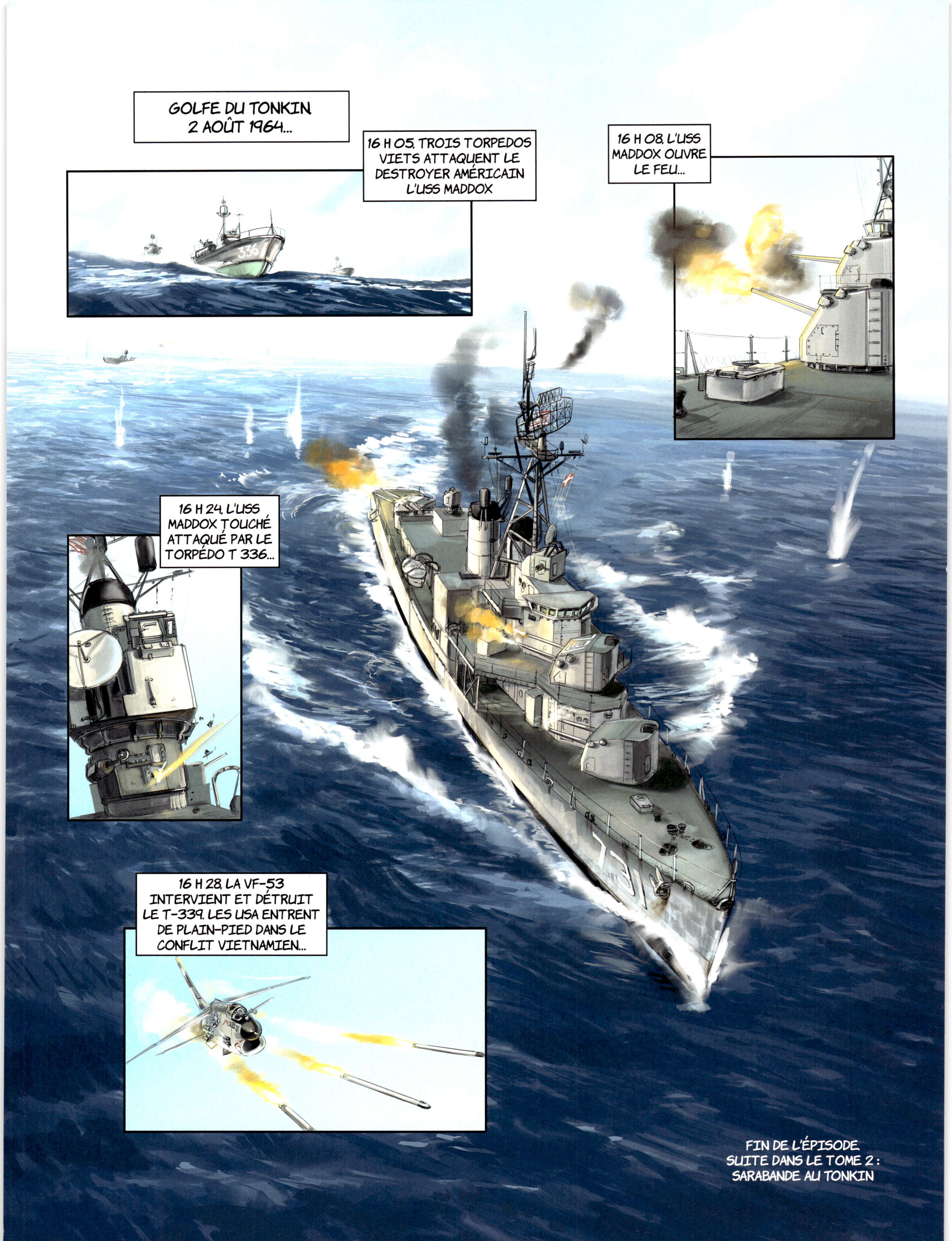
GOLFE DU TONKIN
2 AOÛT 1964...
16 H 05. TROIS TORPEDOS VIETS ATTAQUENT LE DESTROYER AMÉRICAIN L'USS MADDOX
16 H 08. L'USS MADDOX OUVRE LE FEU...
16 H 24. L'USS MADDOX TOUCHÉ ATTAQUÉ PAR LE TORPÉDO T 336...
16 H 28. LA VF-53 INTERVIENT ET DÉTRUIT LE T-339. LES USA ENTRENT DE PLAIN-PIED DANS LE CONFLIT VIETNAMIEN...
FIN DE L'ÉPISODE
SUITE DANS LE TOME 2 :
SARABANDE AU TONKIN

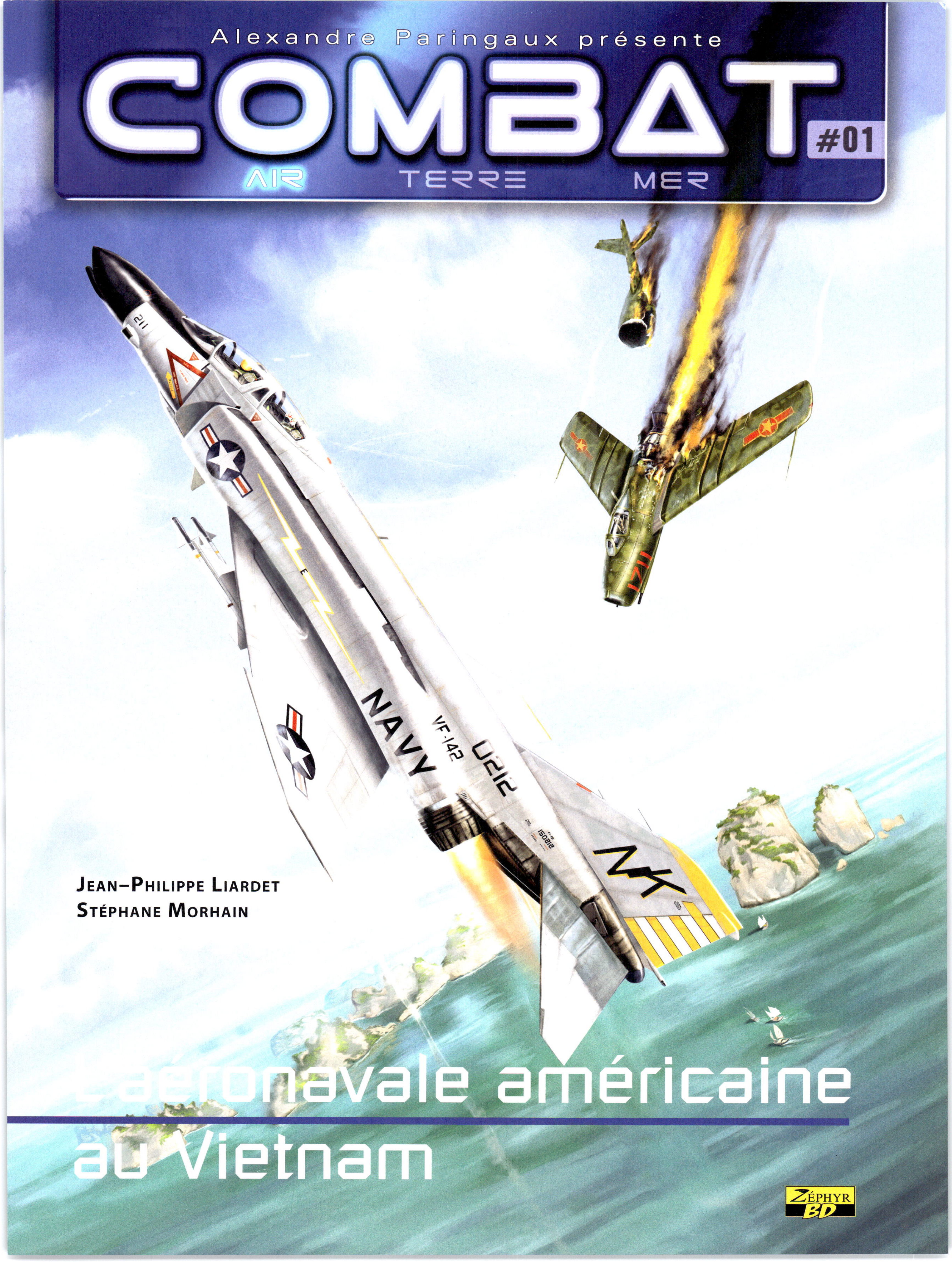

Alexandre Paringaux présente
COMBAT
#01
AIR TERRE MER
NAVY
VF-142
Jean-Philippe Liardet
Stéphane Morhain
L'aéronavale américaine
au Vietnam
Zéphyr BD

SOMMAIRE

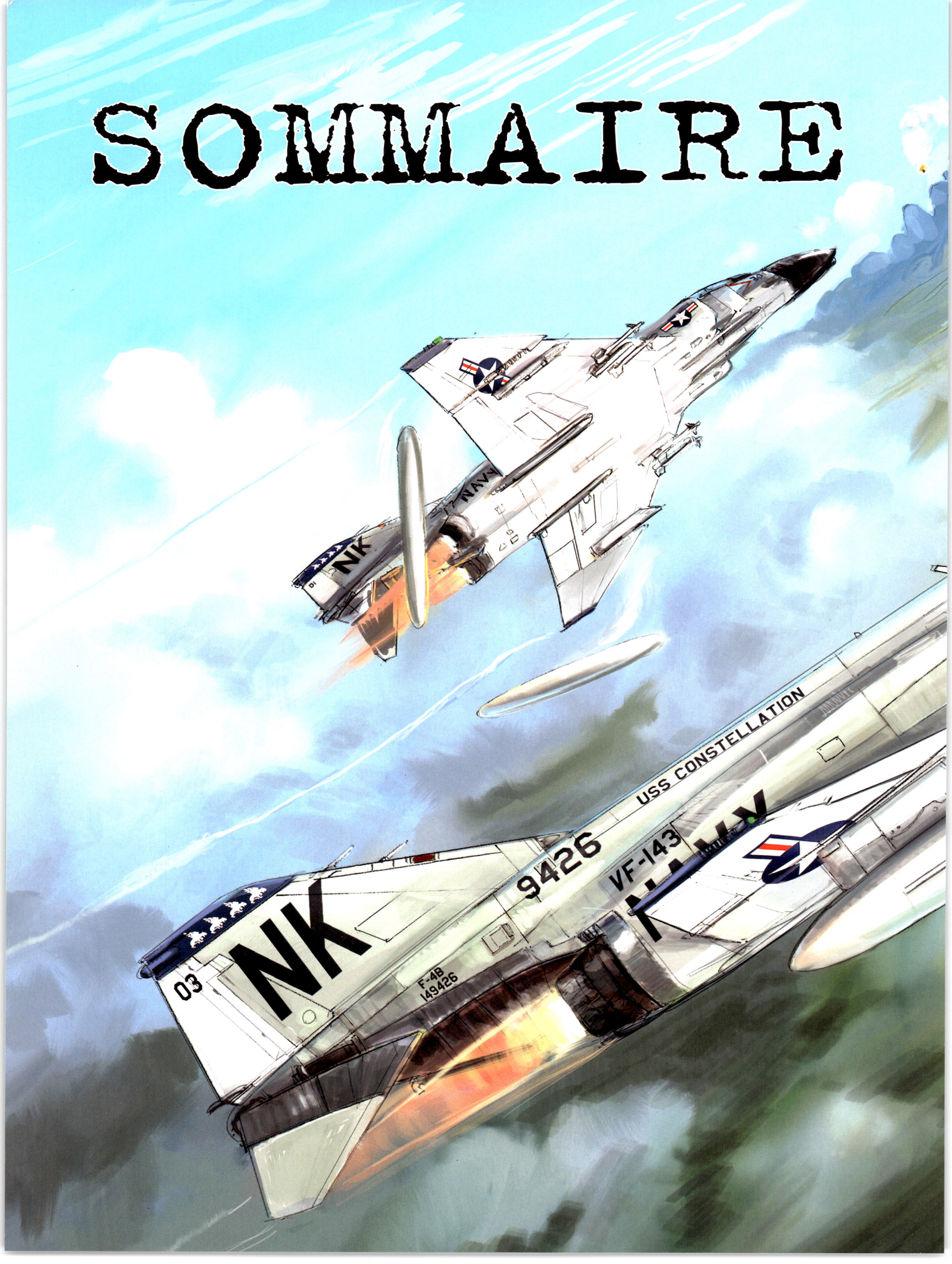

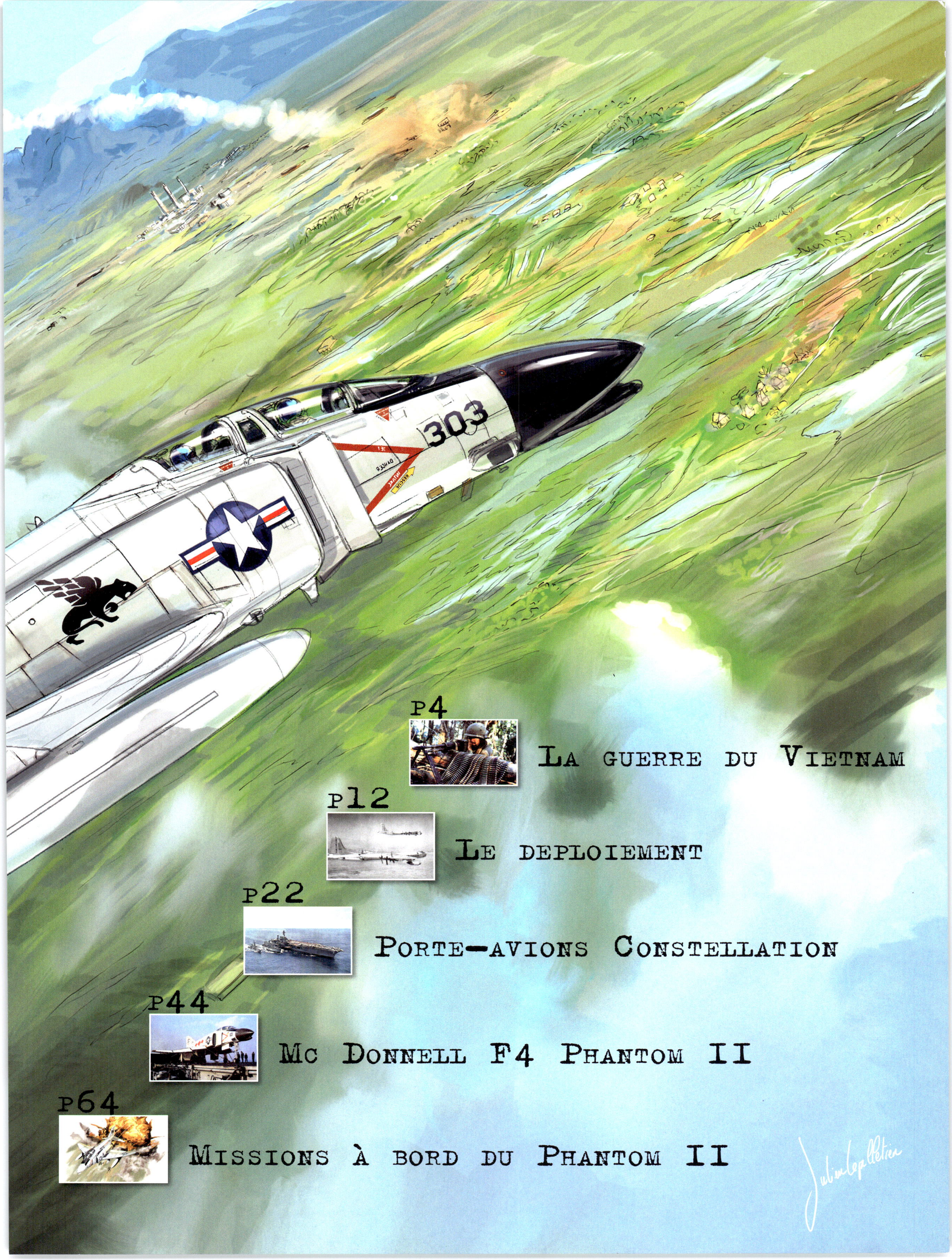

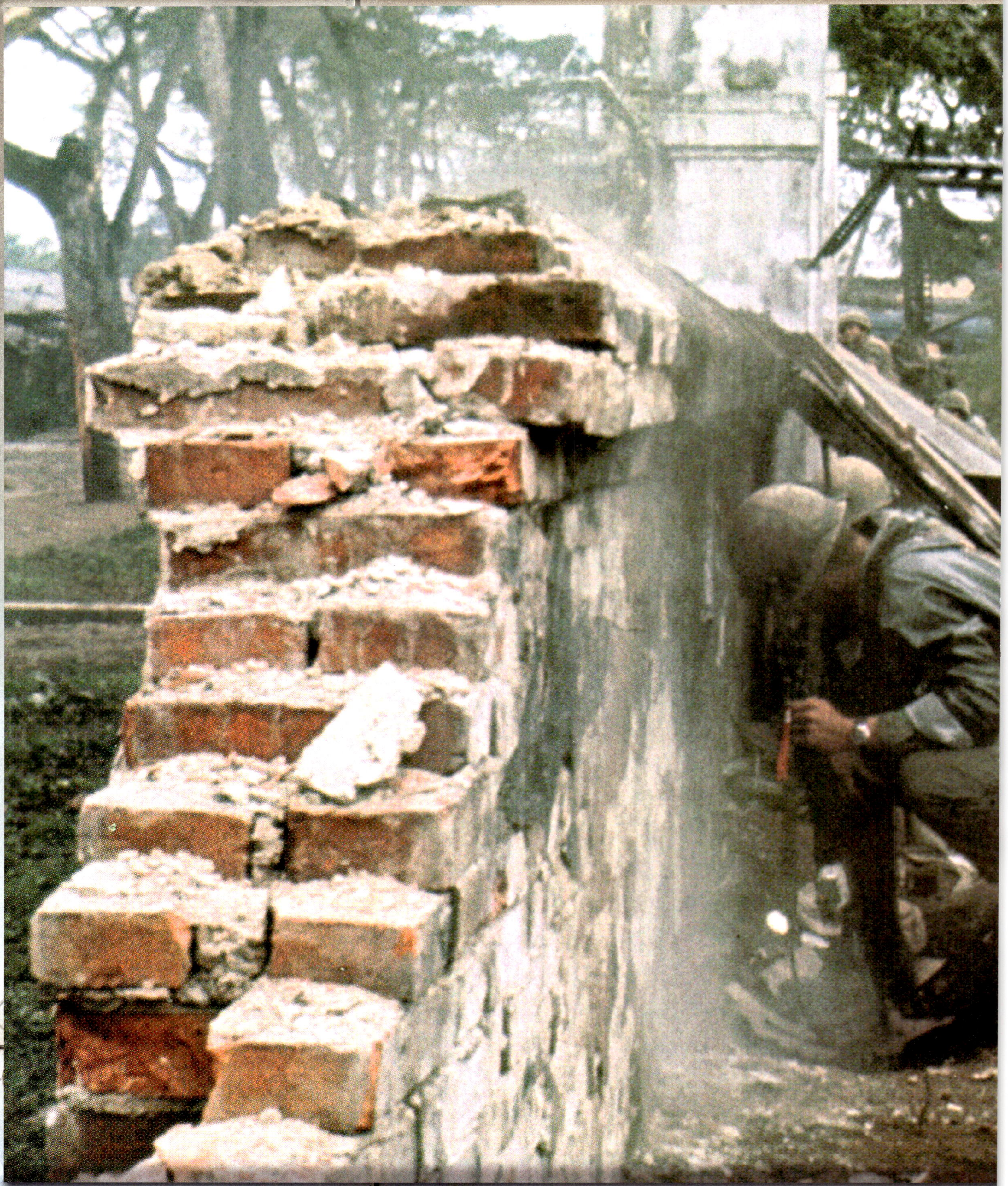

LA GUERRE

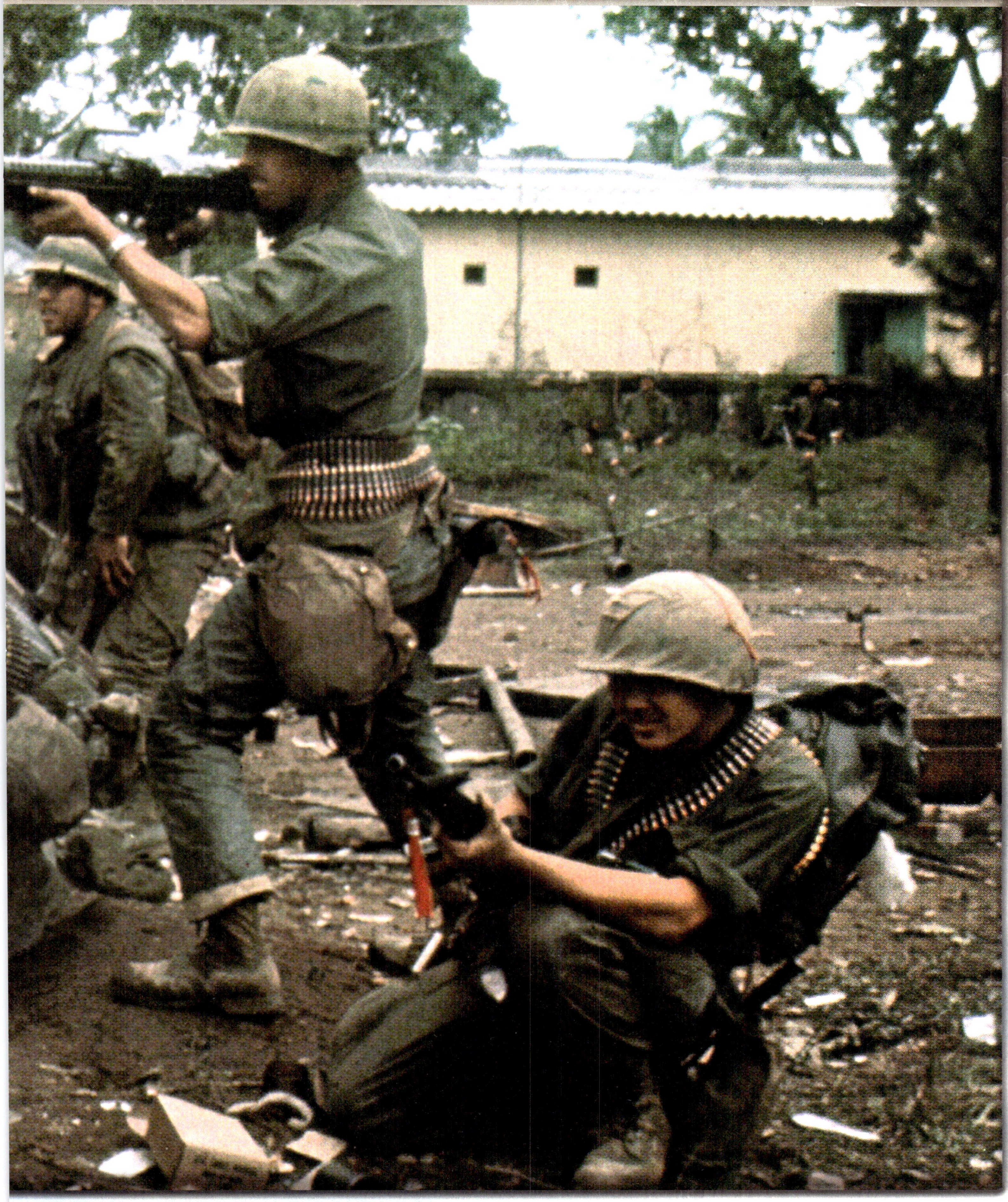

DU VIETNAM

LA GUERRE DU VIETNAM -

L'INTERVENTION AMERICAINE

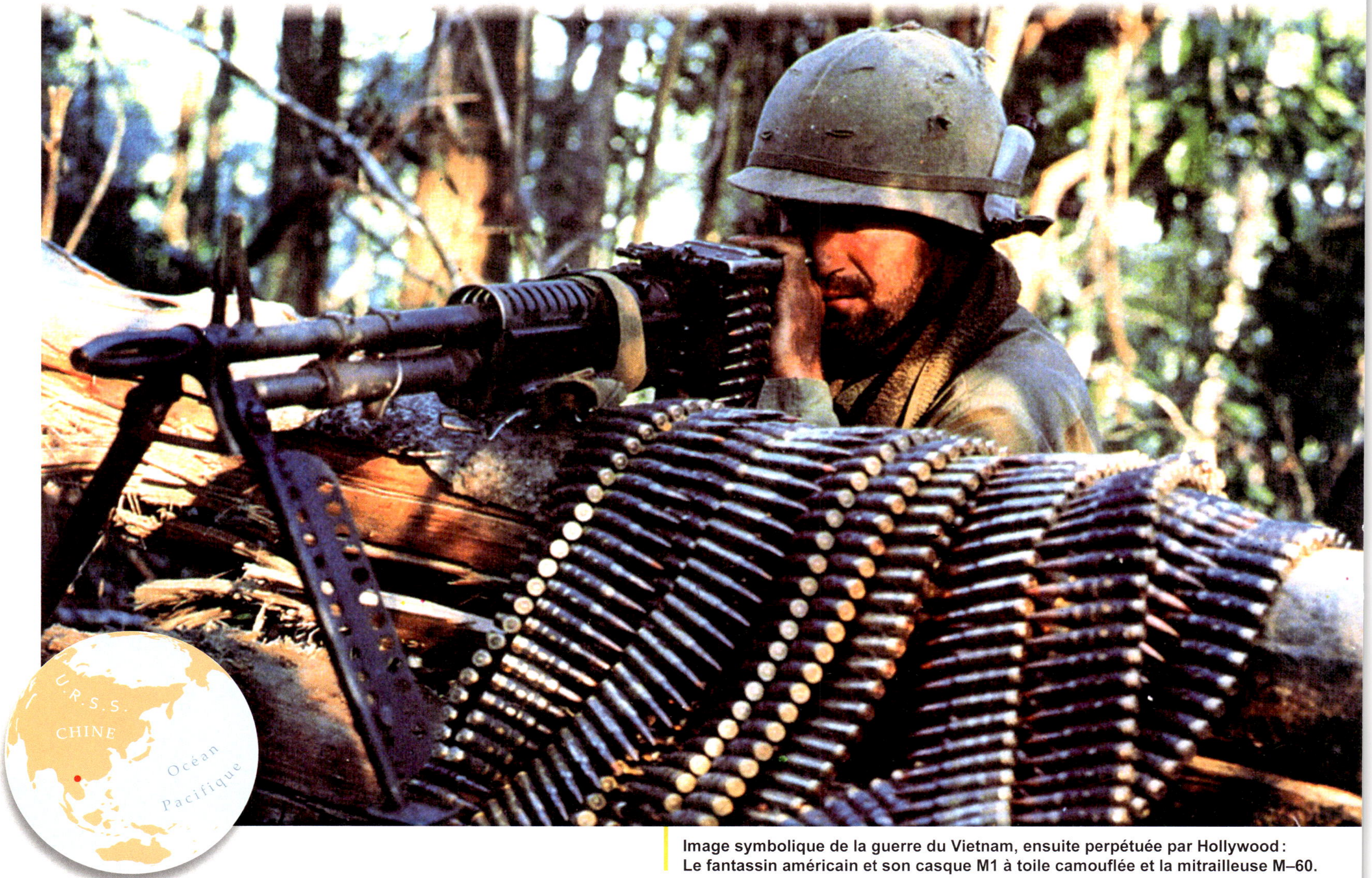

Image symbolique de la guerre du Vietnam, ensuite perpétuée par Hollywood : Le fantassin américain et son casque M1 à toile camouflée et la mitrailleuse M–60.

Avec une seule superpuissance directement engagée et des enjeux stratégiques limités, la guerre du Vietnam reste sur le plan opérationnel un conflit mineur du XXe siècle, mais il coûte la vie à deux millions de Vietnamiens et à 58 267 Américains. Il joue cependant un rôle considérable dans la Guerre froide entre les pays occidentaux et les pays communistes. Il va surtout traumatiser une Amérique des années soixante en pleine ébullition avec le mouvement des droits civiques, la contre–culture et une violence de plus en plus importante dans les rues avec des émeutes et l'assassinat d'hommes politiques comme le président Kennedy en 1963.
Au Vietnam, les Américains vont se trouver confronter à un type de guerre pour laquelle ils ne sont pas préparés. A la volonté de combattre de l'ennemi, ils vont opposer une puissance de feu supérieure. Mais s'ils vont gagner toutes les batailles, ils finiront par perdre la guerre.

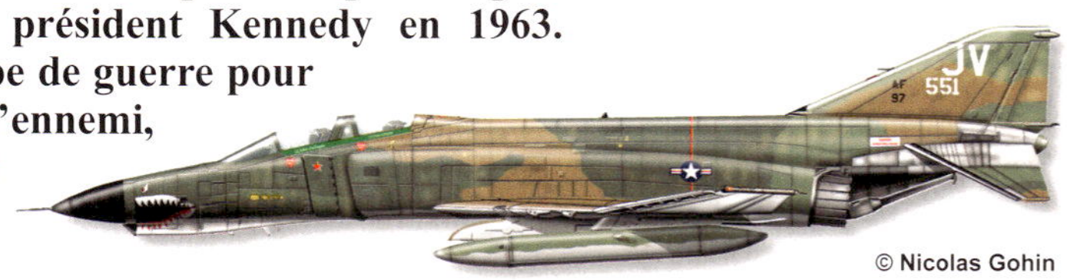

© Nicolas Gohin

La Guerre froide

A la fin de la Seconde Guerre mondiale, les Etats–Unis se trouvent dans une situation ambiguë. Pour s'assurer la victoire contre le IIIe Reich tout en supportant le gros de l'effort contre le Japon mais surtout pour limiter les pertes en vies américaines, Washington accepte presque toutes les exigences de Staline qui va en profiter pour étendre son influence dans l'est d'une Europe rapidement coupée en deux. Le conflit entre les puissances capitalistes et les puissances communistes s'étend rapidement au monde entier. Les grande puissances européennes

Guerre : Vietnam
Date : Novembre 1955 – Avril 1975
Emplacement : Vietnam, Laos, Cambodge
Commandants en chef (Sud–Vietnam) : Ngô Đình Diệm, Nguyễn Văn Thiệu, Nguyễn Cao Kỳ, Cao Văn Viên
Commandants en chef (Etats–Unis) : Lyndon B. Johnson, Richard Nixon, William Westmoreland, Creighton Abrams, Robert McNamara...
Commandants en chef (Nord–Vietnam) : Hồ Chí Minh, Lê Duẩn, Võ Nguyên Giáp, Văn Tiến Dũng
Forces en présence (1968) : Etats–Unis, ANZAC, Sud–Vietnam & alliés – 1 830 000 . Nord–Vietnam & alliés – 461 000.
Pertes approximatives : Voir tableaux à la fin du chapitre.
Pertes civiles (Vietnam, Laos, Cambodge) : estimées jusqu'à plus de 2 millions de morts.

ne sont plus des superpuissances et l'Amérique se retrouve contrainte presque malgré elle de reprendre le flambeau. Les voix pour l'isolationnisme sont de plus en plus rares d'autant plus que la mondialisation de l'économie apporte à l'Amérique une période de croissance et de prospérité sans précédent.

Comme pendant la Première Guerre mondiale, la fin du conflit porte donc en elle les germes des conflits à venir. Pendant les premières années de paix, les Américains font pression sur les puissances européennes coloniales - France, Grande-Bretagne, Pays-Bas notamment. L'idéologie démocratique se mêle à la volonté d'exercer le leadership du monde occidental. Mais le soutien apporté aux guérillas nationales par les puissances communistes et la guerre de Corée vont changer la donne.

De 1950 à 1953, les Américains et leurs alliés vont combattre sous le mandat de l'ONU la Corée du Nord. Si l'URSS ne participe pas directement au combat, l'intervention d'une Chine où le communisme a triomphé marque une étape dans l'escalade entre les deux blocs. La « Guerre froide » s'est brusquement réchauffée et les Etats–Unis décident de soutenir leurs alliés partout dans le monde. C'est la stratégie du *Containment* : il faut contenir partout la prolifération communiste sans pour autant en venir à un affrontement ouvert avec l'URSS dotée de l'arme nucléaire depuis 1949. Le risque d'escalade est si grand qu'il impose des règles strictes dans l'emploi des forces.

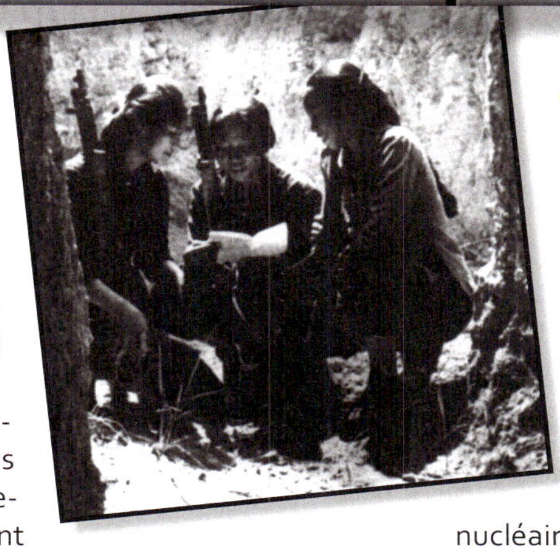

Les femmes faisaient également parti des combattants du Viêt–Cong. Ici de jeunes Vietnamiennes lisent leur courrier à l'abri d'un tunnel.

De la guerre d'Indochine à la guerre du Vietnam

Après avoir soutenu le mouvement nationaliste d'Ho Chi Minh, Washington se trouve dans l'obligation d'aider la France, un allié indispensable en Europe. Le Vietminh s'est d'ailleurs tourné vers la Chine communiste et le conflit s'insère désormais dans le cadre de la Guerre froide. Le soutien financier et matériel

Des combattants Viêt–Cong posent sur un véhicule blindé léger américain M–113 détruit.

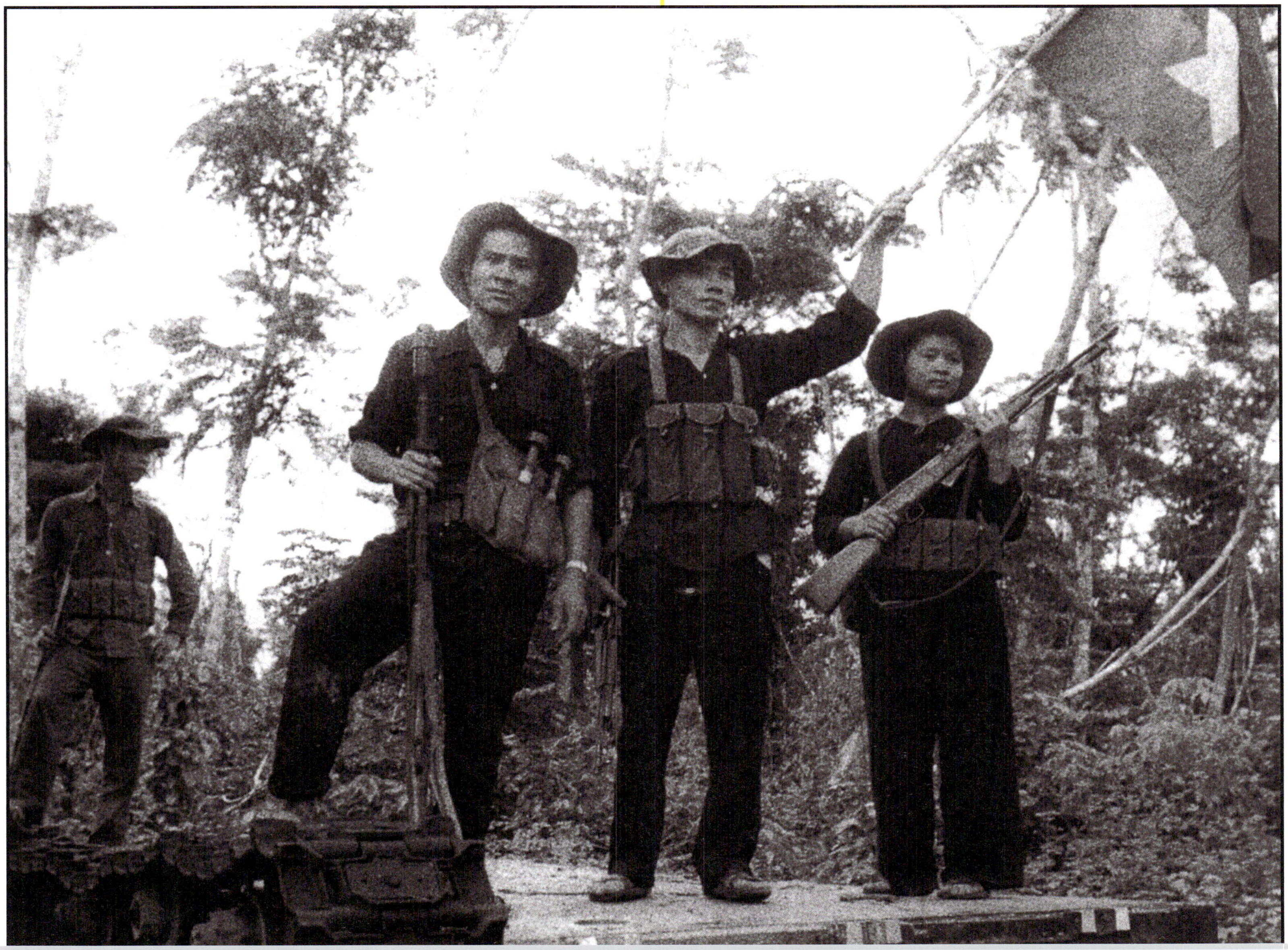

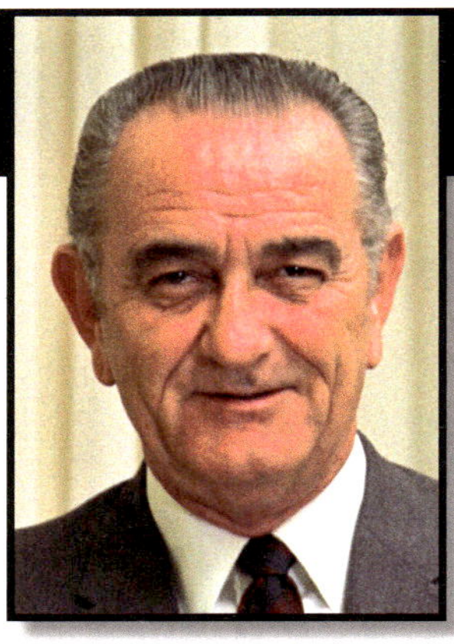

Successeur de John Fitzgerald Kennedy assassiné à Dallas en 1963, Lyndon Baines Johnson fut le 36e président des Etats–Unis, de novembre 1963 à janvier 1969. Son rêve d'une « nouvelle société » américaine se brisa avec le conflit du Vietnam puis les émeutes et manifestations qui éclatèrent à travers le pays .

des Etats–Unis va permettre au Corps Expéditionnaire français de retrouver une certaine initiative opérationnelle. A Dien Bien Phu, le gros du corps de bataille Vietminh est saigné à blanc mais la défaite est de trop pour Paris. Jusqu'au dernier moment, Washington a envisagé une intervention directe avec des bombardements aériens massifs ou même l'emploi de l'arme atomique.

Mais il n'est pas question de risquer une nouvelle guerre mondiale pour le Vietnam, dans les deux camps d'ailleurs. Suite à la conférence de Genève, le pays est coupé en deux comme la Corée. La frontière suit le 17e parallèle. Une zone démilitarisée est instaurée et les populations ont 300 jours pour se relocaliser. Cette situation est cependant considérée comme provisoire avec la tenue d'élections nationales en 1956. Si Ho Chi Minh n'est guère content de s'être fait imposer cette solution alors qu'il estime avoir remporté une victoire totale, il reste persuadé de remporter la victoire dans les urnes.

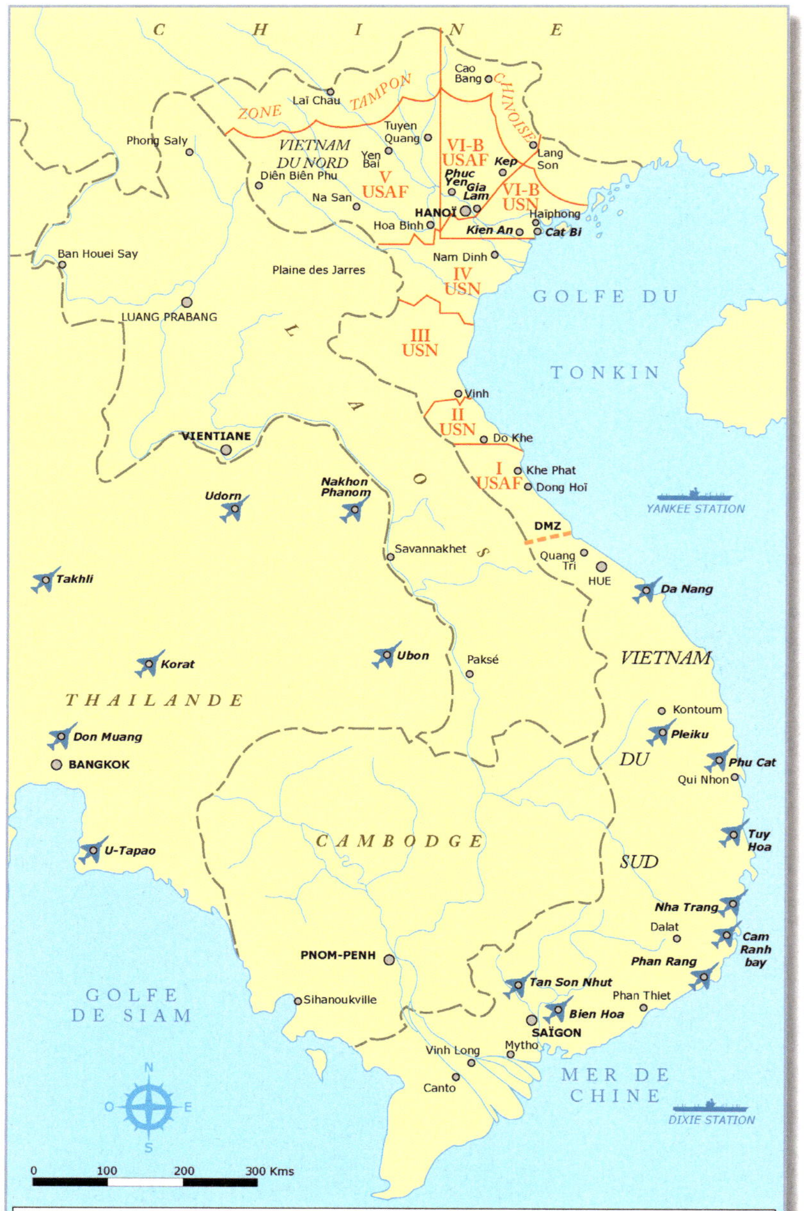

Bases aériennes américaines pendant la guerre du Vietnam

Principaux aérodromes de l'U.S.A.F. et U.S.M.C.

DIXIE STATION Zones de stationnement des porte-avions de l'U.S. Navy

I USAF "Route Packages", zones d'attribution des missions entre USAF et USN/USMC

La France profite cependant de l'occasion pour se désengager presque immédiatement afin de concentrer ses efforts pour défendre l'Algérie où vit une forte communauté de Français de métropole.

Les Américains n'ont pas d'autre choix que de prendre le relais en soutenant le gouvernement et l'armée sud–vietnamienne. Ils décident de soutenir Ngo Dinh Diem comme chef de gouvernement du Vietnam du sud. Avec le concours de la CIA, il consolide son pouvoir et notamment son autorité sur l'armée organisée par les Français. La constitution mise en place par Diem n'est cependant qu'un vernis de démocratie qui cache une dictature. Malgré l'aide financière massive des Etats–Unis, la population ne voit guère sa situation s'améliorer.

Diem bénéficie cependant de plusieurs années de répit. La plupart des combattants Vietminh et des sympathisants communistes ont gagné le nord du pays. Avec une armée décimée et une infrastructure économique pratiquement inexistante, le Vietnam du Nord n'est pas en situation d'exercer une menace immédiate. La réforme stalinienne mis en place est un désastre sur le plan économique et le soutien du voisin chinois n'est pas dénué d'arrière–pensées expansionnistes. Même en se tournant vers l'URSS, la situation reste très difficile.

Ho Chi Minh ne peut donc que protester lors de l'annulation des élections d'autant que Diem fait poursuivre avec succès les derniers éléments du Vietminh. En 1959, lors d'une réunion du politburo vietnamien, il est cependant décidé d'établir une ligne logistique au Laos et au Cambodge pour soutenir des mouvements d'insurrection dans le sud du pays : la piste Ho Chi Minh vient de naître. Des cadres sont formés et renvoyés dans le sud du pays pour constituer la base d'une armée de libération populaire qui devient le Viêt–Cong. Diem va donc devoir affronter une insurrection et non une invasion communiste. Les dirigeants nord–vietnamiens espèrent ainsi éviter une intervention directe des Etats–Unis. La corruption et l'inefficacité du gouvernement sud–vietnamien et de son armée permettent au Viêt–Cong une montée en puissance régulière. En janvier 1963, la bataille d'Ap Bac montre une armée sud–vietnamienne incapable de réduire une force ennemie d'environ 300 hommes malgré une énorme supériorité numérique et matérielle.

A la mort de Kennedy, Lyndon B. Johnson accède à la présidence. Ce démocrate bénéficie d'un large consensus national pour mener une grande variété de programmes sociaux sous l'appellation de « *Great Society* » qui montre la volonté de changer en profondeur la société américaine.

Il est cependant aussi rapidement convaincu de la nécessité d'intervenir pour éviter la chute du Vietnam du Sud même si, lors de la campagne présidentielle de 1964, il affirme publiquement sa volonté de ne pas voir les jeunes américains combattre à la place des jeunes asiatiques. Le 2 août dans la nuit, des navires de patrouilles nord–vietnamiens attaquent le destroyer *USS Maddox* dans le golfe du Tonkin. Deux nuits plus tard, en pleine tempête, les navires américains engagent des forces ennemies dont la présence n'est toujours pas certifiée de nos jours. Johnson, autorise le bombardement des installations portuaires nord–vietnamiennes en

Ho Chi Minh, « l'oncle Ho », né Nguyễn Sinh Cung, est le créateur de la République démocratique du Vietnam. Il créa le parti communiste indochinois dans le années 30, puis participa à la lutte contre les Japonais, contre les Français et enfin les Américains.

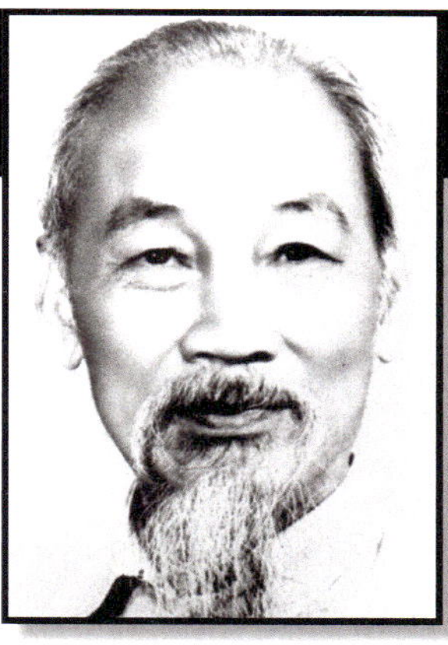

représailles. Le lendemain, avec le secrétaire à la Défense Robert McNamara, il présente au Congrès la résolution « du golfe du Tonkin » afin d'obtenir la liberté d'utiliser tous les moyens militaires nécessaires pour défendre le Sud–Vietnam et riposter à l'agression communiste. Il espère cependant qu'une simple démonstration de force suffira à faire reculer Ho Chi Minh et ne souhaite pas engager son pays dans la guerre. Le vote est un large plébiscite avec deux voix contre seulement. Il va permettre à Johnson de mener une guerre non–déclarée qui va susciter une opposition croissante dans la classe politique et dans l'opinion publique.

Loin d'être impressionné, le Vietnam du Nord va multiplier les opérations, y compris contre les forces américains installées au Vietnam du Sud pour montrer à Washington le coût humain d'une participation plus active. Le 7 février, l'attaque contre l'aérodrome de Pleiku fait 9 morts et 128 blessés dans les rangs américains. Le 13 février, Washington riposte avec l'*Operation Rolling Thunder*, une campagne de bombardement aérien qui débute le 2 mars. Cette campagne progressive a pour objectif de ramener le Nord Vietnam à la raison et d'éviter l'engagement de troupes américaines au sol.

Une guerre asymétrique

Bénéficiant d'une supériorité technologique certaine sur tous ses opposants potentiels, l'armée américaine pense avoir tiré les leçons de la guerre de Corée. Les coupes budgétaires de l'après Seconde Guerre mondiale, qui avec pour corollaire une réduction de format considérable, avait rendu difficile l'intervention américaine. Si la défaite est évitée, c'est autant en raison de la montée en puissance de l'armée américaine que du choix des Coréens du Nord et des Chinois de mener une guerre conventionnelle où la supériorité américaine est vite évidente malgré quelques revers. Le territoire chinois restant un sanctuaire, il est néanmoins impossible pour les Américains de remporter une victoire définitive. La guerre se termine sur un statu quo qui ne satisfait personne mais présente l'avantage d'éviter une confrontation entre les Etats–Unis et l'URSS.

L'armée américaine manque néanmoins d'expérience en matière de guérilla. La présence américaine dans les Philippines est la seule qui ressemble aux guerres coloniales ou de décolonisation des grandes puissances européennes coloniales. Sur le plan idéologique, les Etats–Unis estiment cependant être engagés dans une guerre juste pour la défense du monde libre. Leur supériorité technologique leur semble suffisante pour vaincre l'ennemi même si les contraintes de la Guerre froide imposent certaines limitations.

La riposte est d'abord aérienne avec une intensification des bombardements qui doivent permettre une montée en puissance de

Dans l'enceinte de la base de Khe Sanh, les *Marines* se mettent à l'abri lors d'une attaque nord–vietnamienne.

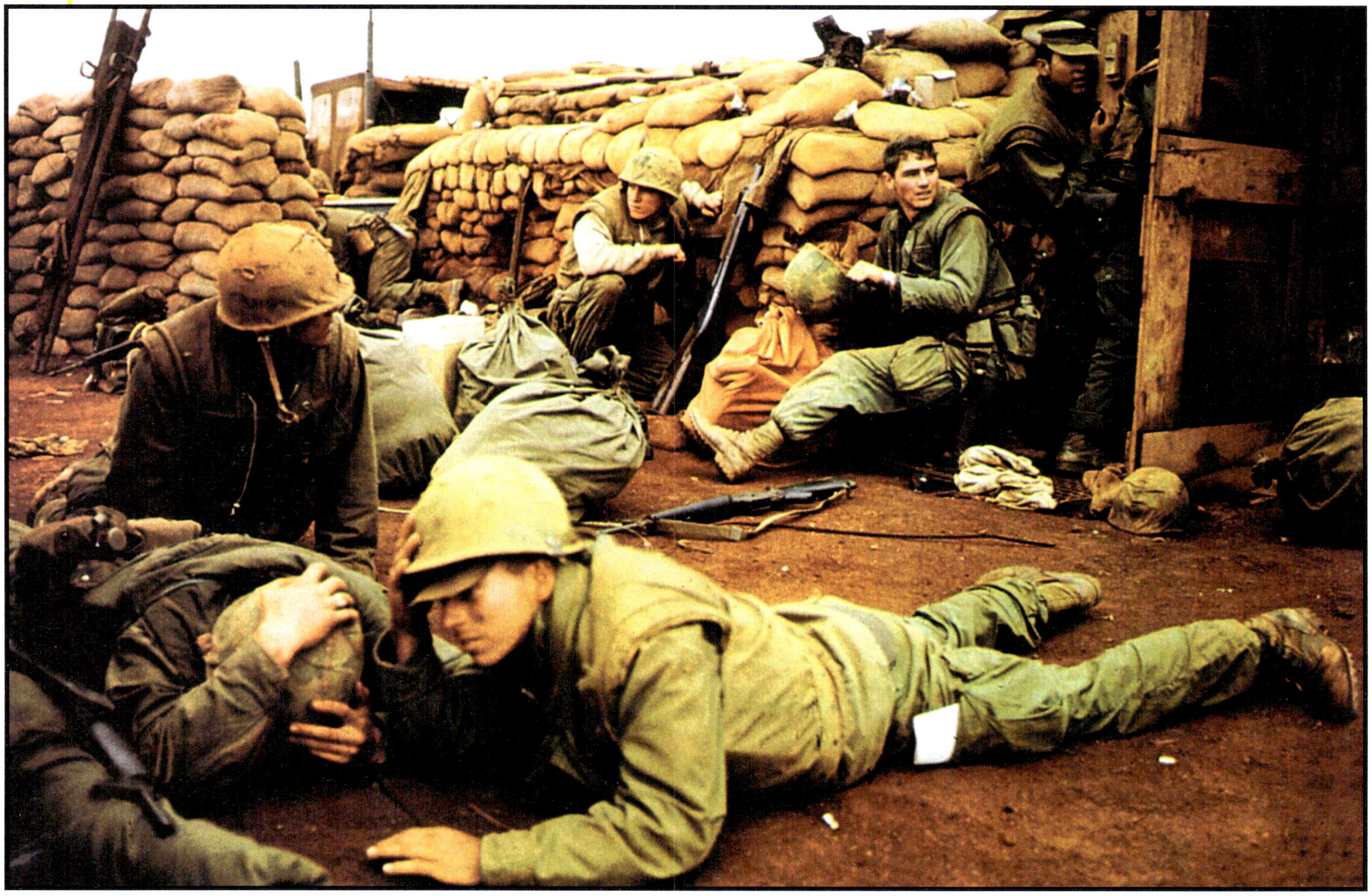

Surprise par l'attaque du Nord lors de la fête du Têt, l'armée américaine ne va cependant pas tarder à se ressaisir. Ce n'est plus de la guérilla mais bien dans une bataille « conventionnelle » que s'engagent les soldats. Ici les Marines se battent pour récupérer la cité de Hué, tombée aux mains des troupes de Giap, soutenus par un blindé « Ontos » armé de six canons de 105 mm sans recul.

l'armée sud–vietnamienne qui doit assurer seule le poids des opérations terrestres. La plus grande campagne aérienne de l'historie est cependant un échec : 643 000 tonnes de bombes sont déversées avec un effet limité contre un pays faiblement industrialisé dont l'économie dépend uniquement de la Chine et de l'URSS. En 1967, des estimations indiquent qu'il faut dépenser 9,60 $ pour infliger 1 $ de dommage.

Si le réseau de ravitaillement est probablement perturbé cela ne suffit pas à enrayer la montée en puissance du Viêt–Cong. Le 8 mars 1965, il faut déployer deux bataillons de *Marines* pour protéger la base de Da Nang. En juin de la même année, le *General* William Westmoreland dispose de 220 000 hommes pour protéger ses nombreuses bases au Vietnam du Sud et pour repousser une attaque du Vietnam du Nord. Il décide d'éliminer le Viêt–Cong par une méthode simple : « *Find, Fix and Finish* » (trouver, fixer et achever).

Il compte sur ses capacités de renseignement, l'aéromobilité des forces américaines et la puissance de feu de son aviation et de son artillerie pour réussir. Mi–novembre, la bataille de la vallée de la Drang semble lui donner raison. Les Américains perdent 305 tués contre 3 561. Le général Giap a mesuré les formidables capacités des forces américaines mais il sait aussi que ses hommes sont capables de combattre et de leur infliger des pertes.

Les caractéristiques du théâtre d'opération lui offrent cependant des atouts déjà décisifs dans ses combats contre les Français. Ses lignes de ravitaillement se situent au Laos et au Cambodge où l'intervention américaine est limitée. Ces deux pays constituent aussi des sanctuaires quand la pression américaine devient trop forte. L'avantage stratégique est énorme au regard de la largeur limitée de la péninsule vietnamienne. Celle–ci est par ailleurs largement recouverte par une jungle impénétrable, avec de fortes dénivellations ou des grandes zones marécageuses. La mécanisation des forces ne présente donc que peu d'intérêt et si l'hélicoptère joue un rôle déterminant, il faut toujours utiliser ses jambes pour traquer un ennemi qui se dérobe en permanence, s'enterre dans un réseau de caves et de tunnels (long de 160 km près de Saïgon) ou se mêle à la population.

La supériorité américaine dans le domaine de la guerre électronique se heurte à la nature d'une armée qui repose pour l'essentiel sur des fantassins dotés d'armes automatiques et se déplaçant à pied. Giap instaure un harcèlement continu visant à user les forces américaines sur le plan psychologique avec des pertes permanentes.

En 1967, Westmoreland aligne 390 000 hommes. Il mène des opérations de ratissage, parfois de très grande ampleur. Mais malgré certains succès, le Viêt–Cong conserve la maîtrise de certaines zones et réussit à reconstituer ses unités.

Les soldats américains effectuent des tours d'opération d'une seule année. La Garde Nationale et les réservistes n'ont pas été rappelés et ce sont pour la plupart des appelés très jeunes. Ce choix s'accompagne de nombreux inconvénients. Les soldats mobilisés rejoignent et quittent individuellement les unités, cela limite l'esprit de corps mais les laissent aussi souvent isolés au combat comme lors du retour à la vie civile. L'intensité des combats est aussi bien supérieure à celle connue pendant la Seconde Guerre mondiale où les grandes batailles sont entrecoupées de longues périodes de préparation. Les unités d'infanterie mais aussi l'aviation sont les plus touchées par les pertes dans une armée où le pourcentage de combattant est de plus en plus faible.

Victoire militaire, défaite politique

De nombreux Américains s'exilent au Canada pour ne pas partir et l'opposition au conflit devient de plus en plus forte. En janvier 1968, Giap lance une attaque généralisée sur plusieurs grandes villes du pays. Elle se solde par un sanglant échec mais de nombreux civils sont tués et le spectacle des combats de rues

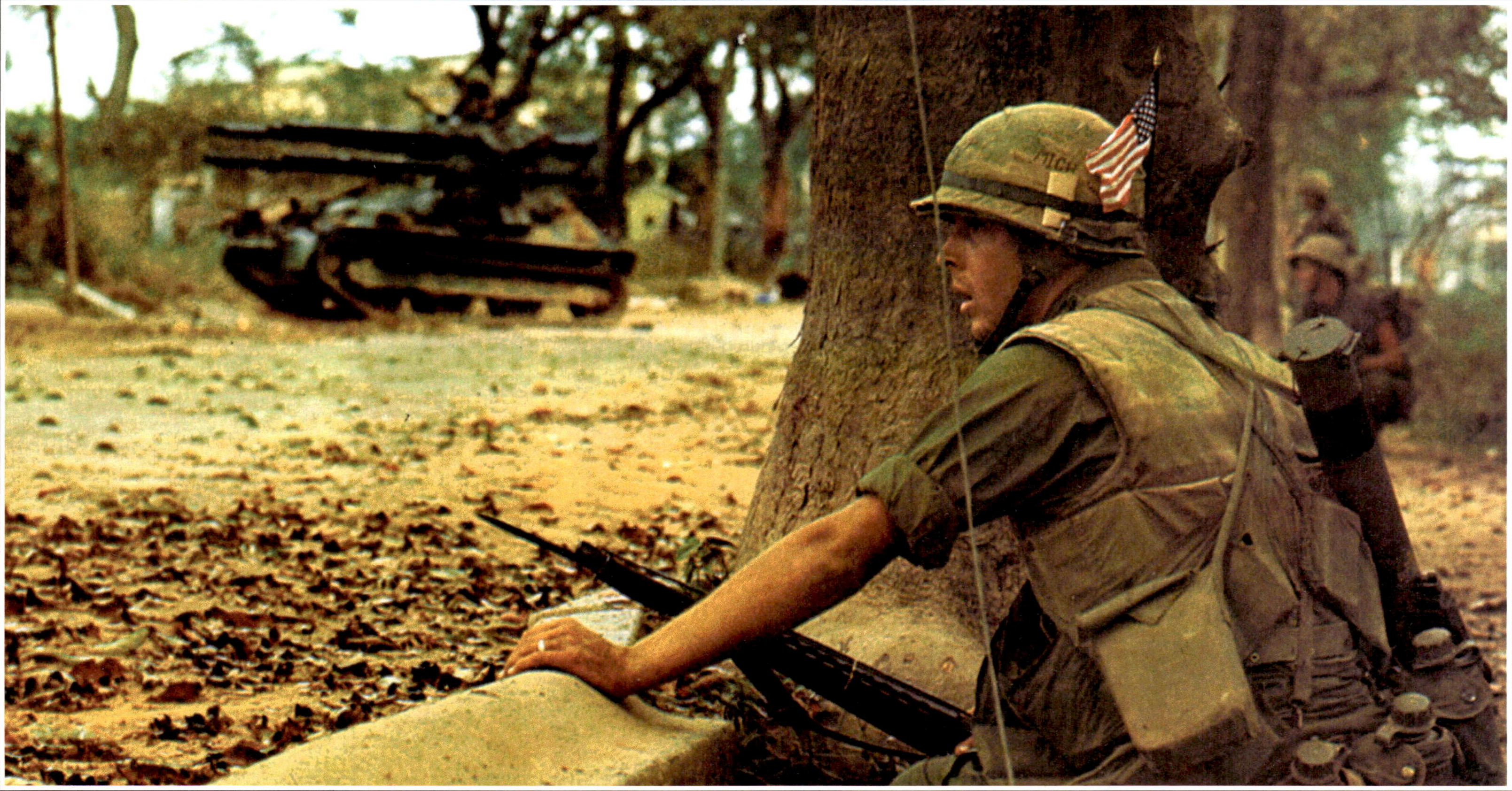

montre à l'Amérique et au monde le vrai visage d'une guerre qui cache son nom. Giap assiège ensuite la base de Khe Sanh avec 40 000 hommes, cherchant à renouveler sa victoire de Dien Bien Phu. Mais les Américains sont mieux préparés que les Français.
Au total, ces opérations coûtent 58 000 hommes au Viêt–Cong sur les 84 000 engagés. Les pertes américaines et sud–vietnamiennes dépassent à peine un millier d'hommes. La victoire est alors à portée de main. Westmoreland réclame 206 000 hommes de plus pour emporter la décision. Mais cette demande place l'administration américaine dans l'expectative. La victoire américaine ne s'accompagne d'aucun gain territorial et s'étalonne seulement au nombre des tués contre un ennemi qui semble disposer de ressources humaines inépuisables. Le nouveau secrétaire d'Etat à la Défense, Clark Clifford, ne voit pas d'issue au conflit. Johnson se retrouve concurrencé par Robert Kennedy pour l'investiture démocrate aux élections présidentielles. Le 31 mars 1968, il annonce à la télévision à une Amérique stupéfaite la fin de *Rolling Thunder*, le retrait progressif des forces américaines et son retrait de la course à l'investiture.
Depuis la Seconde Guerre mondiale, les Américains sont convaincus de la destinée de leur nation pour conduire le monde sur le chemin de la démocratie. Les premières années de la Guerre froide confortent cette approche messianique avec une croisade pour la liberté contre l'oppression communiste. Après la Corée, l'Amérique est convaincue d'avoir raison mais aussi de ne pas pouvoir perdre. Le Vietnam est donc un traumatisme qui prend toute son ampleur avec l'invasion communiste victorieuse en 1975. La guerre du Vietnam devient une guerre à oublier. Le million de vétérans du Vietnam est traumatisé par le conflit mais aussi par l'isolement de retour au pays. 300 000 ont été blessés dont 74 000 estropiés. Il faudra près d'un quart de siècle pour faire évoluer la situation.
Quarante ans plus tard, les Etats–Unis sont de nouveau engagés dans une longue guerre asymétrique en Irak et en Afghanistan. Mais si quelques voix s'élèvent contre le conflit, la classe politique dans son ensemble soutient l'intervention. Même si des nuances se font sentir sur la méthode et la durée, rien ne laisse envisager un retrait rapide après 8 ans de conflit. Le traumatisme du 11 septembre 2001 reste présent dans toutes les mémoires et rien ne saurait l'effacer. Depuis l'effondrement des deux tours jumelles en plein cœur de New York et l'attaque contre le Pentagone qui ont fait plusieurs milliers de morts, l'Amérique ne transige plus avec sa sécurité et la lutte contre le terrorisme.

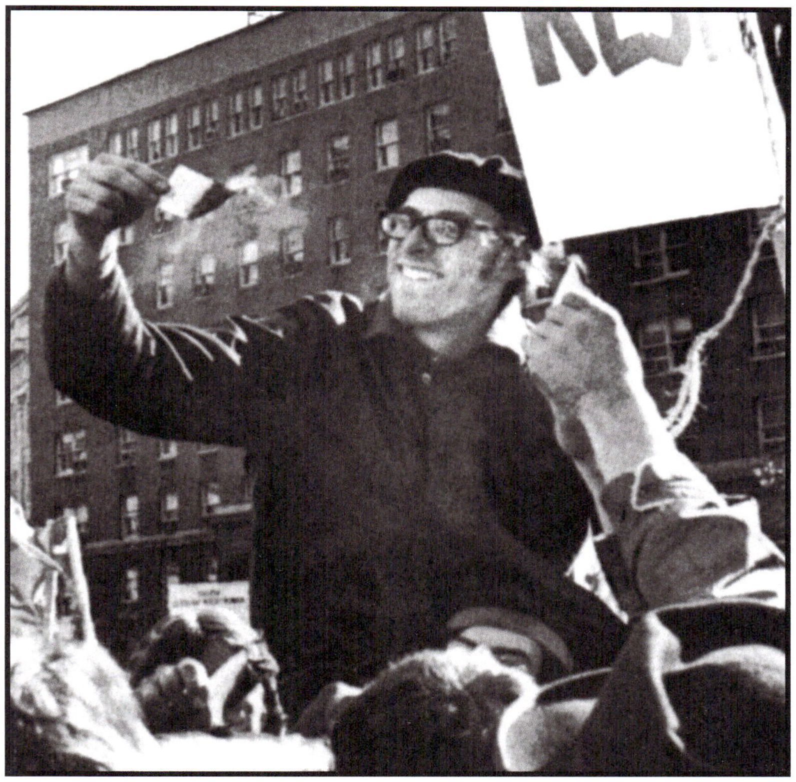

Loin des rêves idylliques de Johnson , la société américaine est secouées par les émeutes des Noirs dans les ghettos, comme celui de Watts, par les manifestations des étudiants, les contre–manifestations violentes et les « bavures », telle la fusillade de l'université de Kent State, le 4 mai 1970, où la Garde Nationale ouvrit sur le feu sur des étudiants à balles réelles. Ici un jeune américain brûle son ordre d'incorporation dans l'armée durant une manifestation.

Image bien connue de la fin de la guerre : Les Américains et Sud–Vietnamiens évacuent Saigon lors de l'opération « *Frequent Wind* » en avril 1975. A l'image du gâchis du conflit vietnamien, les hélicoptères *UH–1* sont basculés à la mer au fur et à mesure de leur arrivée par manque de place sur les navires de l'*US Navy*.

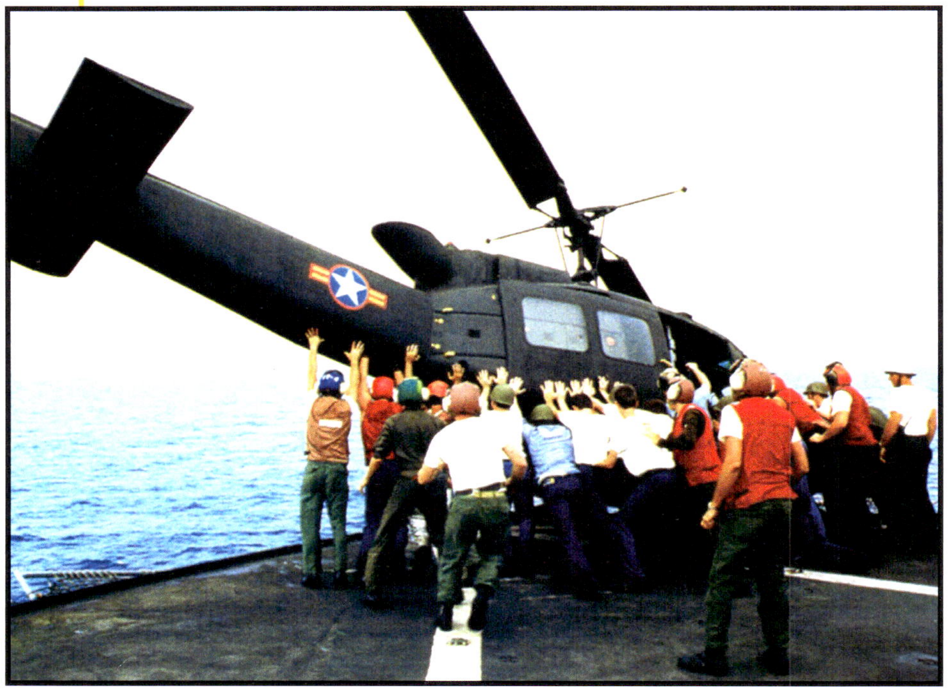

Guerre d'Indochine

	Tués	Blessés
France	76 000	65 000
Alliés	19 000	13 000
Civils	250 000	-
Vietminh	250 000	180 000

Guerre du Vietnam

	Tués	Blessés
Etats–Unis	58 267	303 644
Vietnam du Sud	250 000	500 000
Australie	500	2 940
Nouvelle–Zélande	55	212
Thaïlande	351	1 358
Corée du Sud	5 103	11 232
Civils	500 000 à 1 200 000	-
Communistes	1 100 000	600 000

L'US Navy
de la Seconde Guerre mondiale au Vietnam

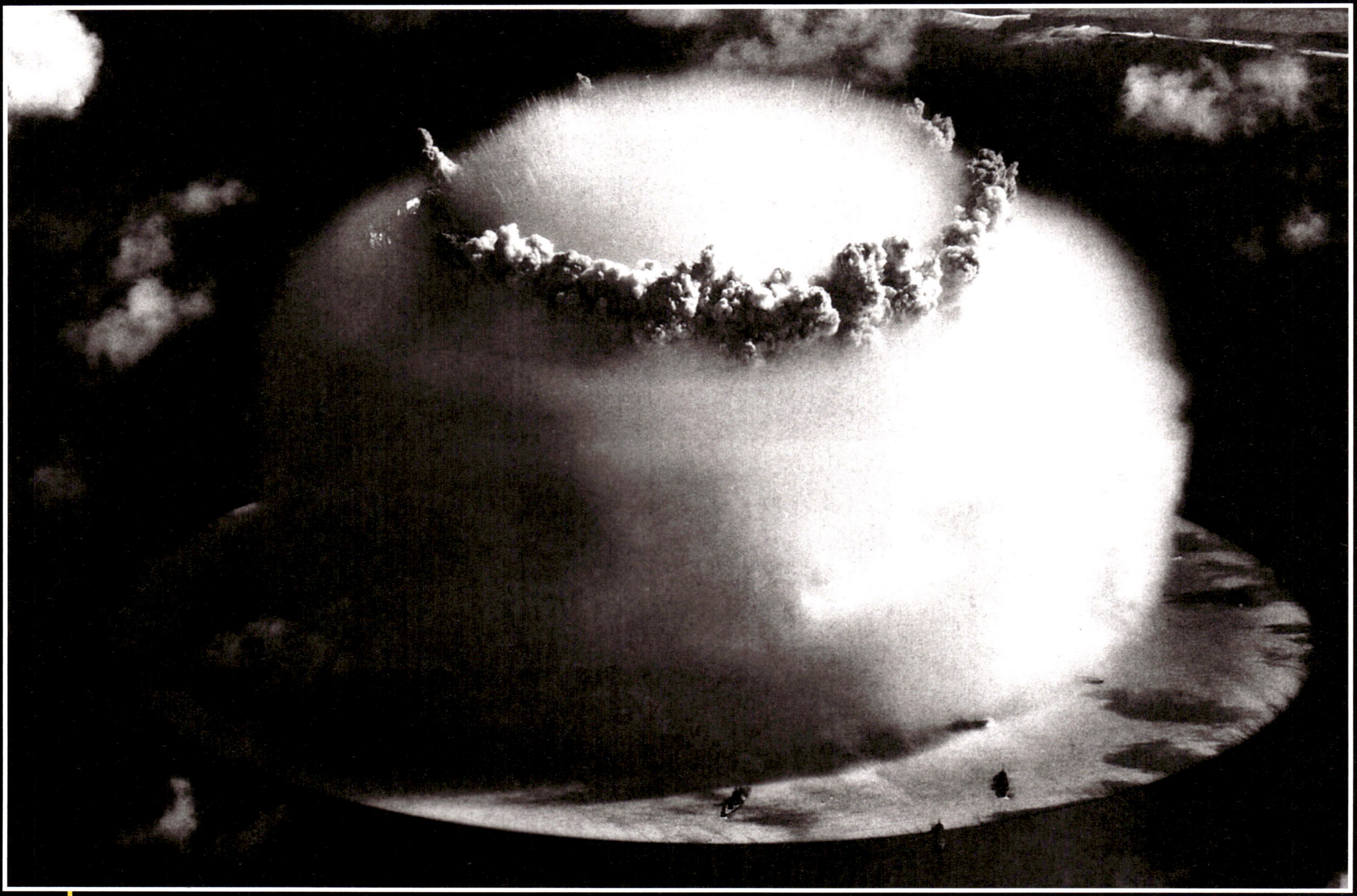

Le 25 juillet 1946, sur l'atoll de Bikini. L'armée effectue des tests sur des navires déclassés comme ici lors de la détonation *Baker*, ou une charge nucléaire explose à 27 mètres sous l'eau. A la base de la colonne d'eau, les navires de guerres.

Avec l'avènement de l'arme atomique, les armes conventionnelles semblent devenues obsolètes. C'est aussi le cas des marines de guerre que l'ennemi n'hésiterait pas à frapper en pleine mer, loin des populations. Pourtant, l'*US Navy* joue encore un rôle déterminant dans la guerre du Vietnam, comme de nos jours. Le conflit va néanmoins durer trois fois plus longtemps et sera marqué par trois fois plus de pertes en avions mais aussi cinq fois plus de victoires aériennes, signes de la résistance de l'aviation nord–vietnamienne. Des règles d'engagement très strictes vont ôter à l'arme aérienne une grande partie de son efficacité tout en permettant un renforcement progressif et considérable des défenses communistes.

Armes atomiques et forces navales

Avec l'arme atomique, les partisans de Douhet sont désormais persuadés de pouvoir gagner une guerre uniquement par des bombardements aériens. Une seule bombe atomique à la puissance destructrice de 2 000 bombardiers quadrimoteurs *B–29* ou de 20 000 appareils embarqués.

Dès 1944, les responsables du « Projet Manhattan » avaient envisagé l'idée d'utiliser une arme atomique contre la grande base navale de Truk, dans le Pacifique central. En juillet 1945, le *General* Henry H. Arnold, commandant de l'*US Army Air Forces* propose de tester les effets d'une bombe atomique sur un port.

Le mois suivant, le *Rear Admiral* Lewis Strauss, spécialiste en nucléaire de l'*US Navy*, suggère d'effectuer des tests sur des navires déclassés. Les marins sont en effet anxieux de connaître les effets de l'arme atomique sur les navires. Ils veulent savoir si une seule bombe peut détruire un *Task Group* ou une *Task Force* et si les équipages sont menacés par les radiations. L'expérience est autorisée à la fin de l'année. Elle placée sous le commandement du *Vice Admiral* William H. P. Blandy. 42 000 hommes, 200 navires et 150 avions sont requis pour les trois tests retenus : « Able » (explosion aérienne), « Baker » (explosion sous–marine peu profonde) et « Charlie » (explosion sous–marine en profondeur). Le premier se déroule le 1er juillet 1946 avec une bombe de 20 kilotonnes « Fat Man » lancée depuis un B–29. Une soixantaine de navires et une trentaine de péniches de débarquement sont déployées dans le lagon de l'atoll de Bikini. Le porte–avions lourd *Saratoga* et le porte–avions léger *Independance* font partie du lot. Placé à 1 kilomètre du point d'impact, l'*Independance* brûle toute la journée et toute la nuit sans couler. Un croiseur japonais, deux destroyers américains et deux transports sont coulés. A 6,5 km du point d'impact, le *Saratoga* n'est que superficiellement endommagé.

Pour « Baker », une « Fat Man » est accrochée sous un navire de débarquement à 27 mètres de profondeur. Le 25 juillet, une colonne d'eau de 1 800 mètres s'élève dans les airs. Placé à 150 mètres de la bombe, le *Saratoga* gîte fortement sur tribord, sa cheminée abattue sur son pont. Tous les avions et les équipements ont été balayés. Le navire, pourtant sans assistance, mettra 7 heures et demi à couler. Le cuirassé japonais Nagato, un cuirassé américain et trois sous–marins en plongée sont également coulés. L'*US Navy* en conclue que si la guerre en mer va changer radicalement de visage, l'arme nucléaire n'élimine pas les autres formes de combat.

Menaces sur le porte–avions

Les effectifs des forces conventionnelles décroissent considérablement. C'est notamment le cas pour l'*US Navy* qui compte 1 500 navires de combat à la fin de la Seconde Guerre mondiale et 270 seulement deux ans plus tard. Le conflit a marqué le triomphe du porte–avions comme *Capital Ship* à la place du cuirassé. A la cessation des hostilités, *l'US Navy* en compte 97 : 28 d'escadre (20 lourds et 8 légers) et 69 d'escorte. Dès le mois d'août les travaux sont suspendus sur deux *Essex* et 16 porte–avions d'escorte mais 21 autres unités sont en construction ou sur le point d'entrer en service : les trois grands de la classe *Midway*, 7 *Essex*, 2 porte–avions légers et 9 porte–avions d'escorte.

Avec l'arme atomique se dessine un futur où les armées de terre et les marines joueront un rôle mineur. Dès le 9 novembre 1945, le colonel James H. Doolittle, l'un des aviateurs les plus connus de la guerre à la suite de son raid sur le Japon en 1942, mène l'offensive contre l'existence même des porte–avions. C'est pourtant du *Hornet* que ses bombardiers terrestres ont décollé pour frapper le sol nippon, mais les bombardiers de la fin de guerre sont capables de frapper de plus en plus loin.

Fin 1947, il reste cependant 20 porte–avions en service dans l'*US Navy*. Pour la plupart terminés après la guerre, peu ont vu le combat (*Boxer*, *Antietam*, *Bairoko*, *Siboney*). Les enseignements du conflit montrent que sur les 25 porte–avions d'escadre coulés pendant le conflit, un seul l'a été par des avions basés à terre. Le 7 mai 1946, l'*Admiral* Ernest J. King explique devant une commission du Congrès que les porte–avions apportent une mobilité, une flexibilité et une capacité de concentration qui ne sont pas possibles avec l'aviation basée à terre et que les missions de l'*US Navy* sont aussi d'attaquer les objectifs terrestres qui peuvent être atteints depuis la mer.

Ils présentent aussi d'assurer une présence dans certaine zone géographique sans avoir à disposer de base terrestre. A partir du mois de janvier 1948, une flotte croise ainsi en permanence en Méditerranée.

La controverse autour du porte–avions s'inscrit dans un vaste débat de plusieurs années à plusieurs niveaux. Au sein même de l'*US Navy*, la question se pose entre 1945 et 1948 du rôle futur du porte–avions. L'articulation des différentes branches des forces armées américaines fait aussi l'objet d'intenses discussions entre 1945 et 1951 avec notamment la répartition des rôles entre l'*US Air Force*, qui acquiert son autonomie le 18 septembre 1947, et l'*US Navy* et le point central de l'attribution et de l'emploi des armes nucléaires. La place du bombardement stratégique dans une guerre future culmine avec le projet de bombardier à long rayon d'action *B–36* et l'annulation de la construction du porte–avions *CVA 58 United States* en avril 1949. Pendant ce temps, un petit groupe d'officier de l'*US Navy* mène une campagne de lobbying en mettant en avant les avantages de l'aviation navale comme vecteur d'emploi des armes nucléaires. Sans avoir à disposer de bases outre–mer, elle peut envoyer des bombardiers et leur escorte frapper la plupart des cibles stratégiques potentielles.

Après la guerre, les Alliés effectuent des tests avec des missiles allemands V2 capturés. Ici , les Américains font décoller un missile depuis le pont du *U.S.S. Midway* le 6 septembre 1947.

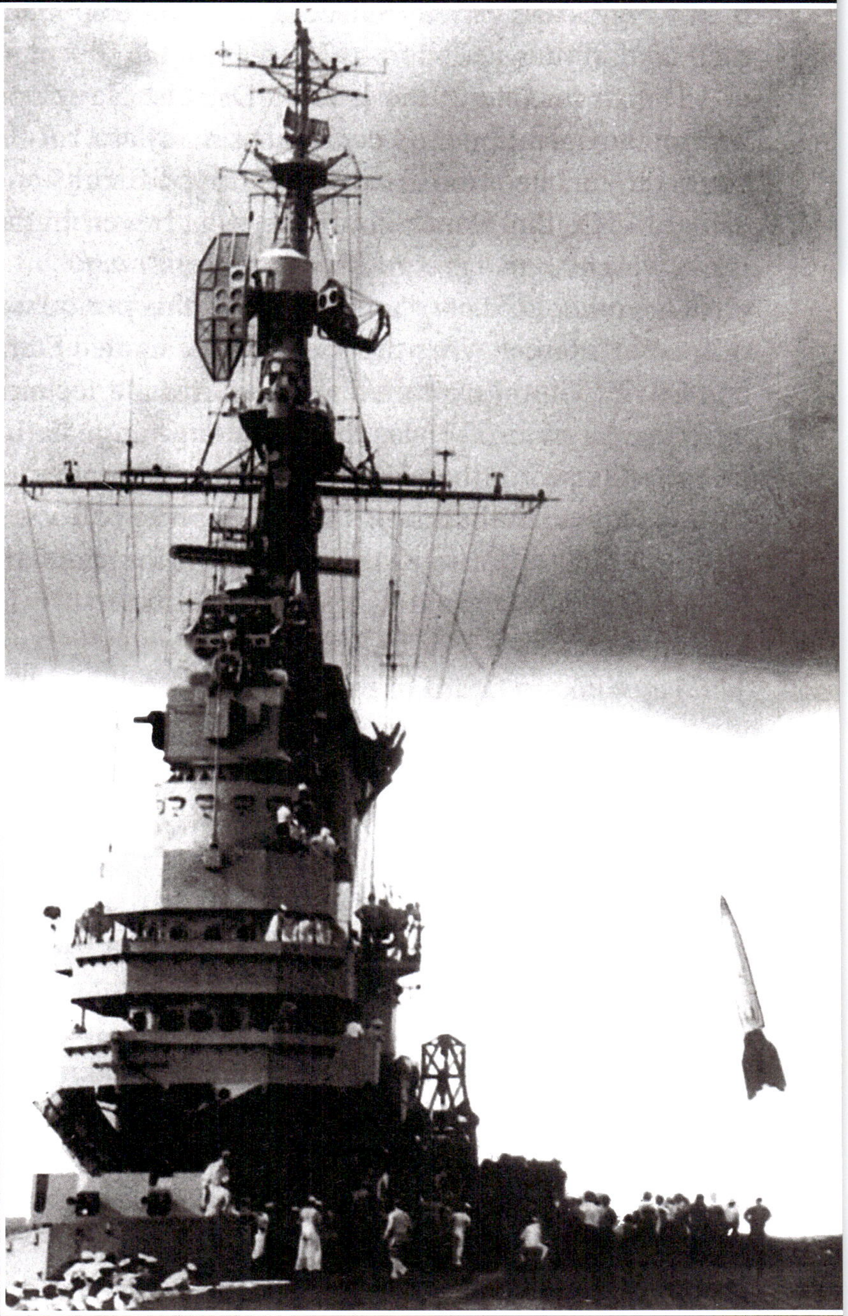

Les porte–avions *U.S.S. Valley Forge (CV–45)* et *U.S.S. Leyte (CV–32)* ancrés à Sasebo, au Japon en décembre 1950. Au fond se trouve le navire atelier *U.S.S. Hector (AR–7)*. Au début de la guerre de Corée, seul le *Valley Forge* est disponible en mer du Japon.
Ci–contre : Deux bombardiers stratégiques *Convair B–36 Peacemaker.*

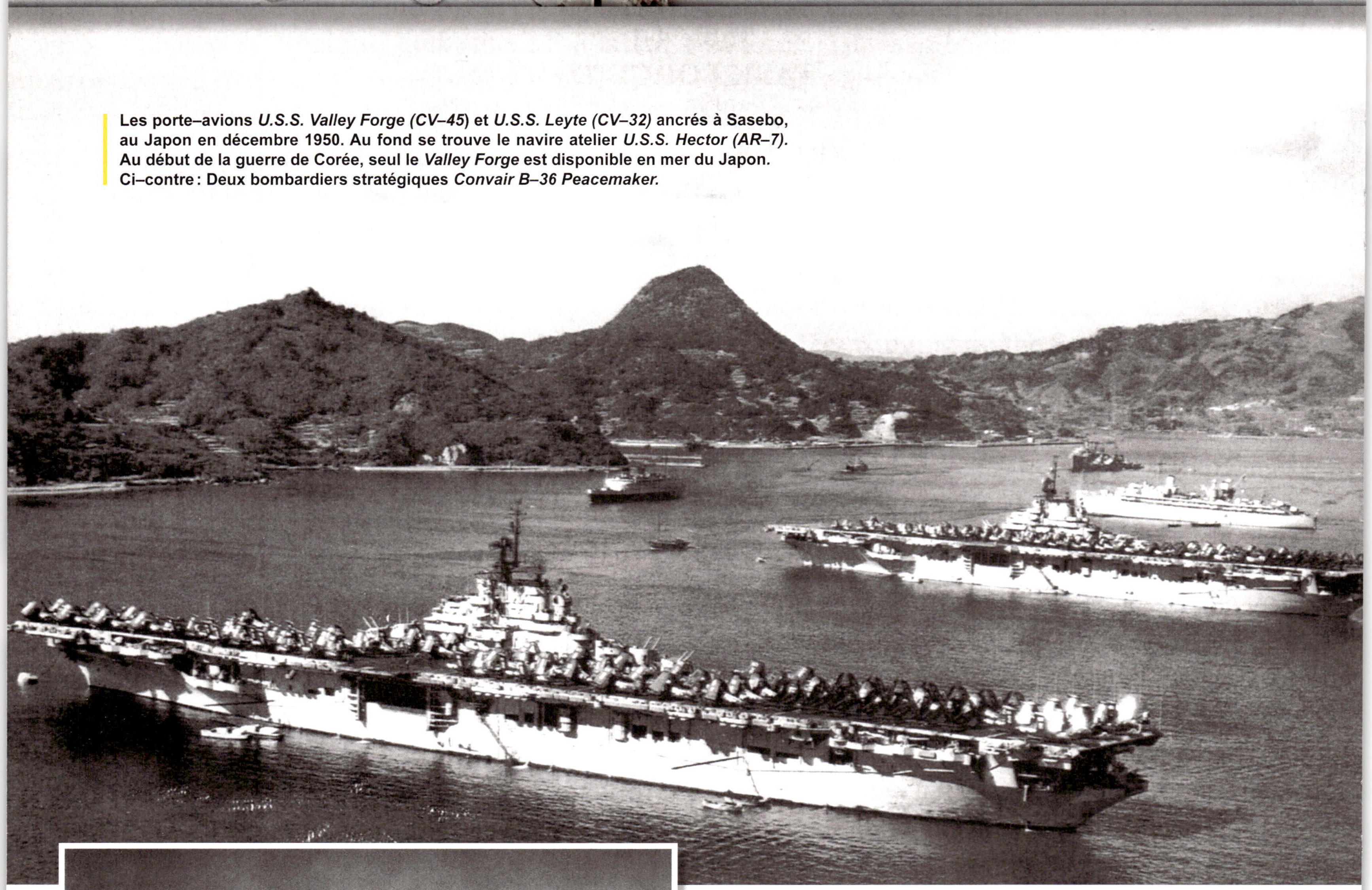

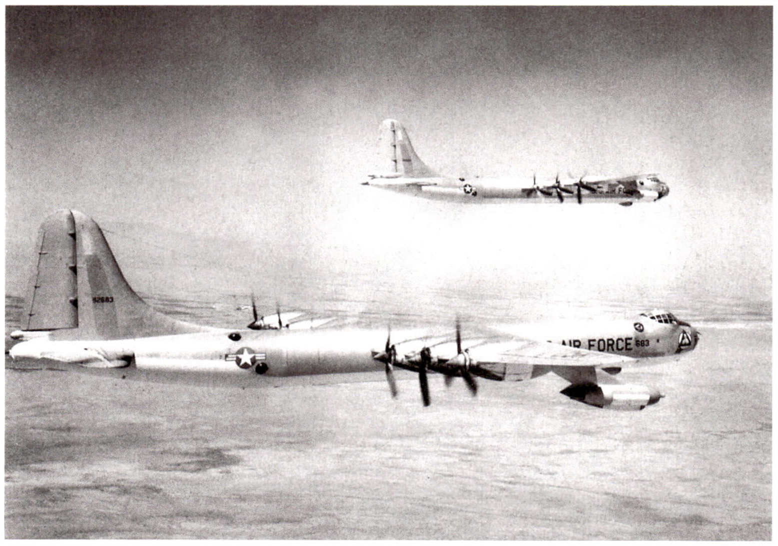

Le 6 septembre 1947, le *Midway* lance ainsi un V2 allemand avec succès et l'opération montre qu'un porte–avions de cette classe peut en embarquer 80 et un de la classe *Essex* 50. On pense même un bref moment en installer sur deux cuirassés. L'idée n'est pas nouvelle car elle avait été envisagée pour bombarder le Japon depuis des navires ou des bases terrestres.

United States vs B–36

Les *Essex* font l'objet d'un programme de modernisation (*Project 27A*) tandis que des études sont lancées pour la construction de nouveaux porte–avions. Si la modernisation marque un véritable progrès, le nombre d'appareils embarqué reste trop limité, notamment par rapport aux *Midway*. En 1948, le Congrès approuve la construction de l'*United States* qui doit déplacer 65 000 tonnes (80 000 à pleine charge). Il prend la désignation *CVA 58* (« A » pour porte–avions lourd). Le *Bureau of Ships* (*BuShips*) prend en compte l'entrée en service de jets plus lourds permettant d'emporter la même charge de bombes deux fois plus loin.
Le projet est cependant abandonné le 23 avril 1949, l'*Air Force* insinuant que le projet pourrait atteindre les 500 millions de dollars au lieu des 189 prévus pour des missions de bombardement stratégique qu'elle assure déjà. Elle rappelle aussi que le rayon d'action des appareils embarqués ne dépasse pas les 1 000 km, que les porte–avions ne peuvent pas mener es campagnes intensives et que leur coût d'entretien est très élevé.
La riposte des marins ne se fait pas attendre. La « révolte des amiraux » remet en question les capacités opérationnelles du bombardier intercontinental *B–36* et sa vulnérabilité face au nouvel intercepteur soviétique, le MiG–15. Ils demandent sans succès la mise à disposition d'un B–36 pour des tests d'interception avec le chasseur à réaction *Banshee* mais aussi le *Corsair*, vétéran de la Seconde Guerre mondiale. L'ancien commandant en chef du *Strategic Air Command* est tout aussi critique mais le projet survit aux investigations du Congrès et se trouve même étendu.
Le secrétaire d'Etat à la défense Johnson décide de réduire le nombre de porte–avions opérationnels à 4 avant d'accepter d'en conserver 6.

La guerre de Corée : le retour des porte–avions

Avec la guerre de Corée, l'*US Navy* et ses porte–avions retrouvent une grande importance opérationnelle. Ce conflit montre que les pays communistes ne craignent pas la puissance atomique américaine et n'hésitent pas à poursuivre leurs opérations, y compris en s'engageant dans un conflit ouvert. Par ailleurs, le développe-

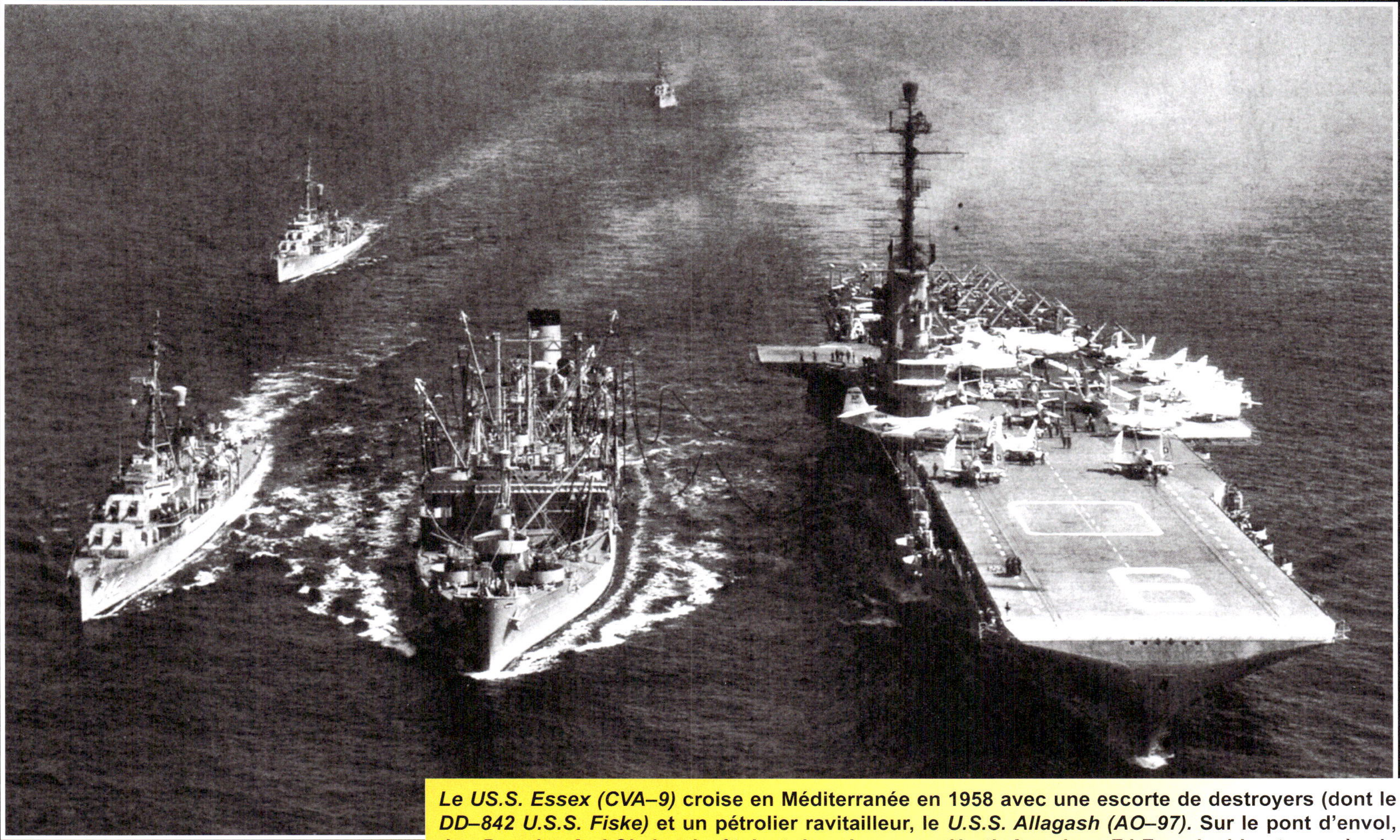

Le US.S. Essex (CVA–9) croise en Méditerranée en 1958 avec une escorte de destroyers (dont le *DD–842 U.S.S. Fiske)* et un pétrolier ravitailleur, le *U.S.S. Allagash (AO–97)*. Sur le pont d'envol, des *Douglas A–4 Skyhawk* côtoient des chasseurs *North American FJ Fury*. Le bimoteur près de l'îlot est un *North American AJ Savage*.

ment des arsenaux nucléaires dans les deux camps rend de plus en plus risqué l'emploi de l'arme atomique.
Avec une péninsule presque entièrement occupée par l'ennemi et très montagneuse, les porte–avions déployés au large font très vite preuve de leur efficacité. Hors d'atteinte d'un ennemi qui ne dispose pas de moyens navals ni d'une aviation capable d'attaquer des navires, ils présentent aussi l'avantage de la mobilité et d'être des bases de grande taille avec tout le matériel et le personnel nécessaire à la mise en œuvre de forces aériennes importantes.
Les moyens sont cependant à peine suffisants. L'*US Navy* ne compte plus que 270 navires de combat dont 19 porte–avions, 4 étant en modernisation. La plupart de ceux qui sont opérationnels sont déployés dans l'Atlantique. Mais les 4 porte–avions légers servent pour les expérimentations et l'entraînement et les 4 porte–avions d'escorte à la lutte anti–sous–marine. La 7th Fleet basée au Japon n'aligne qu'un seul porte–avions, le *Valley Forge*, avec une centaine d'appareils à bord. Avec la volonté affichée du président Truman d'éviter l'utilisation de l'arme atomique, l'*US Air Force* se trouve très démunie. Ses équipages de *B–29* sont entraînés à conduire des attaques nucléaires et ses chasseurs sont surtout destinés à la défense aérienne avec un rayon d'action et un armement inadapté pour attaquer des cibles terrestres. Les porte–avions embarquent par contre des chasseurs–bombardiers capables d'utiliser avec efficacité des moyens conventionnels.
La rapide progression de l'armée nord–coréenne laisse par ailleurs peu d'aérodromes disponibles. La *Task Force 77* qui est rapidement constituée est donc la seule capable d'attaquer des cibles en Corée du Nord ou sur le front sans préavis. Elle est renforcée par le porte–avions léger britannique *Triumph*. Les premières opérations montrent leur efficacité et 6 porte–avions soutiennent le débarquement des forces de MacArthur à Inchon.
La montée en puissance de l'*US Navy* est rapide avec 270 navires de combat en juin 1950 et 530 trois ans plus tard. Elle n'est cependant rendue possible que grâce aux bâtiments souvent récents conservés en réserve et qu'il a suffit de rééquiper pour le combat.
La *Task Force 77* reste active pendant toute la durée du conflit même si l'*US Air Force* participe avec efficacité notamment avec ses *B–29* engagés pratiquement tous les jours. S'ils s'engagent peu aux combats aériens (11 victoires contre 5 appareils perdus), les appareils embarqués opèrent également de nuit contre les objectifs terrestres, maintenant une pression constante sur l'ennemi au prix cependant de plusieurs centaines d'appareils perdus. Ils effectuent 250 000 missions à partir de 17 porte–avions pour les Américains et 30 000 pour les Anglais et les Australiens qui engagent respectivement 4 et 1 porte–avions. Par contre, les porte–avions ne subiront ni attaque aérienne ni attaque sous–marine.

Les premiers déploiements au Vietnam

La guerre de Corée permet à l'*US Navy* de démontrer qu'elle a sa place dans la Guerre froide. Au moment de la guerre du Vietnam, elle est la première marine du monde dans toutes les catégories de navires. Elle compte notamment des porte–avions géants capables d'emporter une centaine de jets ultramodernes.
Elle ne dépend pas de bases terrestres exposées pour conduire ses actions se devient tout naturellement un atout incomparable pour intervenir tout en évitant l'escalade. La politique de « la canonnière » reste toujours aussi actuelle.
Si 9 nations disposent de porte–avions, l'*US Navy* dispose à elle seule de plus de porte–avions que toutes les autres réunies. Les *Essex* modernisés après la Seconde Guerre mondiale et les trois

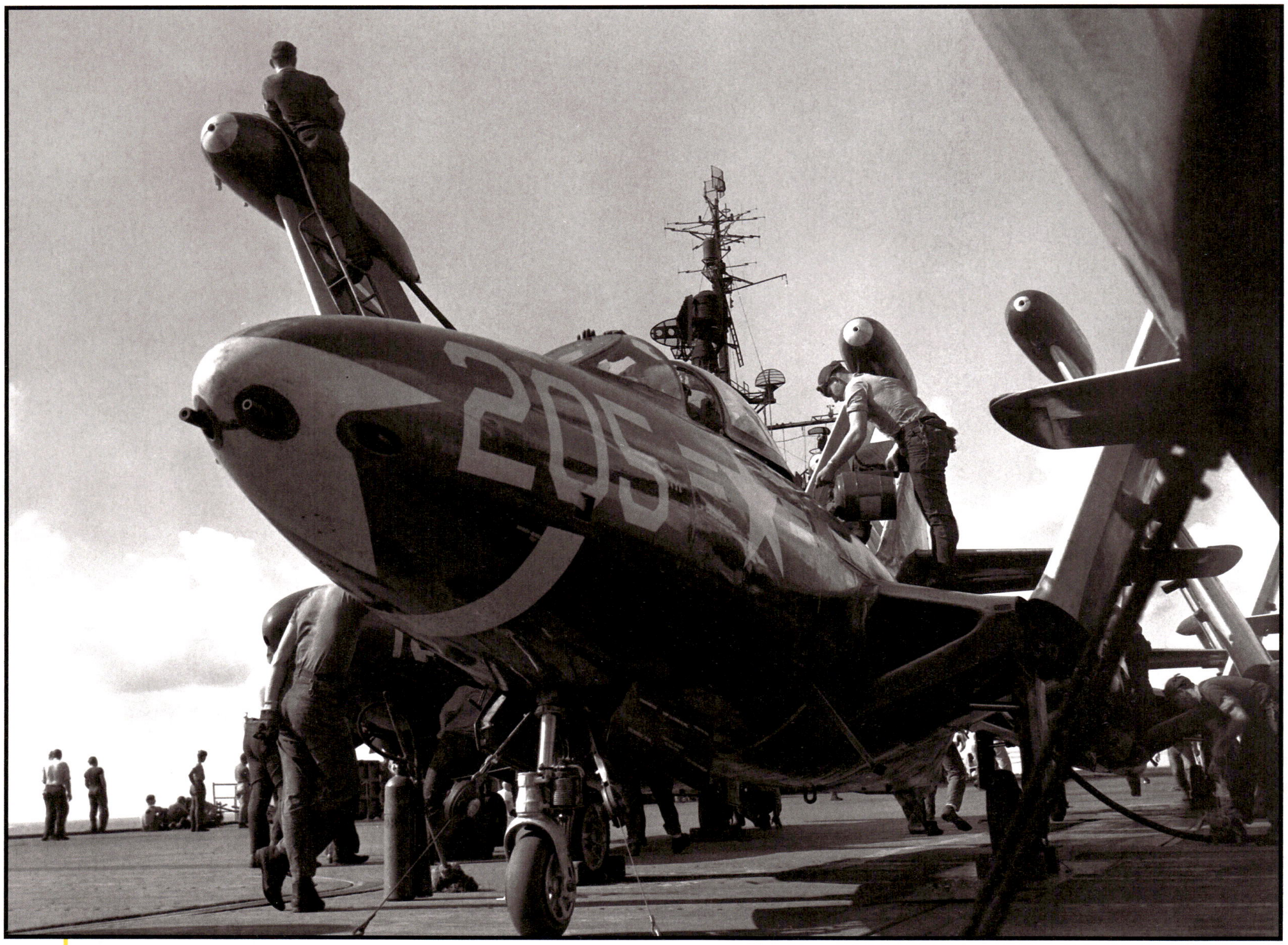

Un *Grumman F9F–2 Panther* de la *VF–52* à bord du *U.S.S. Valley Forge* en 1950.

Midway entrés en service trop tard pour participer aux combats forment le noyau des forces aéronavales américaines. La classe *Forrestal* qui entre en service à partir de 1955 présente des avancées significatives et peut notamment embarquer les jets les plus récents et les plus lourds.
Le contrôle des opérations navales en Asie est assuré par la *Task Force 77*, habituellement déployée en mer du Japon et en mer de Chine, des deux côtés de la péninsule coréenne. En 1964, elle gagne le golfe du Tonkin. Onze ans seulement après la fin de la guerre de Corée, une partie du personnel à l'expérience du combat.
Au mois de mai 1964 les appareils du *Kitty Hawk* conduisent des opérations de reconnaissance sur le Laos depuis Yankee Station. Déjà touché lors d'un précédent vol, le *Lieutenant* Charles F. Klusmann est abattu le 21 mai. Capturé, il s'évadera trois mois plus tard. Le 15 avril 1962, le porte–hélicoptères *Princeton* engage une escadrille d'hélicoptères des *Marines* dans une opération militaire dans le secteur de Saigon. C'est la première unité de combat américaine engagée au Sud–Vietnam.
Après l'attaque de représailles contre les bases navales nord–vietnamiennes, la *Task Force 77* reste en alerte pendant six mois. Renforcée par le *Ranger* et le porte–avions anti–sous–marins *Kearsarge* qui doit contrer une éventuelle menace chinoise. En raison de particularité du théâtre d'opération, l'*US Navy* se déploie sur deux points : *Yankee Station*, dans le golfe du Tonkin *et Dixie Station*, au sud de la péninsule. Le premier permet de frapper le Nord Vietnam, le second le Cambodge et le Laos.
Il faut attendre les attaques de février 1965 contre des bases américaines pour que les appareils embarqués frappent à nouveau. Le *Coral Sea* et le *Hancock* lancent 49 appareils contre les casernes de Dong Hoi et le *Ranger* 34 appareils contre celles de Vit Thu Lu (*Operation Flaming Dart I*). Seul le premier raid atteint son objectif, perdant un *Skyhawk* et son pilote. Les communistes attaquent alors un hôtel occupé par les soldats américains ; 23 sont tués et 21 blessés. Les trois porte–avions attaquent les casernes de Chanh Hoa avec 99 appareils (*Operation Flaming Dart II*) sans beaucoup de succès en raison du mauvais temps. Trois appareils sont abattus et un pilote capturé.
Les moyens américains s'accroissent avec l'arrivée de l'*Oriskany* en avril 1965. Il gagne *Dixie Station*. Il présente la particularité d'embarquer une escadrille des *Marines*, la *VMF(AW)–212* équipée de chasseurs *Crusader F–8D*. C'est la première fois depuis la guerre de Corée. Particulièrement impressionné par la qualité de l'appui tactique fourni par les appareils embarqués, le *General Westmoreland* a demandé une présence permanente pour soutenir les opérations de ses troupes au Sud Vietnam. L'absence d'opposition aérienne et la faiblesse de la défense antiaérienne permettent aussi d'acclimater les équipages avant de les engager dans le golfe du Tonkin.

Rolling Thunder

L'*US Navy* doit jouer un grand rôle dans la campagne de bombardement stratégique décidée contre le Nord Vietnam sous le nom de code *Rolling Thunder*. Les missiles antiaériens russes sont considérés comme la principale menace. Deux appareils ont été perdus, le U–2 de Gary Powers au–dessus de l'U.R.S.S. et un autre appareil de ce type au–dessus de Cuba lors de la crise des missiles. Cette capacité à frapper des appareils de reconnaissance en haute altitude laisse présager une grande vulnérabilité des appareils d'attaque évoluant plus près du sol.

Des restrictions considérables doivent également être respectées : toutes les opérations nécessitent d'être approuvées au plus haut niveau, ne doivent pas faire l'objet de reconnaissances photographiques préalables, il est interdit d'attaquer des cibles d'opportunité, des zones d'exclusion sont définies autour de certaines zones urbaines.

Pour échapper à des problèmes de coordination entre l'*Air Force* et la *Navy* les opérations mixtes sont évitées. Le premier raid se déroule le 18 mars 1965 avec comme objectifs des bâtiments occupés par l'armée à Phu Van et Vinh Son. Aucune perte n'est à déplorer, ce n'est pas le cas lors des opérations suivantes.

Le 5 avril, un premier site de missiles sol–air SA–2 est repéré à une vingtaine de kilomètres au sud d'Hanïi. Des *Skyhawks* sont perdus en mai. Les sites sont attaqués et des contre–mesures électroniques mises en place.

Les premiers MiG–17 ne tardent pas à faire leur apparition. Un *F–4B Phantom* est le premier abattu, le 9 avril mais un MiG–17 succombe aussi ; c'est la première victoire du conflit.

Avec l'arrivée de l'*Independence*, le premier appareil d'attaque tout temps, le *A–6 Intruder*, entre en action le 1er juillet. En novembre, c'est le *Grumman Hawkeyer*, véritable radar volant qui entre aussi en servion pour coordonner les opérations aériennes. Le 17 décembre, le porte–avions à propulsion nucléaire *Enterprise* rejoint le *Ticonderoga* et le *Kitty Hawk* à *Yankee Station*. Entre août et le 24 décembre, les appareils de 10 porte–avions ont conduit 57 000 sorties. Une centaine ont été perdus et 82 hommes d'équipage ont été tués, capturés ou portés disparus. La trêve de Noël va durer 37 jours mais le Vietnam du Nord n'est pas impressionné et profite de l'occasion pour réparer les dommages. La guerre sera longue et dure.

En décembre 1965, les premiers MiG–21 font leur apparition. Le premier abattu est à mettre au crédit d'un *Phantom* avec deux missiles *Sidewinder*, le 26 avril 1966. Pendant l'été, les attaques portent sur les installations pétrolières et d'autres installations industrielles, beaucoup plus faciles à détruire que les ponts même si les opérations sont limitées autour de certaines zones pour éviter de toucher les populations.

A l'automne 1966, la presse américaine parle de pertes si élevées que malgré l'augmentation de la production, il n'est pas possible de combler toutes les pertes. Il manquerait aussi 1 660 pilotes à l'*US Navy* et 650 aux *Marines*. Le rythme des opérations est en effet si élevé que les pilotes effectuent entre 16 et 22 missions par mois. Certains atteignent même 28. Malgré la rotation mise en place, beaucoup atteindront les 300 missions à la fin de la guerre, en 1973.

Des balayages de chasseurs réussissent dans les six premiers mois de l'année 1967 à détruire une partie des MiG–21 qui attaquent les bombardiers stratégiques avant de gagner leurs aérodromes, dans des zones que les aviateurs américains ne peuvent attaquer. 46 sont à porter au crédit de l'*Air Force* et 12de la *Navy*. Cette disparité l'incite à créer la *US Navy Postgraduate Course of Fighter Weapons Tactics and Doctrine*, une école de chasse plus connue sous le nom de *Top Gun*. De 2 pour 1 en 1968, le ratio avions abattus/pertes passe à 12 pour 1 en 1972.

En avril 1967, la *Navy* et l'*Air Force* se voient attribuer des secteurs spécifiques. La première se concentre sur la bande côtière phong, la seconde sur l'intérieur des terres et Hanïi.

Un Douglas A–4B Skyhawk de la VA–164 « Ghost Riders » déployé à bord du US.S. Oriskany (CVA–34) en 1963. Il emporte ici des bombes Mk.81, ce type d'appareil participa activement à l'opération Rolling Thunder.

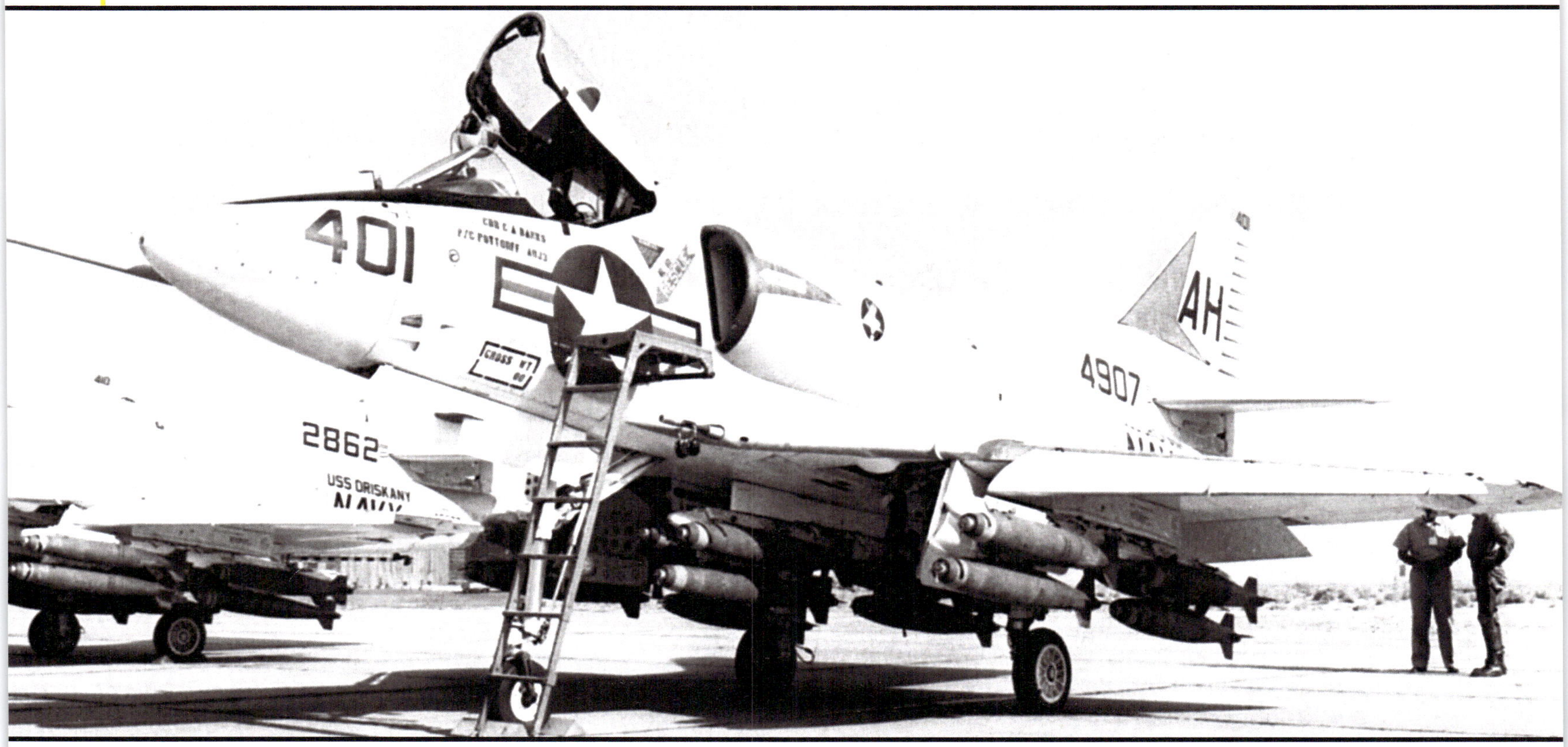

Le pont du *U.S.S. Constellation (CVA–64)*, pris en photo de son déploiement en Mer de Chine en 1964. Cette vue permet de voir à peu près tous les types d'appareils qui opérent dans l'escadre d'attaque *CVW–14* cette année là. Au premier plan les *Skyhawk* de la *VA–146* sont bien visibles ainsi que les *Phantom II* des «*Pukin' Dogs*» et les fameux «machins avec un toit», les *Grumman Tracer* équipés de leurs radars. On remarque également les deux *Seasprite* de la *Utility Helicopter Squadron One* peins en rouge et bleu.

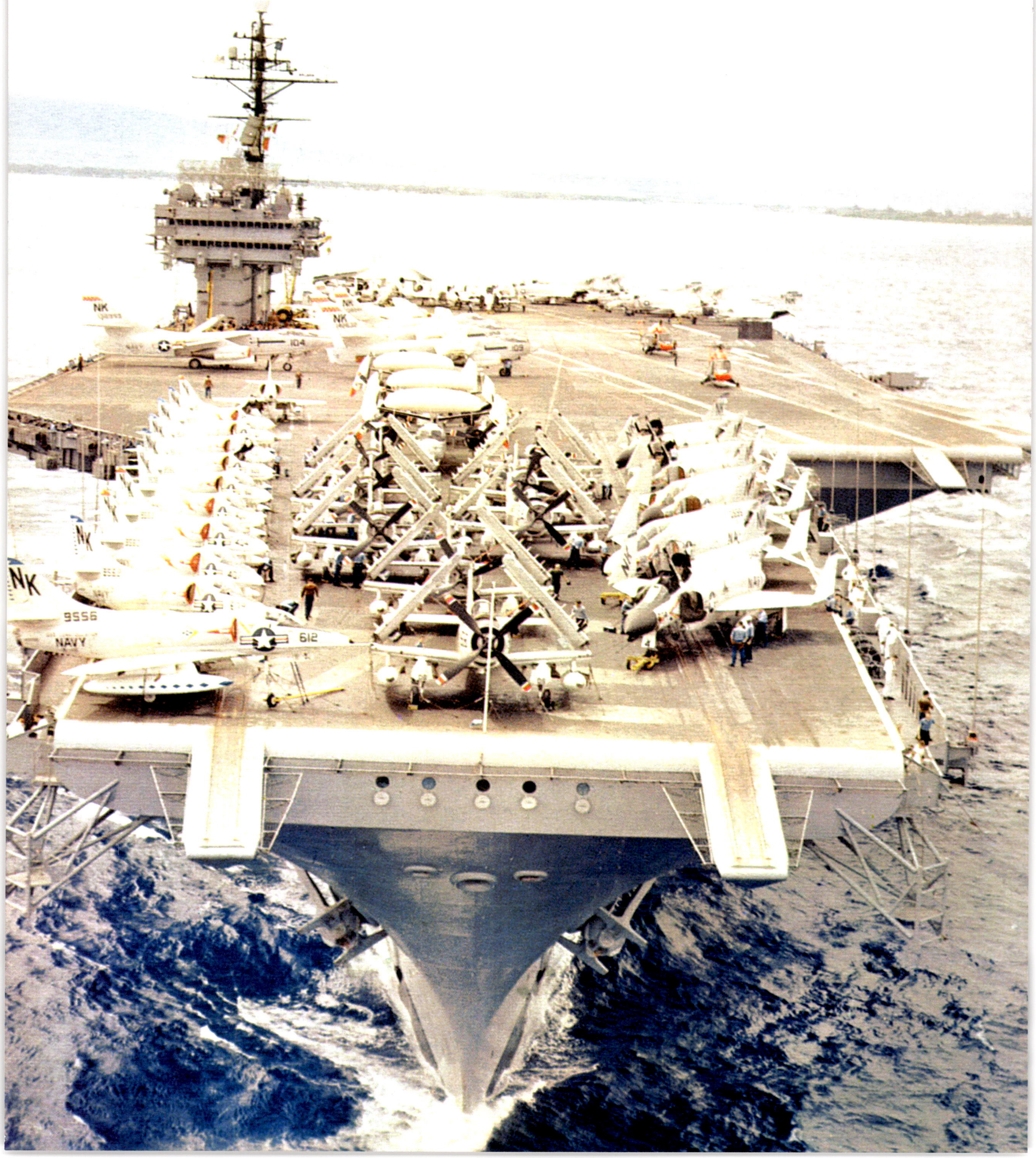

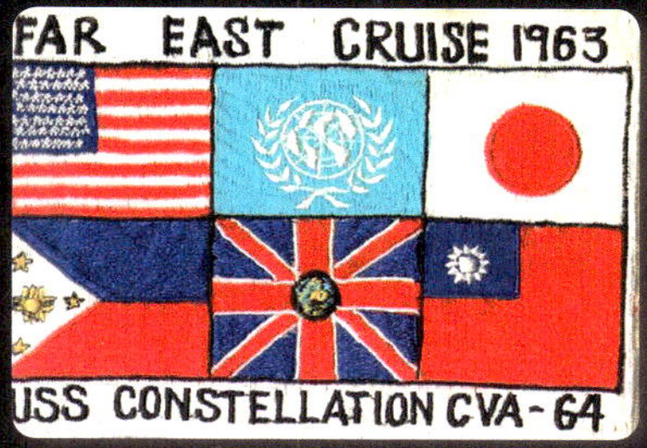

Au printemps 1968, la campagne aérienne au Nord Vietnam perd en intensité. Au premier semestre 1969, les cibles sont essentiellement les forces ennemies au Sud Vietnam. Le désengagement des forces américaines commence. On compte néanmoins 1 025 sorties des appareils embarqués en juillet. Les opérations aériennes se poursuivent toujours avec une certaine intensité, notamment en 1972. Lors de l'invasion du Sud le 30 mars par trois divisions nord–vietnamienne, deux porte–avions seulement sont présents mais ils sont 6 en juillet. En mai, les chasseurs embarqués abattent 16 MiG dont la moitié le 10 contre la perte de deux *Phantom*. Le 8, une campagne pour miner les ports nord–vietnamiens débute. Les appareils embarqués lâchent 7 996 mines, coupant 12 ports du reste du monde. Mais l'*Operation Linebacker* va plus loin avec le bombardement de Hanoï et Haiphong par des B–52. Très efficace, cette campagne semble un moment devoir contraindre les nord–vietnamiens à négocier. Stoppé le 23 octobre, elle est reprise avec une intensité maximale le 18 décembre (*Linebacker II*). En 11 jours, l'*Air Force* perd 15 B–52 et plusieurs F–111, la *Navy* quelques *EA–6A Intruder*. Mais le 29, les Nord–Vietnamiens acceptent de retourner à la table des négociations puis de signer un cessez–le–feu.

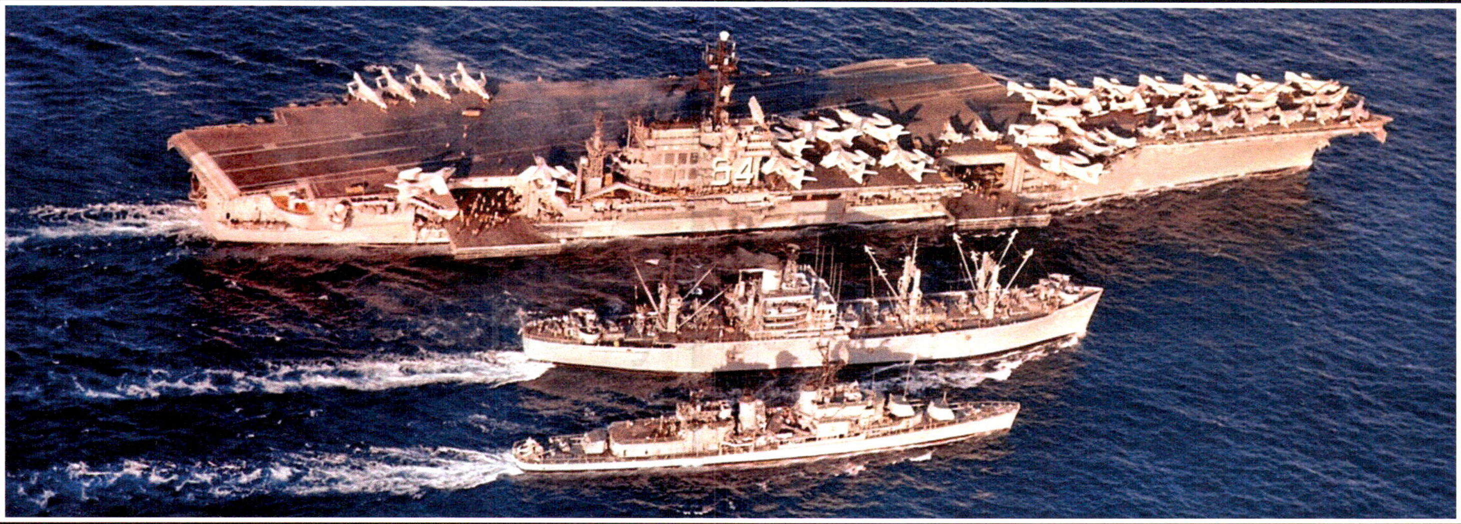

Le 26 octobre, l'*Oriskany* est endommagé par l'explosion accidentelle de munitions à bord. 44 hommes sont tués. Le *Forrestal* est lui aussi victime d'un grave accident le 6 juin 1967 : un réservoir largable prend feu et fait exploser plusieurs bombes. 134 hommes sont tués et 61 gravement blessés. 21 avions sont détruits. Il faudra sept mois et 72 millions de dollars pour réparer le bâtiment. Le 14 janvier 1969, l'*Enterprise* avec une roquette qui prend feu. L'incendie se propage tuant 28 hommes et détruisant 15 avions sur le pont. Ici le destroyer *U.S.S. Rupertus (DD–851)* porte secours au *U.S.S. Forrestal (CVA–59)* en proie aux flammes après que des bombes de *Skyhawk* aient explosé. A l'origine de l'accident, un manquement aux règles de sécurité qui a mené au départ intempestif d'une roquette «Zuni» de 5 pouces.

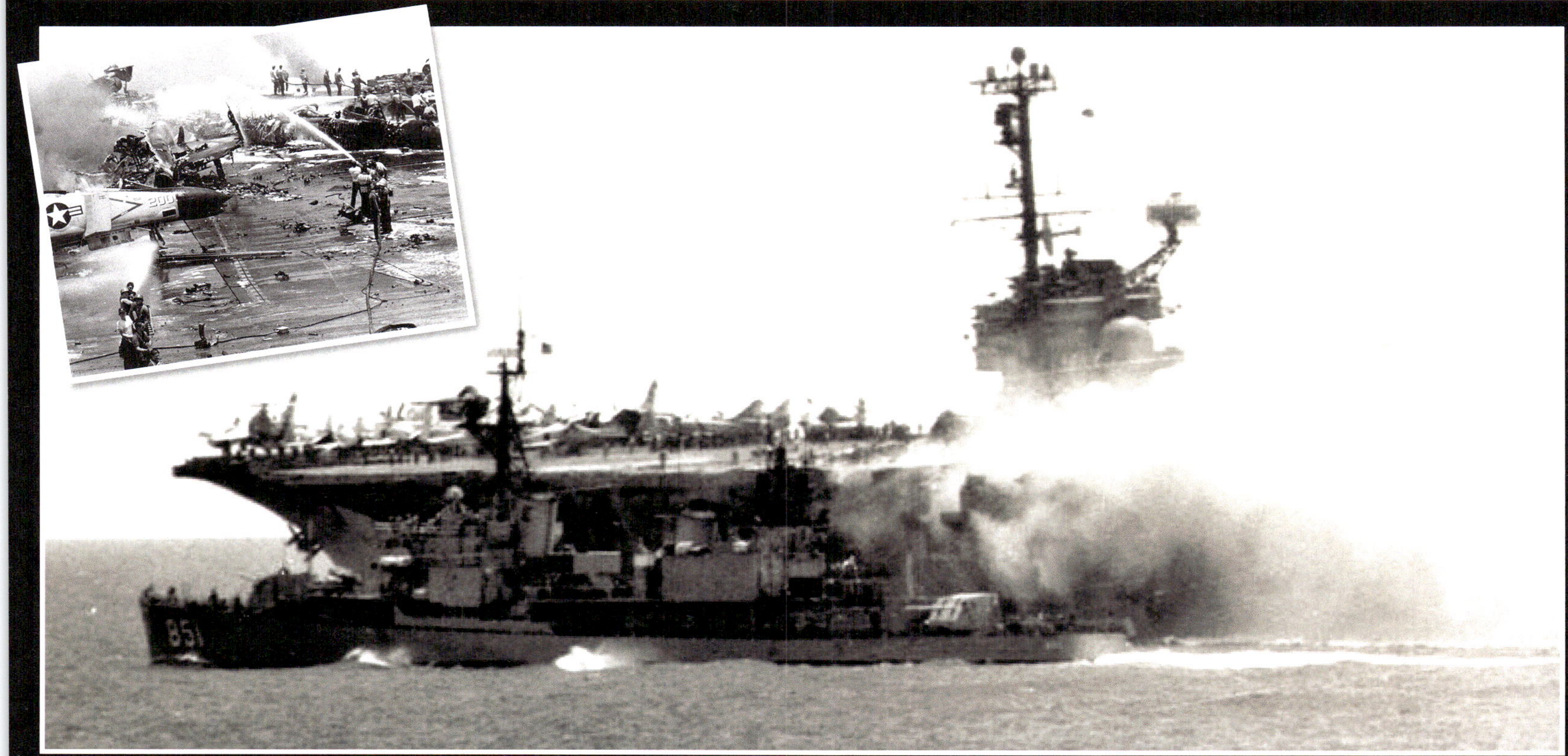

La guerre aérienne au Vietnam en chiffres

Porte–avions déployés au Vietnam de août 1964 à janvier 1973

Porte–avions	Tour d'opérations	Groupe aériens
Hancock (CVA–19)	7 (1964–72)	5 et 21
Oriskany (CVA–34)	7 (1965–73)	16 et 19
Ranger (CVA–61)	7 (1964–73)	2, 9 et 14
Constellation (CVA–64)	6 (1964–73)	9, 14 et 15
Coral Sea (CVA–43)	6 (1964–73)	2 et 15
Bonhomme Richard (CVA–31)	6 (1964–70)	5, 19 et 21
Enterprise (CVAN–65)	6 (1965–73)	9 et 14
Kittyhawk (CVA–63)	6 (1965–72)	11
Ticonderoga (CVA–14)	5 (1964–69)	5, 16 et 19
America (CVA–66)	4 (1968–73)	6, 8 et 9
Midway (CVA–41)	3 (1965–73)	2 et 5
Intrepid (CVS–11)	3 (1966–69)	10
Forrestal (CVA–59)	1 (1967)	17
Independance (CVA–62)	1 (1969)	7
F.D.Roosevelt (CVA–42)	1 (1966–67)	1
Saratoga (CVA–60)	1 (1972–73)	3
Shangri–La (CVA–38)	1 (1970)	8

Déploiement des unités aériennes

Escadrons	Tour d'opérations
A–4	107
F–4	84
F–8	57
A–7	56
A–6	33
RA–5	31
A–1	24
E–2	24
A–3	13
EA–6	3
TOTAL	432

Sorties de combat de l'aviation (avril 1965 – mars 1973)

Sud–est asiatique		Nord du Vietnam	
USAF	1 766 000 (68 %)	USN	275 000 (52 %)
USN	510 000 (20 %)	USAF	226 000 (43 %)
USMC	320 000 (12 %)	USMC	27 000 (5 %)
TOTAL	2 596 000	TOTAL	528 000

Perte de l'aviation au sud–est asiatique (janvier 1962 – juin 1973)

En vol				Au sol			
	Combat	Opérationnel	TOTAL		Combat	Opérationnel	TOTAL
USN	538	316	854	USN	0	25	25
USMC	173	75	248	USAF	18	5	23
USAF	1 606	461	2 067	USMC	95	27	122
TOTAL	2 317	852	3 169	TOTAL	113	57	170
TOTAL GENERAL : 3 339							

Pertes au combat de la U.S. Navy

	Nord Vietnam	Sud Vietnam	Laos	Autre	TOTAL
A–1	36	4	6	2	**48**
A–4	172	4	16	3	**195**
A–6	38	1	10	2	**51**
A–7	39	3	13	0	**55**
F–4	64	4	6	1	**75**
F–8	54	3	1	0	**58**
Autre*	41	8	6	1	**56**
TOTAL	**444**	**27**	**58**	**9**	**538**

Pertes au combat de l'aviation de l'U.S.M.C

	Nord Vietnam	Sud Vietnam	Laos	Autre	TOTAL
A–4/TA–4	7	51	4	0	**62**
A–6	10	4	1	1	**16**
F–4	7	47	11	0	**10**
F–8	2	7	1	0	**10**
Autre*	3	15	0	2	**20**
TOTAL	**29**	**124**	**17**	**3**	**200**

Causes des pertes au combat

	USN	USMC	USAF
Artillerie anti–aérienne	37 %	14 %	26 %
Inconnu	25 %	33 %	16 %
Armes légères semi–automatiques & automatiques	18 %	50 %	47 %
SAM	15 %	2 %	7 %
Dommages causées par ses propres bombes	3 %	?	1 %
MiG	2 %	–1 %	4 %

Taux d'échange entre chasseurs, 1965–1973

U.S. Type	Force aérienne		USN–USMC	
F–4	107½–35	(3,07–1)	38–7	(5,42–1)
F–8			18–3	(6,00–1)
F–102	0–1	(0,00–1)		
F–105	27½–20	(1,37–1)		
	135–56	(2,41–1)	56–10	(5,60–1)

Meilleur rapport de pertes U.S.

USN F–8	6.00–1
USN F–4	5.42–1
USAF F–4	3.07–1
USAF F–105	1.37–1
Taux combiné F–4 : 3.38–1	

Résumé des pertes américaines

42 F–4
21 F–105
3 F–8
2 A–1
2 A–6
1 A–4
1 KA–3
1 RA–5
1 RC–47
1 RF–101
1 F–102
76 Mig
TOTAL GENERAL : 198–76 ou 2,6–1

Répartition des dommages par zones de combat

	USN	USMC	USAF
Nord Vietnam	82 %	17 %	39 %
Sud Vietnam	5 %	71 %	33 %
Laos	11 %	10 %	25 %
Autres / Inconnu	**2** %	**2** %	**3** %

Avions ennemis abattus

	AN–2	MiG–17	MiG–19	MiG–21	TOTAL
USAF	0	61	8	68	**137**
USN/USMC	2	39	2	18	**61**
Air America*	2	0	0	0	**2**
TOTAL	**4**	**100**	**10**	**86**	**200**

Ennemi abattus par l'aviation américaine

Type d'ennemi	Abattus – Perdus	Rapport de pertes entre chasseurs
MiG–17	97–17	5,70–1
MiG–19	10–3	3,33–1
MiG–21	83–46	1,80–1
TOTAL	190–66	2,86–1

Pertes U.S. par type d'avion en combat air–air

Type avion	USAF	USN/USMC	TOTAL
A–1E	1	0	**1**
A–1H	0	1	**1**
KA–3B	0	1	**1**
A–4C	0	1	**1**
RA–5C	0	1	**1**
A–6A	0	2	**2**
RC–47	1	0	**1**
F–4B/J	0	7	**7**
F–4C/D/E	35	0	**35**
F–8C/D/E	0	3	**3**
RF–101	1	0	**1**
F–102	1	0	**1**
F–105	21	0	**21**
TOTAL	**60**	**16**	**76**

Pertes cumulées de l'U.S. Navy et de l'U.S. Marine Corps

Type avion	USAF
A–4/TA–4	257
F–4/RF–4	143
F–8/RF–8	88
A–6/EA–6	67
A–7	55
A–1/EA–1	49
RA–5	18
OV–10	13
KA–3/EA–3	6
EF–10	4
KC–130	3
P–2/OP–2	3
O–1	2
TF–9	1
P–3	1
S–2	1
TOTAL	**711**

Operation DeSoto

En janvier 1964, les destroyers de la 7th *Fleet* ont reçu l'ordre de soutenir de conduire des sorties dans le golfe du Tonkin pour collecter des informations sur les radars et les communications nord–vietnamiennes.
Au même moment, le *National Security Council* américain autorise le *Plan 34A MAROPS* (*Maritime Operations*). Ultra–confidentiel, il permet à la *CIA* de soutenir des opérations sud–vietnamiennes au Nord Vietnam avec l'infiltration d'agents par voies aériennes ou navales mais aussi des raids avec des vedettes rapides (40 nœuds), armées de canons de 20 et 40 mm et de mortiers de 81 mm, conduites par des Sud–Vietnamiens ou des mercenaires payés par la *CIA*.
Dans la nuit du 3 août, un de ces bâtiments attaque deux îles dans le Golfe du Tonkin. Peu après, le destroyer *Maddox*, sans information sur cette attaque, vient croiser dans les eaux avoisinantes. Le 4 août, il est attaqué par des vedettes lance–torpilles nord–vietnamiennes et riposte avec le soutien de 4 *Crusader* du *Ticonderoga*. La nuit suivante, des échos radars non confirmés sont signalés en pleine tempête et donnent lieu à une riposte dans le vide. Le président Johnson ordonne une riposte. Le *Constellation* (5 *Phantom*, 15 *Skyhawk*, 8 *Skyraider*) et le *Kitty Hawk* (16 *Crusader*, 16 *Skyhawk*, 4 *Skyraider*) lancent 64 appareils à l'attaque de quatre bases de vedettes lance–torpilles. Le *A–4E* du *Lieutenant* Everett Alvarez du *Constellation* est abattu au–dessus de Hon Gay. Au–dessus de Loc Chao, se sont deux *Skyraider* du même navire qui sont touchés ; l'un d'eux s'écrase avec son pilote. Les installations sont sévèrement touchées et la moitié des navires de la marine nord–vietnamienne est détruite.

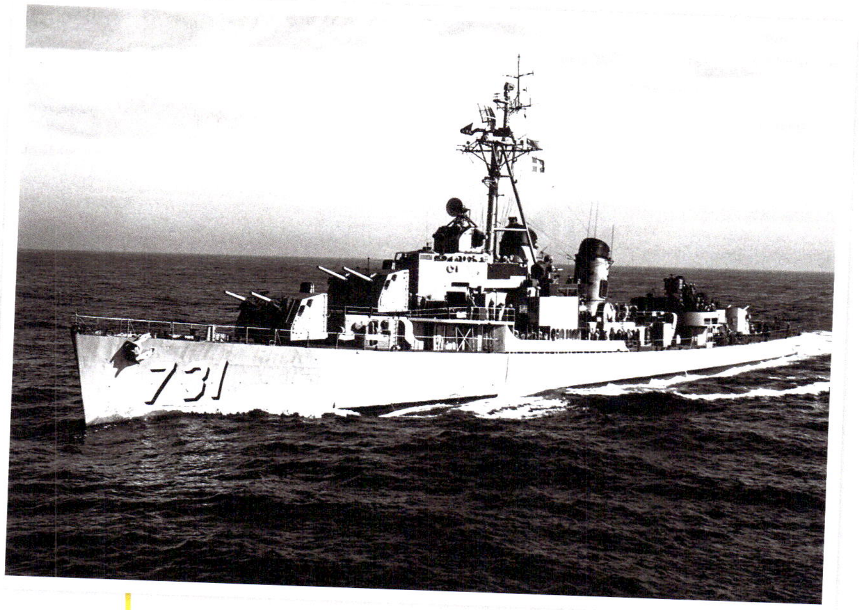

Le destroyer classe Allen M. Sumner U.S.S. William A.T. Maddox (DD–731) attaquée par des navires Nord–Vietnamiens le 2 et 4 août 1964. Selon de nouveaux documents et témoignages, l'attaque qui aurait plongé les Etats–Unis et le Vietnam dans la guerre n'a en fait jamais eu lieu! Les raisons qui auraient amené à la déclaration de guerre apparaissent plus que douteuses et ne seraient que le fruit de mauvaises interprétations et renseignements.

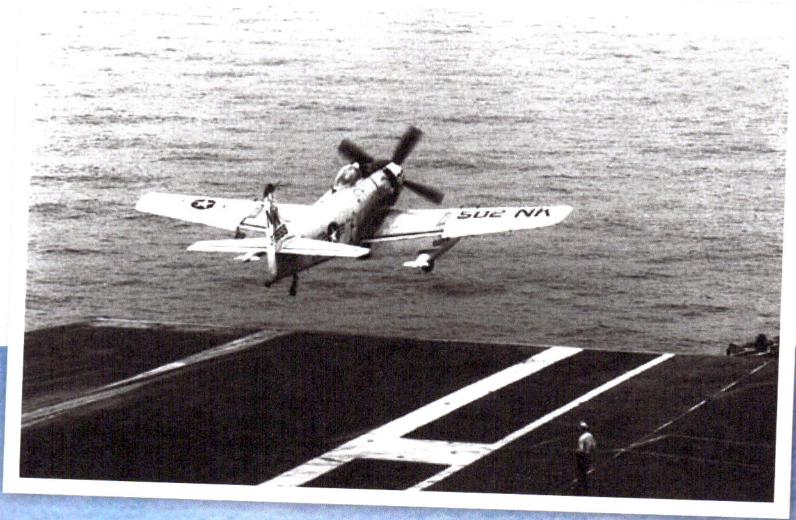

Les *A–4C Skyhawk* de la *VA–146 « Blue Diamonds »* sont prêts au catapultage sur le pont du « *Connie* ».
Ci–contre : Un *Skyraider* de l'*Attack Squadron 145* au décollage.

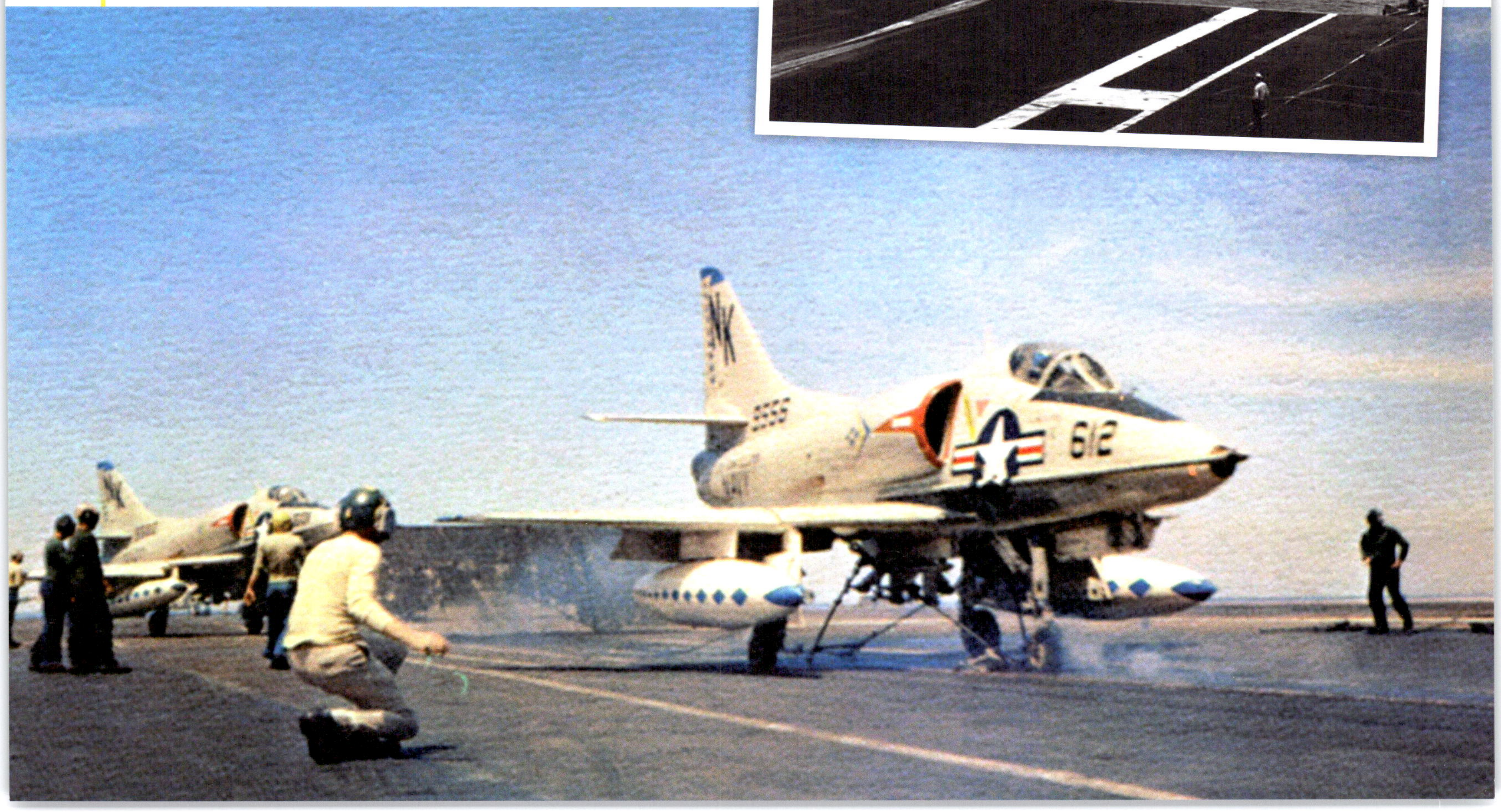

PORTE-AVIONS CONSTELLATION

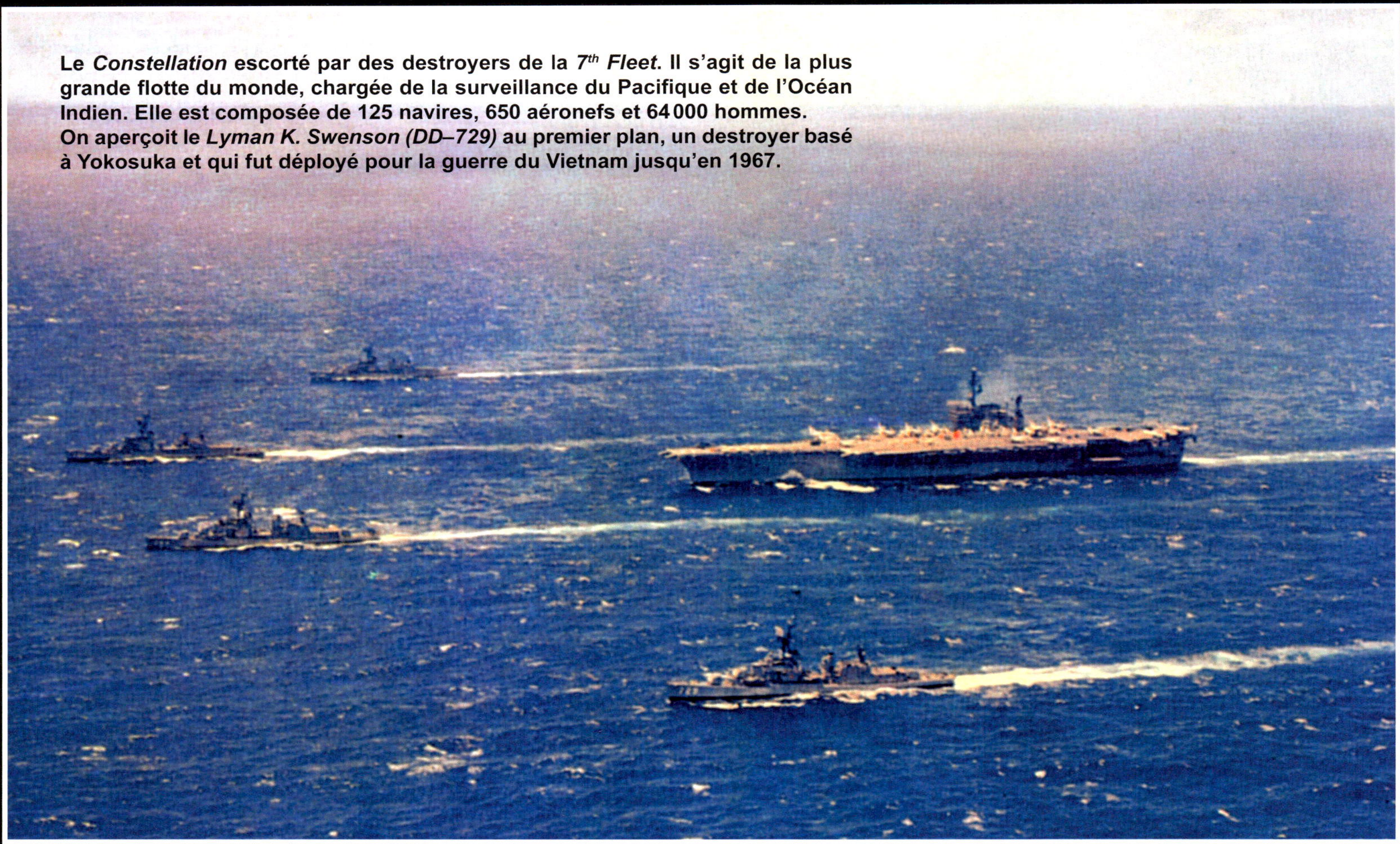

Le *Constellation* escorté par des destroyers de la 7th *Fleet*. Il s'agit de la plus grande flotte du monde, chargée de la surveillance du Pacifique et de l'Océan Indien. Elle est composée de 125 navires, 650 aéronefs et 64 000 hommes.
On aperçoit le *Lyman K. Swenson (DD–729)* au premier plan, un destroyer basé à Yokosuka et qui fut déployé pour la guerre du Vietnam jusqu'en 1967.

Pendant la guerre du Vietnam, les porte–avions d'escadre américains vont jouer un rôle majeur dans la plus grande campagne aérienne de l'Histoire. Après la fin de la Seconde Guerre mondiale, ils sont pourtant menacés d'une disparition rapide.

Un nouvel environnement

Le développement des jets et des hélicoptères marque une évolution importante dans les capacités opérationnelles des porte–avions. L'*US Navy* fait l'acquisition de ses deux premiers jets en novembre 1943, des *YP–59A*. Le premier jet à atterrir sur un porte–avions est cependant un chasseur britannique *Vampire I*, le 3 décembre 1945. Le *Lieutenant–Commander* Eric M. Brown se pose et décolle de l'*Ocean* à quatre reprises. Alors que les Anglais optent pour des versions navalisées d'appareils basés à terre, les Américains développent des appareils spécifiquement pour les porte–avions. Le McDonnell *XFD–1 Phantom* cinq décollages et apontages depuis le *Franklin D. Rossevelt* le 21 juillet 1946. Un an plus tard, le *Phantom* équipe la première escadrille de jet opérationnelle de l'*US Navy*. C'est pourtant un appareil à hélice de grande taille, le *Skyraider* qui dans sa version *AD–4* est le premier appareil à embarquer une bombe atomique accrochée sous son fuselage, la Mk.7 de 740 kg disponible à partir de janvier 1952 et équipée à partir de 1956 d'un propulseur pour laisser plus de marge pour le dégagement de l'appareil. Les *Skyraider* resteront en service jusqu'en 1968. La production s'arrête en 1957 avec 3 180 exemplaires livrés.

Comme les chasseurs *Grumman F9F Panther* et *McDonnell F2H Banshee* qui rentrent en service à la fin des années 1940, le *Skyraider* est un gros appareil qui souffre de limitations importantes en opérant depuis des porte–avions inadaptés. Les unités de la classe *Essex* peinent en effet à mettre en œuvre des appareils deux fois plus lourds que pendant la Seconde Guerre mondiale. Seuls les trois *Midway*, plus larges, s'avèrent satisfaisants. Les *Essex* modernisés sont plus performants mais à leur entrée en action lors de la guerre de Corée, ils ne peuvent opérer durablement qu'avec 4 escadrilles dont deux seulement équipées de jets. Les hélicoptères ne rencontrent pas les mêmes limitations et une première escadrille expérimentale est mise sur pied le 1er juillet 1946.
Dès le mois de décembre 1947, les *Marines* réfléchissent à des assauts amphibies utilisant également des hélicoptères avec un enveloppement vertical. Ils effectuent au printemps 1948 des tests depuis le porte–avions d'escorte *Palau* avec des *HO3S–1*. L'opération est un succès.
Mais des détachements de deux hélicoptères sont aussi déployés sur les porte–avions d'escadre. En septembre 1952, l'*Antietam* entre au *New York Naval Shipyard* pour être le premier porte–avi-

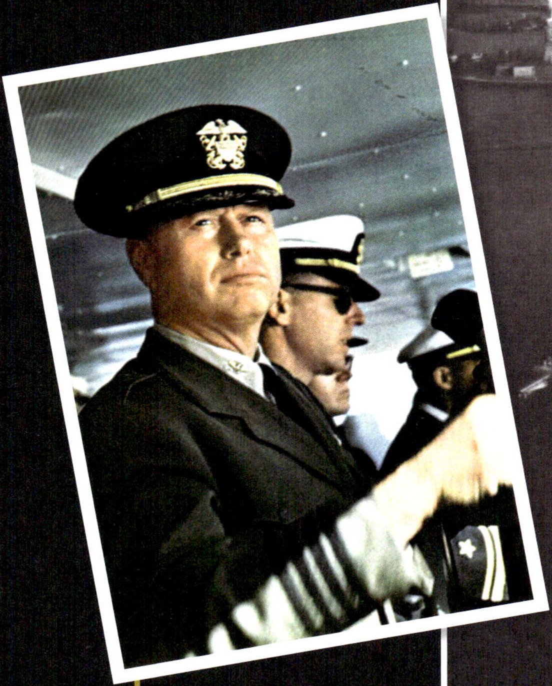

C'est au *Captain* Stanley Winfield Vejtasa que revient l'honneur de commander le *Constellation* pour son premier déploiement dans l'Ouest du pacifique (*WestPac*). Il prend son commandement le 19 novembre 1962 à San Diego.

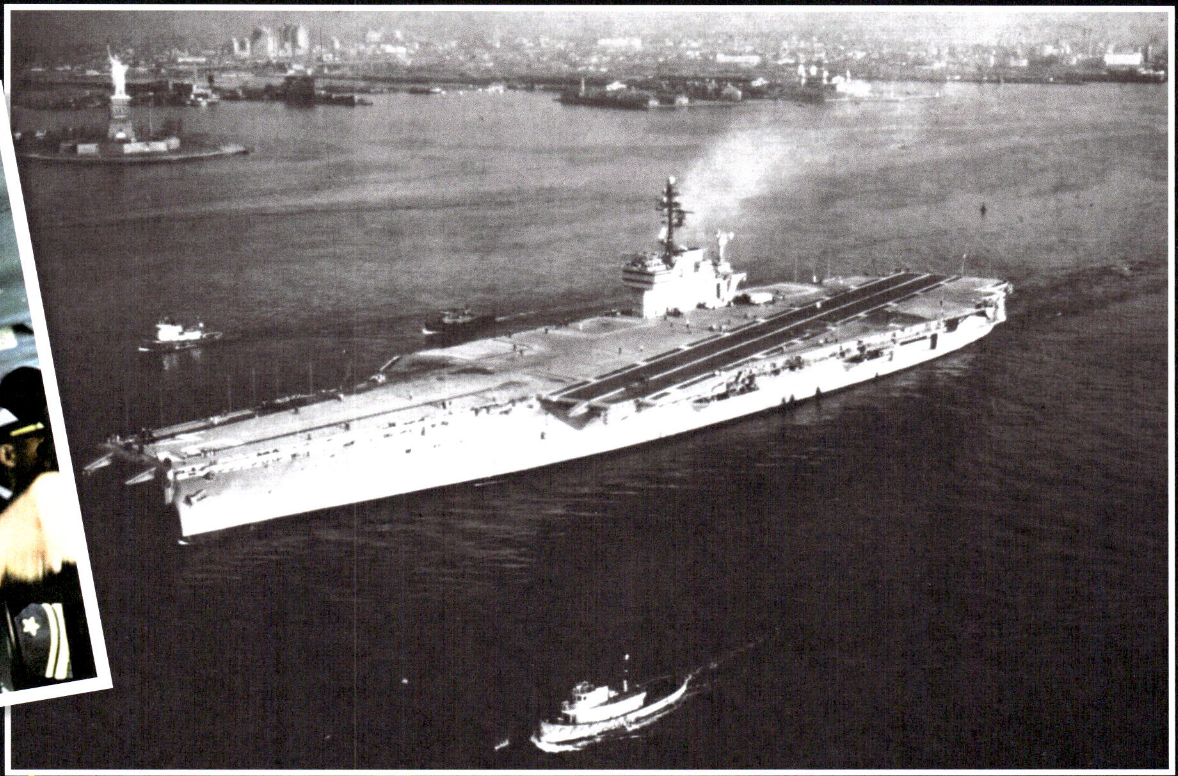

Le 12 juillet 1962, le *Constellation* quitte New York pour son port d'attache, San Diego en Californie.

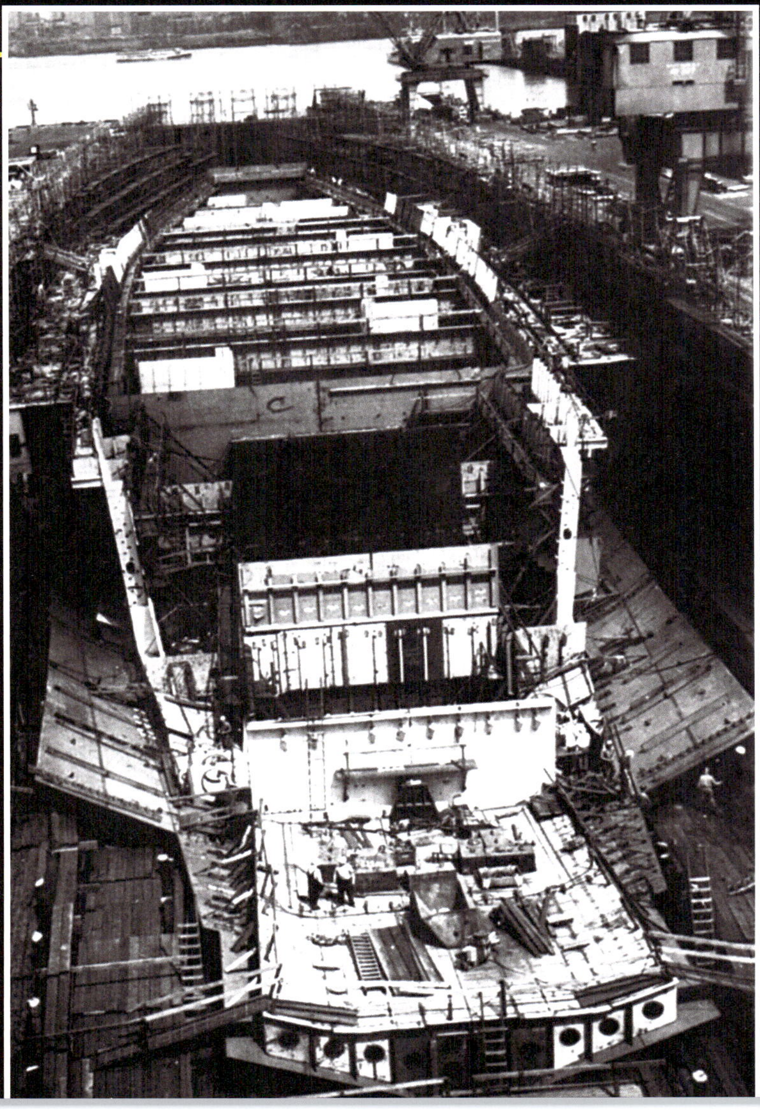

Le *Constellation* en construction dans les chantiers navals de New York.

ons doté d'une piste oblique de 8°. Les travaux sont terminés en décembre. Le concept fait immédiatement ses preuves ; il est aussitôt adopté par la Royal Navy et la Marine française.

Les super Carriers

Le *Forrestal* est le premier *Super Carrier* à entrer en service, le 1er octobre 1955. C'est le plus grand porte–avions au monde, dépassé seulement par le Shinano japonais, construit sur la coque d'un cuirassé de la classe Yamato et rapidement coulé par un sous–marin américain. Son déplacement est de 60 000 tonnes, 76 600 à pleine charge, pour une vitesse de 33 nœuds. Avec ses dimensions (316,7 mètres de long, 38,5 mètres de large et 11,3 mètres de tirant d'eau), il est trop grand pour transiter par le canal de Panama et pour la plupart des cales sèches.

Basé sur le projet de l'*United States* abandonné en 1949, il subit de nombreuses modifications pendant sa construction avec notamment un pont oblique de 10,5° qui permet de catapulter et de faire apponter simultanément des appareils.

L'entrée en service de ces porte–avions géants permet d'affecter les *Essex* à la lutte contre les sous–marins soviétiques, de plus en plus nombreux et performants. D'autres, équipés d'hélicoptères,

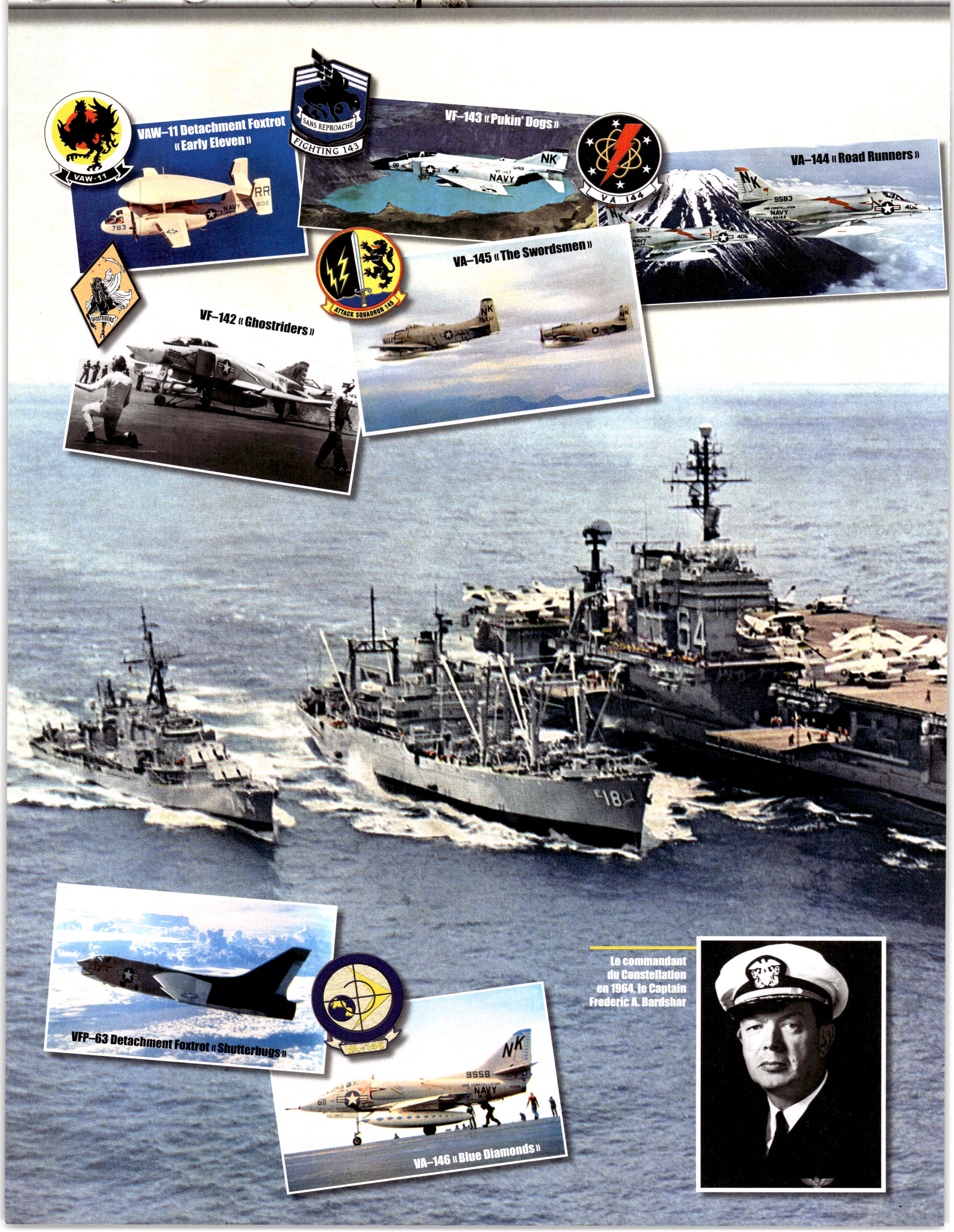

Le commandant du Constellation en 1964, le Captain Frederic A. Bardshar

- **Autres navires dans la classe** : USS Kitty Hawk (CVA–63), USS America (CVA–66), USS John Fitzgerald Kennedy (CVA–67)
- **Constructeur** : New York Naval Shipyard, Brooklyn, New York
- **Mise sur cale** : 1er juillet 1956
- **Lancement** : 8 octobre 1960
- **Mise en service** : 27 octobre 1961
- **Durée de service** : 41 ans, 9 mois et 11 jours
- **Coût** : 400 millions de dollars
  Retiré du service le 7 août 2003
  Mis en réserve le 2 décembre 2003 à la base navale de Bremerton
- **Equipage** : 2 900 – 3 150 hommes dont 575 officiers
- **Personnel affecté au Carrier Air Wing** : 2.480
- **Longueur** : 302 m à la flottaison
- **Maitre bau** : 40 m
- **Tirant d'eau** : 10,9 à 12 m
- **Déplacement** : 82 538 tonnes à pleine charge
- **Propulsion** : 8 chaudières alimentant 4 turbines à vapeur entrainant 4 hélices, développant 280000 cv
- **Vitesse maximale** : 38 nœuds (70,4 km/h)
- **Armement** : 2 x Lanceurs double Mk.10 pour missiles surface–air Convair RIM–2 Terrier (Mise en service 1959, masse 1 360 kg, longueur 8,23 m, portée 32 km, deux étages)
- **Longueur de pont d'envol** : 332 m
- **Largeur de pont d'envol maxi** : 86 m
- **Surface du pont d'envol** : 18 210,9 m²
- **Nombre d'ascenseurs** : 4
- **Catapultes** : 4
- **Câbles d'arrêt** : 4

Composition du CVW–14 (Carrier Air Wing 14) en 1964

- US Navy Fighter Squadron VF–142 « Ghost Riders » (McDonnell F–4B Phantom II)
- US Navy Fighter Squadron VF–143 « Pukin' Dogs » (McDonnell F–4B Phantom II)
- Attack Squadron VA–144 « Roadrunners » (Douglas A–4C Skyhawk)
- Attack Squadron VA–145 « The Swordsmen » (Douglas A–1J/ A–1H Skyraider)
- Attack Squadron VA–146 «Blue Diamond» (Douglas A–4C Skyhawk)
- Heavy Attack Squadron VAH–10 (Douglas A–3B Skywarrior)
- Light Photographic Squadron VFP–63 Detachement F « Shutterbugs » (Vought RF–8A Crusader)
- Carrier Airborne Early Warning Squadron VAW–11 « Early Elevens » détachement F (Grumman WF–2/ E–1B Tracer)
- Helicopter Squadron HU–1 détachement F (Kaman UH–2A Seasprite)
- Heavy Photographic Squadron VAP–61 Détachement (Douglas RA–3B Skywarrior)(2)
- Fleet Air Reconnaissance Squadron VQ–1 Détachement (Douglas EA–3B Skywarrior)(2)
- US Navy Fighter SquadronVF–51 (Vought F–8E Crusader)(2)
- Marine Composite Squadron VMCJ–1 Détachement (Vought RF–8A Crusader)(2)

(2) Ne participe pas au déploiement jusqu'à sa fin au 1er février 1965.

Déploiements de 1962 à 2003

- 25 juillet 1962–17 septembre 1962 (CVW–5, tailcode NF): Atlantique & Pacifique (voyage inaugurale de New York à San Diego)
- 21 février 1963 – 10 septembre 1963 (CVW–14, tailcode NK) : Pacifique Ouest (WestPac, Western Pacifique), Mer du Japon
- 5 mai 1964 – 1er février 1965 (CVW–14, tailcode NK): Pacifique Ouest (WestPac), Golfe du Tonkin• Yankee Station (Vietnam)
- 12 mai 1966 – 4 décembre 1967 (CVW–15, tailcode NL): Pacifique Ouest (WestPac), Golfe du Tonkin• Yankee Station (Vietnam)
- 29 avril 1967 – 4 décembre 1967 (CVW–14, tailcode NK): Pacifique Ouest (WestPac), Dixie Station & Yankee Station (Vietnam)
- 29 mai 1968 – 31 janvier 1969 (CVW–14, tailcode NK): Pacifique Ouest (WestPac), Yankee Station • Golfe du Tonkin (Vietnam)
- 11 aout 1969 – 8 mai 1970 (CVW–14, tailcode NK): Pacifique Ouest (WestPac), Mer du Japon • Defender station, Yankee Station • Golfe du Tonkin (Vietnam)
- 1er octobre 1971 – 30 juin 1972 (CVW–9, tailcode NG): Pacifique Ouest (WestPac), Golfe du Tonkin – Yankee Station (Vietnam)
- 5 janvier 1973 – 11 octobre 1973 (CVW–9, tailcode NG) : Pacifique Ouest (WestPac), Golfe du Tonkin (Vietnam), Japon
- 21 juin 1974 – 22 décembre 1974 (CVW–9, tailcode NG) : Pacifique Ouest (WestPac), Golfe du Tonkin (Vietnam), Océan Indien
- 12 avril 1977 – 21 novembre 1977 (CVW–9, tailcode NG) : Pacifique Ouest
- 26 septembre 1978 – 17 mai 1979 (CVW–9, tailcode NG) : Pacifique Ouest, Océan Indien
- 26 février 1980 – 15 octobre 1980 (CVW–9, tailcode NG): Pacifique Ouest, Océan Indien
- 20 octobre 1981 – 23 mai 1982 (CVW–9, tailcode NG) : Pacifique Ouest, Océan Indien
- 21 février 1985 – 24 août 1985 (CVW–14, tailcode NK) : Pacifique Ouest, Océan Indien
- 4 septembre 1986 – 20 ocrtobre 1986 (CVW–14, tailcode NK) : Pacifique Nord
- 11 avril 1987 – 13 octobre 1987 (CVW–14, tailcode NK) : Pacifique Ouest, Océan Indien
- 1er décembre 1988 – 1er juin 1989 (CVW–14, tailcode NK) : Pacifique Ouest, Océan Indien
- 16 septembre 1989 – 19 octobre 1989 (CVW–14, tailcode NK) : pacifique Nord
- 10 novembre 1994 – 5 mai 1995 (CVW–2, tailcode NE) : Pacifique Ouest, Océan Indien (Operation Southern Watch)
- Octobre 1996 – novembre 1996 (CVW–2, tailcode NE) : Pacifique Nord
- 1er avril 1997 – 1er octobre 1997 (CVW–2, tailcode NE) : Pacifique Ouest, Océan Indien, Golfe Persique (Operation Southern Watch)
- 18 juin 1999 – 17 décembre 1999 (CVW–2, tailcode NE) : Pacifique Ouest, Océan Indien, Golfe Persique (Operation Southern Watch)
- 16 mars 2001 – 14 septembre 2001 (CVW–2, tailcode NE) : Pacifique Ouest, Océan Indien, Golfe Persique (Operation Southern Watch)
- 2 novembre 2002 – 2 juin 2003 (CVW–2, tailcode NE) : Pacifique Ouest, Océan Indien, Golfe Persique (Operations Enduring Freedom & Iraqi Freedom)

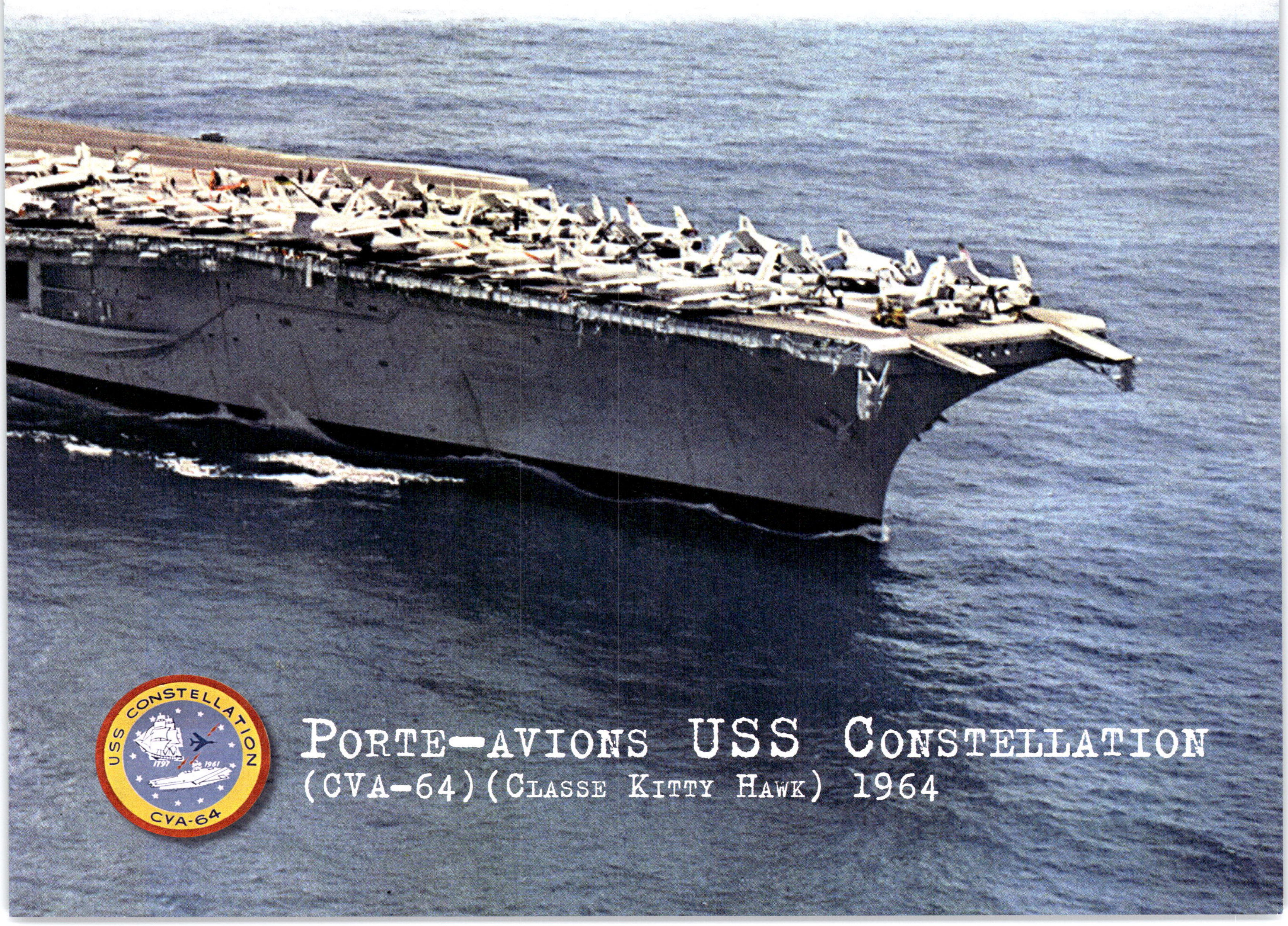

Porte–avions USS Constellation (CVA–64) (Classe Kitty Hawk) 1964

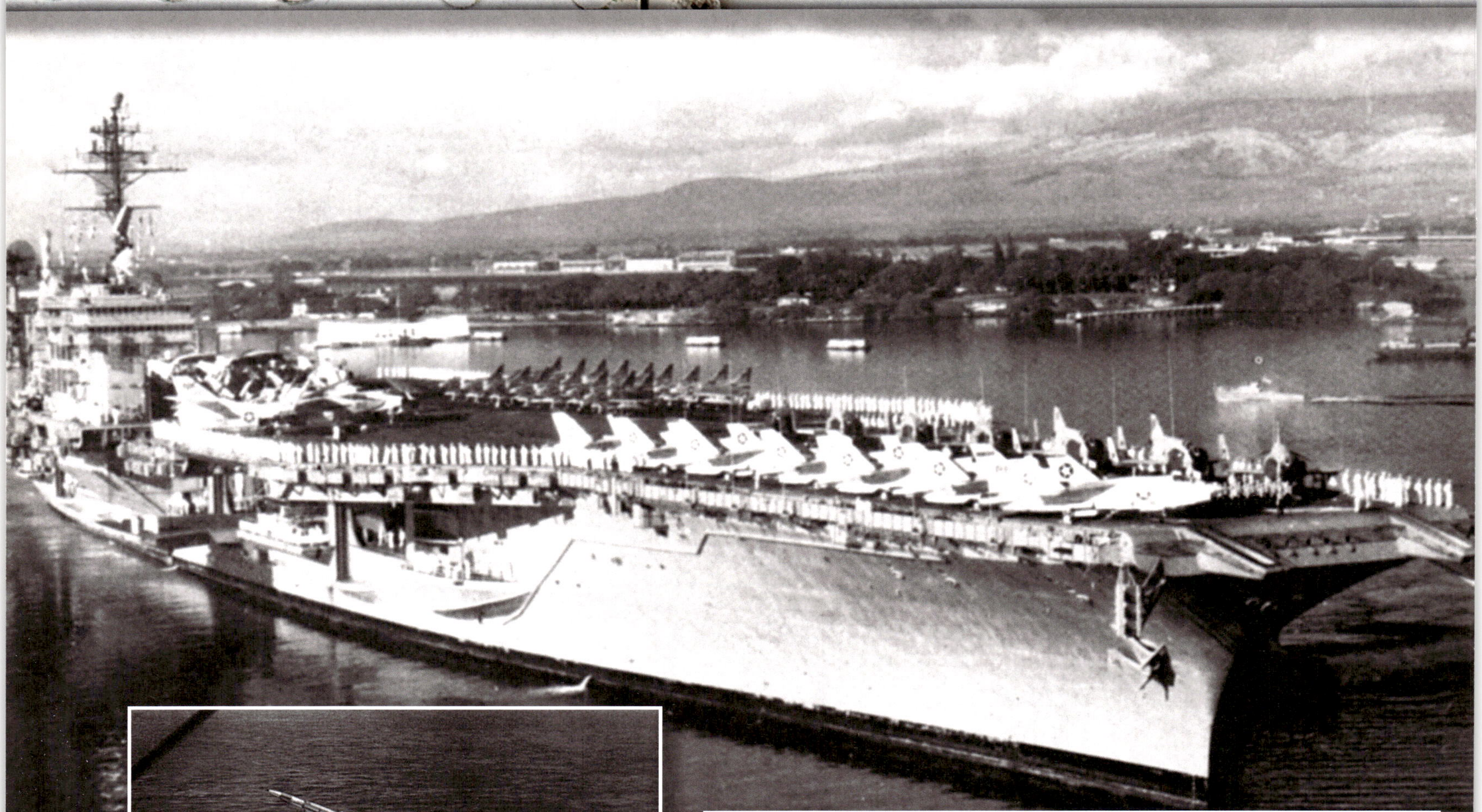

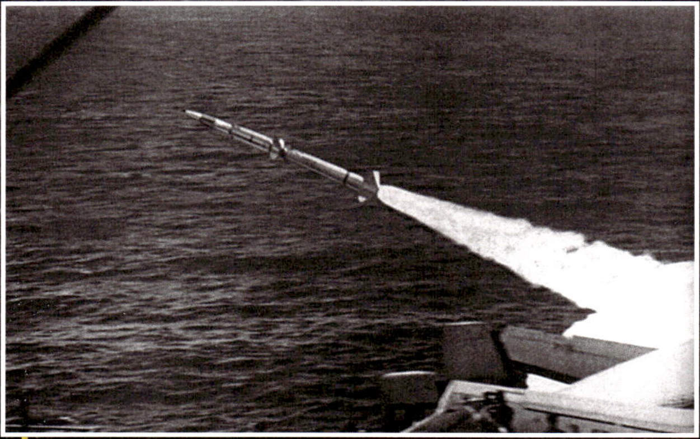

11 mars 1962, premier tir de missile *Terrier* depuis le *Constellation* sur un drone–cible volant à 643 km/h.

Le *Constellation* fait une escale à Pearl Harbor, Honolulu, pendant son premier déploiement en 1963. Sur son pont d'envol, des *F–4B Phantom II*, des *A–4C Skyhawk*, des *A–3B Skywarrior*, des *F–8E Crusader* et des *E–1B Tracer*. On aperçoit le mémorial flottant du cuirassé *USS Arizona*, détruit au mouillage le 7 décembre 1941 par l'aéronavale japonaise.

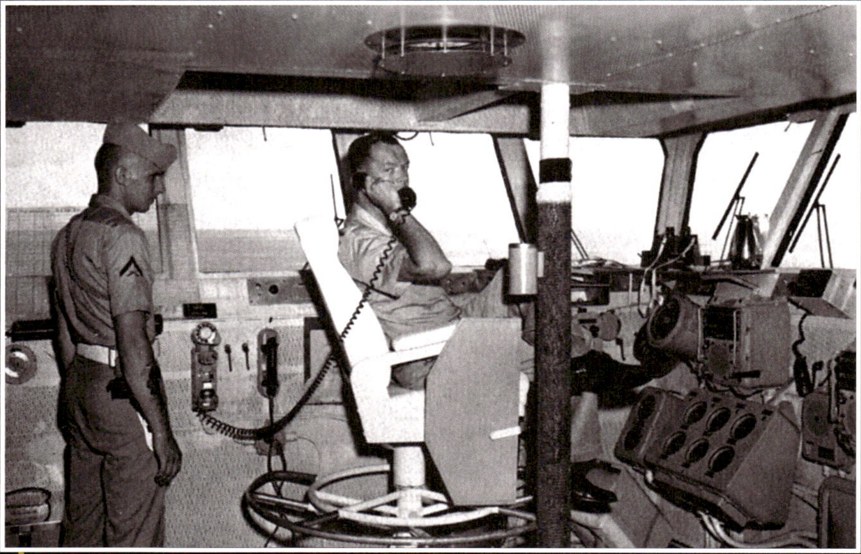

Le « pacha » du *Constellation*, le *Captain* Bardshar, dirige les opérations depuis la passerelle.

sont transformés en navires d'assaut amphibie. Le premier porte–hélicoptères, le *Iwo Jima*, entre en service le 26 août 1961.
Les nouveaux porte–avions géants entre en service au rythme d'une unité par an. Chaque navire bénéficie d'aménagements spécifiques mais ils sont plus importants sur les deux derniers, le *Kitty Hawk* (*CVA–63*) et le *Constellation* (*CVA–64*). Le bâtiment suivant, l'*Enterprise*, est doté d'une propulsion nucléaire qui permet de compter son autonomie en années et non plus en kilomètres.
En 1959 et en 1960, aucun porte–avions n'est néanmoins commandé. Les opposants dénoncent le coût excessif de la construction de ces grandes unités mais aussi leur utilité alors même que sont construits des sous–marins emportant des missiles nucléaires intercontinentaux Polaris. De nouveau, la vulnérabilité des porte–avions aux jets et aux missiles est mise en avant.
Une nouvelle « révolte des amiraux » rappelle qu'une force navale reste toujours difficile à repérer et à attaquer, surtout si elle comporte des porte–avions. L'identification par radar est rendue difficile par la présence permanente de 2 500 navires dans l'Atlantique et 700 en Méditerranée. A contrario, la position des ports et des aérodromes est parfaitement connue des ennemis potentiels.
Par ailleurs, les exercices contre l'*US Air Force* ont démontré que lors de manœuvres de grande envergure, la plupart des avions lancés contre les porte–avions avaient été « abattus » à plus d'une centaine de kilomètres de distance par les chasseurs embarqués et la défense antiaérienne, de plus en plus performante avec l'entrée en service de missiles mer–air.
Equipés de missiles ou emportant des avions, le navire de surface et le sous–marins deviennent de redoutables plates–formes de tir capables de frapper tous les points du monde, y compris avec le feu nucléaire.

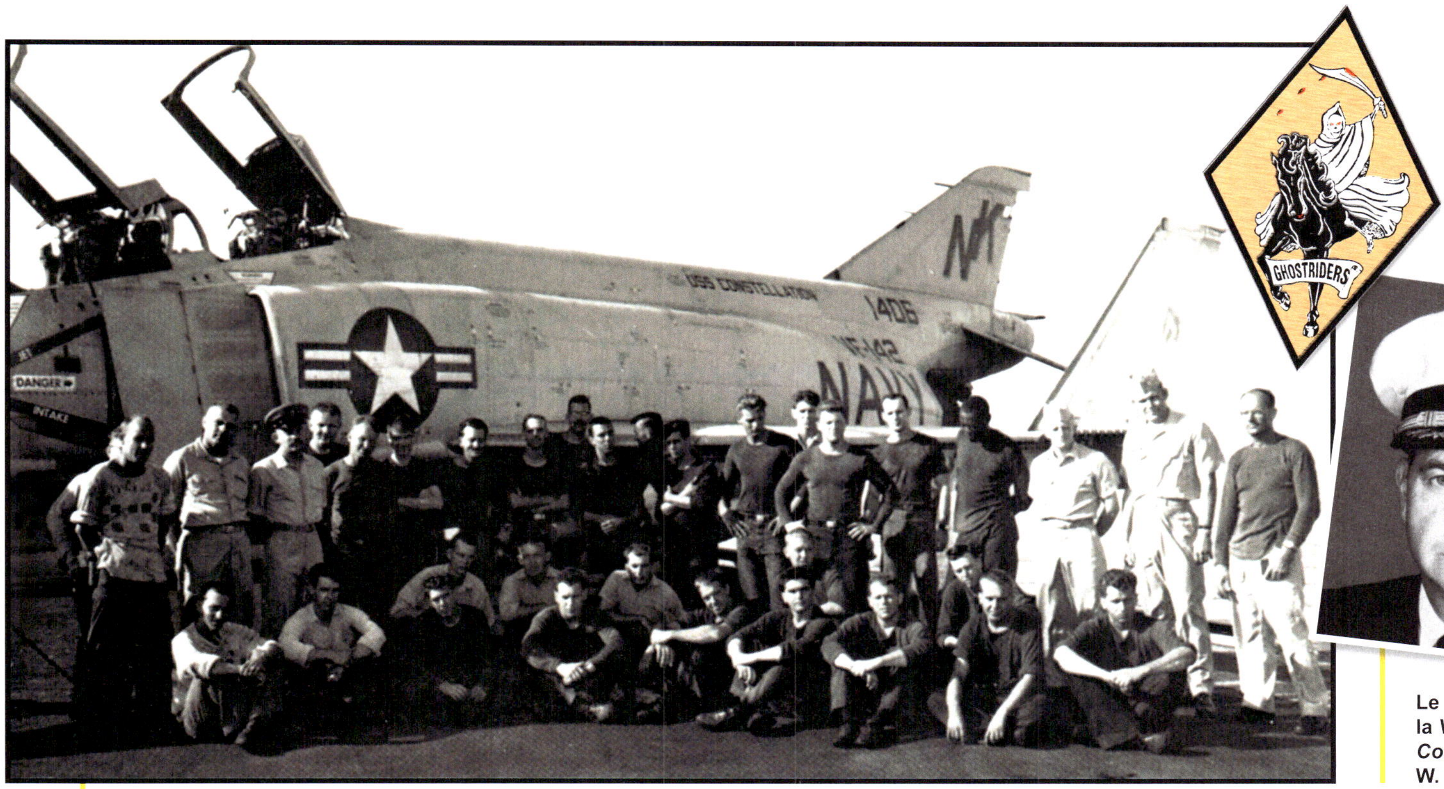

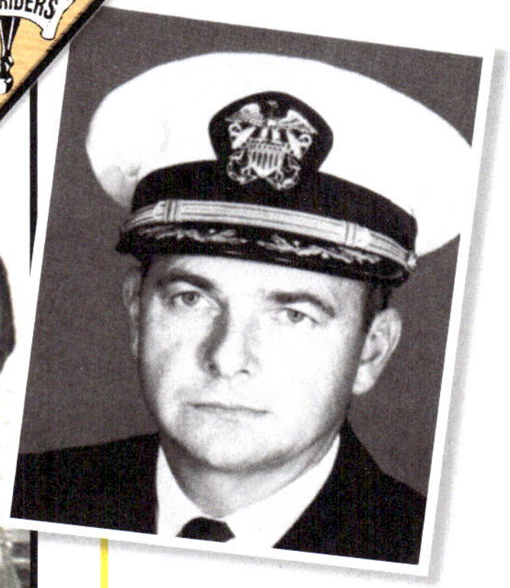

Le chef de la *VF–142*, le *Commander* W. E. Cross.

Des officiers et techniciens de la *VF–142 « Ghostriders »* prennent la pose pour une photo souvenir de 1964 devant un *F–4B Phantom II*.

CVA–64

A l'origine, le *Kitty Hawk* et le *Constellation* étaient les cinquième et sixième unités de la classe *Forrestal*. Ce dernier est le premier à comporter dès sa conception un pont d'envol oblique. Les retards dans la construction vont cependant permettre des modifications qui les feront plus ressembler à la classe *America* et à l'*Entreprise* à propulsion nucléaire qu'au *Forestal*. Les principales différences sont une longueur plus importante (323 mètres contre 316) et le placement des ascenseurs : deux sont positionnés devant l'îlot, un à l'arrière de l'îlot et le quatrième juste en face et non plus au bout du pont oblique où il se trouvait dans l'axe des catapultes 3 et 4. Dans cette configuration, l'îlot est également ramené vers l'arrière.

Les quatre catapultes sont chacune directement reliées à une chaufferie et disposent chacune d'un réservoir d'accumulation de la vapeur.

La suppression des pièces de 127 mm antiaériennes, remplacées par des missiles mer–air Terrier permet de limiter l'humidité dans le vaisseau. Les missiles peuvent en effet être positionnés plus haut dans la superstructure alors que les corbeilles des canons provoquaient beaucoup d'humidité avec l'impact des vagues sur elles. Par contre, le guidage des missiles contribue à la prolifération d'antennes sur le navire. Leur portée excède une trentaine de kilomètres.

Le navire transporte 2 000 tonnes de munitions réparties dans 54 magasins accessibles par 11 ascenseurs. Le ravitaillement en carburant s'effectue par tribord, tout comme celui en nourriture et en munitions. Son hôpital compte 65 lits.

Année fiscale	Navire	Prix en $
1952	*CVA–59 Forrestal*	189 463 000
1953	*CVA–60 Saratoga*	214 387 000
1954	*CVA–61 Ranger*	182 162 000
1955	*CVA–62 Independence*	222 796 000
1956	*CVA–63 Kitty Hawk*	217 963 000
1957	*CVA–64 Constellation*	247 620 000
1958	*CVAN–65 Enterprise*	393 167 000

Des armuriers finissent d'accrocher un *AIM–9 Sidewinder* sur un rail de *F–4B Phantom II*. En bas : Les mécanos de la *VF–142* travaillent sur le train avant d'un *F–4B* du *squadron*.

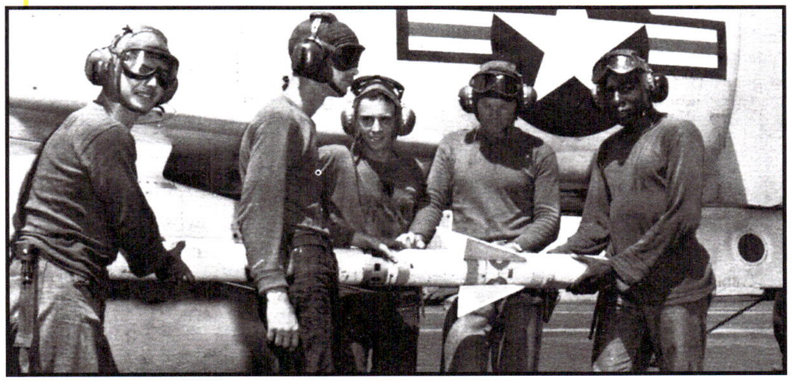

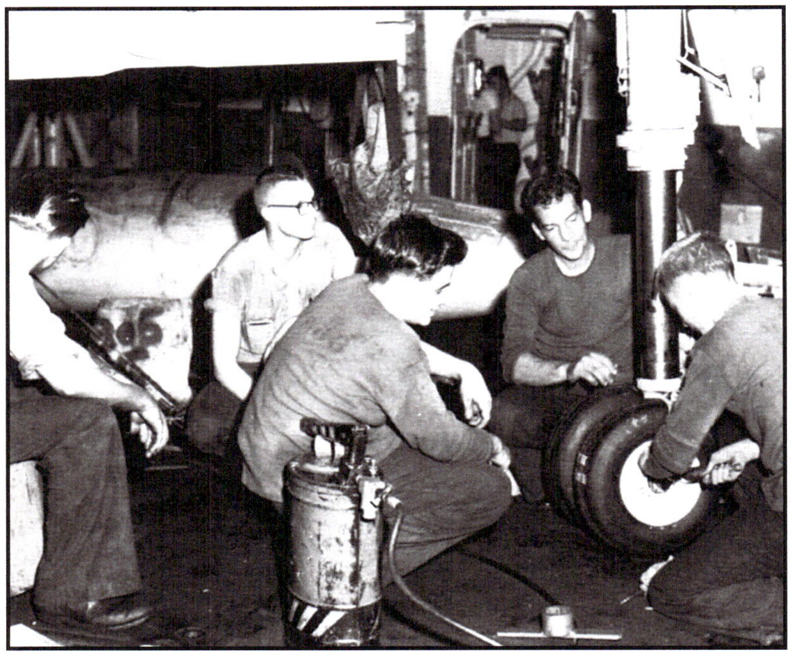

Des techniciens s'apprêtent à ravitailler en carburant un *F–4B* de la *VF–142*.

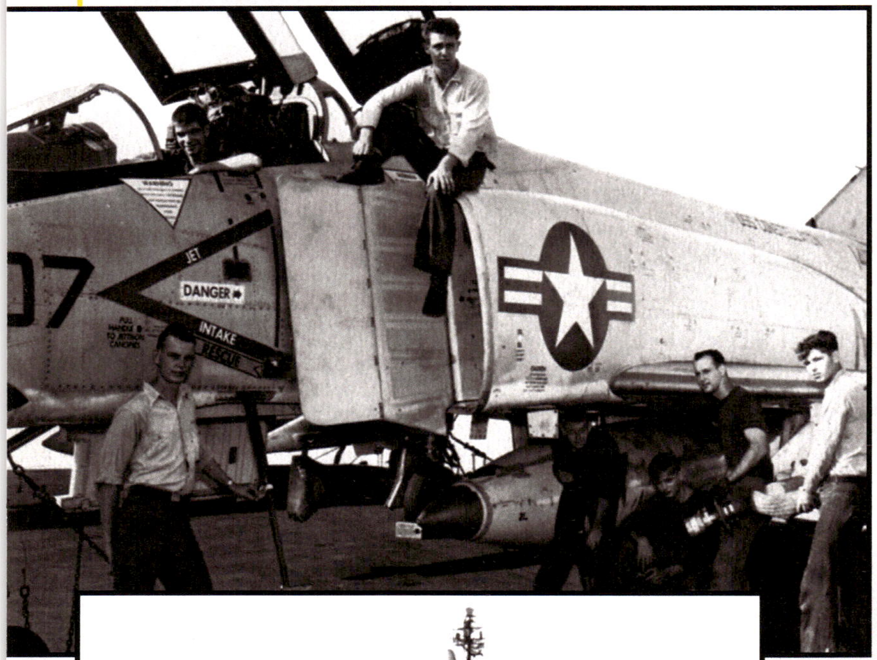

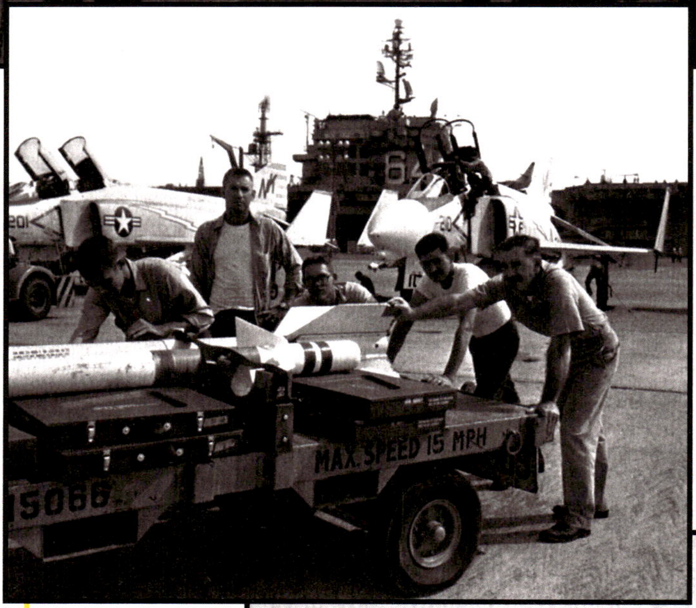

Armement de *Sidewinder* sur des *F–4B* de la *VF–143* « *Pukin'Dogs* ». Il est interdit de foncer à plus de 24 km/h lorsqu'on remorque des missiles !

Construction et entrée en service

Inscrit à l'année fiscale 1957 pour 247 620 000 $, la construction du *Constellation* est attribuée au *New York Naval Shipyard* de Brooklyn le 1er juillet 1956. Sa quille est fixée le 14 septembre 1957. Il est baptisé le 8 octobre 1960 à son lancement par Mary Herter, femme du secrétaire d'Etat Christian Herter.

Le 19 décembre 1960, alors que la construction touche à sa fin, un incendie éclate dans le hangar de pont du navire quand un chariot élévateur heurte une plaque d'acier qui éventre en tombant un réservoir de 1 893 litres de gasoil. La torche d'un ouvrier met ensuite probablement le feu au carburant qui s'est répandu dans le navire. Il faut 17 heures aux pompiers pour éteindre l'incendie. Cinquante ouvriers sont tués 323 blessés. Les travaux sont retardés de sept mois avec un coût supplémentaire de 72 millions de dollars. Le navire est livré à l'*US Navy* le 1er octobre 1961 et entre en service le 27 avec comme commandant le *Captain* T. J. Walker. Son coût final est de 400 millions de dollars. Il est le dernier porte–avions américain construit par un autre chantier naval que le *Newport News Shipbuilding & Drydock Company*.

Affectueusement surnommé « *Connie* », le *Constellation* effectue avec succès ses essais en mer le 16 janvier 1962. Trois semaines plus tard, le 7 février, se déroule le premier catapultage et le premier atterrissage. Le 11 mars, un premier tir de missile guidé mer–air *Terrier* est réussi contre une cible voulant à plus de 650 km/h. Trois jours plus tard, le navire est dans la baie de Guantanamo pour une période d'instruction intensive de 8 semaines. Il retourne ensuite à New York après avoir couvert près de 45 000 kilomètres et avoir effectué 3 550 appontages.

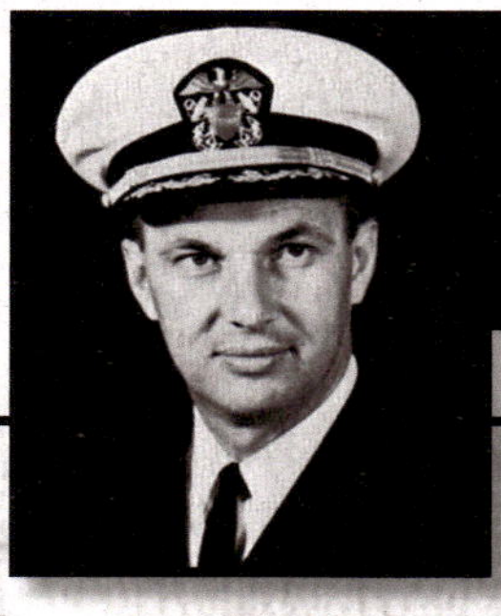

Les chefs de la *VF–143* en 1964, le *Commander* F.T. Brown remplacé par le *Commander* F.F. Plamer (à droite) à partir du 10 septembre 1964). Le blason de l'unité lui a valu le nom de « chien qui vomit » ! (Puking Dog).

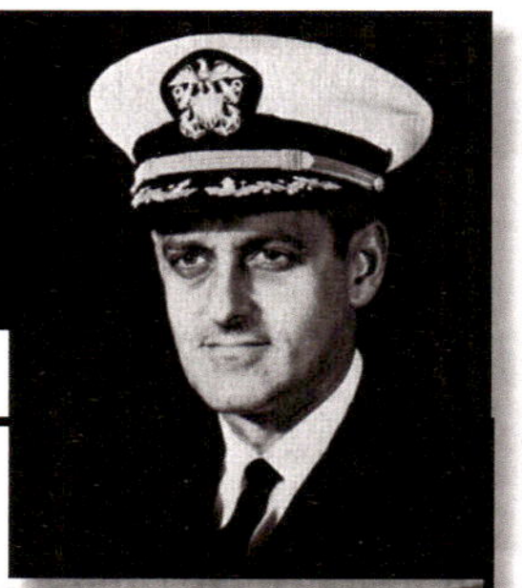

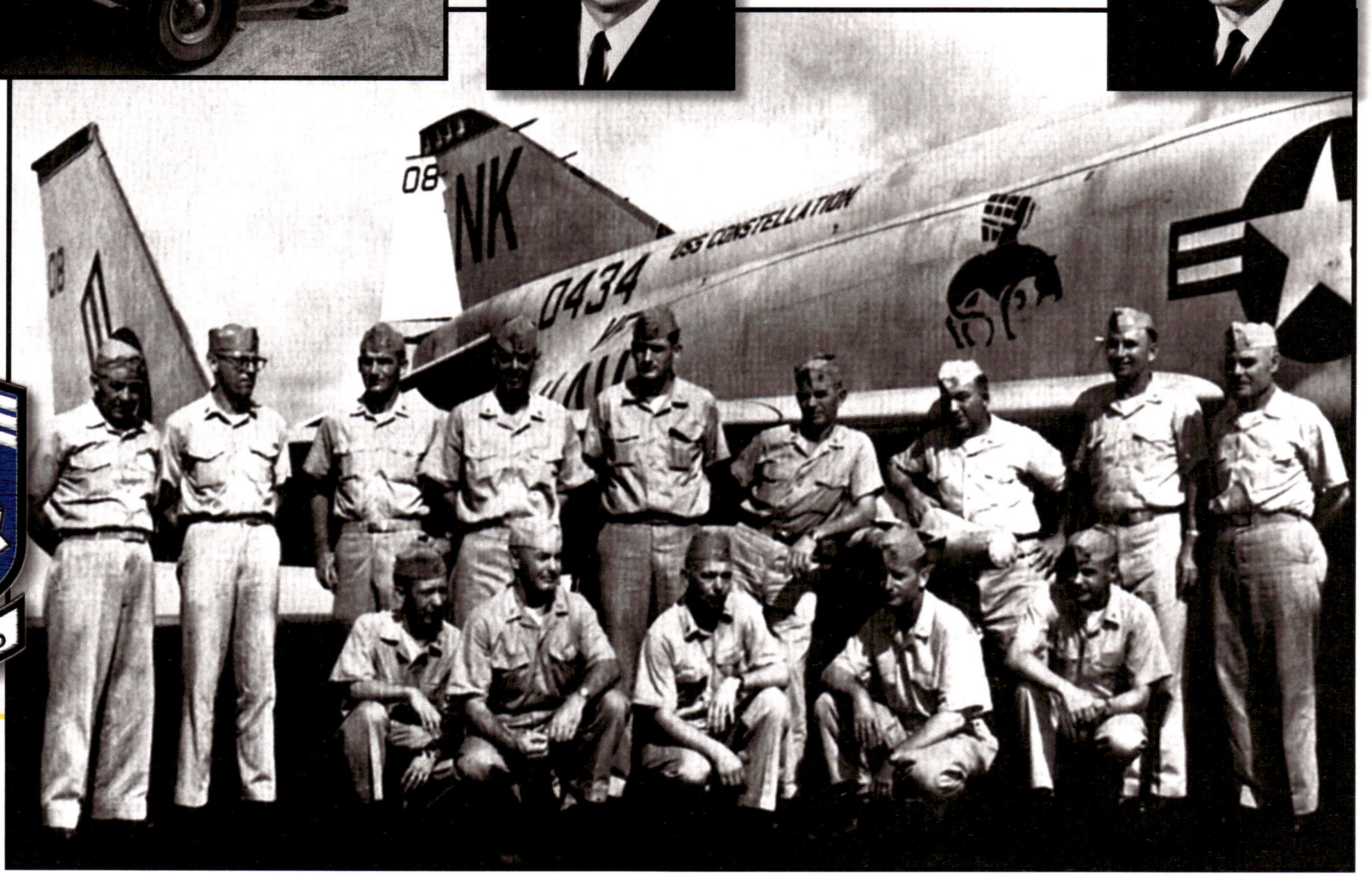

SANS REPROCHE
FIGHTING 143

Des officiers de la *VF–143* posent devant un *F–4B* de l'unité durant l'année 1964.

1. Les mécaniciens de la *VF–142* au travail sur *Phantom II*. Le *F–4B* était très complexe et nécessitait une maintenance lourde. 2. Un turboréacteur General Electric J–79. 3. Un pilote de la *VF–143* et son RIO, les officiers Brown et Littlefield. 4. Un armurier chargent une nacelle de roquettes «Zuni» de 5 pouces (130 mm) sur un F–4B phantom II.

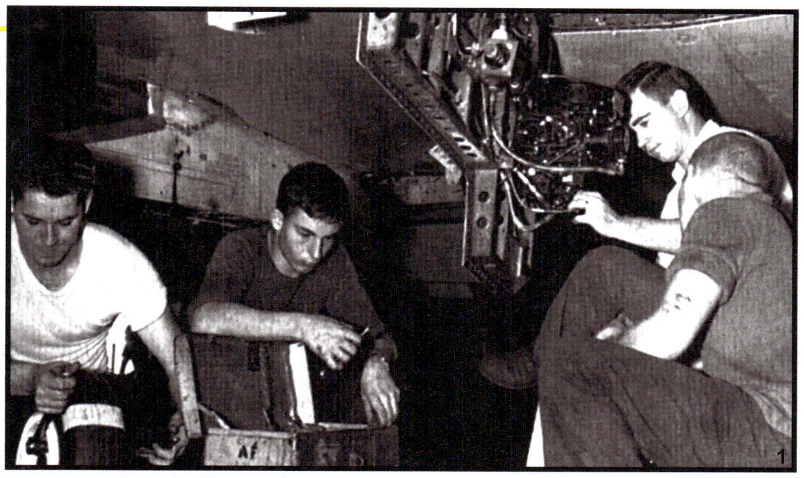

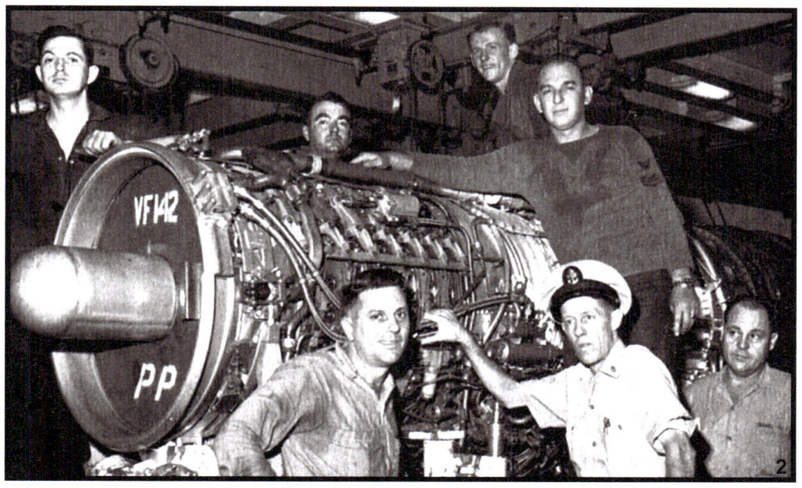

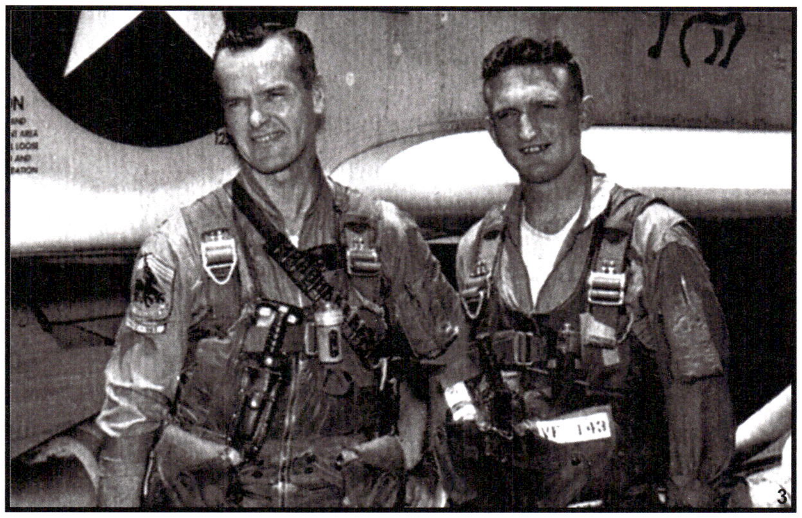

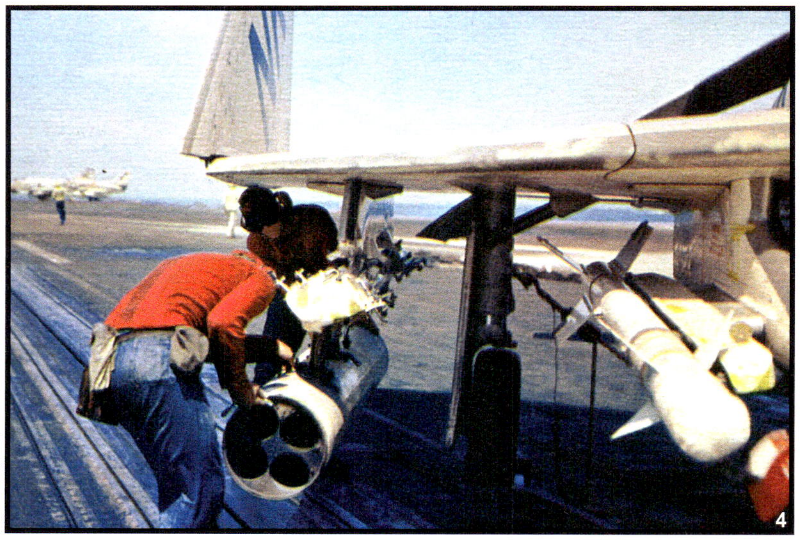

La croisière du Constellation en 1964

Westpac 64 Composition au 2–4 août 1964
7th Fleet, Task Group 77.6
Carrier Division 9

USS Constellation
Carrier Air Wing 14
- **Fighter Squadron VF–142 « Ghost Riders » (McDonnell *F–4B Phantom II*)**
- **Fighter Squadron VF–143 « Pukin' Dogs » (McDonnell *F–4B Phantom II*)**
- **Attack Squadron VA–144 « Roadrunners » (Douglas *A–4C Skyhawk*)**
- **Attack Squadron VA–145 « Swordsmen » (Douglas *A–1J/ A–1H Skyraider*)**
- **Attack Squadron VA–146 « Blue Diamond » (Douglas *A–4C Skyhawk*)**
- **Heavy Attack Squadron « Vikings » VAH–10 (Douglas *A–3B Skywarrior*)**
- **Light Photographic Squadron VFP–63, Detachment F « Shutterbugs » (Vought *RF–8A Crusader*)**
- **« Willy Fudds » Carrier Airborne Early Warning Squadron VAW–11 « Early Eleven », Detachment F (Grumman *E–1B Tracer*)**
- **Helicopter Squadron HU–1 « The Angels », Detachment F (Kaman *UH–2A Seasprite*)**

Destroyer Squadron 19
- **Frégate lance–missile USS Gridley (DLG–21)**
- **Destroyer USS Fechteler (DD–870)**
- **Destroyer USS Preston (DD–795)**

Le 12 juillet, il quitte New York pour une croisière de 28 000 kilomètres qui le conduit à son nouveau port d'attache, San Diego en Californie. Trop grand pour passer par le canal de Panama, il doit en effet contournée le Cap Horn. Il en profite pour faire escale dans de nombreux ports sud–américains où il est accueilli avec enthousiasme. Il arrive à destination le 17 septembre 1962.
Du 21 février au 10 septembre 1963, il effectue sa première croisière opérationnelle au sein de la flotte du Pacifique, effectuant 16 000 appontages et parcourant 110 000 kilomètres en passant par Hawaï, les Philippines, Hong–Kong et le Japon.

Des nouveaux avions

Des nouveaux appareils sont conçus pour opérer à partir des *Super Carriers* qui entrent en service. Le premier est opérationnel en 1962. Le McDonnell *F4H–1 Phantom* est un appareil multitâche qui fait l'objet dans ce numéro d'un chapitre complet. Dépourvu de canons, il embarque des missiles air–air pour la chasse de nuit comme de jour et s'avère tout aussi efficace pour l'attaque au sol ou la reconnaissance. Il n'embarque cependant pas d'armes nucléaires.
L'un de ses concurrents est un appareil plus léger, le Chance Vough *F8U–3 Crusader*, un pur intercepteur. Il trouve sa place (2 escadrilles) sur les *Essex* modernisés, trop petits pour accueillir les *Phantom*. Un autre appareil destiné à l'interception avec 8 missiles air–air *Eagle* est en cours de développement, le *F6D–1 Missileer*, capable de rester en vol au–dessus des *Task Force* pendant plusieurs heures. Le projet est abandonné en 1961.
L'*US Navy* cherche cependant à se doter d'un appareil d'attaque tous–temps pour succéder au *Skywarrior*. Le *Vigilante* présente l'originalité d'être doté d'une soute à bombes linéaires permettant de larguer rapidement les munitions. 59 appareils ont été produits quand la décision est prise de stopper la production, en 1963. 12

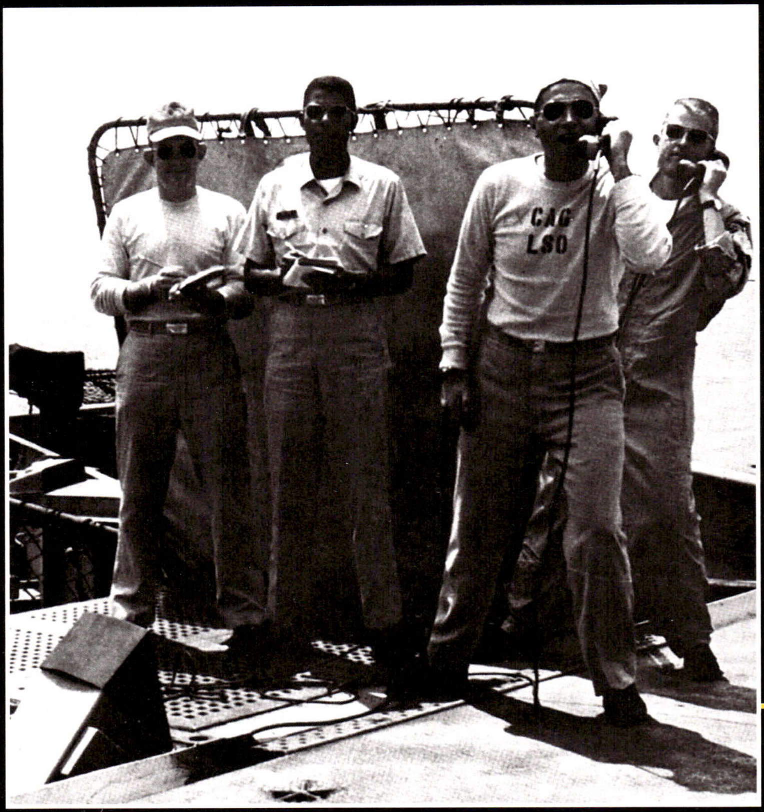

Près de son pupitre, l'officier de catapultage attends le signal de lancement. Son rôle est de préparer la catapulte et de contrôler sa pression. C'est lui qui commande la libération du piston de la catapulte qui va permettre à l'avion de prendre l'air.

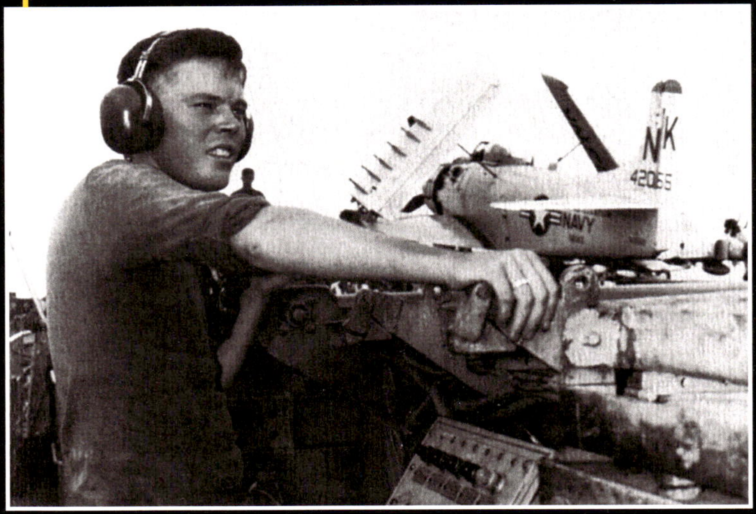

Le *LSO* (*Landing Signal Officer*) guide par radio un appareil en approche. les *LSO* sont des pilotes de l'aéronavale qui ont reçu un entraînement spécifique à ce poste.

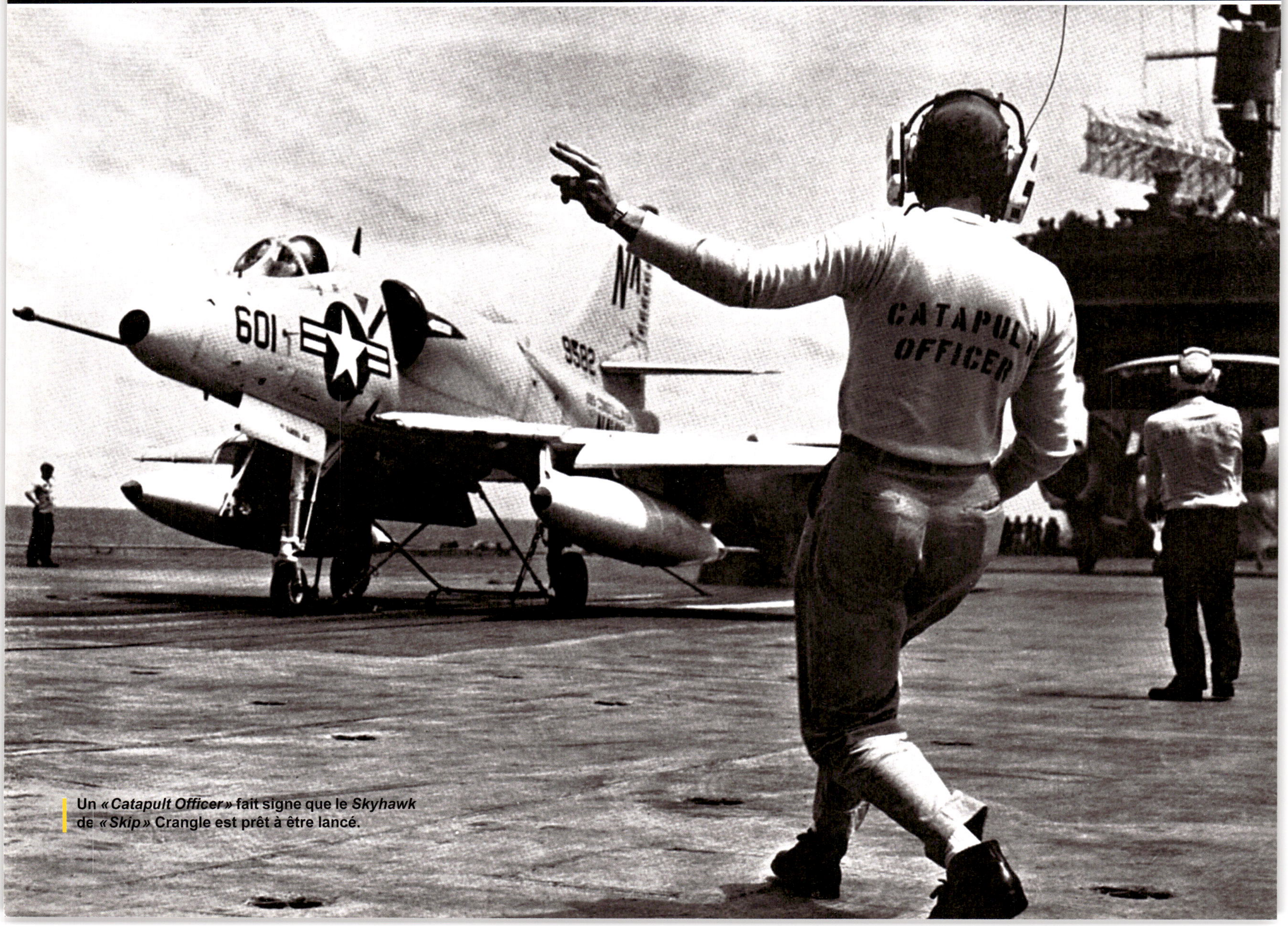

Un *«Catapult Officer»* fait signe que le *Skyhawk* de *«Skip»* Crangle est prêt à être lancé.

Au « *Flight Deck Control* » on s'emploie à placer au mieux les avions sur le pont d'envol afin d'optimiser la place disponible. Ici le personnel du pont d'envol se penche sur le « *Ouija Board* », la table ou des silhouettes indiquent chaque position d'avion sur le pont, afin de décider de la meilleure façon de placer les avions.

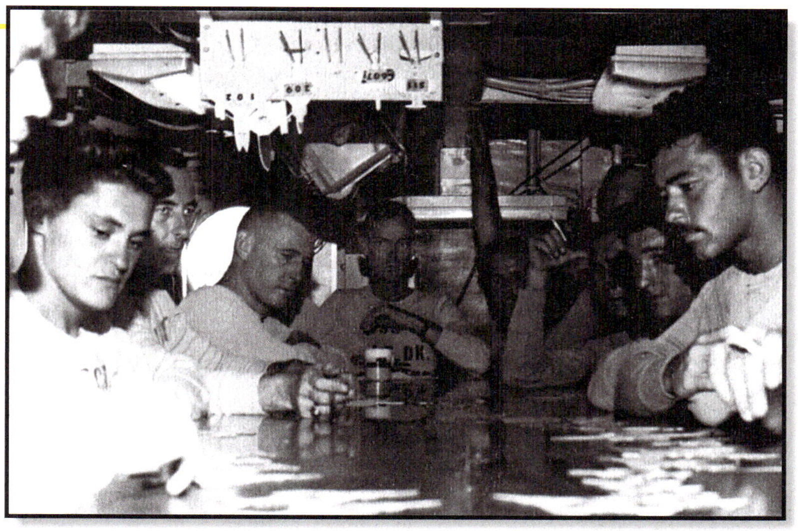

appareils sont terminés comme appareils de reconnaissance et 52 autres transformés en ce sens. Les *RA–5C Vigilante* sont déployés à raison d'une escadrille de 6 appareils par *Super Carriers*.
Malgré l'entrée en service du Douglas *A4D/A–4 Skyhawk*, un excellent appareil d'attaque léger de jour, capable d'opérer sur tous les porte–avions, le besoin d'un appareil plus puissant se fait encore sentir. Ce sera le Grumman *A–6 Intruder*, premier appareil de l'Histoire spécifiquement conçu pour attaquer de nuit ou par mauvais temps. Il emporte plus de 6 tonnes de bombes. Il est déployé à partir de février 1963 mais il faudra attendre les années soixante–dix pour que chaque porte–avions accueille une escadrille comportant 10 appareils d'attaque et 4 pour le ravitaillement en vol.
Pour contrer la menace des avions d'attaque à réaction et des missiles tirés à distance, un radar aéroporté est développé pour succéder au *E–1B Tracer* encore présent sur les *Essex*. Le projet débouche sur le *E–2 Hawkeye* qui rejoint la flotte au début de l'année 1964 pour une évaluation puis un engagement au combat avec le *Kitty Hawk* en 1966.
Avec des appareils emportant plus loin des charges plus lourdes, l'*US Navy* démontre son efficacité au Vietnam. L'utilité des *Super Carriers* n'est plus remise en question et la classe *Nimitz*, dotée d'une propulsion nucléaire va renforcer leur potentiel opérationnel.
La seconde croisière du *Constellation* commence le 5 mai 1964 et le conduit dans le Golfe du Tonkin le 6 juin.
Deux jours après, il remplace le *Kitty Hawk*. Il embarque le *Carrier Air Wing* 14 qui comporte une grande variété d'appareils et conduit des missions de reconnaissance photo et de reconnaissance armée au–dessus du Laos dès le 13 juillet

Les « *Swordsmen* » de l'*ATKRON 145* (nom également donné pour *Attack Squadron 145*) posent devant un de leurs *Skyraider*. A la verticale de l'hélice, le *CO*, le *Commander* Blixt et à sa gauche, le *XO*, le *Commander* H.F. Griffith. Comme les pilotes de la *VFP–63*, ils portent des tenues de vol camouflées.

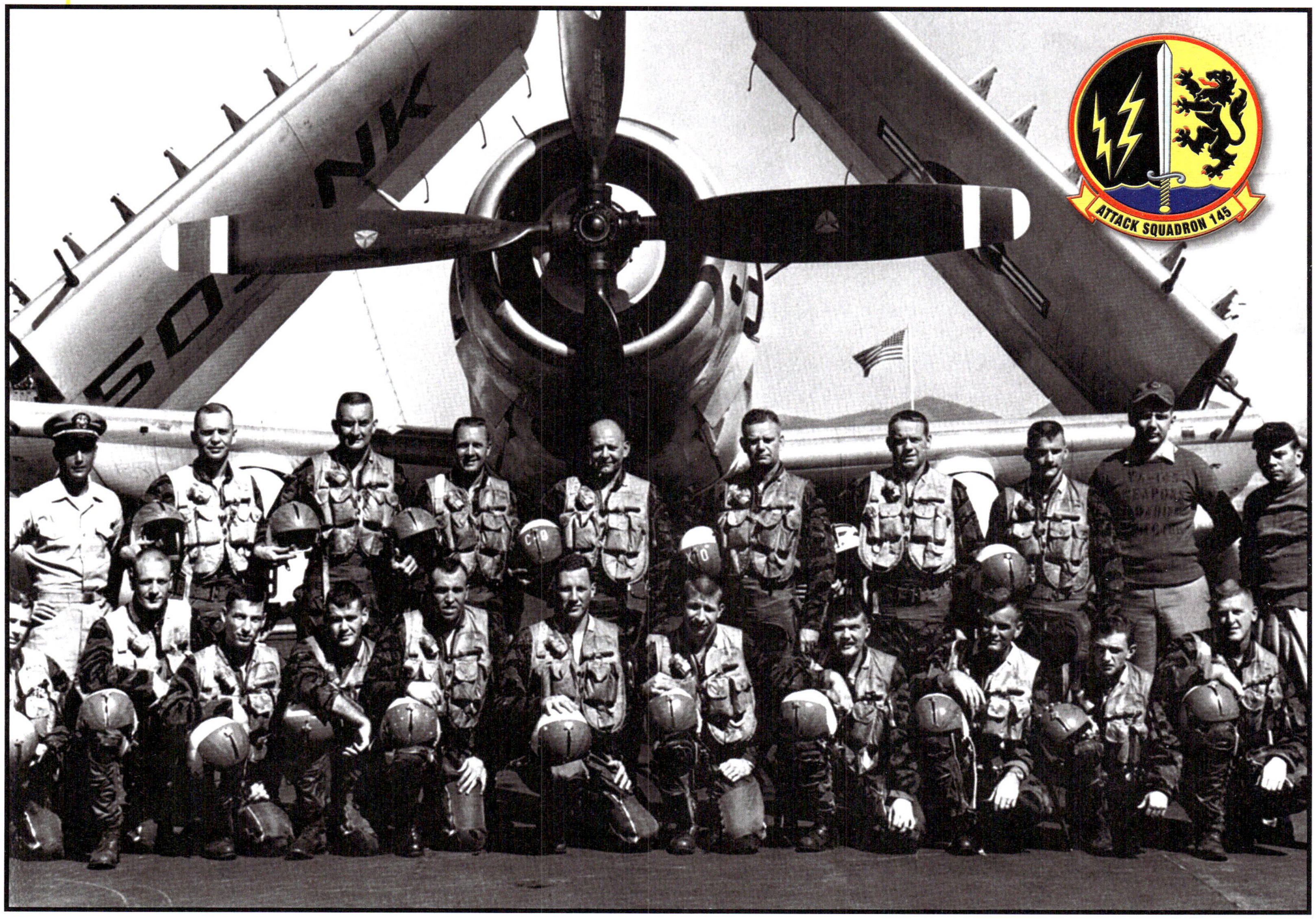

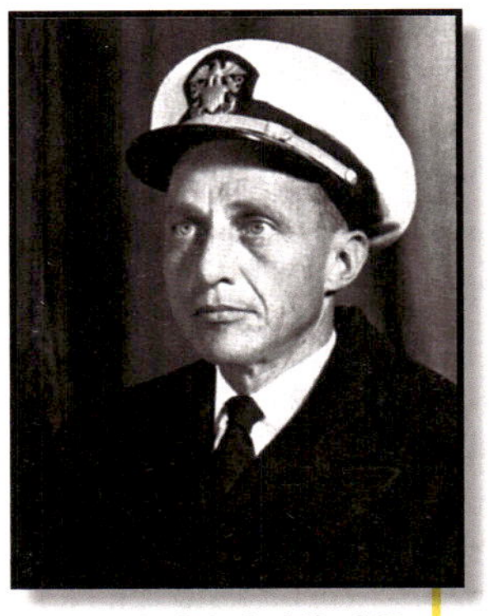

Le chef de la *VA–145*, le *Commander* Hugh Hoy.

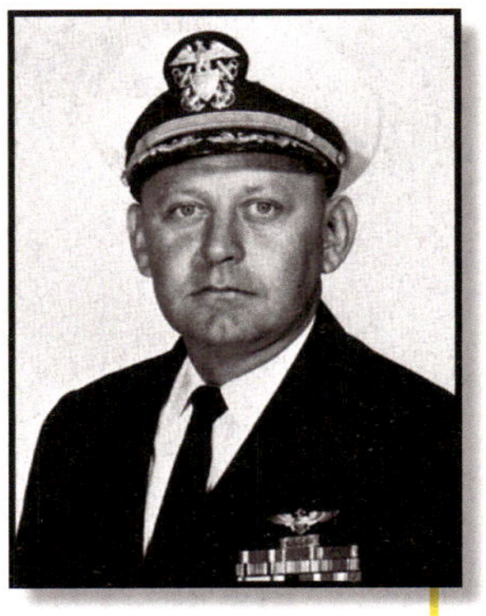

Son remplaçant à partir du 3 août 1964, le *Commander* M.D. Blixt.

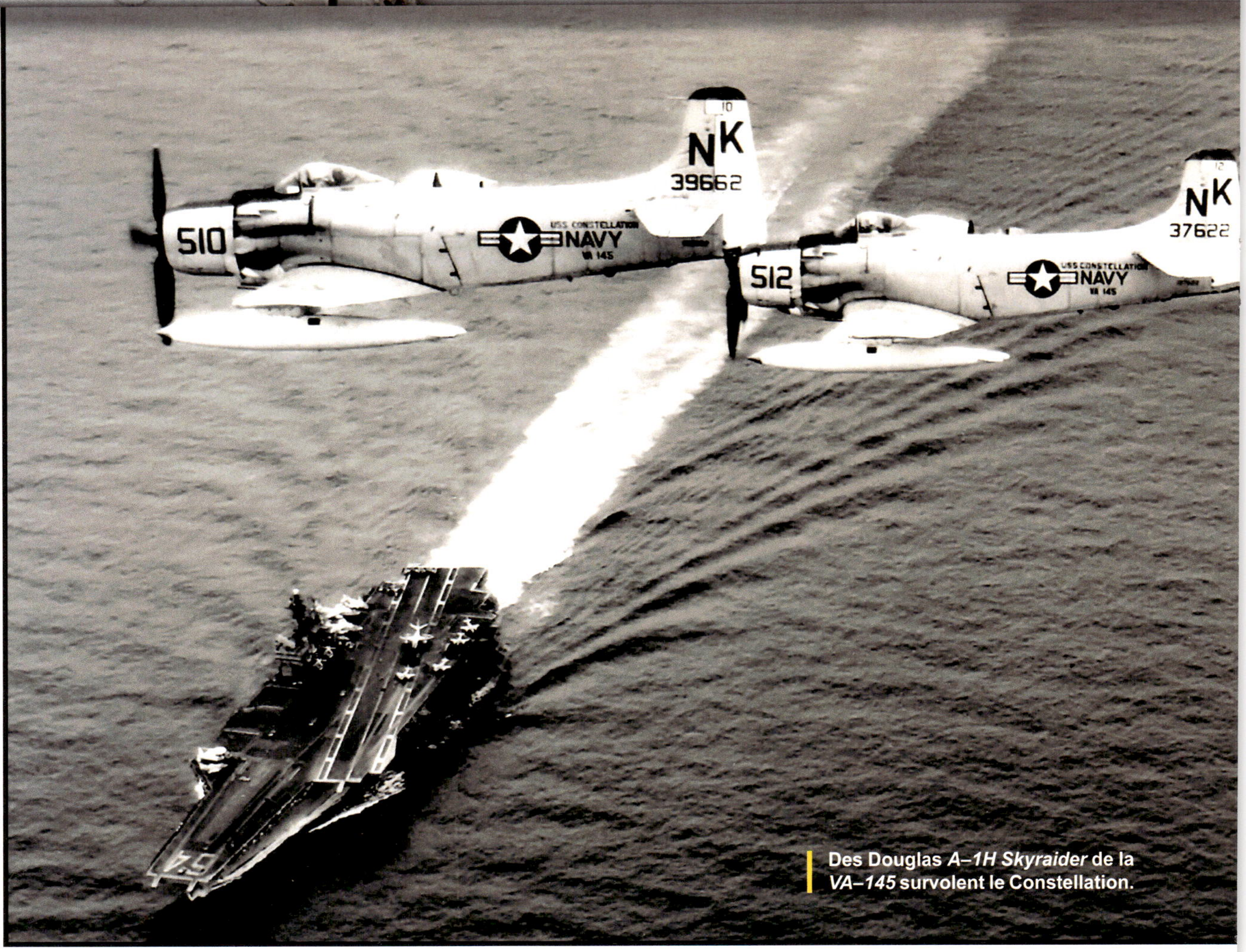

Des Douglas *A–1H Skyraider* de la *VA–145* survolent le Constellation.

Le *Skyraider* participe à plusieurs types de missions au Vietnam : Escorte de missions de secours, appui rapproché et observation avancée *(FAC : Forward Air Control)*. L'appareil est excellent dans son rôle d'attaque au sol. Utilisés au début de la guerre par l'*US Air Force* et l'*U.S. Navy*, les *«Spads»* – comme l'ont surnommé les pilotes américains– sont retirés de l'aéronavale en 1967. La dernière unité de *Skyraider* de *l'USAF* disparait en 1974 mais l'armée de l'air sud–vietnamienne en possède encore plusieurs *squadrons* lors de la chute de Saigon en 1975.

Les *Skyraiders* se sont notamment distingués lors de la bataille de la vallée de A Shau en mars 1966, lorsqu'il fallut endiguer l'attaque nord–vietnamienne malgré une météo défavorable. Les A–1 firent 210 sorties et furent responsables du quart des pertes ennemies.

Douglas A–1H Skyraider

- ***Monoplace monomoteur d'attaque au sol embarqué***
- **Origine** : Etats–Unis
- **Fabricant :** Douglas Aircraft Company
- **Production:** 1945 – 1957
- **Nombre produit:** total 3 180 toutes versions confondues
- **Equipage :** 1 pilote
- ***Masse en charge maxi:*** 8 213 kg
- **Dimensions :** Longueur: 11,84 m – envergure: 15,25 m – hauteur: 4,78 m
- **Armement :** 4 x canons de 20 mm modèle M2 (Hispano–Suiza HS. 404)
- **Charge** : 3 600 kg d'emport externe sur 15 points d'attache pour des bombes, torpilles, nacelles de roquettes et mines.
- **Motorisation :** 1 x Wright R–3350–26WA Duplex–Cyclone de 18 cylindres radiaux en double rangée, refroidi par air, de 54,86 litres de cylindrée développant 2.700 cv max.
- **Autonomie:** 2 115 km
- **Vitesse maximale :** environ 518 km/h à 5 500 m
- **Plafond :** 8 685 m

Douglas A–1H Skyraider

Attack Squadron VA–145 « The Swordsmen », CVW–14, USS Constellation, 1964

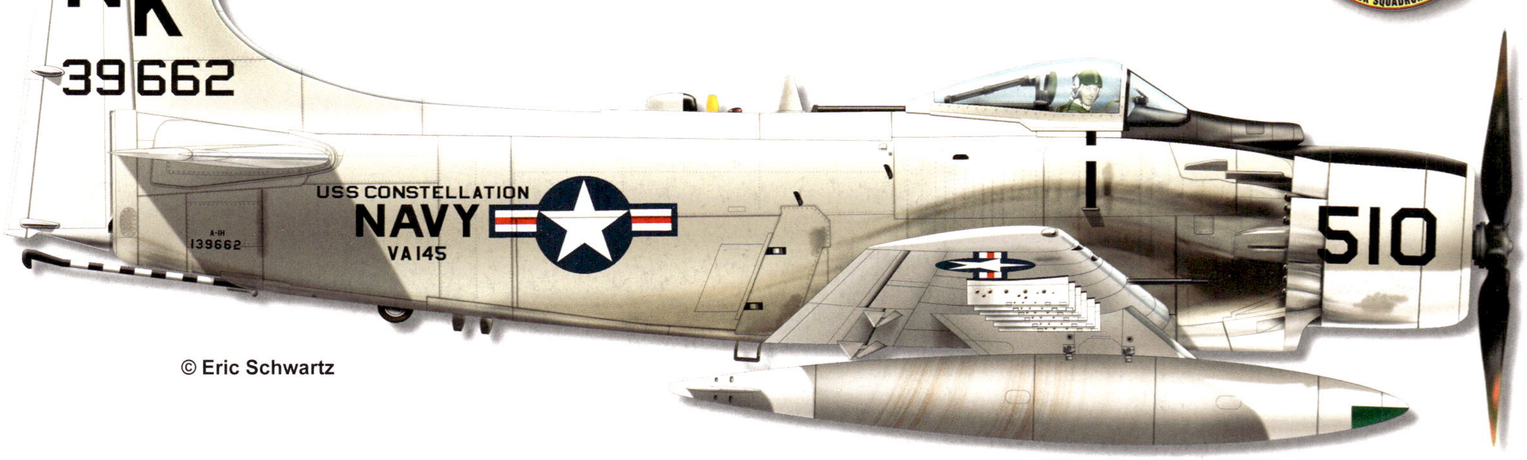

© Eric Schwartz

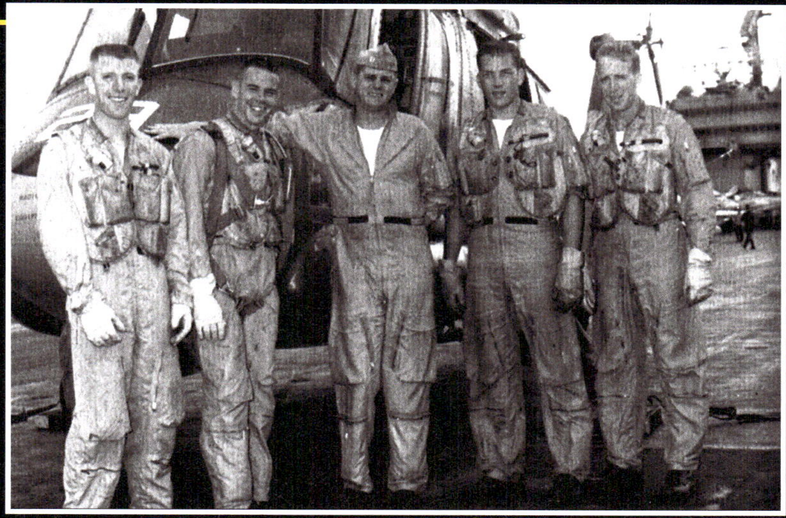

Les « anges » du « Connie » : Les hommes du *HU–1 Detachment « F »*. De gauche à droite : Le *lieutenant* L.D. Gruman, le *lieutenant* E.T. Saintsing, *lieutenant* L.F. Harpenau, *lieutenant* J.G. Oyler, *lieutenant* T.D. Beason. Il manque le *lieutenant* K. O'Gorman en mission au moment de la photo.

(*Yankee Team*). Afin d'assurer leur escorte, 10 *F8E Crusader* du *VF–51* sont transférés depuis le *Ticonderoga* entre le 7 juin et le 13 juillet 1964. Après une escale à Subic, la grande base américaine dans les Philippines, il rejoint Hong–Kong le 27 juillet.
Lorsqu'intervient l'incident du golfe du Tonkin, le 2 août 1964, le *Constellation* est toujours en escale à Hong–Kong. Il quitte le port pour rejoindre *Yankee Station* et participer au raid de représailles, le 5 août (*Operation Pierce Arrow*), perdant un pilote tué et un prisonnier dans l'affaire. Du 17 au 19 septembre 1964, les appareils du *CVW 14* assurent la couverture d'une nouvelle mission *Desoto*. Le 20 septembre, il est remplacé par le *Bonhomme Richard* et se rend à Subic. Les 9 et 10 octobre, il participe aux cérémonies anniversaires à Taiwan puis fait escale de nouveau à Hong–Kong
Il regagne *Yankee Station* le 29 octobre. Le 5 novembre, *Bonhomme Richard* s'en va, lui laissant assurer les missions *Yankee Team*. Le 22 novembre, il est de retour pour le relever.
Du 30 novembre au 3 décembre 1964, le *Constellation* réalise des démonstrations pour des officiels hauts gradés américains et étrangers, puis participe à l'exercice *Tallback* du 9 au 12 décembre. Le 16 décembre, il fait escale pour la première fois au Japon. Il participe aux exercices *Checkertail* et *Tigertail* les 10 et 11 janvier 1965. Le *Constellation* et le *CVW 14* sont de retour à San Diego le 1er février 1965 et reçoivent la *Navy Unit Commendation* et l'*Armed Forces Expeditionary Medal*. La campagne a duré 272 jours dont 192 à la mer.

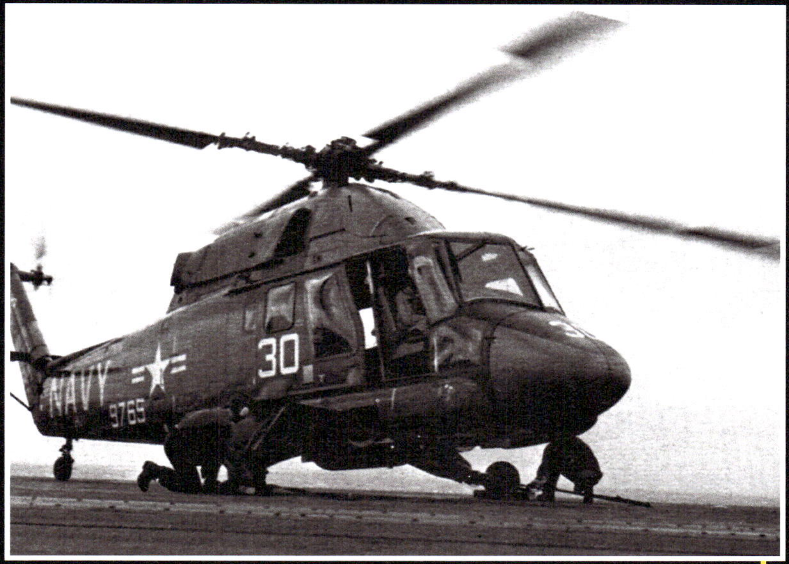

Un *Kaman UH–2A Seasprite* (une nouvelle machine motorisée par turbine) du *Utility Helicopter Squadron 1*.

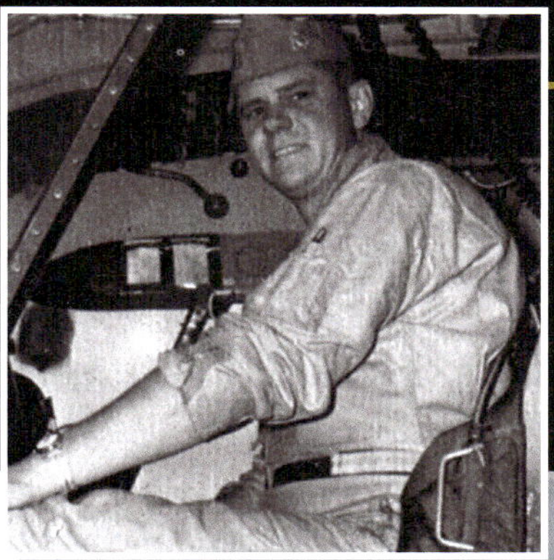

Le chef de l'unité d'hélicoptères, le *lieutenant* L.F. Harpenau.

Des appareils du *CVW–14* partent en mission. Auparavant, un *Seasprite* du *HU–1* décolle pour jouer son rôle d'hélicoptère de sauvetage – le « Pedro » – et surveiller les départs des avions depuis les airs.

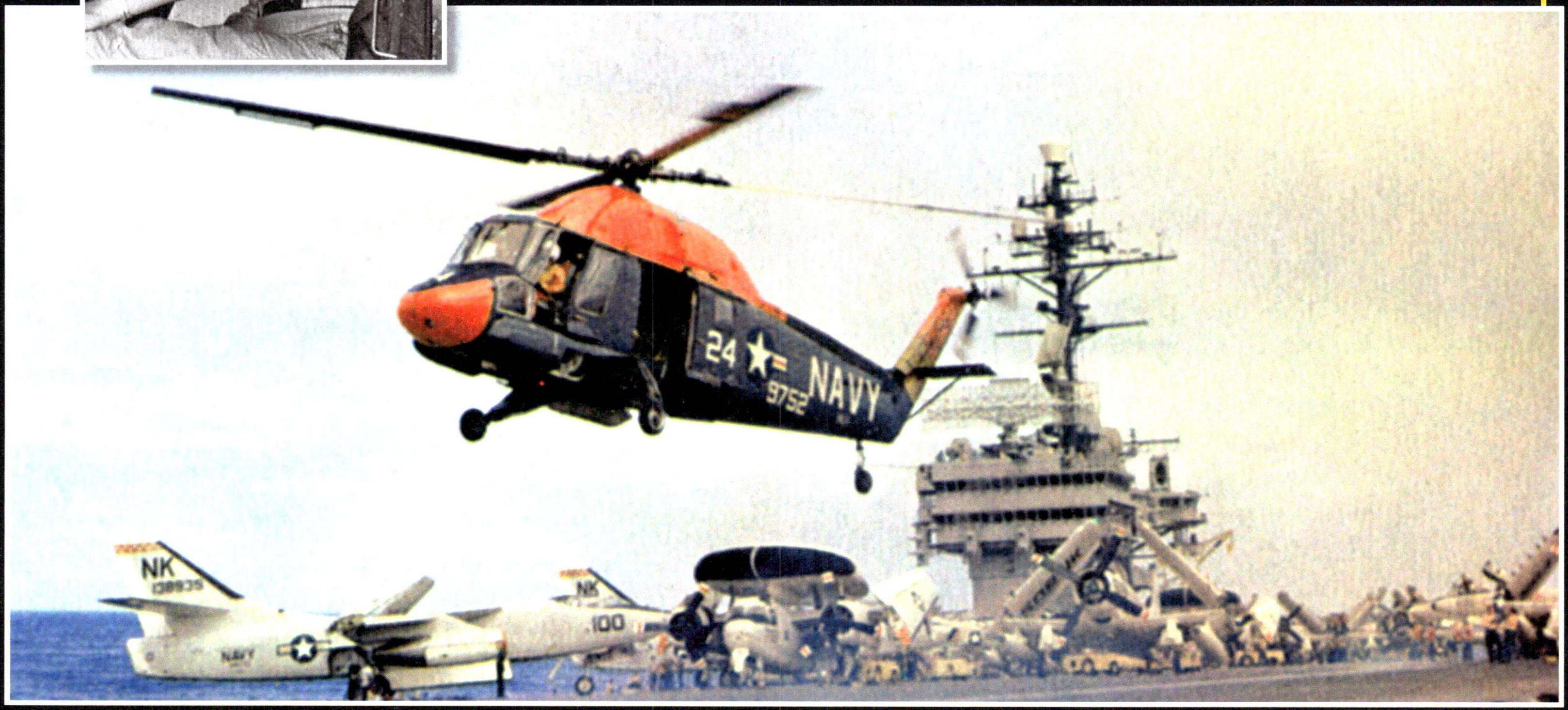

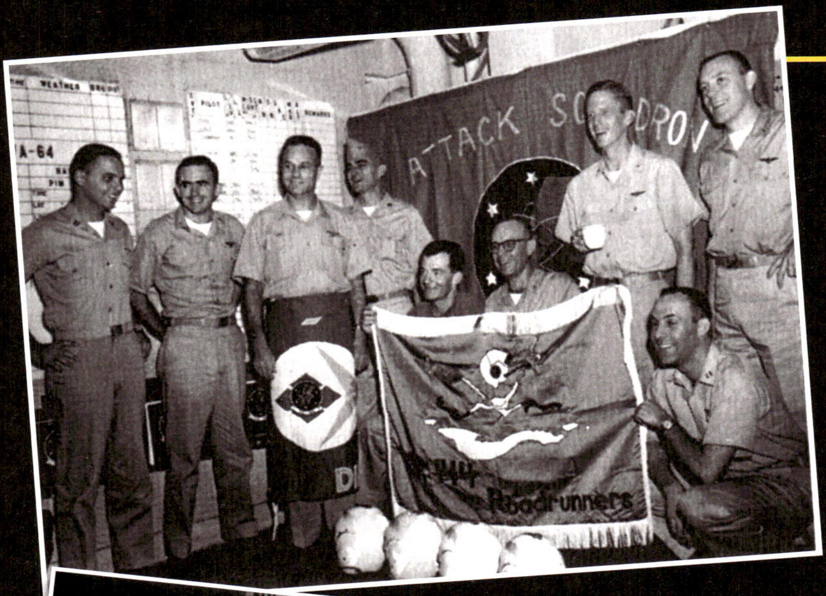

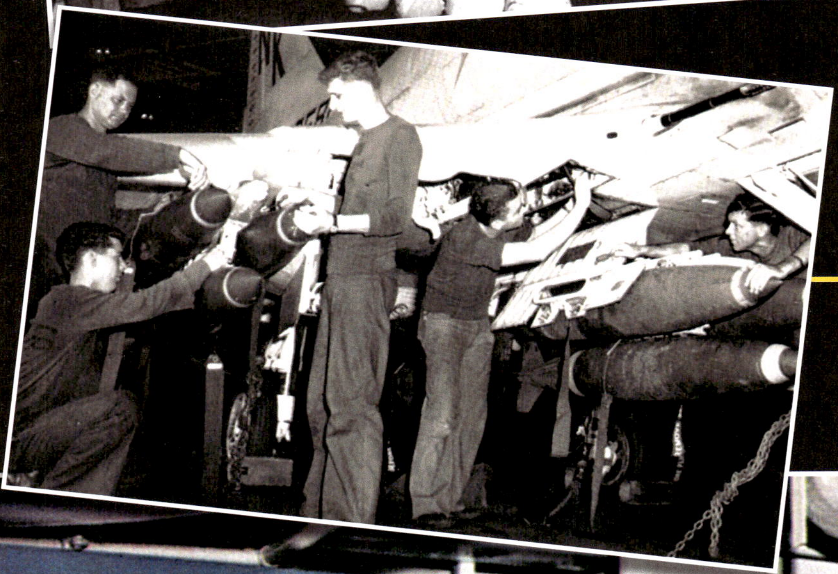

Des membres de la *VA–144* et de la *VA–146* présentent les insignes de leurs unités. Le fanion de la *VA–144* représente le personnage du « Bip Bip » créé par Chuck Jones (le fameux « Road Runner »). C'est d'ailleurs l'artiste lui–même qui leur aimablement dessiné le modèle d'origine en 1962, « Bip Bip » courant sur un nuage, un casque de pilote rabattu vers l'arrière.
En–dessous : Des armuriers au travail sur un *Skyhawk* de la *VA–146*. Pendant que certains approvisionnent les canons de 20 mm en obus, d'autres vérifient les attaches des bombes lisses.

Des missions dangereuses

Le 8 juin 1964, le *Constellation* assure ses premières missions *Yankee Team*. Le *Lieutenant* Charles F. Klusmann du Det C *VFP 63* à bord du *Kitty Hawk* décolle accompagné du *Lieutenant* Jerry Kuechmann pour une mission de reconnaissance au centre Laos entre Khang Khay et Ban Ban connu pour sa défense antiaérienne. Le *RF8A* du *Lieutenant* Klusmann est touché par un tir de 37 mm et doit s'éjecter au nord–est de Xieng Khouang. Faute de moyens de sauvetage il est capturé par le Pathet Lao. Après 86 jours de captivité près de Khang Khay il parvient à s'évader avec cinq Thaïs et Laotiens. Le 21 août, trois jours après son évasion, il rejoint les forces amies Meo près de Bouam Long.
Cette capture entraîne la mise en place d'un nouveau programme *SERE* (*Survival Evasion Resistance & Escape*), le 13 août 1964.

Après le briefing, les pilotes de la *VA–144* « Road Runners » se préparent à partir en mission. On remarque la tête du «Bip Bip» sur la porte d'entrée. Les tenues de vol sont pour le moment très voyantes. Ce qui est un avantage pour être visible des sauveteurs devient un inconvénient lorsqu'on s'est éjecté au dessus du territoire ennemi...

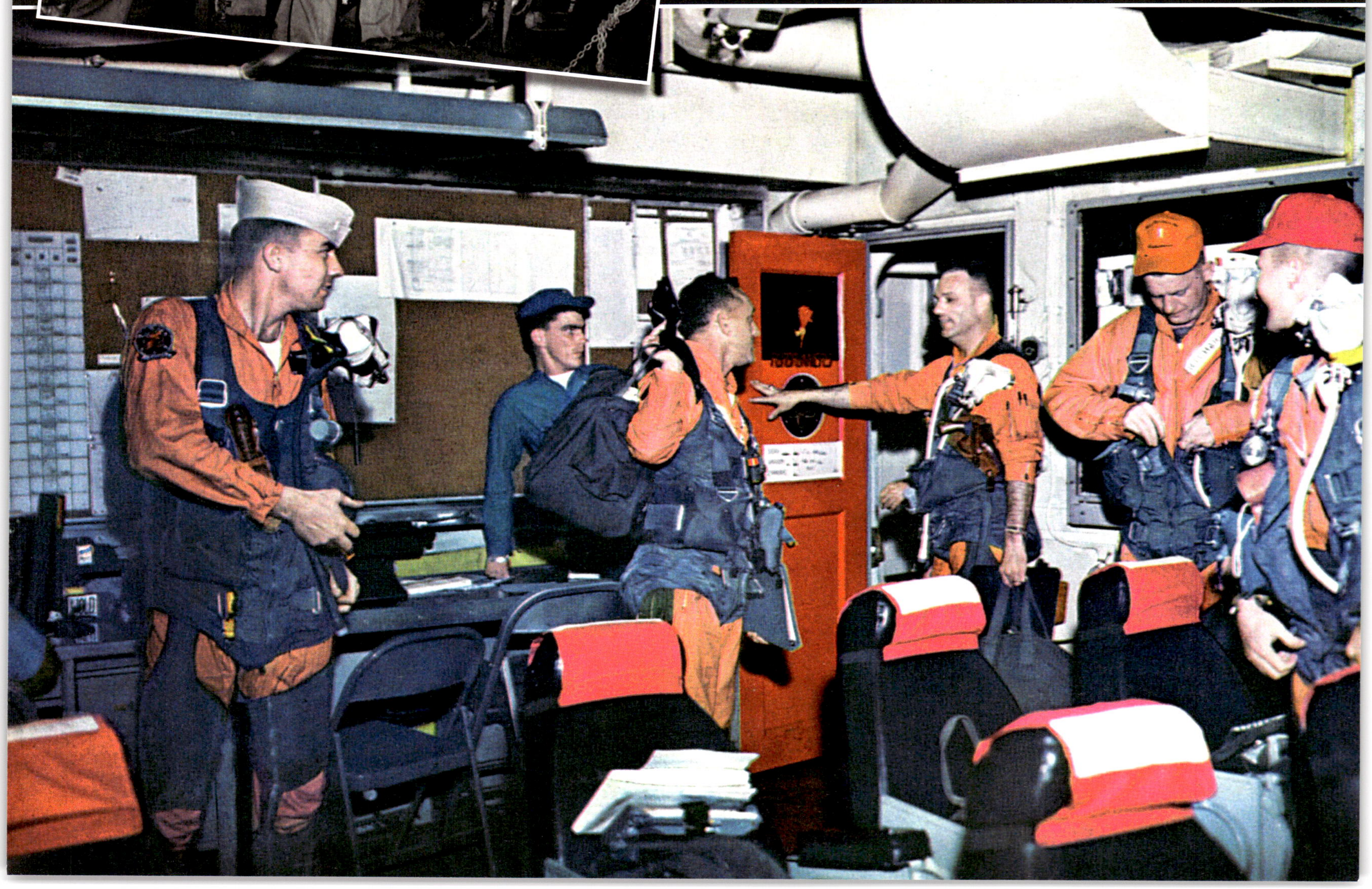

Douglas A–4C Skyhawk
Attack Squadron VA–144 « Road Runners »
CVW–14, USS Constellation, 1964

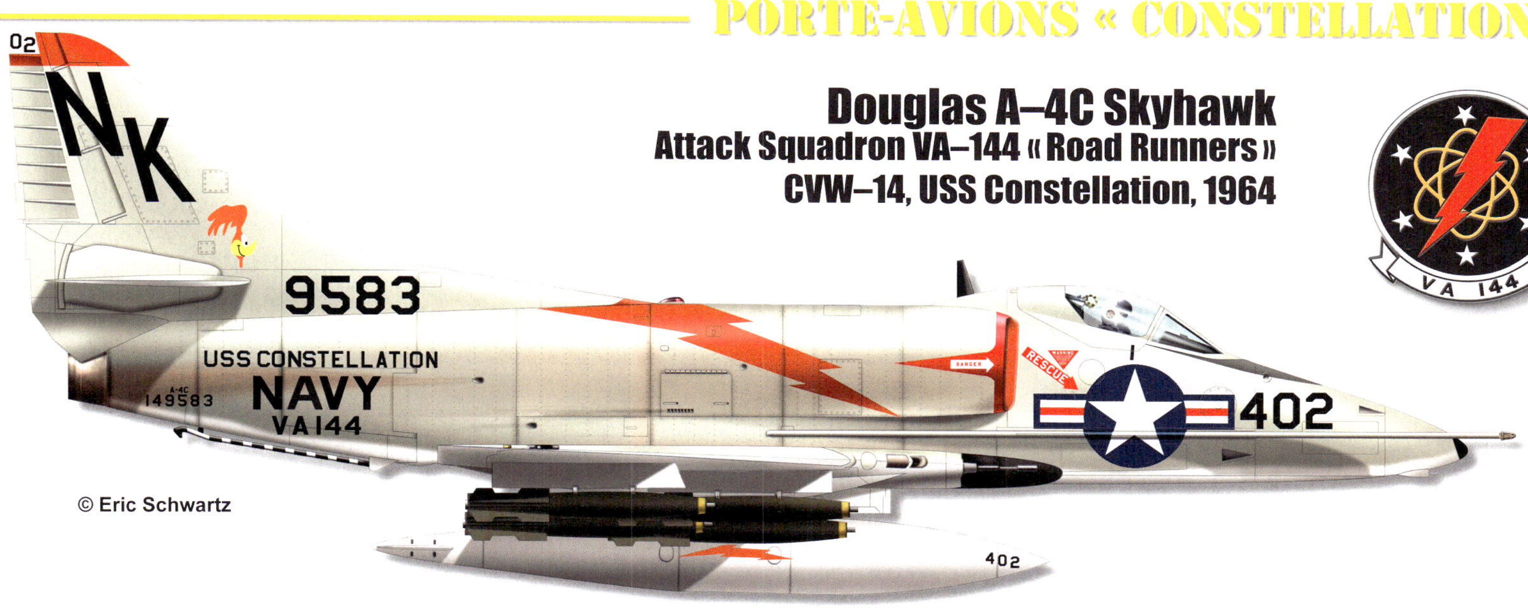

© Eric Schwartz

Douglas A–4C Skyhawk

- ***Monoplace monoréacteur d'attaque au sol embarqué***
- **Origine**: Etats–Unis
- **Fabricant**: Douglas Aircraft Company
- **Mise en service**: 1956
- **Nombre produit**: total 2960 toutes versions confondues
- **Equipage**: 1 pilote
- ***Masse en charge maxi:*** 11 113 kg
- **Dimensions**: Longueur: 11,90 m – envergure: 8,30 m – hauteur: 4,50 m
- **Armement**: 2 x canons de 20 mm Mk.12 alimentés avec 200 obus chacun
- **Charge**: 2268 kg d'emport externe sur 5 points d'attache
- **Motorisation**: 1 x turboréacteur Wright J–65–16A de 3463 kg de poussée
- **Autonomie**: 3220 km
- **Vitesse maximale**: environ 1086 km/h
- **Plafond**: environ 12880 m

Le *A–4* est né de la demande de l'*US Navy* et de l'*US Marine Corps* de disposer d'un avion d'attaque léger et peu couteux, avec une vitesse de décollage et d'approche basse. Le résultat fut un avion solide et suffisamment petit pour ne pas nécessiter d'ailes repliables. Le *Skyhawk* reçoit son baptême de feu au Vietnam lors de l'été 1964 au sein de la *Task Force 77*. Il participe également à toute la campagne de bombardement *Rolling Thunder*. Malgré sa petite taille, le *Skyhawk* peut emporter une quantité de charges conséquente.

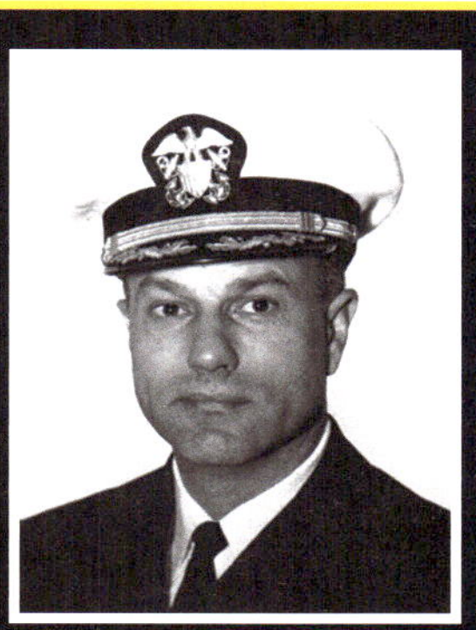

Le chef de la VA–144, le *Commander* Donald B. Bolstad.

Le 6 juin, la Maison Blanche décide que les vols de reconnaissance sur le Laos seront désormais escortés. Pour le 7 juin, le Secrétaire à la Défense autorise l'escorte des deux appareils de reconnaissance par 8 chasseurs avec autorisation d'ouvrir le feu contre les défenses antiaériennes ennemies.
Lors de la première mission du matin, le 7 juin, le *RF–8A* est escorté par quatre *F8D* du *Kitty Hawk*. Au–dessus de la plaine des Jarres, un *Crusader* est légèrement touché par la défense antiaérienne, les autres appareils ripostent. L'escorte du second vol de la journée est réduite à trois *Crusader* car un appareil a connu des ennuis mécaniques au catapultage. Le *Commander* Doyle W. Lynn du VF–111 est touché et doit s'éjecter dans la forêt, 35 miles au sud de Xieng Khouang.
Quatre *A1H* en missions de sauvetage interviennent depuis Da Nang, accompagnés de *Crusader* dépêchés sur le site. Un *A3B* assure le repérage du pilote abattu et le relais radio. Lynn est repéré

Le Constellation en 1964–1965

Date	Localisation
6 juin au 12 juillet 1964	Yankee Station
14 au 26 juillet 1964	Subic (Philippines)
27 juillet au 3 août 1964	Hong–Kong
4 août au 20 septembre 1964	Yankee Station
21 septembre au 8 octobre 1964	Subic (Philippines)
14 au 21 octobre 1964	Hong–Kong
23 au 27 octobre 1964	Subic (Philippines)
29 octobre au 22 novembre 1964	Yankee Station
23 au 26 novembre 1964	Hong–Kong
29 au 30 novembre 1964	Subic (Philippines)
3 au 7 décembre 1964	Buncker Bay (Okinawa, Japon)
16 au 26 décembre 1964	Yokosuka (Japon)
31 décembre 1964 au 5 janvier 1965	Yokosuka (Japon)
15 au 20 janvier 1965	Yokosuka (Japon)

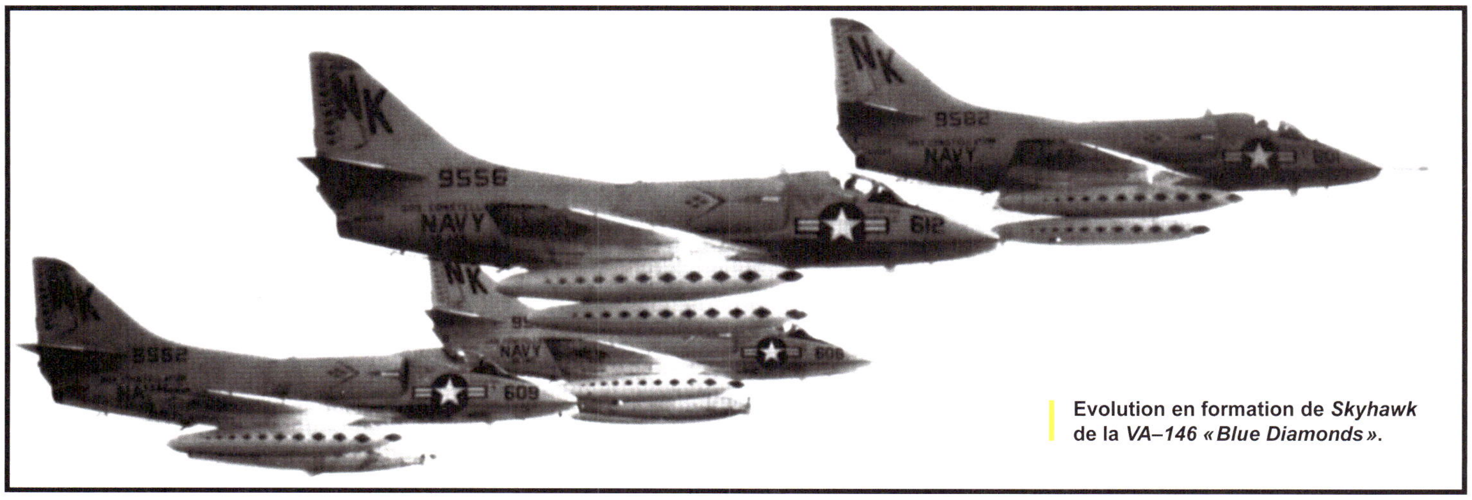

Evolution en formation de *Skyhawk* de la *VA–146* « *Blue Diamonds* ».

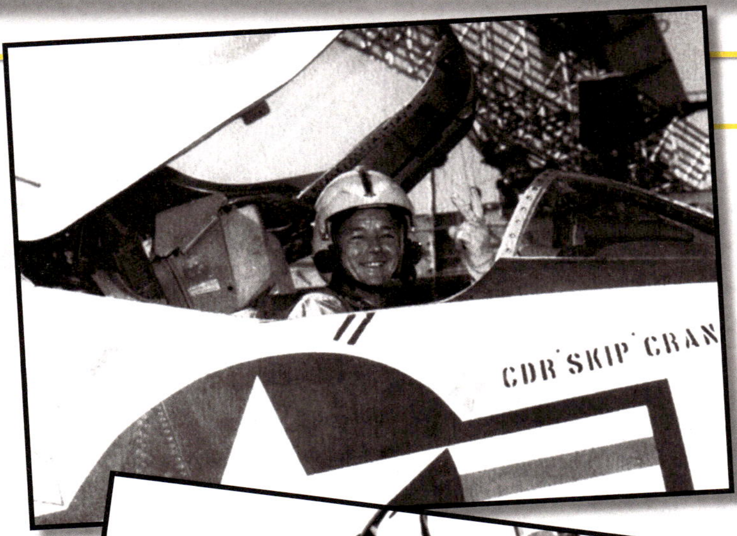

Le chef de la *VA–146 « Blue Diamonds »*, le *Commander* Eugene V. «Skip» Crangle.

au lever du jour, le 8 juin. Un *UH34* malgré des difficultés à cause de la hauteur des arbres parvient à l'hélitreuiller et à le ramener à Udorn.

A la suite de ces incidents, ordre est reçu de préparer un raid de représailles contre les sites antiaériens à Xieng Khouang et Khang Khay. La mission est conduite le 9 juin par les *F–100* de l'*US Air Force*.

La mission prévue le 10 juin contre Khang Khay pour les appareils de l'*US Navy* est annulée car le Prince Souvanna Phouma, Premier ministre du Laos, demande l'abandon des missions offensives sur son territoire. Du 21 mai au 9 juin 1964, les appareils de l'*US Air Force* et de l'*US Navy* ont effectué 130 vols de reconnaissance au-dessus du Laos dont 50 missions sur les routes d'infiltration communiste qui entrent au Sud Vietnam. Les appareils de l'*US Navy* réalisent les missions au nord de 18°31 N et ceux de l'*US Air Force* celles au sud de cette ligne. Le 10 juin 1964, le *Kitty Hawk* quitte *Yankee Station* et rejoint Yokosuka, laissant le *Constellation*.

Après cinq jours de négociations, Souvanna accepte la reprise des missions à condition qu'il apparaisse comme n'ayant pas donné son accord à la présence d'appareils d'escorte. McNamara, malgré les remarques du *CinCPAC* qui préfère laisser toute latitude aux chefs de dispositifs pour conduire leurs missions, impose que les vols de reconnaissance soient effectués à une altitude minimum de 3 000 mètres. Les survols à basse altitude des secteurs dangereux ne sont autorisés qu'après neutralisation des défenses

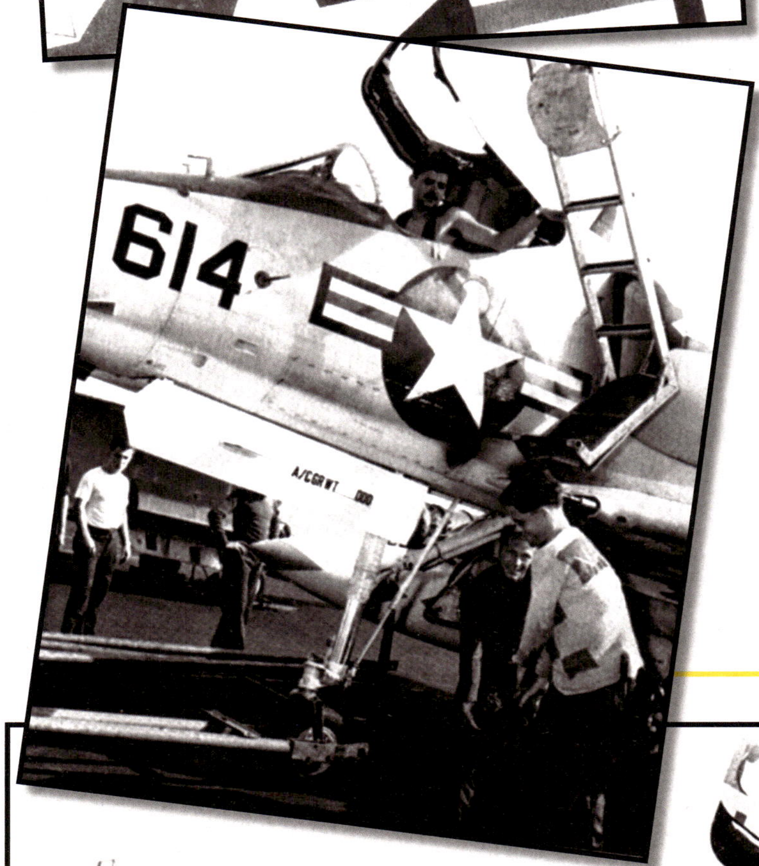

Des mécaniciens de la *VA–146* s'occupent d'un *A–4C Skyhawk.*

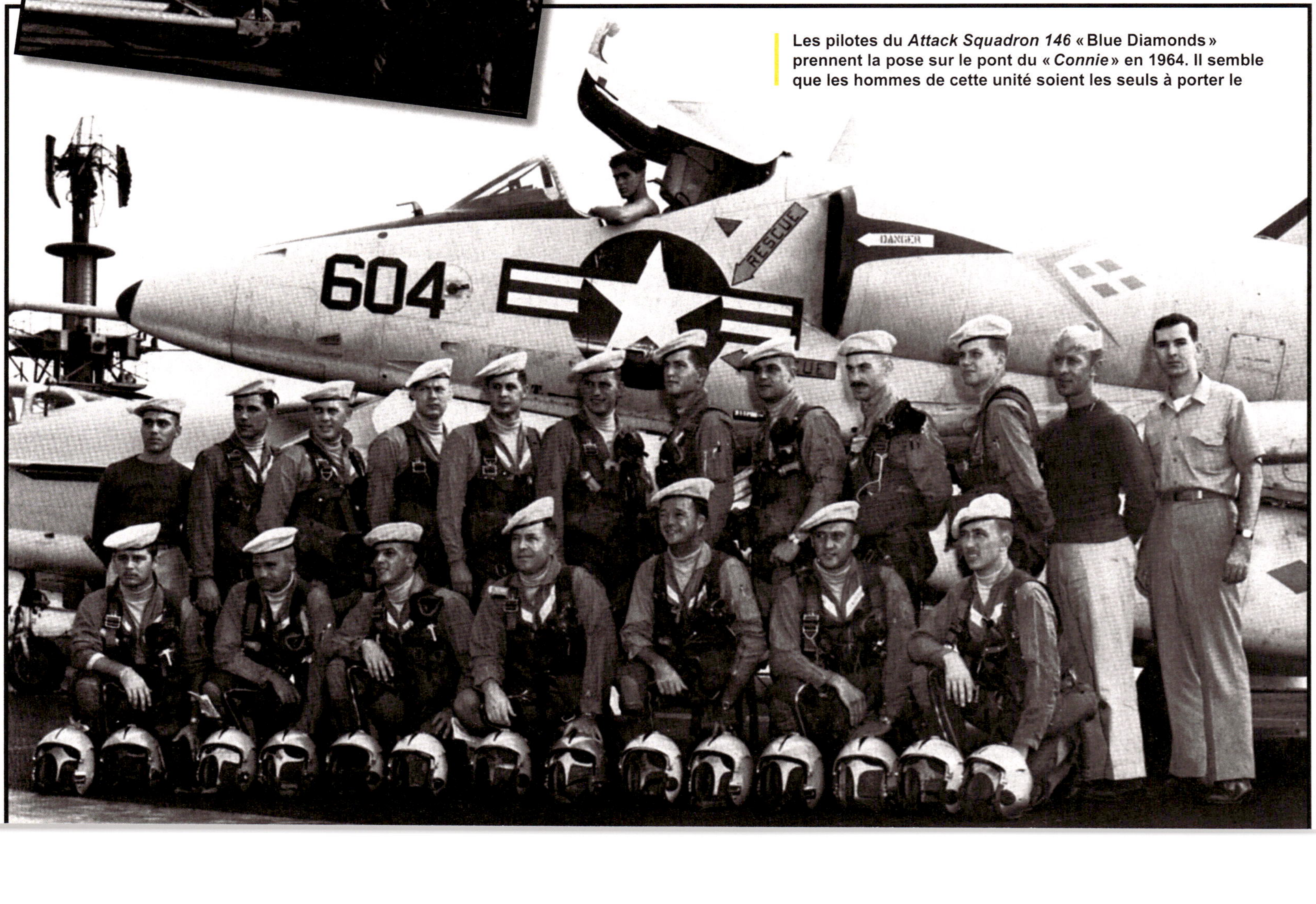

Les pilotes du *Attack Squadron 146* « Blue Diamonds » prennent la pose sur le pont du « *Connie* » en 1964. Il semble que les hommes de cette unité soient les seuls à porter le

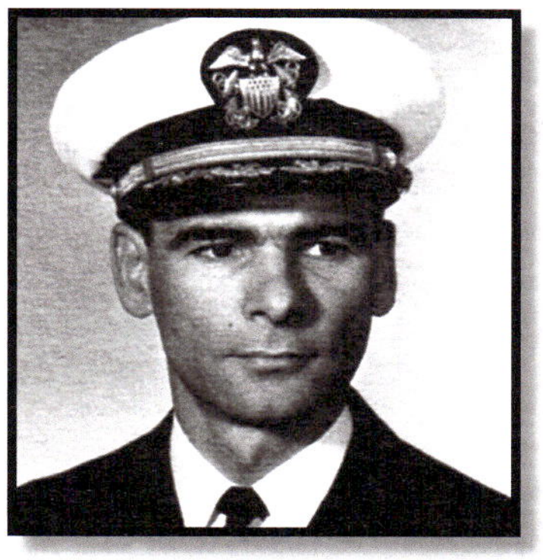

Le chef de la *VAH–10 « Vikings »*, le *Commander* Tyler F. Dedman.

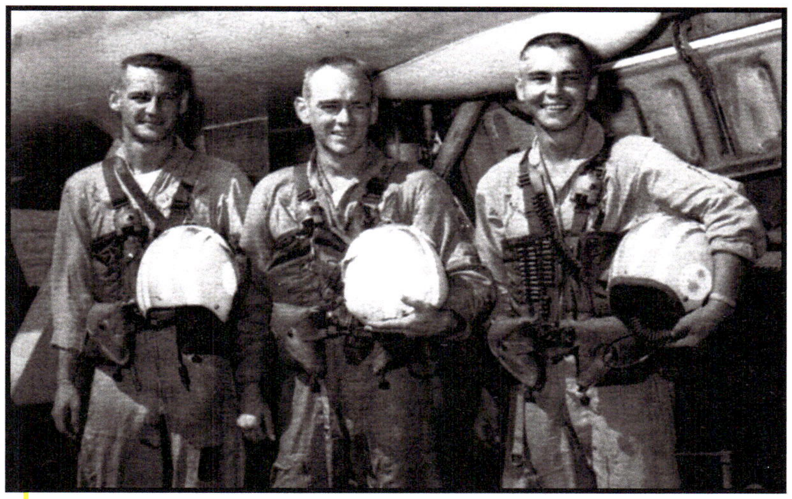

Un équipage de *Skywarrior*: les officiers Salmon, Sturgeon et Thoelke.

antiaériennes. Ces missions doivent être autorisées au cas par cas par Washington qui en fixe aussi les détails.

L'*US Air Force* reprend les vols le 14 juin 1964. Le *Constellation* fait de même cinq jours plus tard avec un *RF–8A* et un *RA–3B* escortés par deux *Crusader* chacun. Ils effectuent une reconnaissance du sud Laos. Avec les nouvelles contraintes d'altitude, le *RA–3B* se révèle plus adapté. La mousson limite néanmoins le nombre de missions durant l'été. Cinq autres missions seulement sont effectuées jusqu'au départ du *Constellation*, le 12 juillet pour le Japon.

Le 12 juillet le *Ticonderoga* prend la relève du *Constellation*. Fin juillet, l'*US Navy* a réalisé 93 des 189 missions *Yankee Team*. Début août, les appareils d'escorte sont autorisés à engager les MiG qui viendraient à intervenir et à les poursuivre en Thaïlande ou au Sud Vietnam.

Avec l'incident du Golfe du Tonkin, les deux porte–avions présents se partagent les missions *Yankee Team*. Du 28 août au 10 septembre, 32 sont réalisées puis 40 du 11 septembre au 31 décembre 1964. Le 1er décembre 1964, les nouveaux *RA–5C* du *RVAH 5* à bord du *Ranger* arrivent également à *Yankee Station*.

A la fin de 1964, l'*US Navy* a réalisé 198 missions photo, 171 d'es-

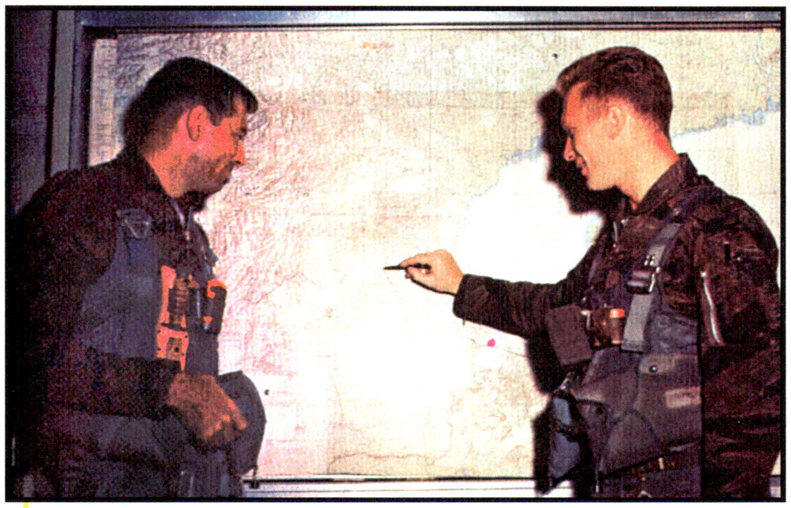

Deux pilotes de la *VFP–63* préparent leur mission à la frontière du Vietnam et du Laos.

Mis en service tout d'abord comme bombardier nucléaire, le rôle du *A–3 Skywarrior*, version navale du B–66, évolua lorsque l'*US Navy* donna ce rôle au *Vigilante*. Il est, lors de sa mise en service, le plus gros avion embarqué sur porte–avions. Le *Skywarrior* débuta la guerre du Vietnam en tant que bombardier conventionnel, un rôle bientôt confié à des appareils plus petits. Le *« Whale »* (baleine), comme il était surnommé, devint un appareil de guerre électronique, de reconnaissance photographique ou ravitailleur en vol.

Douglas A–3B Skywarrior

- ***Avion biréacteur de bombardement embarqué***
- **Origine**: Etats–Unis
- **Fabricant**: Douglas Aircraft Company
- **Production**: 1956 – 1961
- **Nombre produit**: total 282 toutes versions confondues
- **Equipage**: 3 hommes (1 pilote, 1 bombardier/ navigateur, 1 navigateur)
- ***Masse en charge maxi***: 31 750 kg
- **Dimensions**: Longueur: 23,27 m – envergure: 22,10 m – hauteur: 6,95 m
- **Charge**: 5443 kg d'emport en soute pour des bombes et mines.
- **Motorisation**: 2 x Pratt & Whitney J57–P–10 de 46,7 kN de poussée.
- **Autonomie**: 2 130 km
- **Vitesse maximale**: environ 1 007 km/h à 518 m
- **Plafond**: 12 500 m

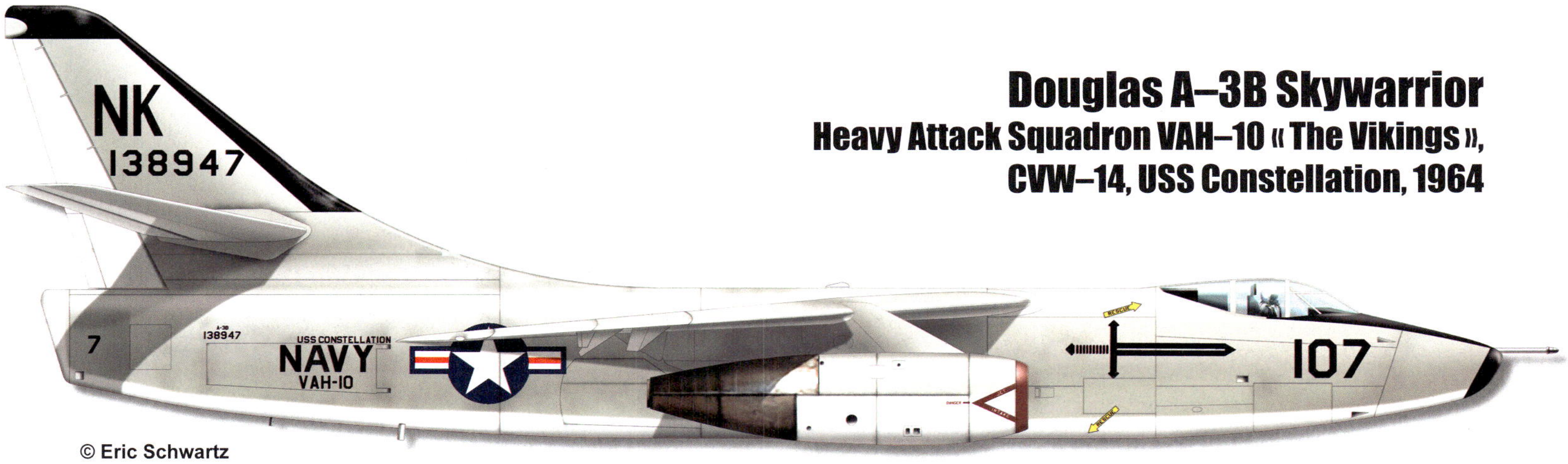

Douglas A–3B Skywarrior
Heavy Attack Squadron VAH–10 « The Vikings », CVW–14, USS Constellation, 1964

© Eric Schwartz

corte et 81 de reconnaissance météo. Présents par groupe de deux ou trois, les porte–avions se relaient en assurant des tours de permanence de 12 heures puis prennent 12 heures de repos.

Nouveaux tours d'opération au Vietnam

Après une période d'entretien de 8 mois, le *Constellation* est de nouveau déployé sur *Yankee Station* en mai 1966. Il embarque le *Carrier Air Wing 15*. Pendant 111 jours, ses appareils vont enchaîner les missions de bombardement au Nord Vietnam. Un des *Phantom* du *Fighter Squadron 161* (*Lieutenant* William M. McCunigan et *Lieutenant* Robert M. Fowler) abat le premier MiG–17 du conflit, le 13 juillet. Les pertes sont cependant lourdes avec 16 aviateurs tués et 15 appareils perdus. Le porte–avions gagne une nouvelle *Navy Unit Commendation*.

Après une plus courte période d'entretien, le *Constellation* est de retour en avril 1967 avec le *CVW 14*. Ses avions conduisent d'abord des opérations contre le « Triangle de Fer », un secteur du Vietnam du Sud tenu par l'ennemi. Il va rester 121 jours en action abattant 4 nouveaux MiG avec des *Phantom* mais perdant 16 aviateurs et 20 membres d'équipage. Le porte–avions et son groupe aérien reçoivent tous les deux une *Navy Unit Commendation*. Ils sont de retour au Vietnam en mai 1968 pour 128 jours, conduisant 11 000 missions de combat et larguant 20 000 tonnes de bombes et de roquettes sur l'ennemi. Les pertes sont de nouveau lourdes avec 11 morts et trois prisonniers, 15 avions détruits (9 au combat).

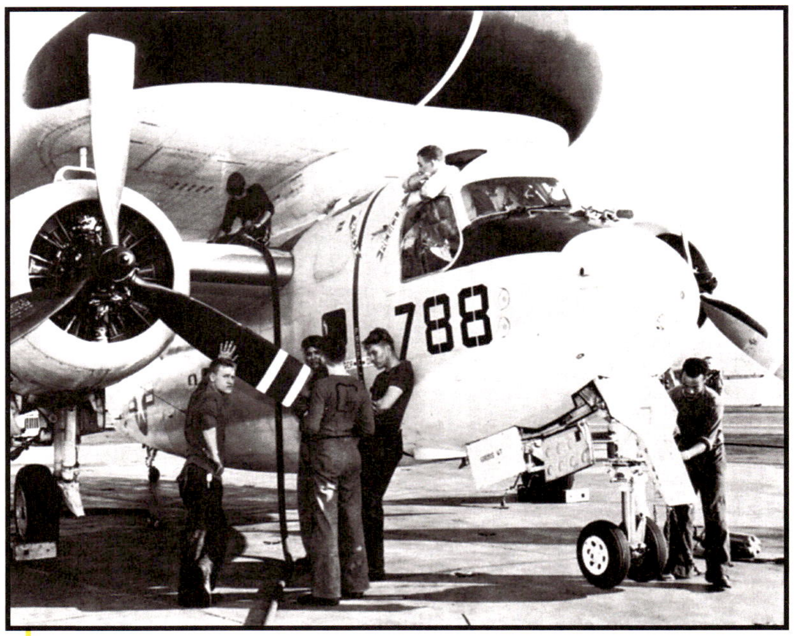

Bienvenu à bord d'un *E–1B Tracer* !

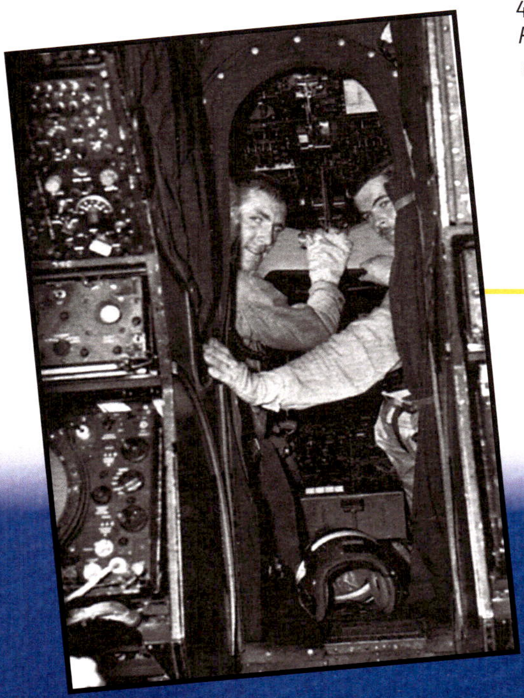

Un «Willie Fudd» de la *VAW–11* lors des derniers préparatifs avant le départ en mission. Variante du célèbre *Grumman S–2 Tracker* de lutte anti–sous–marine, le *Tracer* fut le prédécesseur du *Grumman E–2 Hawkeye* dans le rôle de la détection radar. Son surnom «Willie Fudd» provient de la désignation de l'appareil avant 1962, WF–2. Il fut aussi surnommé «Stoof with a Roof» ce qui pourrait se traduire par le «bazar avec un toit».

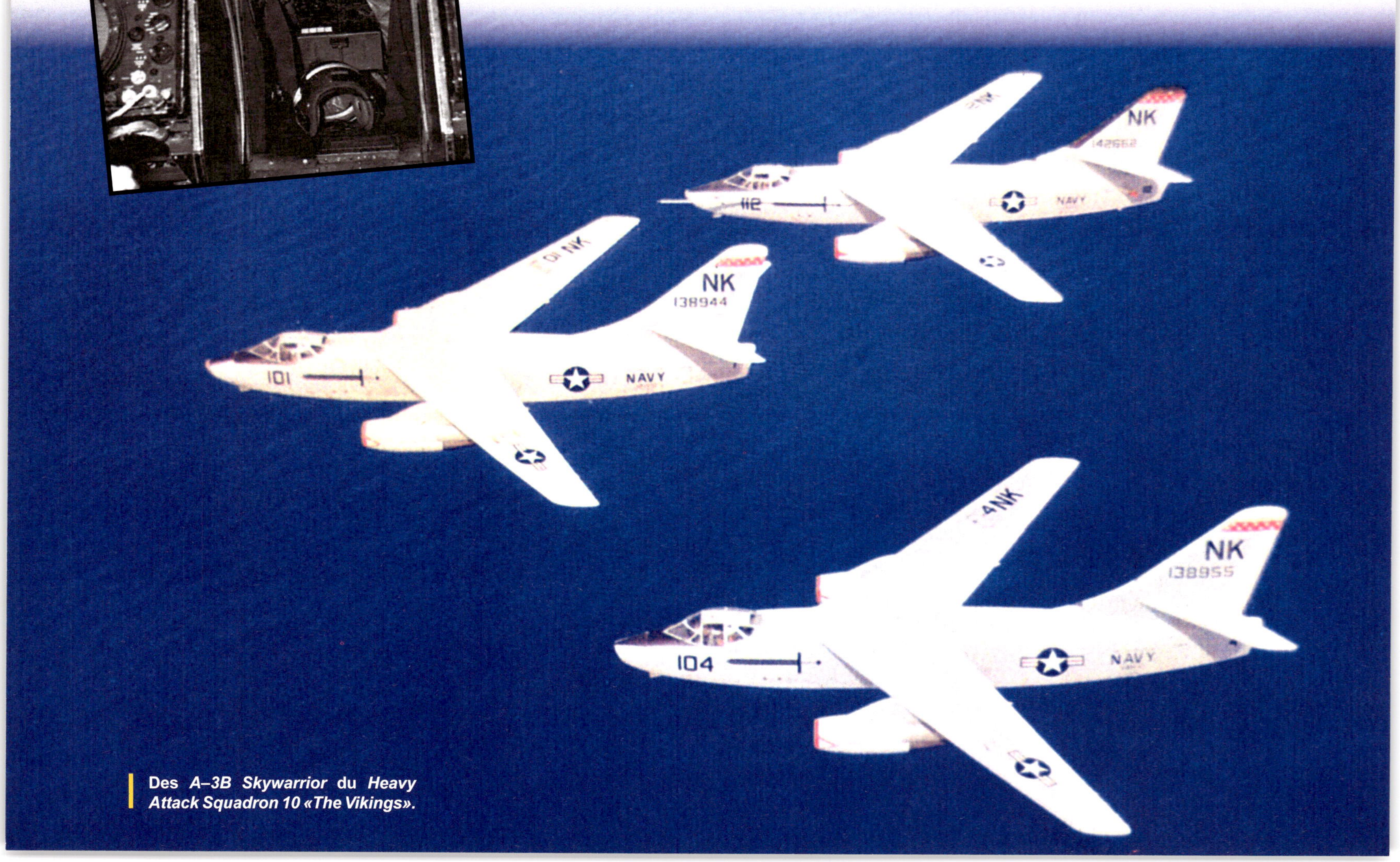

Des *A–3B Skywarrior* du *Heavy Attack Squadron 10* «*The Vikings*».

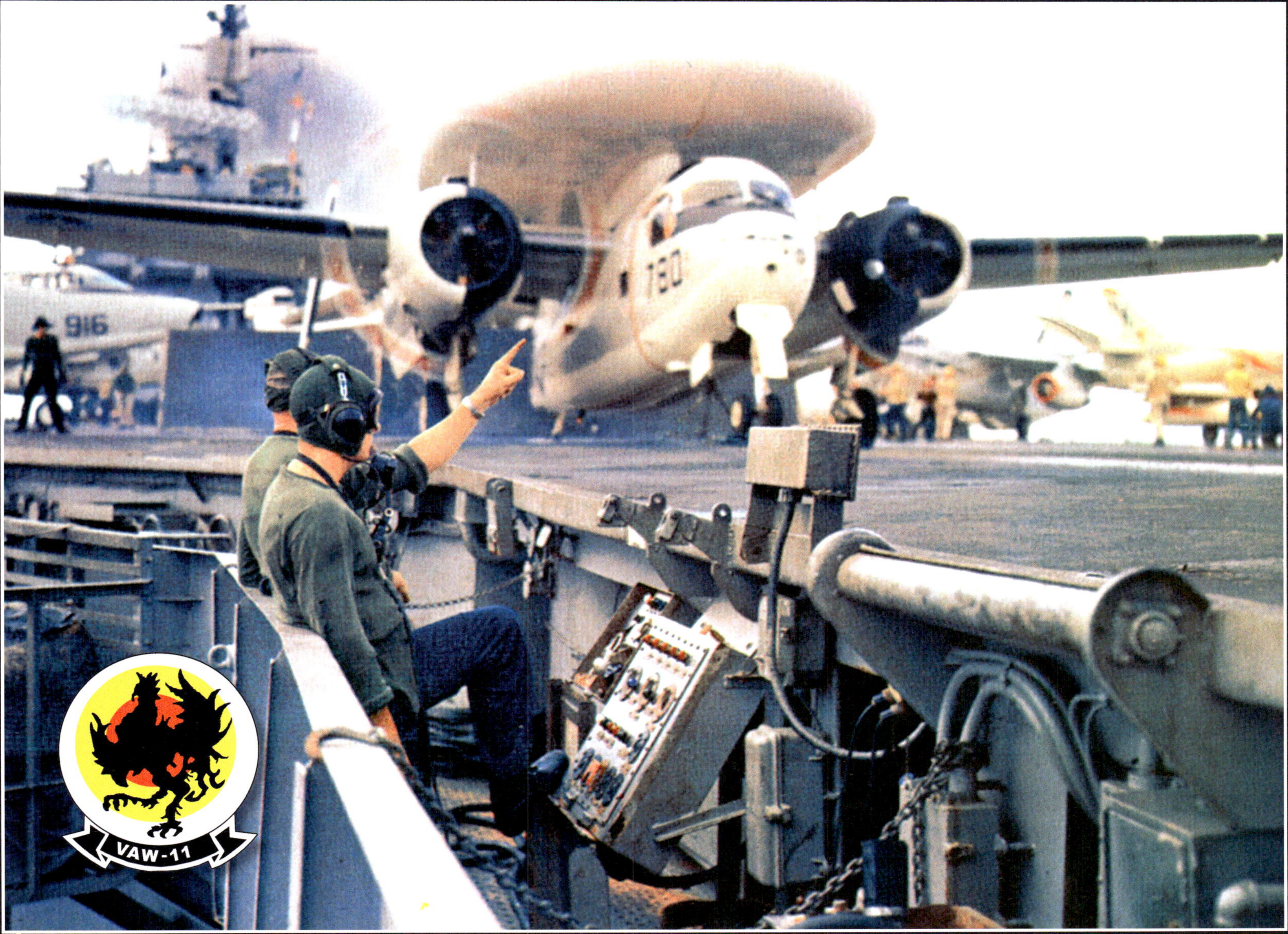

Les officiers de catapulte s'apprêtent à lancer un *Grumman E–1B Tracer* de la *VAW–11* «Early Eleven» depuis le pont du *Constellation*. La grosse protubérance au dessus est le radar *APS–82* dont l'antenne parabolique mesure 5,2 m de diamètre et de 1,52 m d'épaisseur.

En août 1969, le *Constellation* effectue son cinquième séjour avec de nouveau le *CVW 14*. Mais après 20 jours seulement d'opérations au–dessus du Laos et du Vietnam du Sud, le porte–avions gagne *Defender Station*, dans la mer du Japon, en raison de nouvelles tensions dans la péninsule coréenne. De retour sur *Yankee Station* le 1er novembre, le porte–avions fête son 100 000e appontage. Le 28 mars, un *Phantom* de la *VF–142* (*Lieutenant* Jerome E. Beaulier et *Lieutenant* Steven J. Barkley) abat un MiG–21. En 128 jours de combat, 7 avions sont perdus (5 au combat) et les pertes se limitent à un seul prisonnier de guerre. Les missions de sauvetage font preuve d'une efficacité croissante.
Après une nouvelle longue période d'entretien, de neuf mois cette fois, le porte–avions revient au Vietnam avec le *CVW 9*. Le 19 janvier 1970, un nouveau MiG–21 est abattu (*Lieutenant* Randall H. « Duke » Cunningham et *Lieutenant* William P. Driscoll) par un *Phantom de la VF–96*. C'est le premier pour l'*US Navy* depuis la précédente victoire d'un avion du *Constellation*. Sa tour d'opération est rallongée pour répondre à l'offensive terrestre nord–vietnamienne le 30 mars 1972. D'autres missions de bombardement suivent sur le Vietnam du Nord de nouveau zone de guerre. Cunningham et Driscoll remportent une autre victoire contre un MiG–17 le 8 mai puis trois de plus le 10, devenant les premiers as de la

Le chef de la *VAW–11 Detachment «F»*, le *Lieutenant–Commander* Donald Britt (à gauche de la photo).

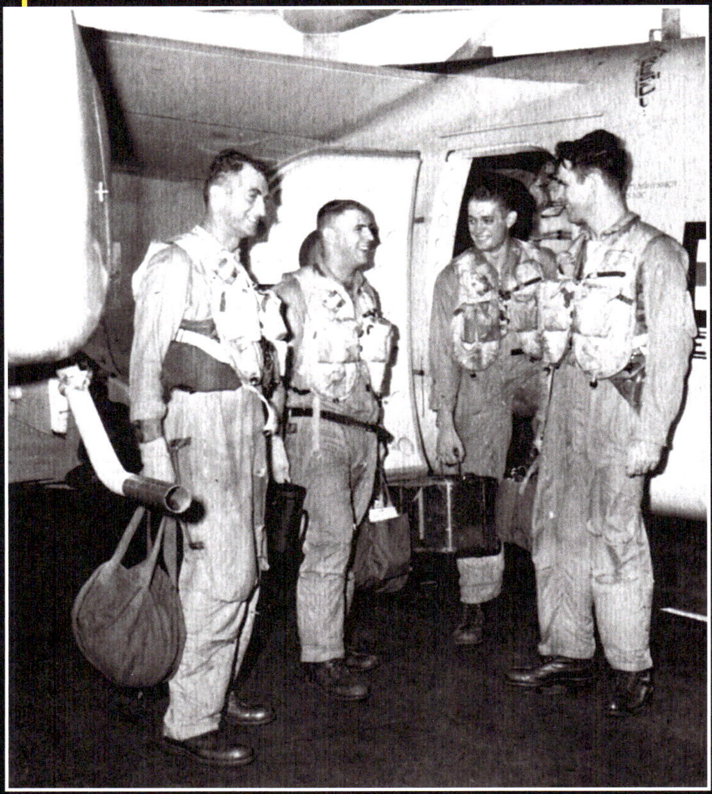

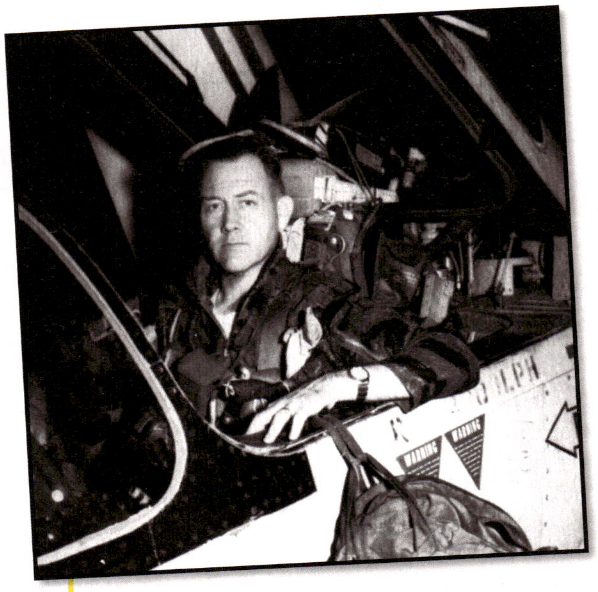

Le *Lieutenant–Commander* Marvin A. Holgren, le chef du *Light Photographic squadron VFP–63* qui vole sur *RF–8A Crusader* de reconnaissance. Le détachement *Foxtrot* est composé de quatre pilotes: le *Lt.Cdr.* M.A. Holgre, le *Lt.Cdr.* William W. Sharpe, le *Lieutenant* John Heilig et le *Lieutenant* Robert D. Rudolph.

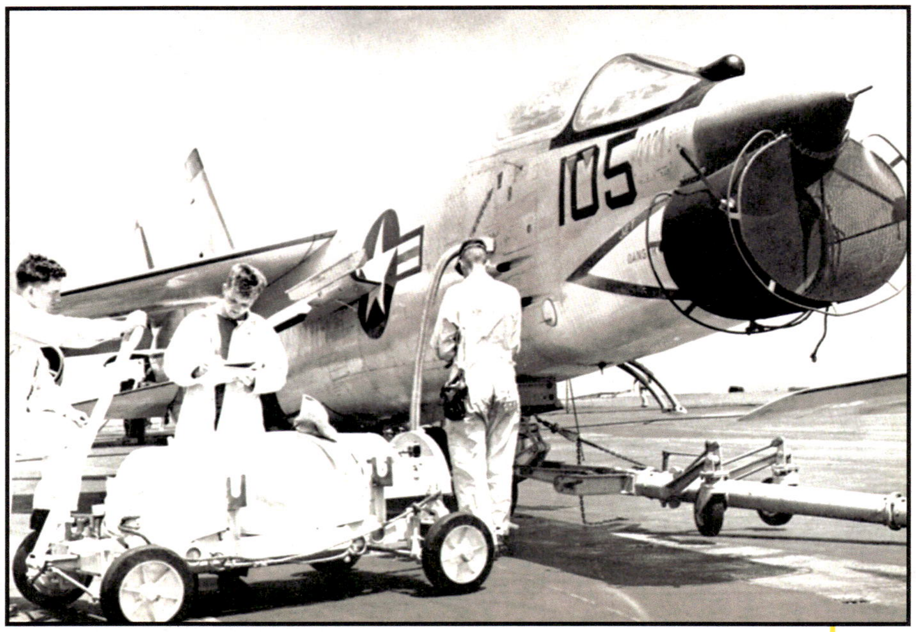

Un *Vought F–8E Crusader* de la *VF–141* pris en photo sur le pont d'envol lors du premier déploiement dans le Pacifique du « *Connie* » en 1963.

ATTACK CARRIER AIR WING 14 (CVW 14) – 1964

CAG Cdr Donald B. Edge

Mission	Unité	Appareil	Modex	Commanding Officers (C.O.)	Indicatif
Chasse	VF 142 VF 143 VF 51 (renfort du 7 juin au 13 juillet)	*F4B* *F4B* *F8E*	2xx 3xx NF 1xx	Cdr WM E Cross Cdr F T Brown puis Cdr F F Palmer (10 sept 64) Cdr Stockdale	*Dakota* *Taproom* *Batter up*
Attaque	VA 144 VA 145 VA 146 VAH 10	*A4C* *A1J,H* *A4C* *A3B*	4xx 5xx 6xx 1xx	Cdr D B Bolstad Cdr H Hoy puis M D Blixt (3 août 64) Cdr E V "Skip" Crangle Cdr T F Dedman	*War paint* *Electron* *Busy bee* *Ten pen*
Détection	VAW 11 Det F	*E1B*	RR 78x	Lcdr D Britt	*Overpass*
ECM–ELINT	VQ 1 Det F	*EA3B*	PR xx		*Deep sea*
Photo–Rec	VFP 63 Det F VAP 61 Det F VMCJ 1 Det	*RF8A* *RA3B* *RF8A*	PP 93x SS x RM xxx	Lcdr M A Holgreen (29 oct 64 – 22 nov 64)	*Corktip*
Hélicoptère	HU 1 Det F	*UH2S*	UP xx	Lt L F Harpenau	

guerre. Ce jour–là, les appareils du *Constellation* abattent 7 MiG. En 154 jours d'opération, deux aviateurs sont morts au combat et deux autres présumés prisonniers, 7 avions ont été perdus.

A la fin de l'année 1972, une « mutinerie » se produit quand des membres d'équipage noirs se plaignent d'un traitement discriminatoire.

Le navire compte alors 250 hommes en trop et la rumeur court que seuls les noirs seront concernés par la réduction d'effectifs. L'affaire se finit devant les caméras de télévision puis par des sanctions variées. En janvier 1973, le Constellation est de nouveau en action au Vietnam et poursuit les missions jusqu'à la fin des hostilités, le 21 février.

Par la suite, le navire bénéficie de plusieurs entretiens de longue durée, notamment en 1990–1993 avec trois ans de travaux dans le cadre d'un Service Life Extension Program qui coûte 800 millions de $.

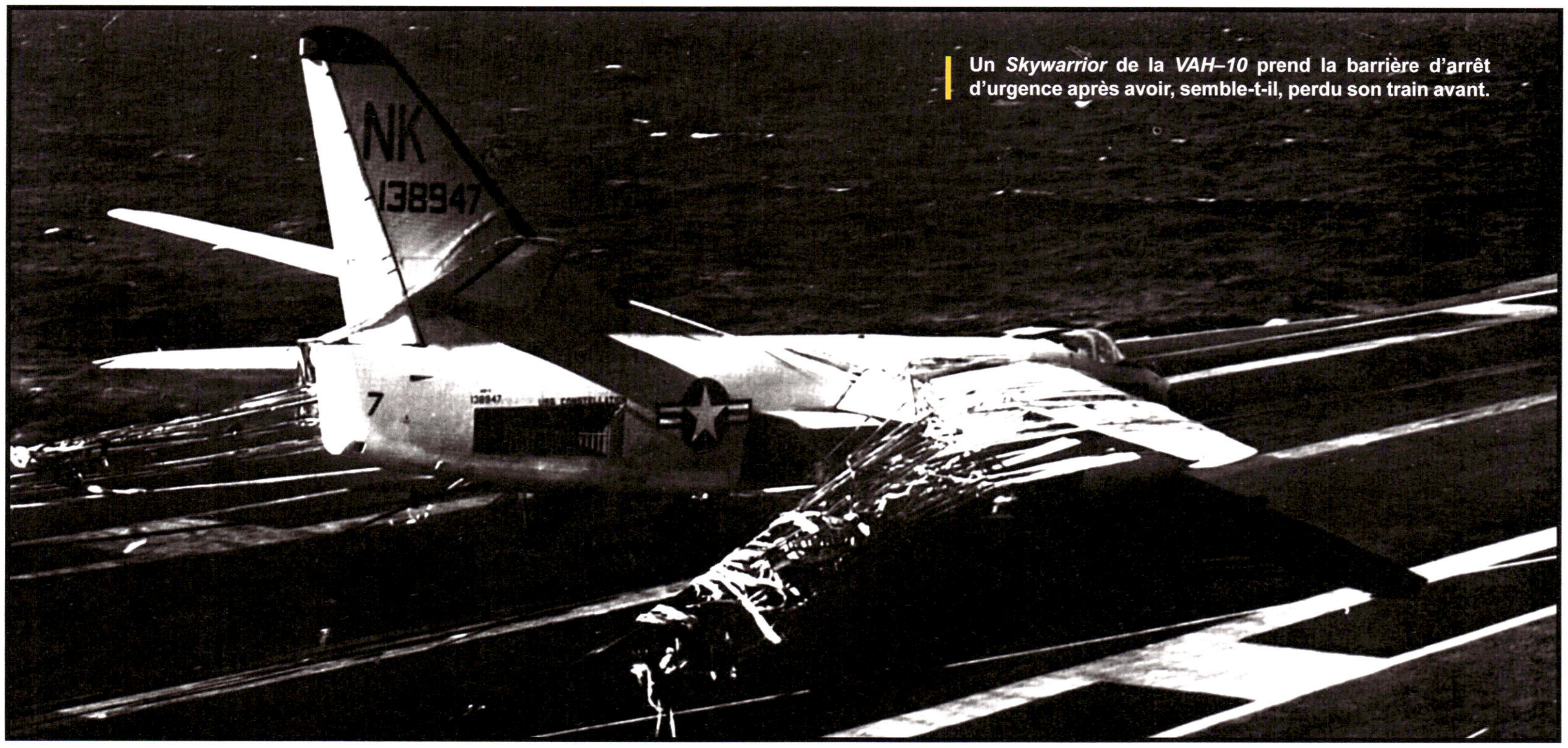

Un *Skywarrior* de la *VAH–10* prend la barrière d'arrêt d'urgence après avoir, semble-t-il, perdu son train avant.

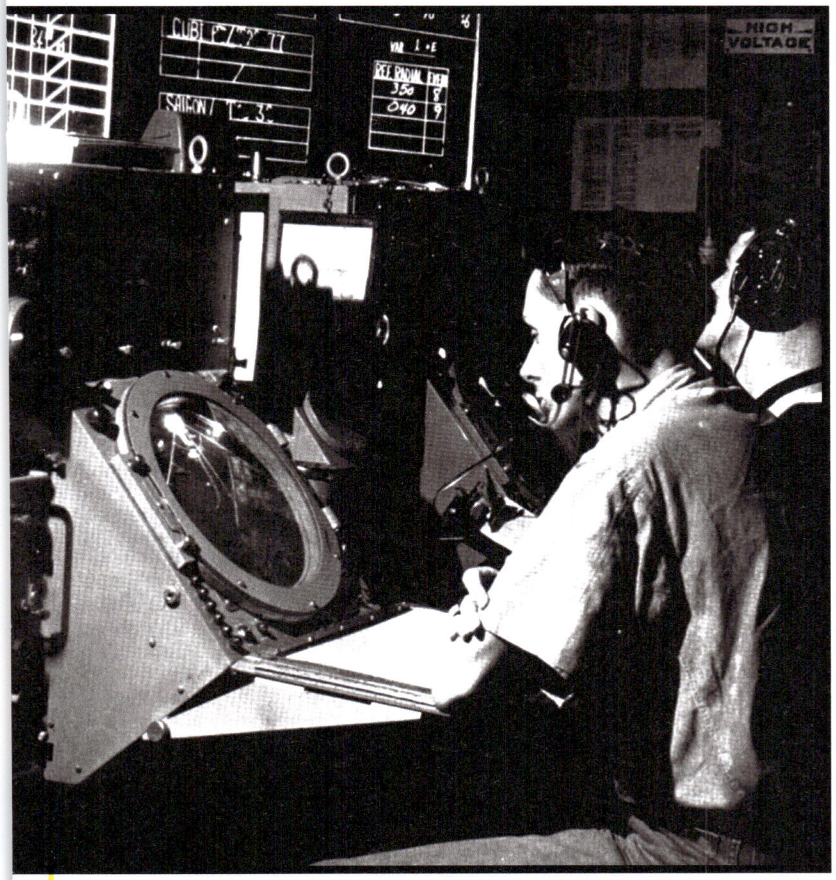

Dans le *Combat Information Center*, les radaristes de veille surveillent leurs instruments.

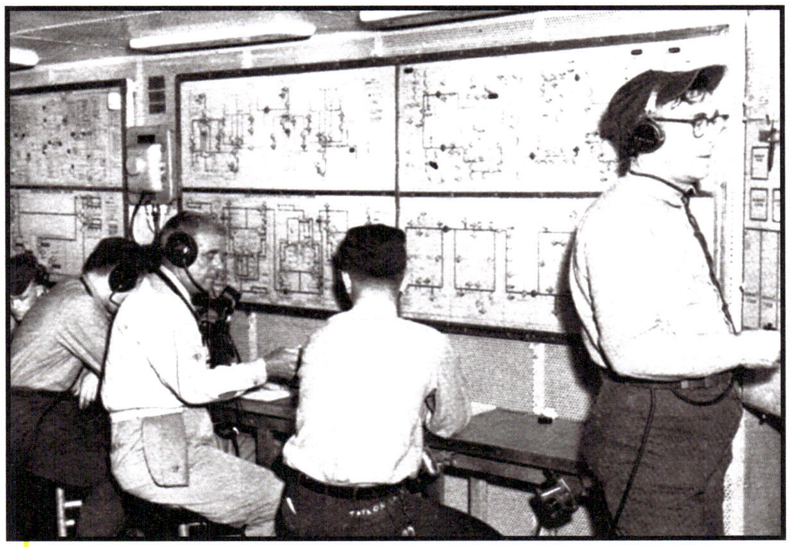

Au contrôle central, les techniciens vérifient l'alimentation en énergie du « Connie ». Le département d'ingénierie est chargé de la bonne marche des moteurs et de l'alimentation en électricité du bâtiment.

Après quelques engagement mineurs dans le golfe Persique, le *Constellation* entre de nouveau en action en mars 2003 lors de l'*Operation Iraqi Freedom*, conduisant 1 500 sorties lâchant 770 tonnes de bombes sur des cibles en Irak. Un seul appareil est perdu sans mort d'homme.

Le 1er juin 2003, le *Constellation* enregistre son 395 710e et dernier appontage. Le 7 août, il est retiré du service actif après 41 ans et remplacé par le porte–avions à propulsion nucléaire *Ronald Reagan* (*CVN–76*).

Vought F–8E Crusader

- ***Chasseur embarqué monoplace***
- **Origine**: Etats–Unis
- **Fabricant**: Vought System Division
- **Mise en service**: 1957
- **Nombre produit**: total 1 261 toutes versions confondues
- **Equipage**: 1 pilote
- ***Masse en charge maxi***: 13 000 kg
- **Dimensions**: Longueur: 16,53 m – envergure: 10,87 m – hauteur: 4,80 m
- **Armement**: 4 x canons de 20 mm Mk.12 alimentés avec 125 obus chacun
- **Charge**: 2 000 kg d'emport externe sur 2 points d'attache, 2 pilonnes pour Sidewinder
- **Motorisation**: 1 x Pratt & Whitney J57–P–20A de 4 760 kg de poussée, 8 010 kg avec réchauffe .
- **Autonomie**: 2 795 km avec bidons supplémentaires
- **Vitesse maximale**: environ 1 975 km/h à 11 000 m
- **Plafond**: 17 700 m

Les premiers *Crusader* à intervenir dans le conflit vietnamien furent des *RF–8A* en mission de reconnaissance au–dessus des zones contrôlées par l'adversaire en mai 1964. Le *Crusader* était le chasseur le plus répandu à bord des porte–avions durant les quatre premières années de la guerre. Il servit dans les rôles d'attaque au sol et d'escorte et s'adjugea le plus de victoire sur les MiG dans ce laps de temps. Les appareils de reconnaissance subirent des pertes importantes en raison de la nécessité de voler en ligne droite afin d'obtenir une qualité photographique optimale. Le *F–8* se distingua également dans la lutte contre les SAM ou il servait de diversion pour distraire les opérateurs de SAM des avions d'attaques réels.

Vought F–8E Crusader
Fighting Squadron VF–141 « Iron Angels »
USS Constellation, First Westpac Cruise 1963

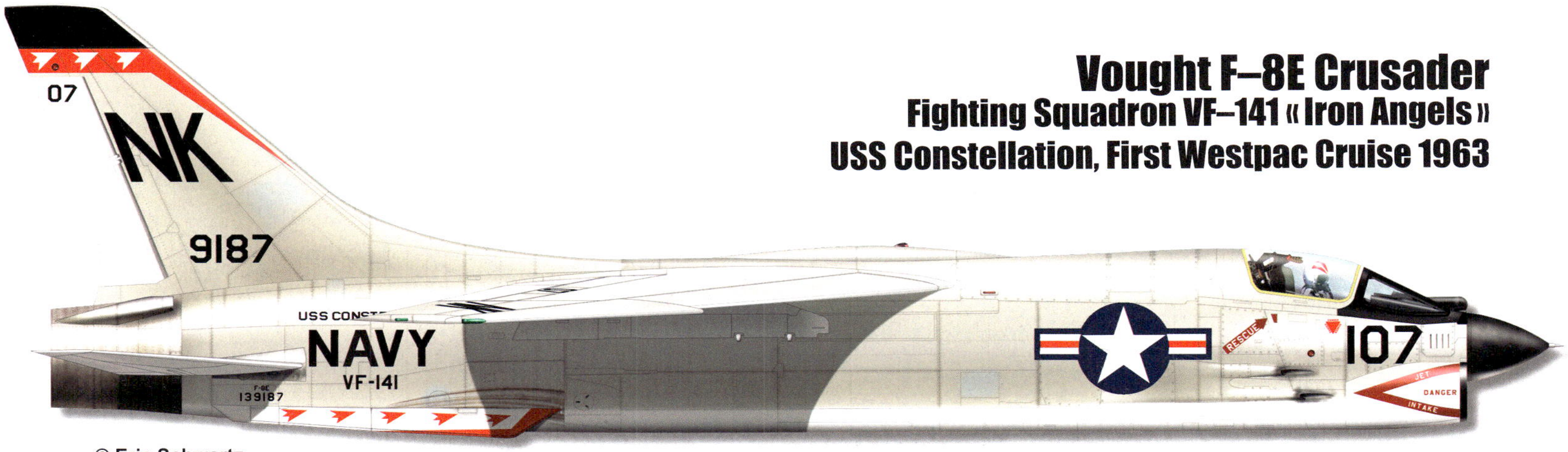

WestPac Cruise 1964

Yankee Station Vietnam, Golfe du Tonkin

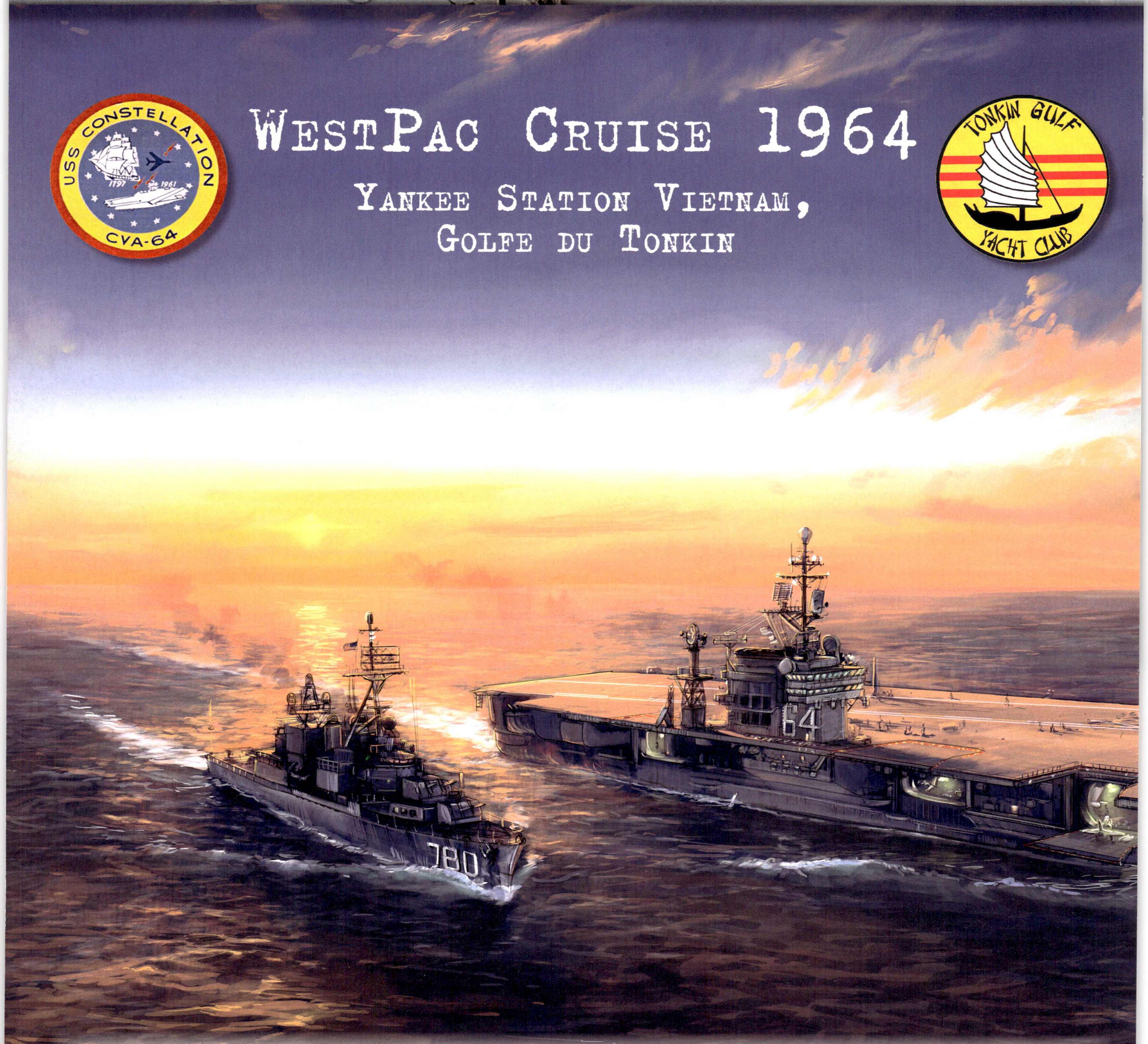

Destroyer U.S.S Max Clifford Stormes (DD–780)

- **Classe** Allen M. Sumner , 58 navires dans la classe.
- **Constructeur :** Todd Pacific Shipyard, Seattle
- **Mise sur cale :** 15 février 1944
- **Lancement :** 4 novembre 1944
- **Mise en service :** 27 janvier 1945
- **Coût :** 8 millions de dollars (sans armement)
  Retiré du service le 5 décembre 1970
  Revendu à l'Iran en 1972
- **Equipage :** 336 hommes
- **Longueur :** 114,80 m
- **Maitre bau :** 12,20 m
- **Tirant d'eau :** 4,80 m
- **Déplacement :** 2 200 tonnes
- **Propulsion :** 4 chaudières Babcock & Wilcox alimentant 2 turbines à vapeur General Electric entraînant 2 hélices, développant 60 0000 cv
- **Vitesse maximale :** 34 nœuds (63 km/h)
- **Armement :** 6 x canons 120 mm L/38 disposés en trois tourelles, 12 x canons de 40 mm AA, 11 x canons 20 mm AA, 10 x tubes lance–torpilles de 21 pouces (533 mm), 6 x lanceurs de charges de profondeur, 2 x rampes de grenades anti–sous–marines.

VERSATILE 780 VIGILANT
U.S.S. STORMES

Kaman UH–2A (HU2K–1) Seasprite

- ***Hélicoptère***
- **Origine :** Etats–Unis
- **Fabricant :** Kaman Aircraft Corporation
- **Entrée en service :** décembre 1962 (U.S. Navy)
- **Nombre produit :** 88
- **Equipage :** 1 pilote, 1 copilote, 11 passagers ou 4 civières
- ***Masse au décollage maxi :*** 4 514 kg
- **Dimensions :** Longueur : 12,50 m
  diamètre rotor : 13,41 m – hauteur : 4,12 m
- **Motorisation :** 1 x turbine General Electric T–58–GE–8B de 1525 cv
- **Autonomie :** 685 km
- **Vitesse maximale :** environ 252 km/h au niveau de la mer
- **Plafond :** 5 305 m

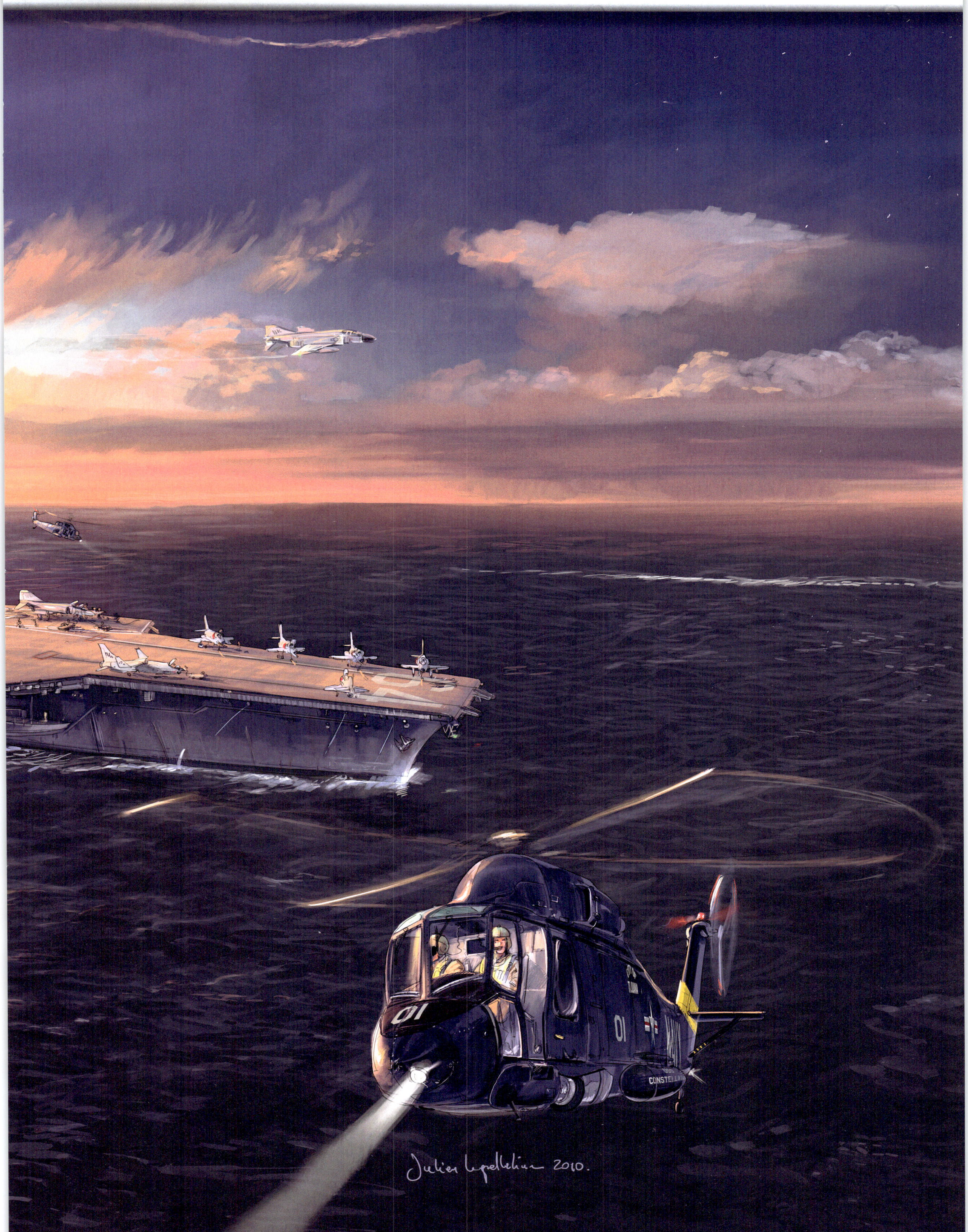
01
01
Julien Lepelletier 2010.

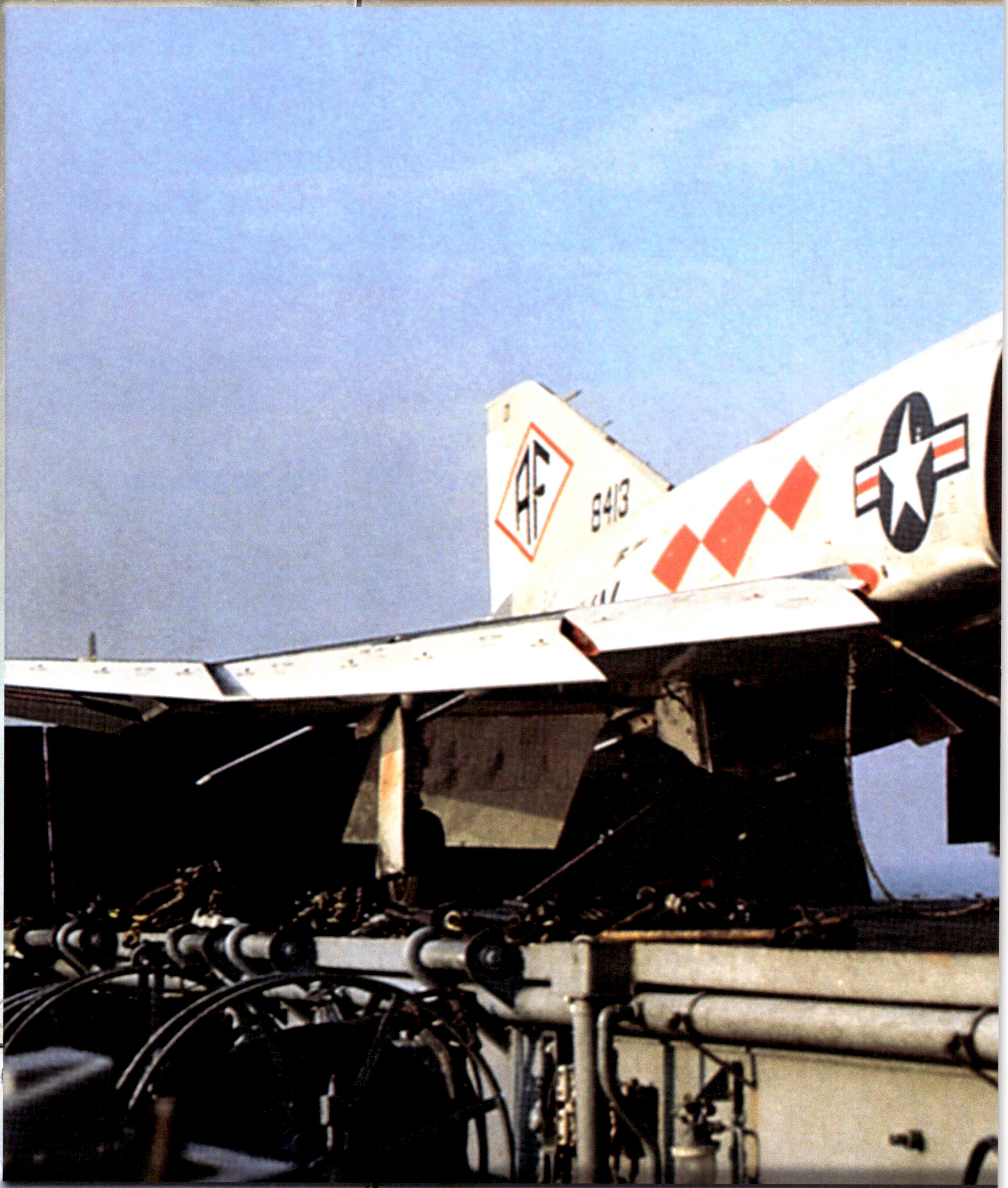

McDONNELL

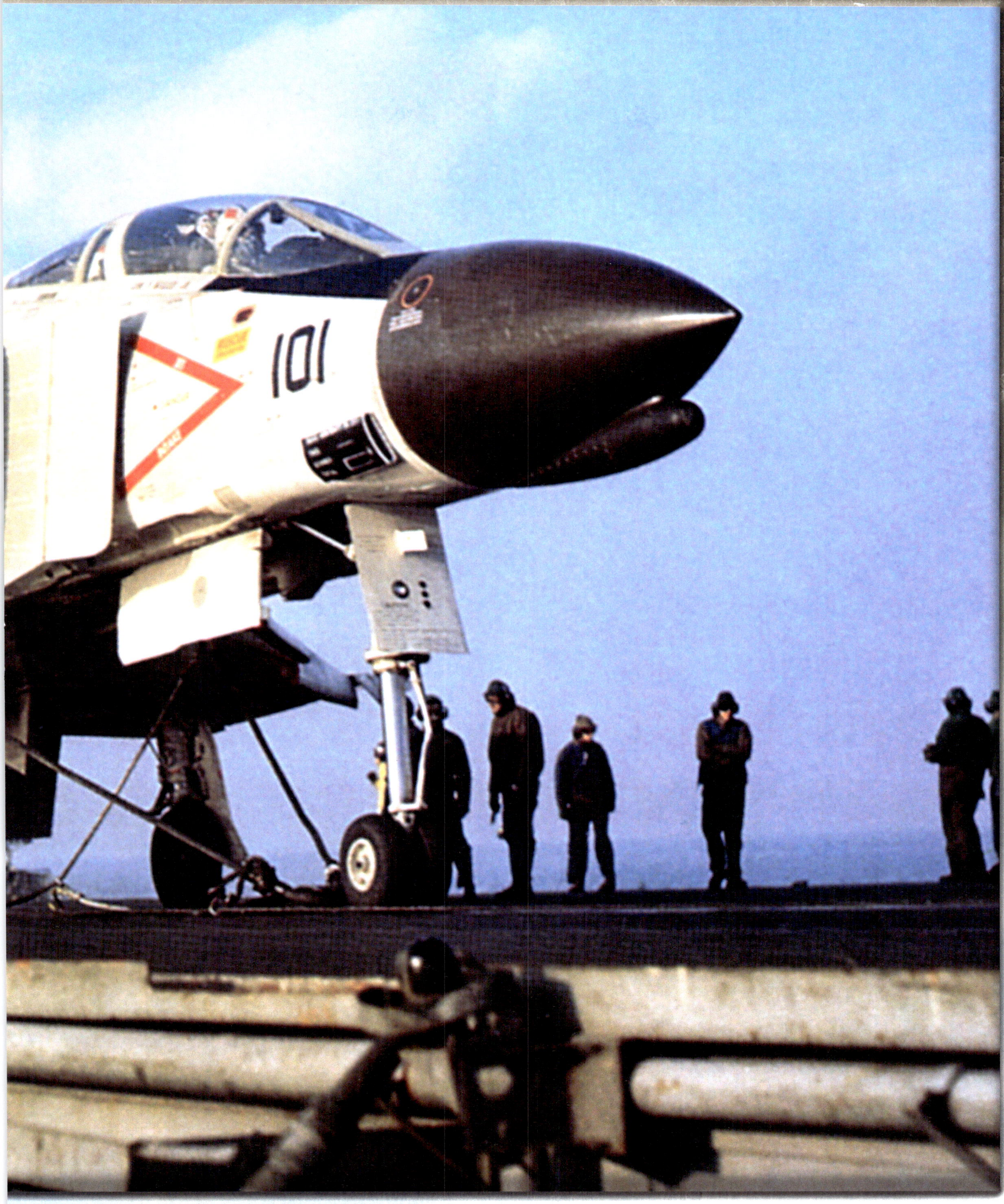

F-4 PHANTOM II

F-4 Phantom II au Vietnam

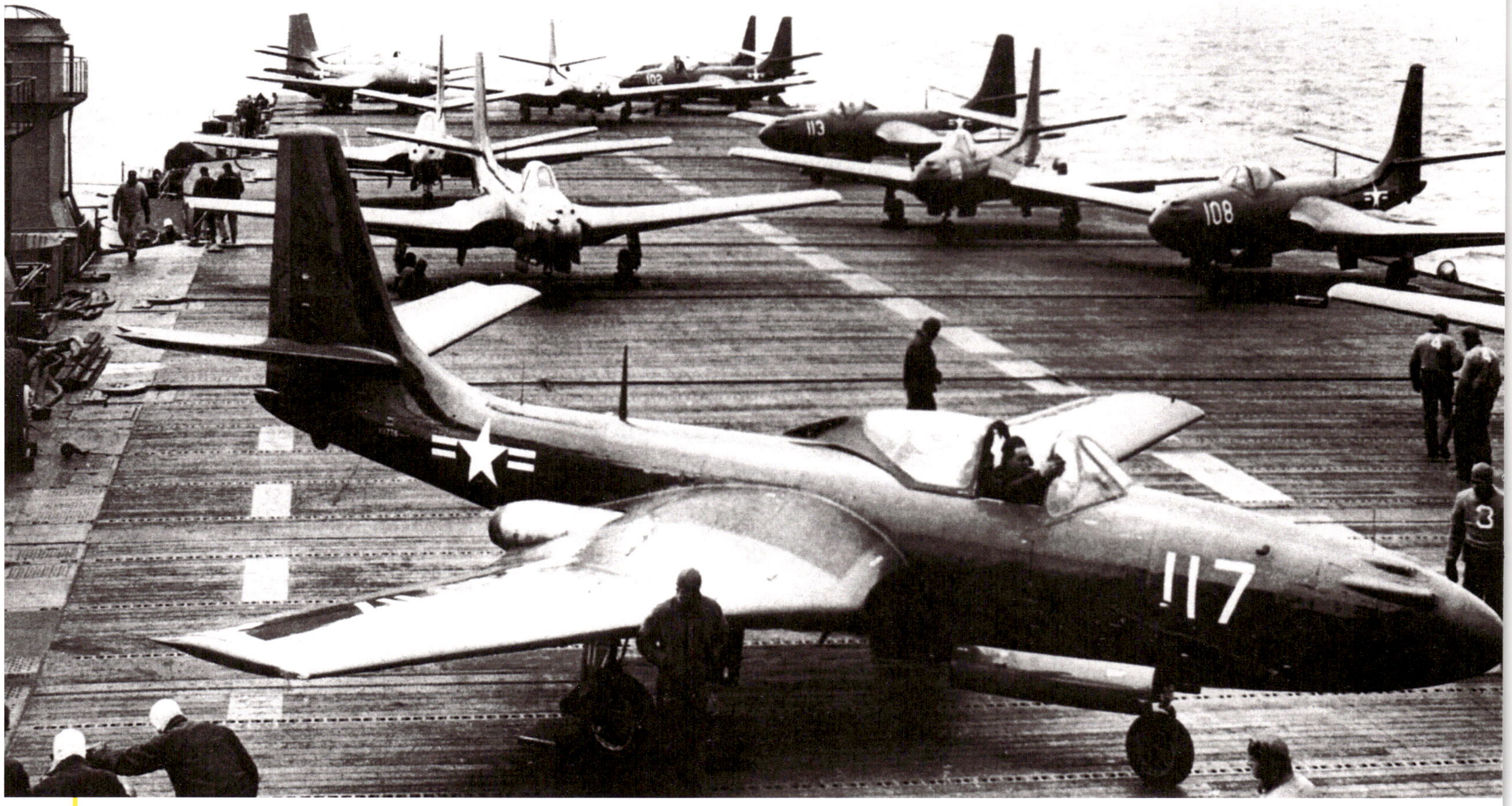

Des *FH–1 Phantom* attendent d'être catapultés sur le pont d'un porte–avions léger.

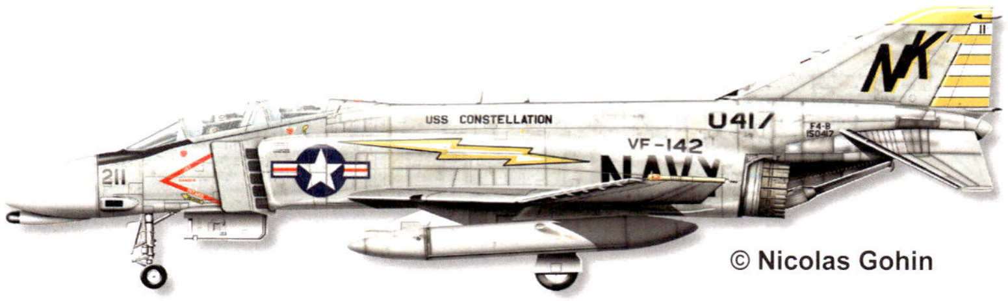

© Nicolas Gohin

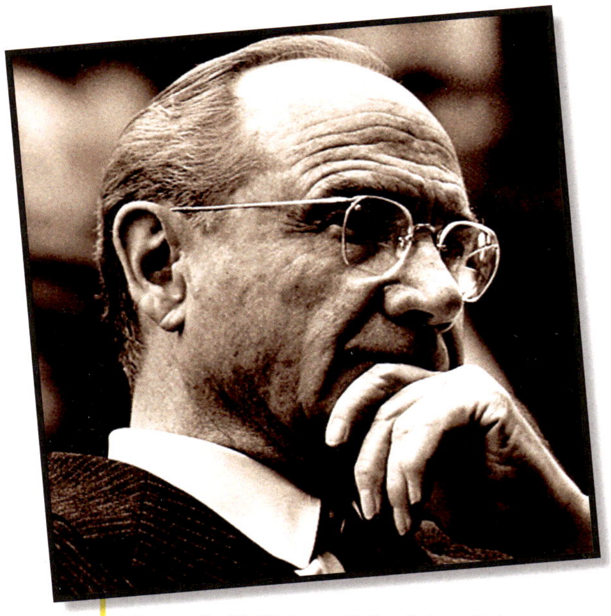

James Smith McDonnell, fondateur de la société qui fut ensuite McDonnell–Douglas avant de fusionner avec Boeing.

Les débuts de McDonnell

James Smith McDonnell est un ancien ingénieur de la *Glenn Martin Company* qui fonde sa propre société en 1926, *J.S. McDonnell & Associates*, à Milwaukee dans le Wisconsin. Il a pour but de proposer des avions grand public, destinés aux familles, mais la crise de 1929 ruine ses projets. Il doit donc retourner travailler pour d'autres avionneurs dont *Glenn Martin*. Il tente à nouveau sa chance et fonde *McDonnell Aircraft Corporation* en 1939 à Lambert Field près de Saint–Louis, Missouri. Pendant la Seconde Guerre mondiale, la firme est surtout un sous–traitant pour les autres constructeurs, ce qui ne l'empêche pas d'avoir un personnel qualifié pour la conception d'un appareil entier. C'est

Notes : Les désignations et noms des fabricants, avions et navires utilisés sont ceux de la période concernée, ainsi McDonnell ne fusionna avec Douglas Aircraft qu'en avril 1967 pour devenir McDonnell–Douglas.

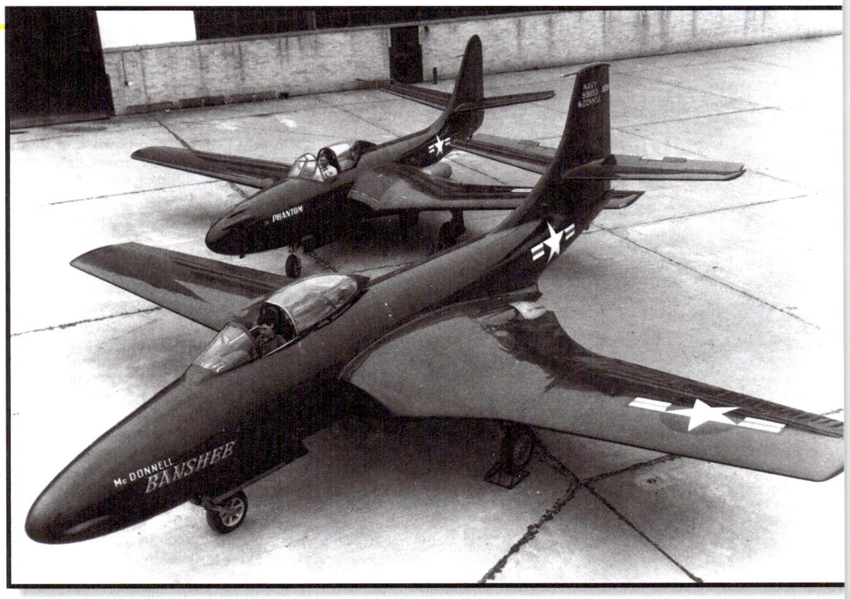

Le F2H Banshee (au premier plan) était grosso–modo une version agrandie du FH–1 Phantom (au fond) afin d'y loger des réacteurs plus gros, plus de carburant et plus d'équipement.

ainsi qu'apparaît le prototype *XP–67 Moonbat*, un bimoteur à l'apparence très particulière. Les problèmes de moteurs ainsi que le manque de débouchés amènent une annulation du programme en octobre 1944.

Cependant, au début de 1943, l'*US Navy* passe commande de deux prototypes de chasseurs à réaction destinés à être employés à partir de porte–avions. Le premier prototype du *XFD–1* vole en janvier 1945. Sa conception n'a rien de révolutionnaire. Au contraire, *McDonnell* table sur un appareil à la structure classique afin d'éviter tout problème de développement et de faciliter la fabrication ainsi que la maintenance.

Le 21 juillet 1946, il est le premier jet à opérer depuis un navire lors de tests sur le *USS Franklin Roosevelt*. Cent machines sont commandées mais la commande est ramenée à soixante unités

Le *F3H Demon* débuta sa carrière avec de gros problèmes de réacteurs mais devint ensuite le seul intercepteur tout–temps de l'*US Navy* pendant plusieurs années. Ici un des derniers *Demon* de la Flotte participe à une cérémonie à Miramar en 1964.

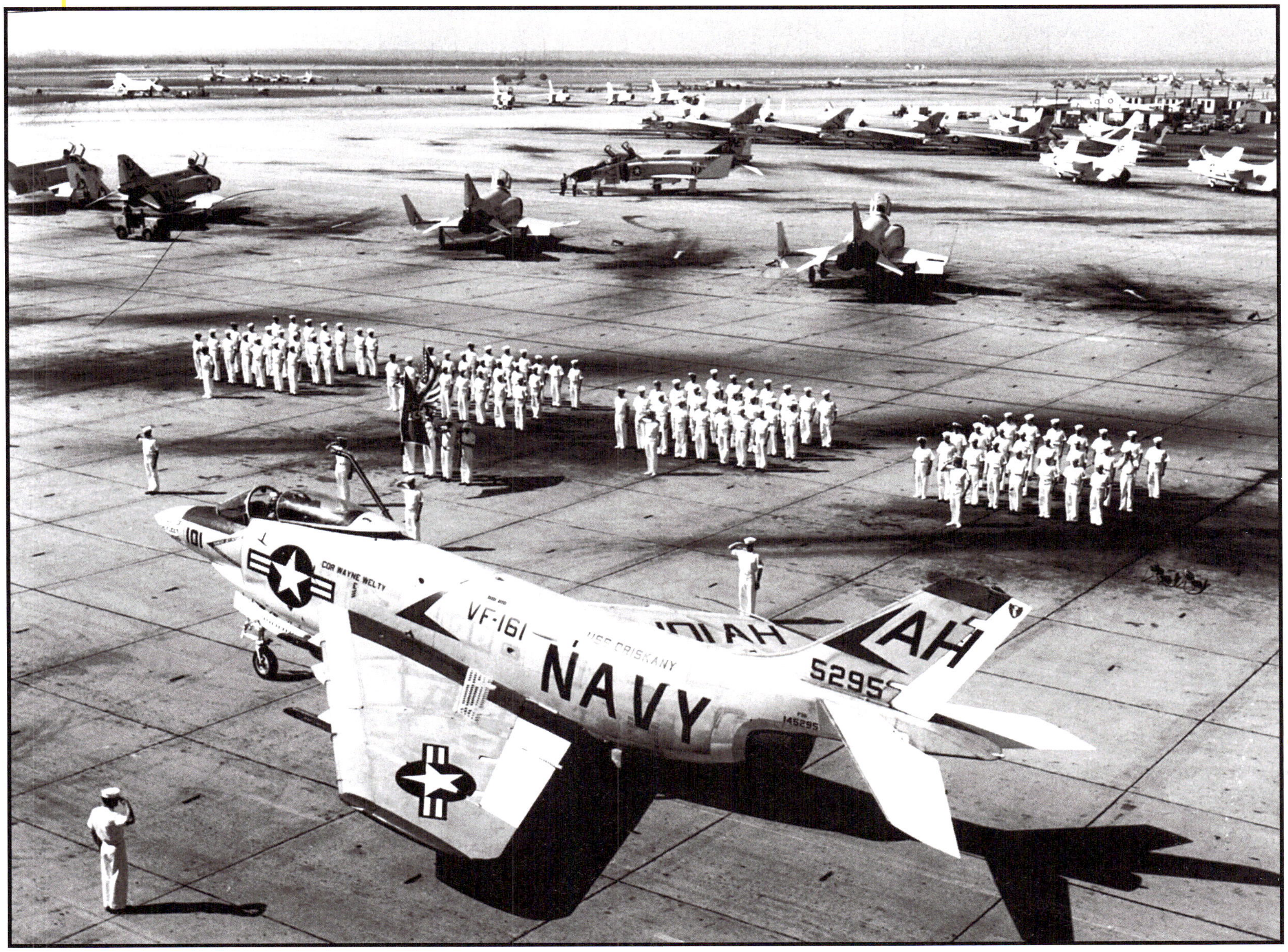

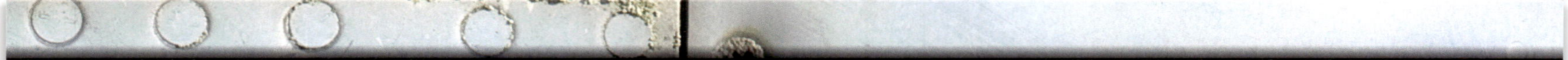

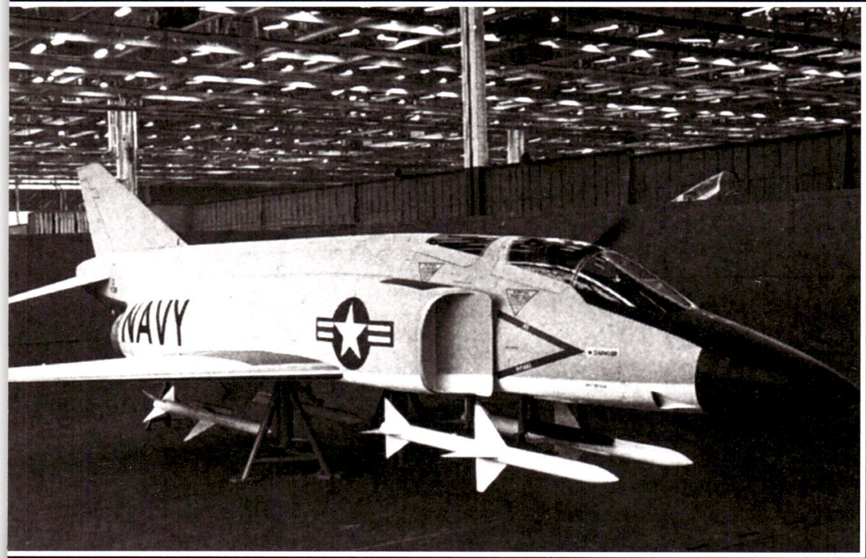

La maquette du nouveau *F4H–1* se rapproche un peu plus du F–4 définitif mais son empennage et ses ailes vont encore être modifiés. On remarque que les lignes de la verrière sont fondues avec celles du fuselage, grandes vitesses obligent, réduisant cependant du même coup la visibilité.

avec la fin de la guerre. Les premiers appareils sont livrés à l'*US Navy* en 1947, sous la désignation *McDonnell FH–1 Phantom*. Le *FH–1* est un monoplace à aile basse, sans flèche, à train tricycle et pourvu de réacteurs *Westinghouse J30–WE–20*. A cette époque, un jet ne peut espérer rivaliser avec un avion à hélice comme le *Grumman F8F Bearcat* mais le *Phantom* permet à la *Navy* et aux *Marines* de commencer à se familiariser avec l'utilisation des avions à réaction embarqués. Mieux, il permet même de prouver à ses détracteurs que le jet peut opérer depuis un porte–avions ! Retiré des unités de première ligne en 1949, il cède la place au *McDonnell F2H Banshee*, version agrandie et améliorée de son prédécesseur dès 1948.

Les pilotes apprécient les hautes performances, la fiabilité et la robustesse du *Banshee*. Lorsque la guerre en Corée éclate, il est déployé prioritairement face aux Soviétiques, en Méditerranée et en Atlantique, et c'est donc le *Grumman F9F Panther* qui entre dans l'Histoire lors de ce conflit !

Voodoo & Demon

McDonnell ne s'endort pas sur ses lauriers et lorsqu'il sort le *Banshee*, son équipe travaille déjà sur son successeur, un monoréacteur qui est nommé *F3H Demon*. Malheureusement, les premiers modèles du *F3H* sont handicapés par le manque de fiabilité et de puissance du *Westinghouse XJ40*. Equipé du *Allison J71*, le *F3H–2* entre en service en mars 1956 et il est le premier chasseur à emporter des missiles à longue portée *Sparrow*.

L'appareil offre une bonne visibilité au pilote mais il reste encore limité par son réacteur. *McDonnell* conçoit également un avion, non embarqué cette fois, le *F–101 Voodoo*, destiné à être chasseur

Le « Project LANA »

Afin de faire la démonstration des capacités de son nouveau *F4H–1F*, l'*US Navy* organise le « projet LANA », une course transcontinentale entre l'Ontario, la Californie et Floyd Bennett Field et New York. LANA signifie « 50e anniversaire de l'aviation navale » (L est le nombre romain pour 50).

Cinq appareils partent mais un seul arrive à destination car les autres n'ont pu se ravitailler, le *A3D–2* chargé de l'approvisionnement en carburant est monté trop haut et trop tôt et ses tuyauteries ont gelé. Ce sont donc les *Lieutenant Commander* Dick Gordon e B.R. Young (*VF–124*) à bord du N°. 148570 qui remportent le prix le 24 mai 1961, avec une vitesse moyenne de 1 399,66 km/h.

Type de record	Date	Lieu	Pilote	Résultat
Project Top Flight. Altitude	6 décembre 1959	Edwards AFB, Californie	Cdr. Lawrence E. Flint, Jr.	30 041 m
Record de vitesse. Circuit fermé de 500 km	5 septembre 1960	Edwards AFB, Californie	Lt. Col. Thomas H. Miller (USMC)	1 958,16 km/h
Record de vitesse. Circuit fermé de 100 km	25 septembre 1960	Edwards AFB, Californie	Cdr. John F. Davis	2 237,26 km/h
Record de vitesse. Circuit fermé de 3 km	28 août 1961	Edwards AFB, Californie	Lt. Huntington Hardisty et lt. Earl de Esch	1 452,83 km/h
Record de vitesse absolu.	22 décembre 1961	Edwards AFB, Californie	Lt. Col. Robert B. Robinson	2 585 km/h
Record d'altitude, vol soutenu	5 décembre 1961	Patuxent River, Maryland	Cdr. George W. Ellis	20 252 m
Project High Jump. Vitesse ascensionnelle	21 février 1962	NAS Brunswick, Maine	Lt. Cdr. J. Young	3 000 m en 34 523 s
Project High Jump. Vitesse ascensionnelle	21 février 1962	NAS Brunswick, Maine	Cdr. D. Longton	6 000 m en 48 787 s
Project High Jump. Vitesse ascensionnelle	1er mars 1962	NAS Brunswick, Maine	Lt. Col. McGraw	9 000 m en 61 629 s
Project High Jump. Vitesse ascensionnelle	1er mars 1962	NAS Brunswick, Maine	Lt. Col. McGraw	12 000 m en 77 156 s
Project High Jump. Vitesse ascensionnelle	1er mars 1962	NAS Brunswick, Maine	Lt. Cdr. D. Nordberg	15 000 m en 114 548 s
Project High Jump. Vitesse ascensionnelle	31 mars 1962	NAS Brunswick, Maine	Lt. Cdr. T. Brown	20 000 m en 178 500 s
Project High Jump. Vitesse ascensionnelle	3 avril 1962	NAS Point Mugu, Californie	Lt. Cdr. J. Young	25 000 m en 230 440 s
Project High Jump. Vitesse ascensionnelle	12 avril 1962	NAS Point Mugu, Californie	Lt. Cdr. D. Nordberg	30 000 m en 371 430 s

Cette photographie prise le 18 mai 1954 dans les locaux de *McDonnell* à Saint–Louis se dresse la maquette grandeur nature du *F3H–G*. Il s'agit plus ou moins d'une version améliorée du *Demon* et il est encore monoplace.

Les ingénieurs n'étant pas encore fixés sur le moteur à utiliser, on note qu'un côté a été dessiné pour emporter un turboréacteur *J–79* et de l'autre un *J–65*. La taille de l'appareil peut être comparée avec la table et les chaises à droite.

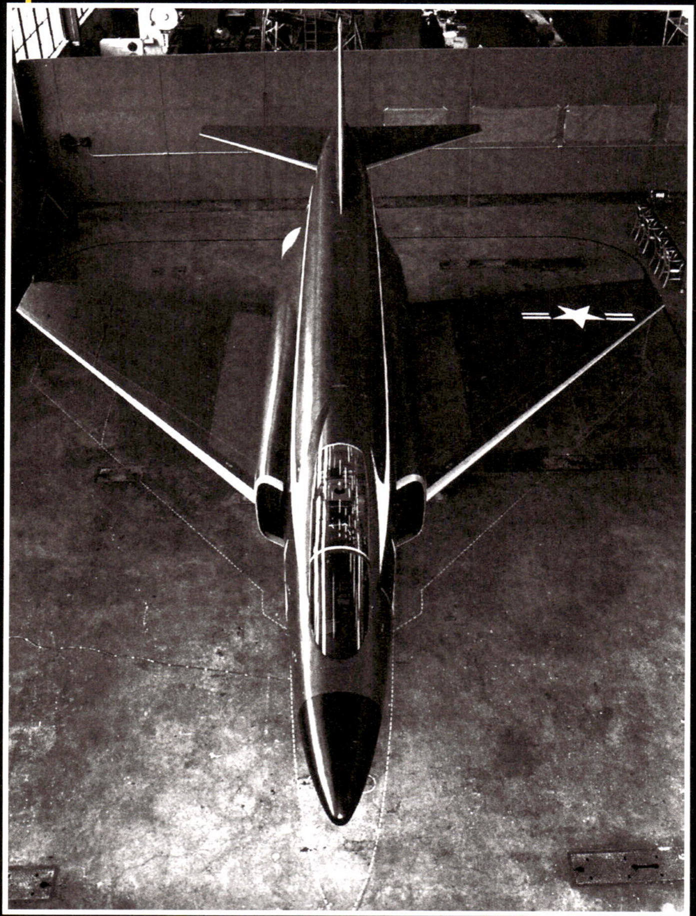

d'escorte à long rayon d'action pour les bombardiers nucléaires. Avec la perte d'intérêt *du Strategic Air Command* pour un tel avion, l'*USAF* l'assigne au rôle de chasseur–bombardier. Utilisé pour la reconnaissance durant la guerre de Corée, il est l'un des premiers avions de combat à être déployé au Vietnam.

McDonnell continue à améliorer le *Demon*. Une nouvelle version est mise en concurrence avec le nouvel avion de *Vought* qui remporte le marché et devient le nouveau chasseur embarqué de l'*US Navy*. McDonnell se sent frustré de s'être fait raflé le marché par *Vought* et son *F8U Crusader.* Il crée alors une équipe, chapeautée par Hermann Barkey, pour étudier un appareil que l'*US Navy* ne pourra pas refuser !

L'étude débute à la mi–1953 et débouche sur un appareil monoplace, biréacteur et à long rayon d'action. La maquette du projet, le *F3H–G*, doit encore beaucoup au *Demon* mais préfigure déjà le futur avion. Il doit être équipé du radar *APQ–50* et armé de quatre canons de 20 mm, il possède également plusieurs points d'attaches sous les ailes pour emporter diverses charges externes. Il doit être propulsé par deux *Wright J65–W2* ou *W–4*, qui sont des *Rolls–Royce Sapphire* construits sous licence.

Le réacteur pose alors quelques problèmes sur *le FJ–3 Fury* mais les techniciens de *McDonnell* espèrent que ses défauts seront bientôt corrigés. Les militaires ainsi que les responsables de *McDonnell* lorgnent également vers le nouveau *General Electric J–79*, plus puissant.

McDonnell envoie une lettre à la *Navy* en octobre 1954 où il propose deux prototypes et un exemplaire de test statique sous la dénomination *AH–1* (Avion d'attaque au sol). Il est bien difficile à la *Navy* de glisser cet avion dans ses effectifs alors que le *Douglas A–4 Skyhawk* est déjà en place comme appareil d'attaque au sol et le *Vought F8U Crusader* comme chasseur. Le *Commander* Francis Timmes, le chargé de projets de la *Navy*, et Barkey travaillent conjointement pour définir un nouveau projet qui débouche en juillet 1955 sur un nouvel appareil.

Celui–ci est biplace et les *J65* sont remplacés définitivement par des *General Electric J–79*. Sa vitesse de pointe doit être d'au moins Mach 2 et il est équipé d'un radar amélioré. Son armement de canons disparaît pour céder la place à des *AAM–N–6 Sparrow III*. La *Navy* achète deux prototypes (N° 142259 et N° 142260) à McDonnell. Le concurrent Vought est également autorisé à construire deux prototypes pour une nouvelle version *Crusader*, le *F8U–3*.

Le nouveau *F4H–1* est quelque peu différent de la maquette du *F3H–G*, les ailes et le fuselage subissent plusieurs modifications ainsi que le cockpit qui devient biplace. Son apparence pose les grandes lignes du futur *Phantom II*.

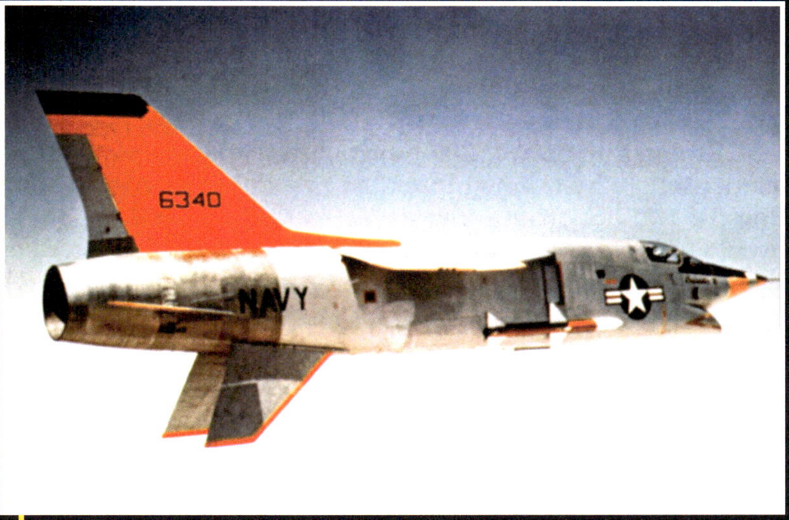

Filant à toute vitesse, stabilisateurs déployés, le *Vought F8U–3* , appelé aussi *Crusader III*, fut le concurrent malheureux du *F4H–1*.

Les premiers tests

Le premier vol du N°142259 s'effectue le 27 mai 1958 avec Robert C. Little (le premier pilote d'essai de McDonnell) aux commandes. Le réacteur droit montre quelques signes de disfonctionnement durant quelques minutes puis se comporte ensuite normalement. Toutefois, un des systèmes hydrauliques tombe en panne dès les premières minutes, entraînant l'impossibilité de rentrer totalement le train avant. Obligé de voler sur un seul circuit hydraulique, Little écourte son vol. Les choses s'améliorent cependant lors des vols suivants, les 28 et 31 mai puis le 2 juin 1958.

Il lui reste ensuite à affronter le prototype de Vought qui est le descendant direct du *Crusader*. La partie est serrée pour McDonnell car il s'avère que le *F8U–3 Crusader III* surclasse le *F4H–1* dans bien des domaines. Mais pour les militaires, il faut absolument un deuxième homme à bord pour gérer les systèmes électroniques embarqués et deux réacteurs pour une meilleur survivabilité. La *Navy* opte donc pour l'avion de McDonnell, ce qui stoppe net le développement du *F8U–3* au désespoir de ses partisans.

Au printemps 1959, l'*US Navy* commande 40 exemplaires du *F4H–1* et huit exemplaires sont sortis de l'usine quand arrive l'été. Le 3 juillet 1959, McDonnell fête ses 20 ans et, pour l'occasion, le *F4H–1* est baptisé « *Phantom II* » en l'honneur du *FH–1*, premier avion entièrement conçu par la firme.

Le 6 décembre 1959, le F4H–1 serial 142259 bat le record d'altitude avec le Commander Lawrence E. Flint Jr. aux commandes lors de la campagne « Top Flight ».

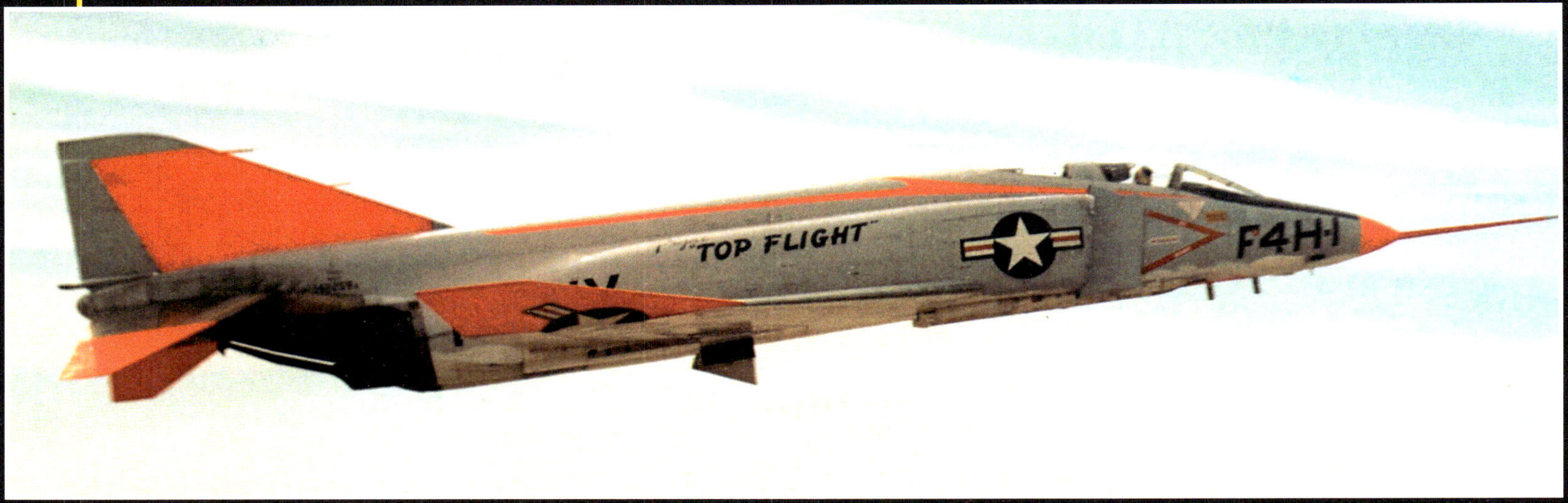

Principales opérations de bombardement sur le Vietnam du Nord

- **5 août 1964 :** *Operation Pierce–Arrow.*
- **2 mars 1965 au 31 octobre 1968 :** *Operation Rolling Thunder, la plus longue campagne de bombardement contre le Nord–Vietnam.*
- **1er novembre 1968 au 8 mai 1972 :** *Période de cessation des bombardements sur le Vietnam du Nord mis à part des actions localisées.*
- **26 – 30 décembre 1971 :** *Operation Proud Deep Alpha, une opération limitée à cinq jours sur quelques cibles nord–vietnamiennes.*
- **6 avril 1972 au 7 mai 1972 :** *Operation Freedom Train.*
- **8 mai 1972 au 23 octobre 1972 :** *Opération Linebacker I, la deuxième plus importante opération de bombardement de la guerre.*
- **18 – 29 décembre 1972 :** *Operation Linebacker II, dernière opération contre le Nord avec l'intervention massive des Boeing B–52 Stratofortress.*

Afin de promouvoir son appareil, le constructeur de Saint–Louis décide de s'attaquer à toute une série de records. La première campagne se nomme « *Project Top Flight* ». Le *Phantom* doit battre le record d'altitude mais le prototype piloté par Gerald Huelsbeek s'écrase, tuant le pilote d'essai. C'est donc Lawrence E. Flint Jr. qui pulvérise le record. Vêtu de la même combinaison que les astronautes du projet Mercury, il grimpe à Mach 2,5 sous une inclinaison de 45°, coupe ses réacteurs à 27 500 m et suit une trajectoire balistique qui l'amène à 30 000 m. Il rallume ensuite les J–79 à 21 500 m. Il ne s'agit que du premier record de toute une série.

Introduction dans l'US Navy

Quarante–sept appareils de pré–production, redésignés *F4H–1F*, sont assemblés. Ils sont propulsés par des *J–79–GE–2A* pour la moitié et des *J–79–GE–8* pour l'autre. Un nouveau radar, le *Westinghouse AN/APQ–72*, à l'antenne plus grande, est intégré à partir du 19e exemplaire pour remplacer l'ancien *AN/APG–50*. Le nou-

Le *F4H–1* 142405 est l'un des deux avions loués à l'U.S.A.F. par la *Navy* pour évaluation. Repeint avec des inscription s de l'*Air Force* et l'emblème du *Tactical Air Command*, l'avion attend de quitter les parking enneigé de McDonnell pour rejoindre la base de Langley. Pour l'occasion, les *F4H–1* sont redésignés *F–110A*.

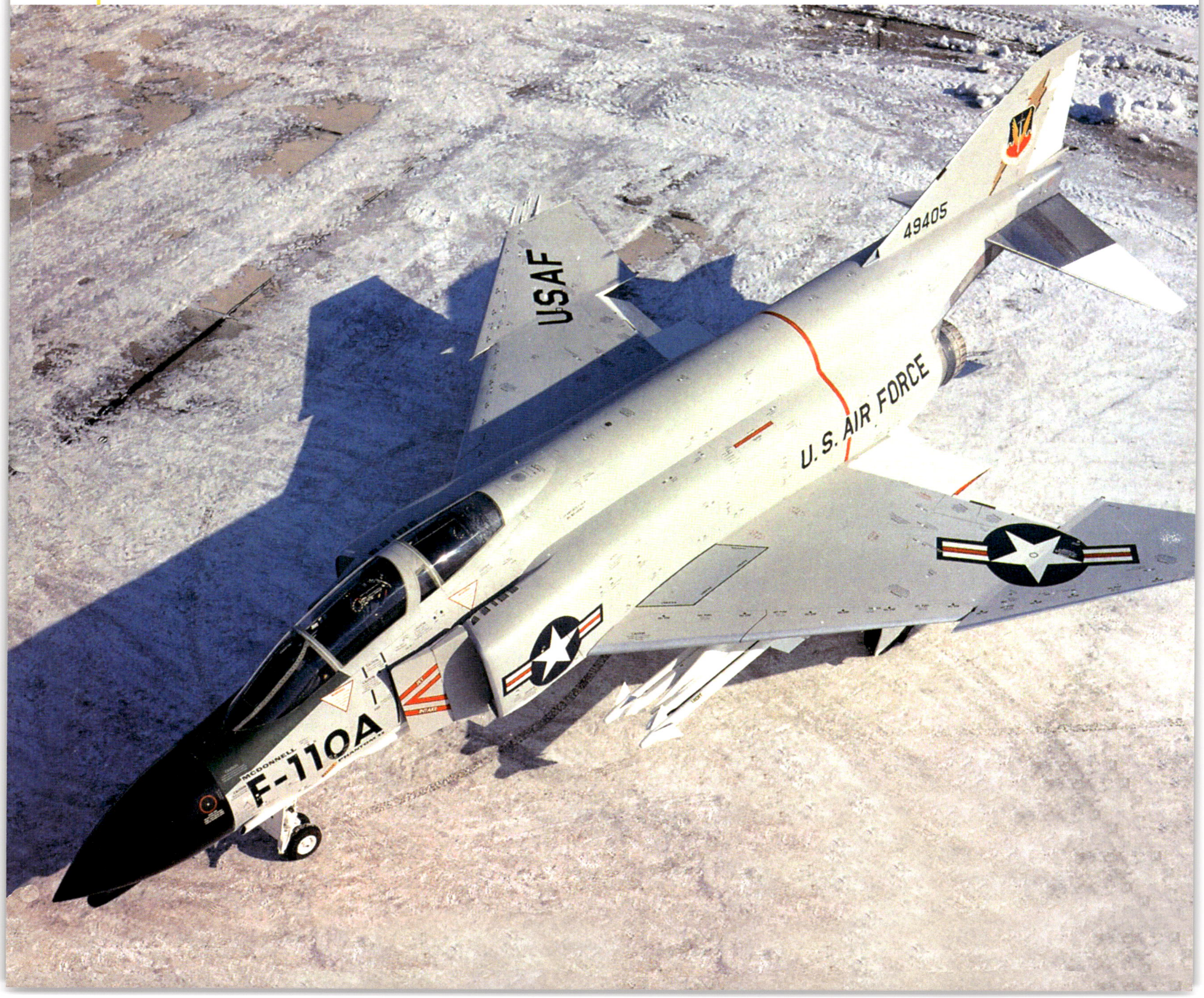

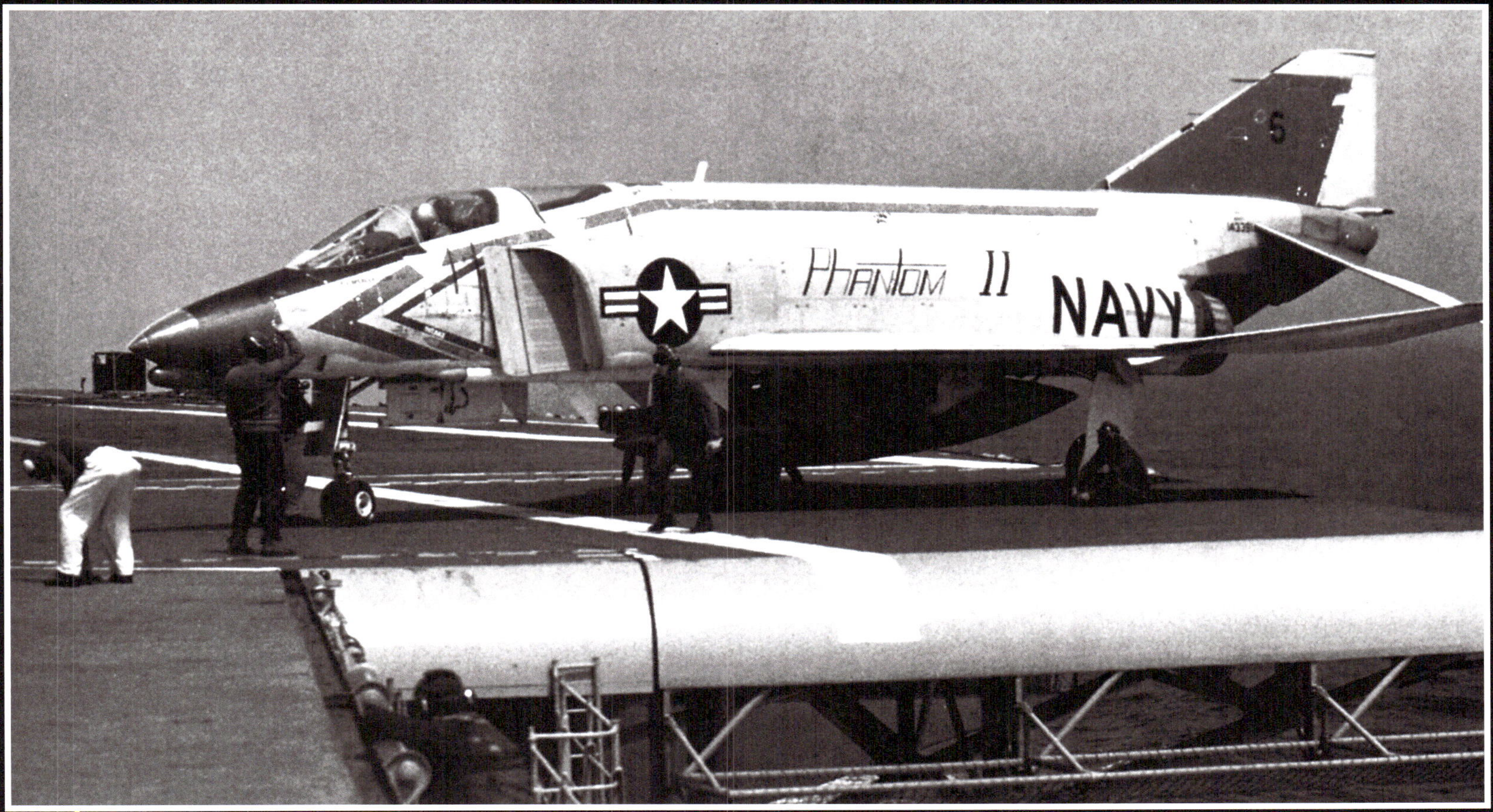

Le *Lieutenant Commander* Paul Spencer pilote le *F4H–1* n°143391 afin de faire passer à l'avion toute une série d'épreuves destinées à autoriser, ou non, son emploi sur porte–avions en février 1960. *Phantom II* a été inscris en gros sur le fuselage afin que le personnel de pont puisse faire connaissance avec un appareil qu'il n'a encore jamais vu auparavant.

veau dispositif contient un illuminateur APA–157 pour utiliser le *Sparrow*. Un capteur infrarouge AAA–4 est placé sous le radôme qui doit être redessiné et donne un aspect bulbeux au nez des nouveaux modèles.

Pulvériser les records est une chose mais prouver que la machine est capable de répondre à vos attentes en est une autre. Des tests sont effectués sur le porte–avions *USS Independence* (CVA–62) du 15 au 20 février 1960 avec six *F4H–1*. D'autres essais sont menés sur le *USS Intrepid* (CV–11), plus petit, sans problèmes particuliers. Dans le même temps, des essais d'interception sont effectués avec *l'AIM–7C* (*AAM–N–6 Sparrow III*). Le *Phantom* N° 143391 effectue 18 catapultages et appontages, tout d'abord à vide, puis avec des charges inertes, sans grandes difficultés.

Dès le début des années 60, l'*US Navy* crée un « groupe aérien de remplacement » (RAG Replacement Air Group), une unité chargé d'entrainer les futurs pilotes et RIO (Radar Intercept officer) des *Phantom II*.

Le premier « *Squadron* » chargé d'une telle tâche est la *VF–101* « Grim Reapers », à Key West, puis un autre à la *Naval Air Station* Miramar, la *VF–121*. La première unité de formation à opérer sur porte–avions est la *VF–74* « Be–Devilers ».

En septembre 1962, l'*US Navy* et l'*USAF* décident d'harmoniser leurs classifications et le *F4H–1F* devient le *F–4A* et le *F4H–1* le *F–4B*. Le *F–4B* est la première version de série. L'appareil donne toute satisfaction et selon les pilotes de la *Navy* pourrait affronter sans aucun problème le nouveau *Convair F–106A Delta Dart* de l'*USAF*.

Le radar *APQ–72* est assez fiable et les expériences menées avec le *Sparrow* ont été très satisfaisantes. Les pilotes sentent que le *F–4* peut faire mieux que le rôle d'intercepteur de bombardier BVR (Beyond Visual Range, au–delà de la détection visuelle) et doivent convaincre la *Navy* qu'il peut engager un *dogfight* avec un chasseur ou même devenir un chasseur–bombardier.

Au début des années 60, les pilotes de *F4H–1* s'entraînent continuellement à l'interception de bombardiers à haute altitude et de plus en plus de personnes sont intéressées par d'autres utilisations de l'appareil. L'*US Air Force* exprime le souhait de disposer de sa propre version, bientôt rejoint par le *Corps des Marines*.

Ayant participés au développement du *Phantom II*, les *Marines* ne veulent pas se contenter de toucher leurs avions longtemps après la *Navy*, comme d'habitude, mais ils veulent le *F4H–1* le plus vite possible. Ils disposent déjà d'équipage aguerris sur des biplace *F3D Skyknight* et des équipages des *VMF(Aw)–314 « Black Knights »* et *VMF(Aw)–531 « Gray Ghosts »* sont entraînés au sein des *RAG* de la *Navy* avant de réceptionner leurs avions en milieu d'année 1962 (VMF(Aw) pour *All–Weather Marines Fighter Squadron*). Pour eux, il est clair que le *Phantom II* ne sera pas cantonné au rôle d'intercepteur.

Dans l'*US Navy*, Jerry O'Rourke, le chef de la *VF–102*, tente toujours de convaincre ses supérieurs quant aux capacités de l'appareil mais personne ne l'écoute. Il est prié de faire son travail et de se rappeler que le *F–4B* n'est qu'un intercepteur.

Le *F–4B* fait ses preuves lorsqu'il est utilisé lors de la crise des missiles cubains en octobre 1962, quand les avions de la *VF–102* embarqués sur L'*USS Enterprise* (CVN(A)–65) interceptent des MiG. C'est ensuite au tour des *Marines* d'intercepter un MiG–17 près des Keys de Floride et de faire connaissance avec la maniabilité supérieur du chasseur soviétique.

L'*US Air Force* s'est souvent vu doté d'appareils supérieurs à ceux de la *Navy* mais, cette fois–ci, la situation s'est inversée. Le *F4H–1*

Le RF–4C Phantom II

A partir de septembre 1966, l'*USAF* aligne deux *Wings* de reconnaissance équipés de *RF–4C*, les *432nd et 460nd Tactical Reconnaissance Wing*. Le *RF–4C* est basé sur le *F–4C* mais l'équipement supplémentaire a nécessité la réduction d'emport en carburant. Le radar *AN/APQ–72* est remplacé par un *Texas Instrument AN/APQ–199* de cartographie et de suivie de terrain qui permet d'adapter un radome plus réduit. Immédiatement l'antenne du radar se trouve l'emplacement photographique. Dans le logement 1 un appareil KS–87 oblique incliné vers l'avant ou un appareil vertical. Derrière, dans l'emplacement 2 se trouve un appareil panoramique basse altitude KA–56, ou trois appareils KS–87. L'emplacement 3 contient un appareil panoramique KA–55A ou KA–91 de haute altitude. Un système permet d'éjecter la pellicule de l'appareil panoramique, stockée dans une cassette, et qui est freinée par parachute dans sa descente. La pellicule peut atteindre 305 m de longueur. Le *RF–4C* peut employer toute une batterie d'autres matériels optiques ou laser. Le radar latéral *AN/APQ–102A SLAR* (Side Looking Airborne Radar) a néanmoins des problèmes qui ne seront pas résolus après plusieurs années.
Les *Marines* introduisent leur version de reconnaissance, le *RF–4B*, en mars 1966, qui opèrent depuis la base Da Nang.

Phantom II s'est révélé supérieur sur quasiment tous les plans au *Convair F–106 Delta Dart* de l'*Air Force*.

Le F–110 de l'U.S. Air Force

Comme le *F4H–1* s'est montré supérieur sur quasiment tous les plans au *F–106* durant *l'Operation Highspeed*, une campagne d'évaluation entre les deux avions. Le *Phantom II* va plus vite, monte plus haut et a une meilleure autonomie. La portée du APQ–72 est de 25 % plus importante et l'avion de McDonnell transporte des charges supérieures sur une plus longue distance. Le *F4H–1* se montre plus polyvalent que *le Republic F–105 Thunderchief* et offre de meilleures performances que le *McDonnell RF–101A/C Voodoo* pour la reconnaissance photographique.
En janvier 1962, le président John Kennedy fait la demande au Congrès de doter l'Air Force d'un dérivé du *F4H–1* sous la désignation *F–110 «Spectre»*. Dans ce sens, deux *F4H–1* de la Navy sont loués à *l'US Air Force* (N°149405 et N°149406) pour 120 jours d'évaluations. Les deux avions sont envoyés à la base de Langley le 24 janvier. Ils sont repeints avec des marquages de l'*Air Force* et reçoivent deux grosses inscriptions « F–110A » à l'avant.
Les résultats des tests sont impressionnants et l'avion dépasse même les attentes de *l'USAF*. En mars, le Département de la Défense annonce que le *F–110* devient le chasseur standard de l'*Air Force*. Le 30 mars, McDonnell reçoit une demande pour un *F–110A* puis pour deux *YRF–110A* de reconnaissance le 29 mai.
La crosse d'appontage ainsi que les ailes repliables sont conservées mais le *J–79–GE–8* est remplacé par un *J–79–15*, les pneus sont remplacés par des modèles à basse pression plus larges, ce qui oblige McDonnell à épaissir l'aile à l'aplomb du puit de train. Les sièges éjectables *Martin–Baker Mk.H5* sont remplacés par des types *H7*.
La perche de ravitaillement est éliminée et remplacée par le système de «*Refueling Boom*» propre à *l'USAF*. D'autres modifications sont prévues pour l'attaque au sol ainsi que des modifications adéquates du radar. La position arrière reçoit des commandes vol en double. Le radar *APQ–172* est remplacé par un *APQ–100* avec des capacités de cartographie.
Les deux *F–4B* restent en possession du *Tactical Air Command* et 25 autres *F–110A* sont intégrés *au 4453rd Combat Crew Training Wing* (CCTW) à MacDill en Floride. Les *12th* et *15th TFW* sont ré–équipés dans la foulée courant 1963.
Le 18 septembre 1962, le secrétaire du *Defense Department*, Robert McNamara, ordonne l'uniformisation des désignations des appareils volants des forces armées américaines. La décision est prise afin de faciliter les relations entre services. La petite histoire voudrait qu'en fait McNamara se sentait un peu perdu lorsque ses conseillers lui parlait des noms des matériels qui différaient entre la *Navy* et de l'*Air Force*, et cela pour des appareils qui étaient quasiment identiques.
Le système de dénomination utilisé par l'*US Navy* depuis 1922 est supprimé au profit de celui de l'*Air Force*. Les variantes destinées à l'un ou l'autre arme sont désignées par une lettre, ainsi, le *F4H–1* devient le *F–4B* et le F–110A est renommé F–4C et le YRF–110A, YRF–4C.

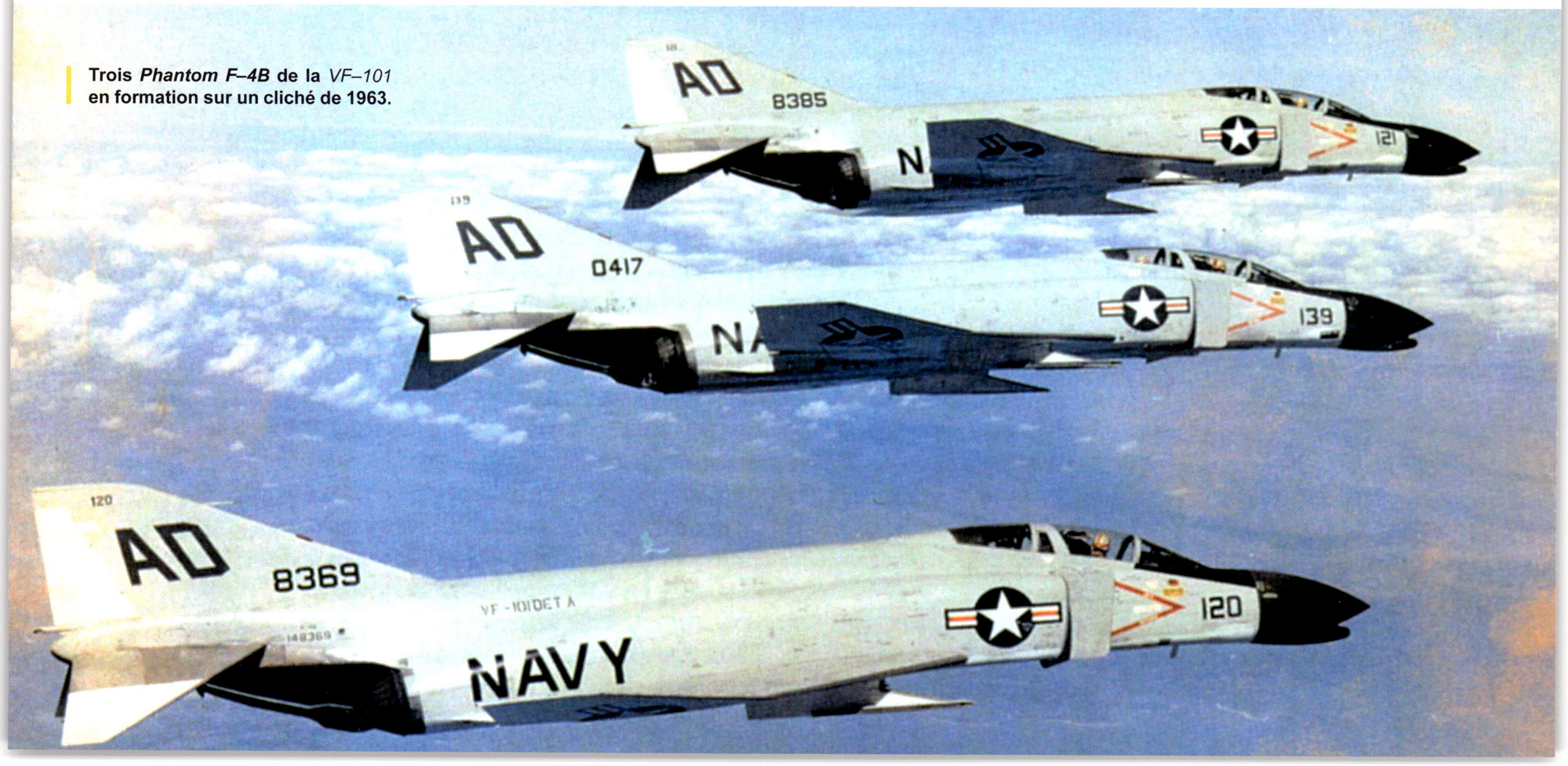

Trois *Phantom F–4B* de la *VF–101* en formation sur un cliché de 1963.

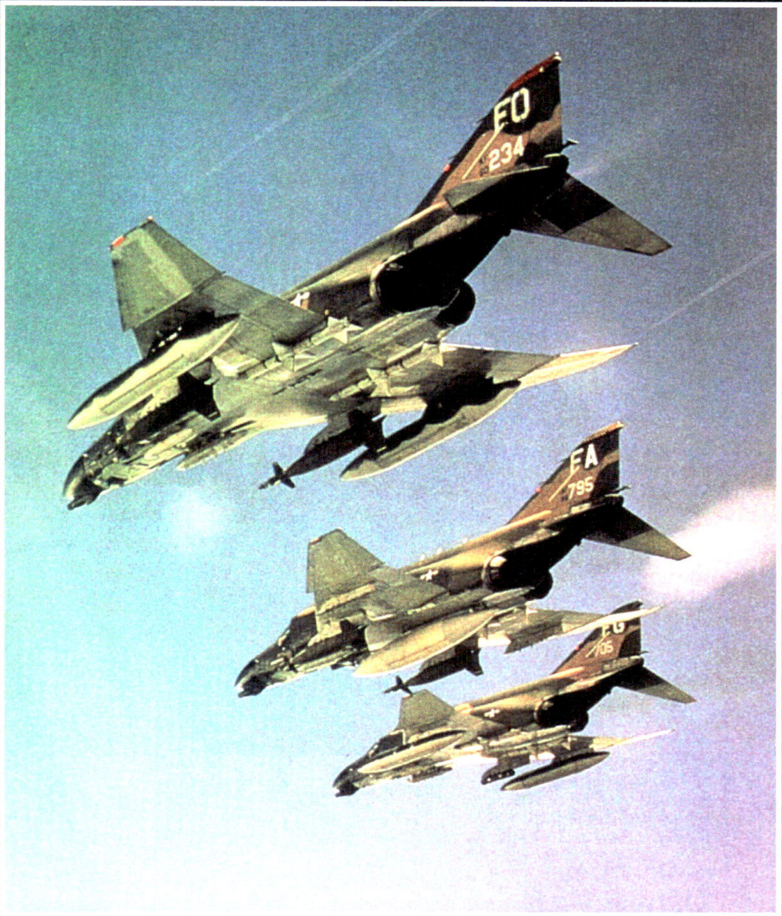

Des *Phantom F–4D* de la 435th TFS/ 8th TFW en mission de bombardement. Ils transportent deux Sparrow pour leur défense et deux bombes guidées laser de type Paveway.

En ce début des années 60, les militaires s'attendent à combattre au Congo ou à débarquer à Cuba mais c'est dans un autre pays que le *Phantom* montrera toutes ses capacités.
Ainsi, l'*US Navy*, le *US Marine Corps* et l'*USAF* vont bientôt déployer leurs *McDonnell F–4 Phantom II* au Vietnam.

Baptême du feu au Vietnam

Alors que les premiers instructeurs américains arrivent au Vietnam en 1959, l'aviation n'est déployée qu'à partir de 1960 pour soutenir l'Armée de l'Air du Vietnam du Sud. Et encore, le gouvernement américain ne prend pas les événements au sérieux. Sûrs de leur bon droit, de leur technologie, de l'entraînement de leurs hommes et sous–estimant l'adversaire et la lutte à venir, les Américains n'engagent que des Douglas *AD–6 Skyraiders* de l'*US Navy* et des *North American T–28 Trojan* et Douglas *B–26B Invader* de l'*US Air Force*, tous des avions à hélice et moteurs à pistons !
Afin de gérer leurs opérations dans le nord, les Américains divisent le territoire ennemi en zones appelées « RP » (Route Packages) suivies d'un chiffre romain. La *Navy* et l'*Air Force* se partage la VI, incluant Hanoï et Haiphong, qui possèdent les cibles les plus intéressantes mais aussi les défenses les plus denses.
Pour le *F–4B Phantom II*, la guerre du Vietnam débute réellement avec l'*Operation Pierce Arrow*, le 5 août 1964 ; en représailles des attaques sur les destroyers *USS Maddox* (*DD–731*) et *USS Turner Joy* (*DD–951*) du 2 août dans le Golfe du Tonkin. Ce sont les *Phantom II* des *VF–142* et *VF–143* du *USS Constellation* (*CVA–64*) qui participent à cette première opération.
A cette époque, chaque porte–avions possède deux « *Squadrons* » de chasseurs et presque la moitié d'entre eux sont des *F–4*. Ils partagent la tâche avec les *Vought F–8 Crusader* qui opèrent surtout depuis les navires datant de la Seconde Guerre mondiale. Le *F–4* est basé sur les porte–avions plus récents mais aussi plus grands.
Quant à l'*US Air Force*, elle déploie ses premiers *F–4C* à Okinawa, de décembre 1964 à mars 1965, au sein de la *555th TFS*. 1965 voit le renforcement notable des forces armées au Vietnam. Finie l'aide au Sud–Vietnam avec des avions à hélice, place aux jets dernier cri !
Les *Marines* utilisèrent principalement le *F–4* comme appareil de soutien pour leurs propres troupes. Les premières troupes des *Marines* arrivent à Da Nang le 10 avril 1965 et avec eux les premiers *Phantom* de la *VMFA–531*. Ils sont ensuite remplacés par la *VMFA–513* qui partage la base de Da Nang avec les appareils de l'*USAF*, mais la présence des Marines sur la base reste limitée à cause des infrastructures insuffisantes. Une base est construite à Chu Lai à la fin de la même année et l'*USMC* aligne alors quatre « *squadrons* » basés à terre au sud–Vietnam.
La première victoire sur *Phantom* est obtenue le 9 avril 1965. Un MiG–17 chinois est abattu par un *AIM–7D* tiré par le *F–4B* « *Showtime 602* » de la VF–96 *du USS Ranger* (CVA–61) qui est à son tour perdu. D'après le pilote capturé, l'appareil du Lieutenant Terence Murphy aurait été touché par un *Sparrow* tiré par son ailier !
La première victoire de l'*US Navy* sur un avion nord–vietnamien survient le 17 juin 1965 : un *F–4B* de la *VF–21* abat un MiG–17 à l'aide d'un *AIM7–D Sparrow*. Un *F–4C* de l'*USAF* obtient sa première victoire le 10 juillet 1965 au *Sidewinder*. Bien que se frottant de temps à autre aux MiG Vietnamiens, les *F–4* sont employés surtout en tant que bombardiers pendant toute la guerre.
Comme expliqué auparavant, le *Phantom II* a été créé pour combattre principalement avec quatre Raytheon *AIM–7D Sparrow* placés dans des logements ventraux et permettant d'abattre un appareil ennemi à 45 km. Malheureusement, les contraintes dues au *ROE* (*Rules of Engagements*, règles d'engagement) empêchent le combat « au–delà de la limite de vision » du pilote et annulent cet avantage. Le *Raytheon AIM–9 Sidewinder* est un missile de courte portée (19 km) mais son capteur infrarouge doit être refroidi avant le tir. Malgré cet inconvénient, c'est l'arme qui détient le plus de victoires en combat aérien pendant le conflit.
Un autre missile est introduit plus tard, le successeur du *Sidewinder*, le *Hughes AIM–4D Falcon*, mais il est trop capricieux pour être utilisé en combat contre d'autres chasseurs. Il s'agit là justement d'un problème essentiel car aucun des missiles de l'époque n'a été conçu pour un engagement contre d'autres chasseurs !

Le EF–4C Wild Weasel

EF–4C **est la désignation non officielle des 36** ***F–4C*** **modifiés en** ***Wild Weasel IV*****. Précédés dans ce rôle par le** ***F–105G*** **et le** ***F–100F*****, les** ***F–4 Wild Weasel*** **doivent détecter, localiser et détruire les radars de la défense adverse. En plus de son avionique destinée à la guerre électronique, le** *EF–4C* **pouvait emporter des missiles anti–radars** ***AGM–45 Shrike*****. C'est le** ***67th TFS*** **qui déploie des** ***EF–4C*** **en Thaïlande durant Linebacker.**

Le F–4G de l'US Navy

Le ***F–4G*** **n'est produit qu'à 12 exemplaires, il utilise des systèmes d'automatisation du suivi du combat aérien. Ce système relie les avions, les navires de surface et les appareils de reconnaissance comme le** ***Hawkeye*****.**
Dix ***F–4G*** **sont transférés dans la** ***VF–96*** **puis la** ***VF–213 « Black Lion »*** **sur le** ***USS Kitty Hawk*** **(CVA–63). Un système AN/ASW–21 permet de guider l'approche vers le pont d'envol sans le recours du pilote. Certaines caractéristiques sont ensuite retenues pour concevoir le** ***F–4J*****. En 1966, les appareils sont reconvertis en** ***F–4B*** **et sept en** ***F–4N*****.**

Le nouveau missile s'avère peu fiable, compliqué à mettre en œuvre. Les pilotes le qualifient même de « *Piece of Shit* », ce qui résume bien les qualités de l'engin. Le *Falcon* est donc bien vite remplacé par le… *Sidewinder*.
Bientôt une autre menace pour le *Phantom II* apparaît : le missile SA–2. Le 24 juillet, le premier appareil abattu par un SAM est un *F–4C* de la base de Ubon. Le missile de haute altitude « Guideline » n'est responsable que d'une faible partie des pertes américaines (5,7 %) mais ils forcent les avions à se déplacer à basse altitude où ils sont confrontés à une grande quantité de canons anti–aériens, dirigés par radar ou non, très meurtriers. La carrière du *F–4* commence réellement avec l'*Operation Rolling Thunder* en 1965 ; il tient le rôle de *CAP* (*Combat Air Patrol*) aux cotés des *F–105 Thunderchief*. Au fur et à mesure, le *Phantom* remplace l'avion de Republic dans son rôle de bombardement, le *F–105* devenant de moins en moins disponible, son taux de perte au Vietnam est impressionnant, presque la moitié des appareils construits ! L'*US Navy* et l'*US Marine Corps* utilisèrent le *Phantom II* dans un rôle de chasseur–bombardier dès le début de la guerre.
Cependant, les unités qui opèrent sur *Phantom* rencontrent bien des problèmes. La radio *UHF* mal placée derrière le siège du RIO nécessite de nombreuses heures à être changée, le *radar AN/APQ–100* du *F–4C* fonctionne mal et ses réservoirs d'ailes ont tendance à fuir. Des fissures apparaissent même sur les ailes de certains appareils. Sans parler des extinctions de réacteurs de certains modèles. Le personnel au sol lutte constamment pour garder cet avion complexe en état de vol, nécessitant de nombreuses heures de maintenance. Parallèlement aux problèmes techniques, le *Phantom* est confronté à l'inexpérience de ses équipages. Dans l'*USAF*, la règle veut que tous les pilotes soient envoyés en opération au Vietnam une fois avant que l'un d'entre eux puisse y retourner une deuxième fois. Pour parler clairement, les pilotes expérimentés doivent attendre bien sagement aux Etats–Unis que des équipages inexpérimentés aient terminé leur « *Tour of Duty* ». La situation n'est pas bien meilleure dans la *Navy* et chez les *Marines*.
Le *RF–4C* est introduit au Vietnam le 30 octobre 1965 lorsque la 16th *Tactical Reconnaissance Squadron* arrive à Tan Son Nhut.
En 1967, les combats aériens continuent au–dessus du Vietnam entre les *MiG* et les *F–4B* et *C* mais les Américains perdent toujours un chasseur pour moins de deux nord–vietnamiens. Le 28 avril de cette même année, les sociétés *Douglas Aircraft Company* et *McDonnell Aircraft Corporation* fusionnent pour former la *McDonnell–Douglas Corporation*.

Les méthodes de ravitaillement en vol

« Refueling boom » (perche d'avitaillement)

Développée par Boeing, cette méthode entre en service en 1950. Ce mode opératoire laisse le contrôle du ravitaillement à un ORV qui guide, depuis l'avion ravitailleur, la perche de ravitaillement pour amener son extrémité à l'intérieur d'un réceptacle ouvert sur le dos de l'avion ravitaillé. Cette méthode est utilisée principalement par l'*USAF* et, en France, pour les E3F AWACS.

« Hose and drogue » (tuyau et panier)

Développée par *Flight Refueling Ltd*, cette méthode laisse la responsabilité du ravitaillement à l'avion qui veut récupérer du carburant. Elle est utilisée principalement par l'*US Navy* et par les forces aériennes françaises. Son pilote doit donc manœuvrer son appareil pour garder l'extrémité de sa perche dans un panier déployé par l'avion ravitailleur au bout d'un tuyau.

Des *F–4D* de la *390th TFS/ 366th TFW* se font ravitailler en vol par un *KC–135*. On note que la méthode utilisée est celle du « *Refueling Boom* » différente de celle choisie par la *Navy*. Les appareils volent vers leur cible avec des bombes *Mk.84* munies d'extensions « Daisy Cutter » et des *CBU–58* (*Cluster Bomb Unit*).

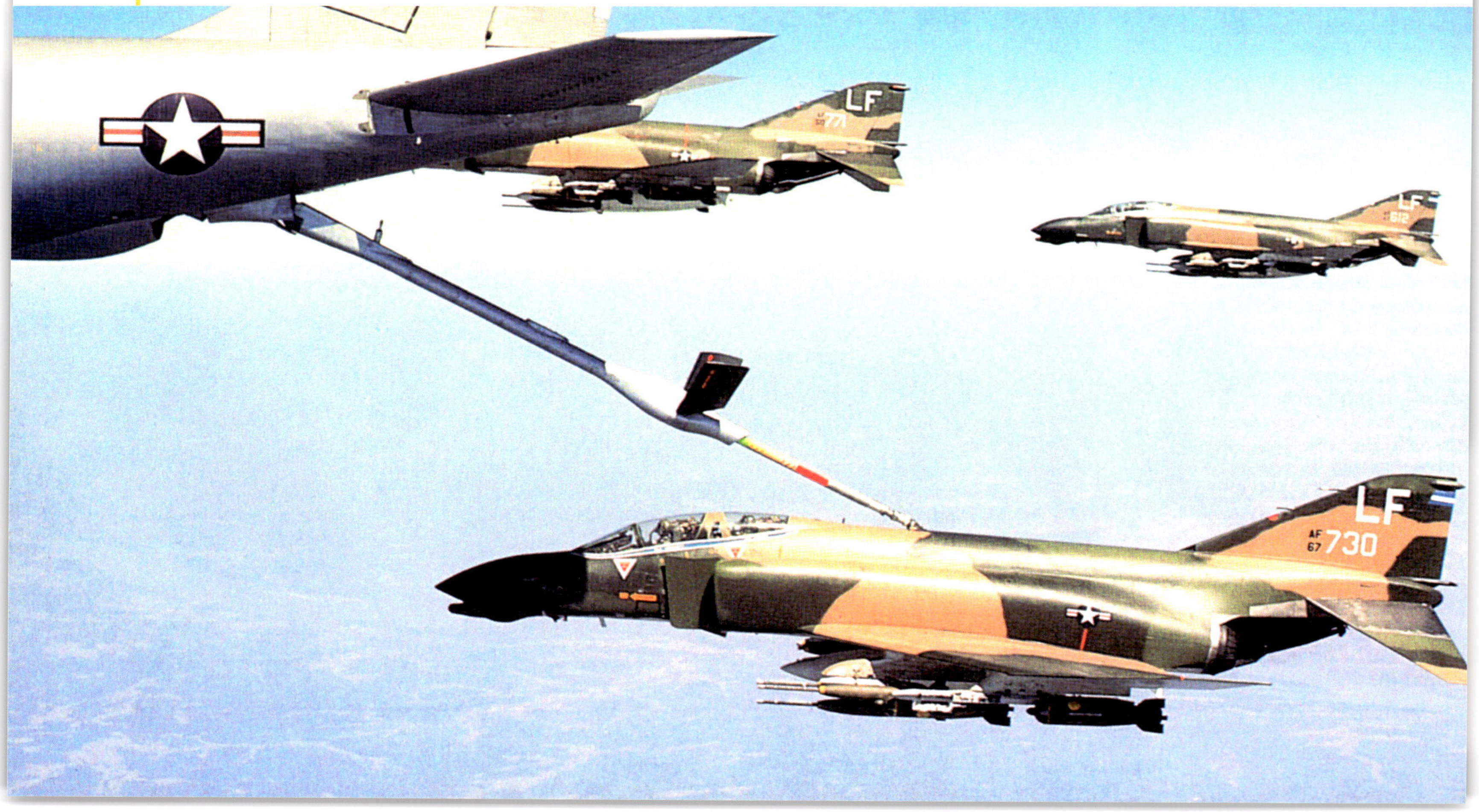

McDonnell–Douglas F–4E Phantom II
388th Tactical Fighter Wing/ 469th Tactical Fighter Squadron – U.S. Air Force
Base aérienne royale de Korat, Thaïlande, 1971

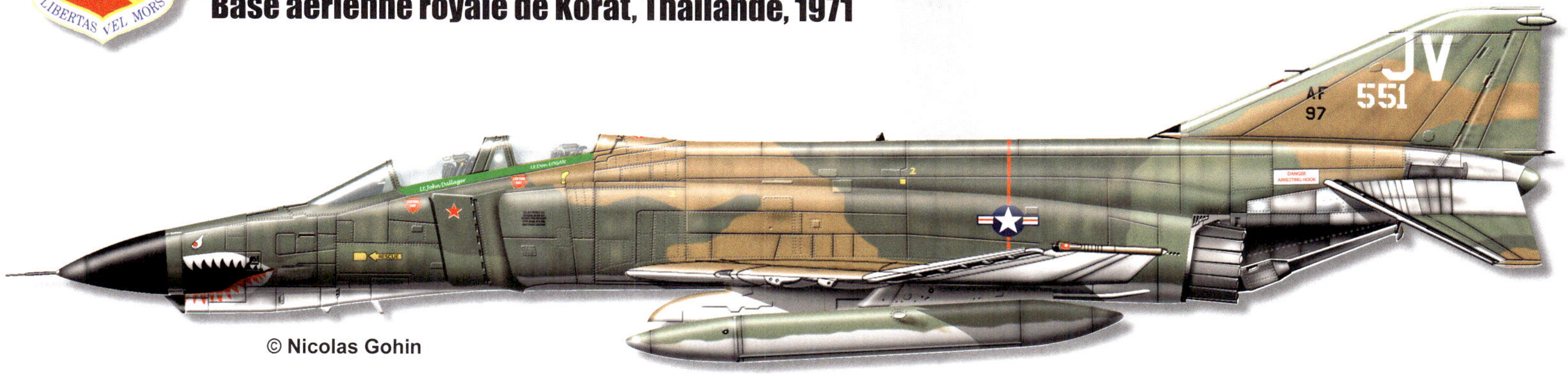

© Nicolas Gohin

Les F–4D et F–4J

Le *Phantom D* est la version spécialement conçue pour les besoins de l'*US Air Force* pour l'attaque au sol et commence à remplacer le *F–4C* à l'été 1967.

La première victoire sur *F–4D* est obtenue au canon par le Major William L. Kirk du *433rd TFS* sur un MiG–21. La nouvelle version de la *Navy*, *le F–4J*, est introduite dans les *VF–33* «Tarsiers» et le *VF–102* «Diamondbacks» sur le *USS America* (CVA–66) en 1968.

Les opérations de bombardement au–dessus du Nord–Vietnam s'arrêtent au 31 octobre 1968 avec la fin de *Rolling Thunder*. Les occasions de combattre les MiG au nord deviennent beaucoup plus rares pour les équipages américains qui se contentent de *Igloo White*, des bombardements de la piste Ho Chi Minh ou d'occasionnelles missions en réaction des attaques ennemies. *Rolling Thunder* a montré les difficultés d'opérer un avion complexe dans les conditions tropicales du Vietnam.

Le *Captain* Franck Ault de *l'US Navy* fait le tour de chaque unité et note les suggestions des aviateurs afin d'améliorer les performances en combat aérien du *F–4*. C'est sur ces recommandations qu'est créée la «*Fighter Weapons School*», mieux connue sous le surnom de «*Top Gun*», afin de répercuter sur les élèves l'expérience engrangée au Vietnam.

Fin mars 1972, le Vietnam du Nord attaque le Sud avec 12 divisions soutenues par des blindés et de l'artillerie. La guérilla s'est changée en guerre conventionnelle et les Américains acheminent des renforts. Le 2 avril, les forces ennemies capturent la province de Quang–Tri. Le 6, le président Nixon annonce la fin de l'Opération *Freedom Train* puis la levée des limitations de bombardement sur le Nord. Le 8 mai, c'est le début de l'opération *Linebacker*.

Les nouveaux pilotes ont reçu une meilleure formation, dont celle de *Top Gun*, les appareils sont plus fiables et la maintenance s'est améliorée. Le ratio des pertes a évolué avec 5 à 6 MiG abattus pour un appareil américain. L'*Air Force*, les *Marines* et la *Navy* bombardent le Nord avec de nouvelles bombes dites « intelligentes », à guidage optique ou laser.

Assignés uniquement à des missions d'attaque au sol, les *Marines* obtiennent eux aussi une victoire. Le 11 septembre, le *Major* Thomas Lasseter et le *Captain* John D. Cummings de la *VMFA–333* abattent un MiG–21 près d'Hanoï. Une victoire en demi–teinte puisqu'ils sont abattus peu après par un SAM.

Linebacker se termine et Nixon est convaincu que le gouvernement du Nord va revenir à la table des négociations. Cependant, les bombardements n'ont pas les effets psychologiques escomptés. Nixon lance une deuxième opération en décembre, *Linebacker II*, avec la participation des *Boeing B–52 Stratofortress* qui font 714 sorties au–dessus de la capitale du Nord et d'Haiphong. 1 293 SAM sont tirés contre eux.

Le 12 janvier 1973, le dernier – et 197e – *MiG* abattu de la guerre – est à mettre au crédit du Lieutnant Victor T. Kovaleski de la VF–161. Une trêve est signée le 27 janvier 1973. Les derniers *Phantom F–4J* retirés du sud–est asiatique sont ceux de la *VMFA–232 « Red devils »* stationnés à Nam Phong, Thaïlande, en août 1973.

La meilleure formation des équipages américains porte ses fruits puisque, en moyenne, ils abattent 6 appareils nord–vietnamiens contre un seul des leurs pendant *Linebacker I* et *II*.

Le F–4 Phantom II dans l'après–Vietnam

Alors que ses remplaçants *F–14* et *F–15* sont déjà en préparation, le *Phantom II* devient un chasseur prédominant dans les forces aériennes occidentales. Des *F–4E* israéliens participent à la guerre du Yom Kippour en 1973, principalement dans un rôle air–sol. Ils se distinguent aussi durant le conflit Iran–Iraq qui éclate en septembre 1980.

Avec un prix constamment en hausse et une construction et des équipements complexes, le *Phantom* ne fut cependant jamais acheté par un grand nombre de pays. Pourtant il était très apprécié et il devint le principal concurrent de son propre constructeur, *McDonnell–Douglas*. En effet, les utilisateurs de *F–4*, satisfaits de l'appareil, ne voyaient pas l'intérêt d'acheter les nouveaux *F–18* et *F–15* de la firme. En 1978, l'avionneur continuait à recevoir des commandes pour des avions neufs. James McDonnell mit à mort lui–même le *Phantom II*, il déclara que l'assemblage des *F–4* allait cesser et que la société recentrait ses activités sur les *F–15 Eagle*, *F/A–18 Hornet* et *AV–8B* (version américaine du *Harrier* britannique).

Comparé aux nouveaux avions, le *Phantom* manquait de manœuvrabilité et sa maintenance était plus lourde. Les Etats–Unis reléguèrent donc l'avion dans un rôle de guerre électronique avec le *F–4G Wild Weasel* alors que d'autres pays comme le Japon entreprirent des travaux de modernisation pour allonger la durée de vie de leurs avions. Peu d'efforts par contre sont faits par les Etats–Unis pour garder leurs *F–4*. Leur choix est très clairement de privilégier les nouveaux avions.

La Royal Navy procède au dernier catapultage de *Phantom* sur le *HMS Ark Royal* le 27 novembre 1978. C'est le 18 octobre 1986 que le dernier *F–4S* de l'*US Navy* apponte sur le *USS America (CV–66)*. En 1990, le *334th Tactical Fighter Squadron* devient la dernière unité de l'*USAF* à se séparer de ses *F–4*. Lorsque la Guerre du Golfe éclate, seule la *38th TRS* vole encore sur des *F–4 Wild Weasel*. En 1991, les derniers *Phantom* sont retirés de la RAF et des forces armées américaines.

Bien que le *Phantom II* affiche une carrière de plus de cinquante années ; il reste en service dans les armées de l'air du Japon, de l'Allemagne, de la Corée du Sud, de la Grèce et de la Turquie.

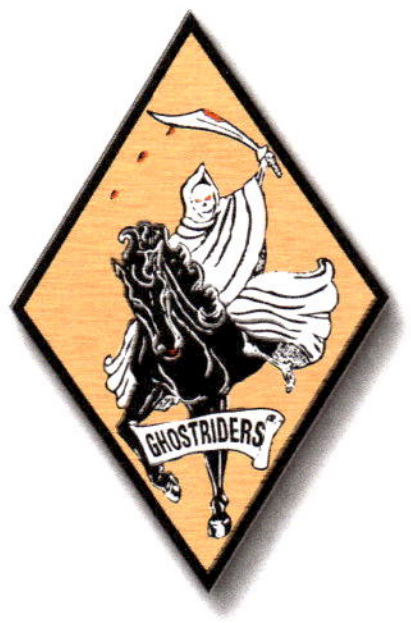

McDonnell F-4B Phantom II
U.S. Navy Fighter Squadron VF-142 « Ghost Riders »,
U.S.S. Constellation, 1964

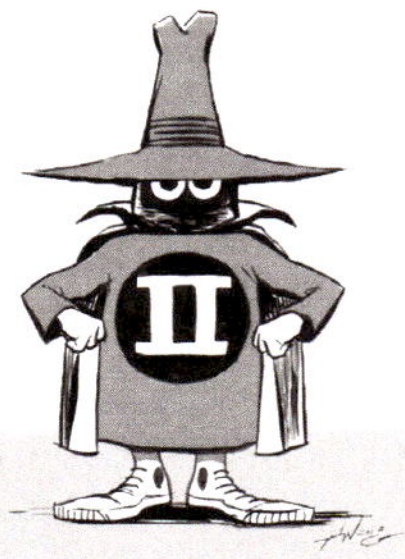

« The Spook »

L'emblème du *Phantom*, dessiné par Anthony Wong, artiste travaillant chez McDonnell.

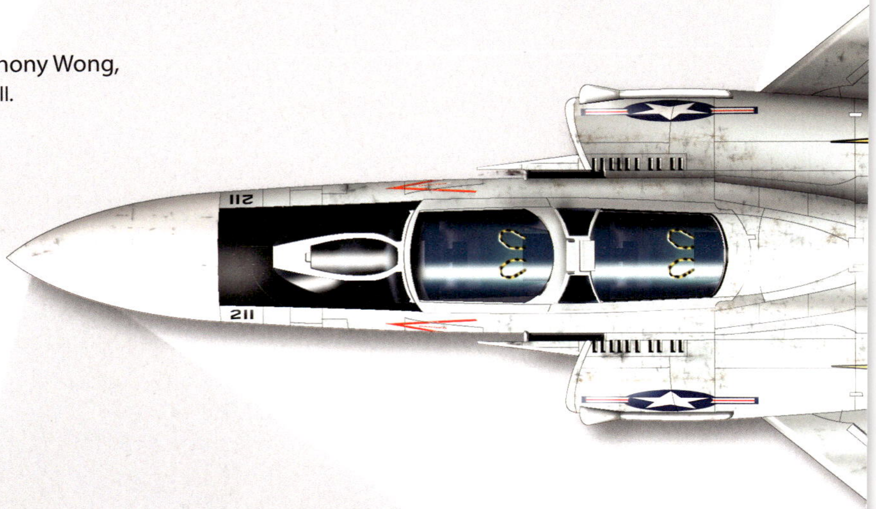

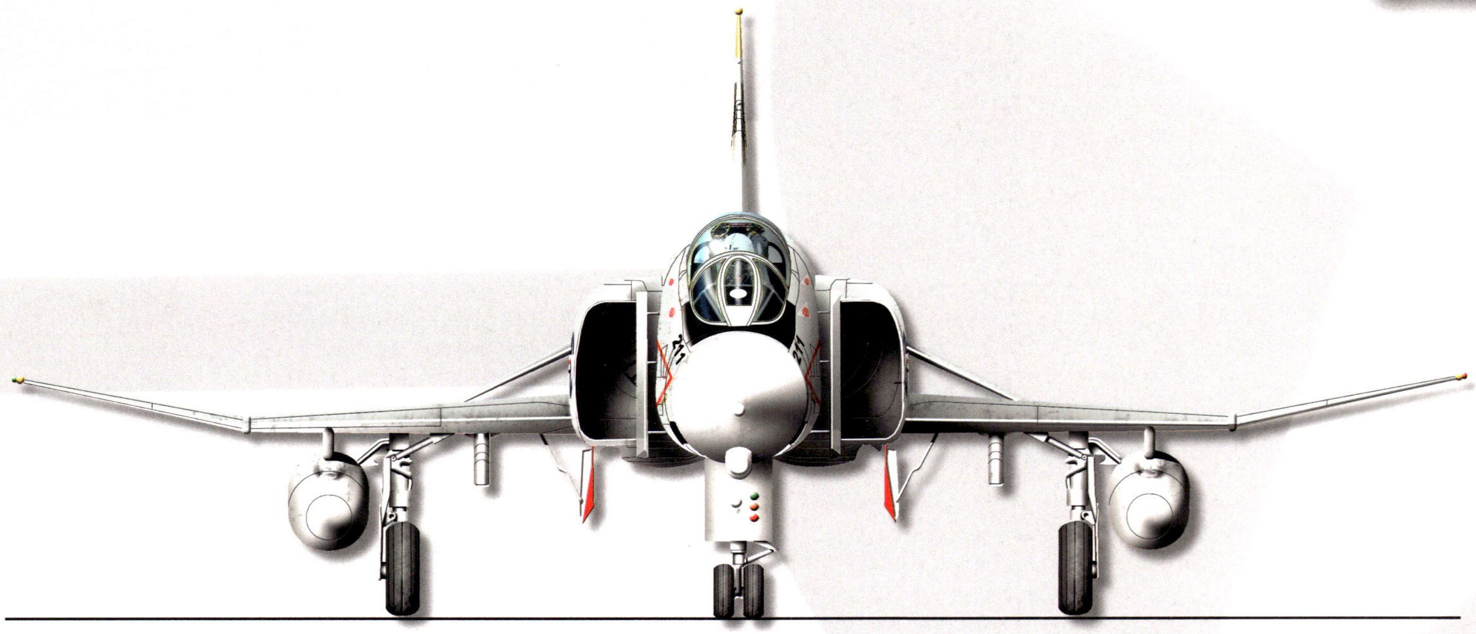

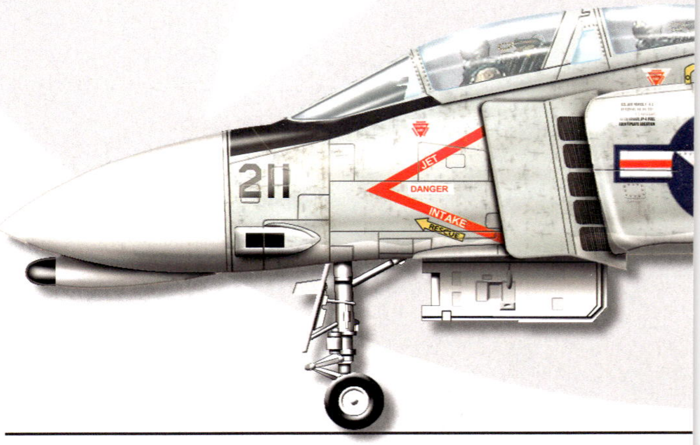

McDONNELL DOUGLAS

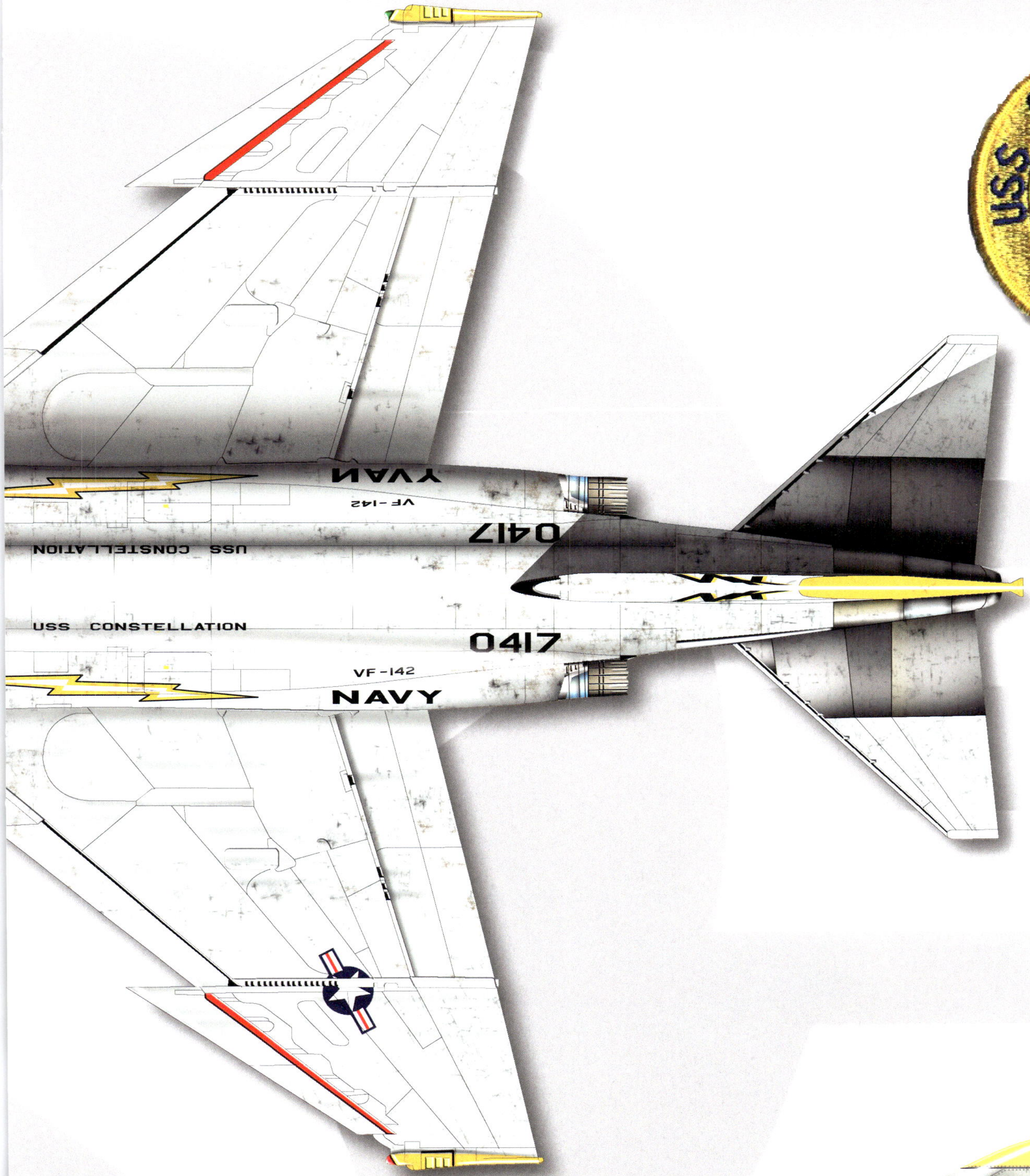

NAVY
VF-142
0417
USS CONSTELLATION

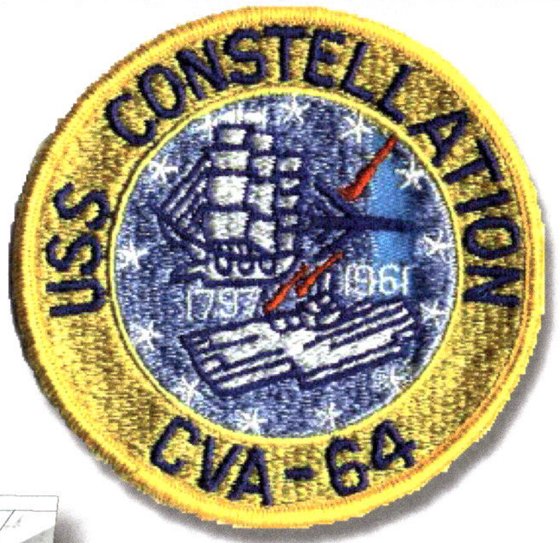

USS CONSTELLATION
1797
1961
CVA-64

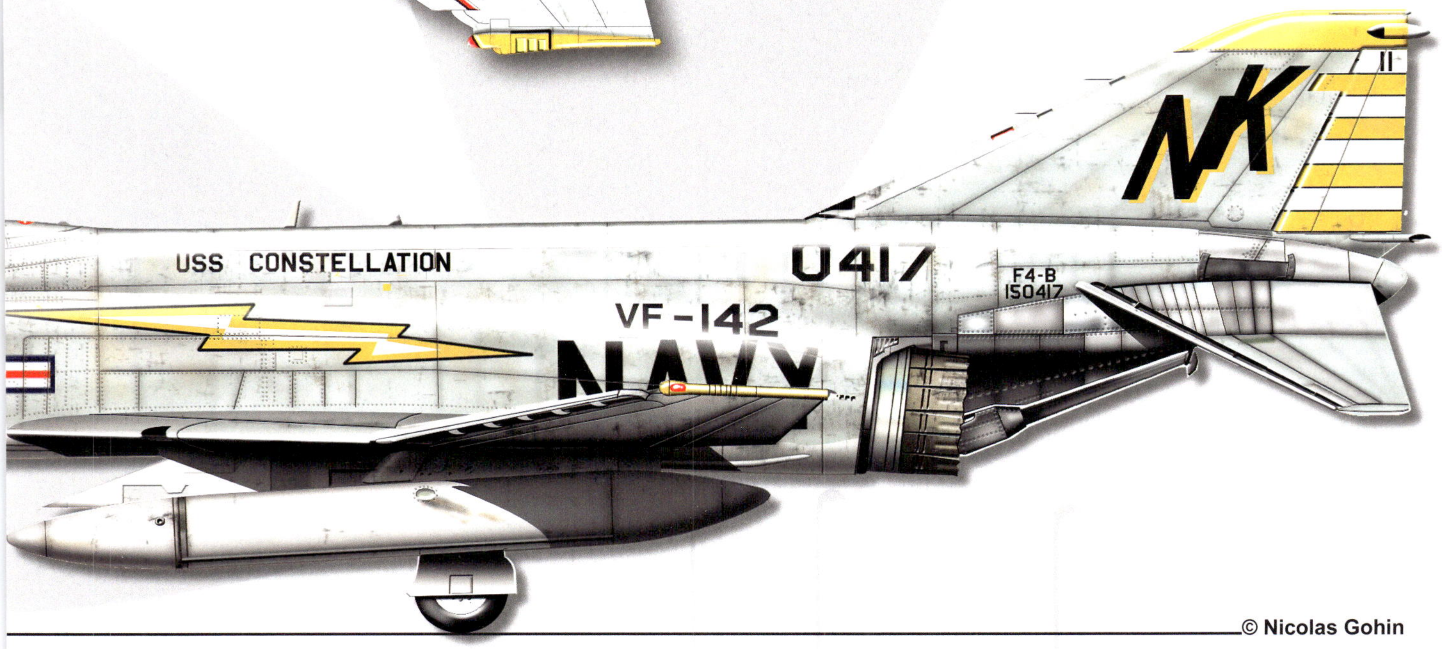

NK
USS CONSTELLATION
U417
F4-B
150417
VF-142
NAVY

1 Cône radar diélectrique
2 Antenne de 81,3 cm de diamètre du radar AN/APQ–72
3 Radar Westinghouse AN/APQ–72 Bande I/J
4 Prise d'air
5 Equipement d'air conditionné du cockpit
6 Puit du train d'atterrissage avant.
7 Palonnier du pilote
8 Manche
9 Tableau de bord du pilote
10 Collimateur
11 Contrôle des gaz
12 Siège éjectable Martin–Baker Mk.H–5
13 Appui–tête pour le catapultage et poignée d'éjection
14 Verrière éjectable du pilote
15 Verrière éjectable du Radar Intercept Officer (RIO)
16 Siège éjectable Martin–Baker Mk.H–5 du RIO
17 Appui–tête pour le catapultage et poignée d'éjection
18 Tableau de bord du RIO
19 Electronique du poste de l'opérateur radar, équipement de transmission et d'émission
20 Orifice principal de remplissage des réservoirs de carburant
21 Tuyauteries de transfert du carburant
22 Réservoir de carburant avant 1188 litres
23 Second réservoir de carburant de fuselage 836 litres
24 Troisième réservoir de carburant de fuselage 620 litres
25 Quatrième réservoir de carburant de fuselage 836 litres
26 Cinquième réservoir de carburant de fuselage 760 litres
27 Sixième réservoir de carburant de fuselage 889 litres
28 Réservoir de carburant de fuselage ventral (sous les arrivées d'air des réacteurs)
29 Réservoir d'aile 2384 litres au total
30 Tuyauterie de carburant
31 Charnières des extrémités d'ailes pliables
32 Déporteurs sur l'intrados et extrados de l'aile, fonctionne en coordination avec les ailerons
33 Aileron
34 Volet (60°)
35 Bec de bord d'attaque intérieur (30°)
36 Bec de bord d'attaque de milieu d'aile (60°)
37 Bec de bord d'attaque extérieur (60°)
38 Entrée d'air de réacteur
39 Démarreur des réacteurs J–79
40 Turboréacteur General Electric J–79–GE–8
41 Post–combustion et tuyère à géométrie variable
42 Approvisionnement en carburant de la réchauffe
43 Crosse d'arrêt (d'appontage)
44 Contrôles des gouvernes
45 Actionneur hydraulique des stabilisateurs
46 Actionneur hydraulique de la gouverne
47 Gouverne
48 Entrée d'air
49 Tube de pitot

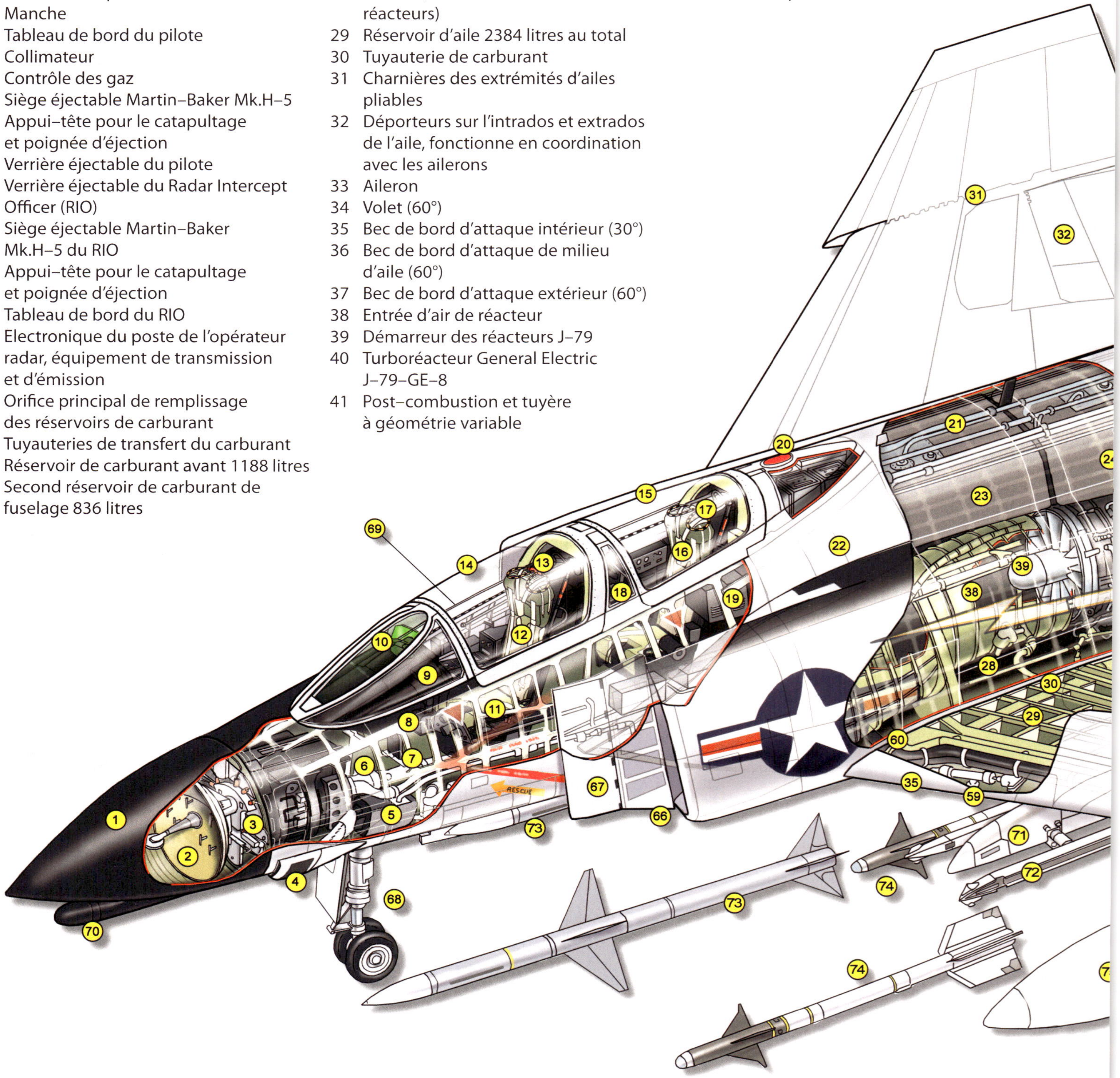

Vincent Jagerschmidt 2010

50 Balise anti–collision
51 Feu de navigation
52 Vide–vite
53 Logement du parachute de freinage et de stabilisation de vrille
54 Stabilisateur en acier et nid d'abeille en titane avec un dièdre de 23°
55 Extrémité d'aile repliable avec 12° degré de dièdre
56 Canalisation de raccordement au système de soufflage de la couche limite (Boundary Layer Control BLC)
57 Orifices du système BLC de soufflage de la couche limite
58 Actionneur hydraulique de bord d'attaque intermédiaire
59 Actionneur hydraulique de bord d'attaque intérieur

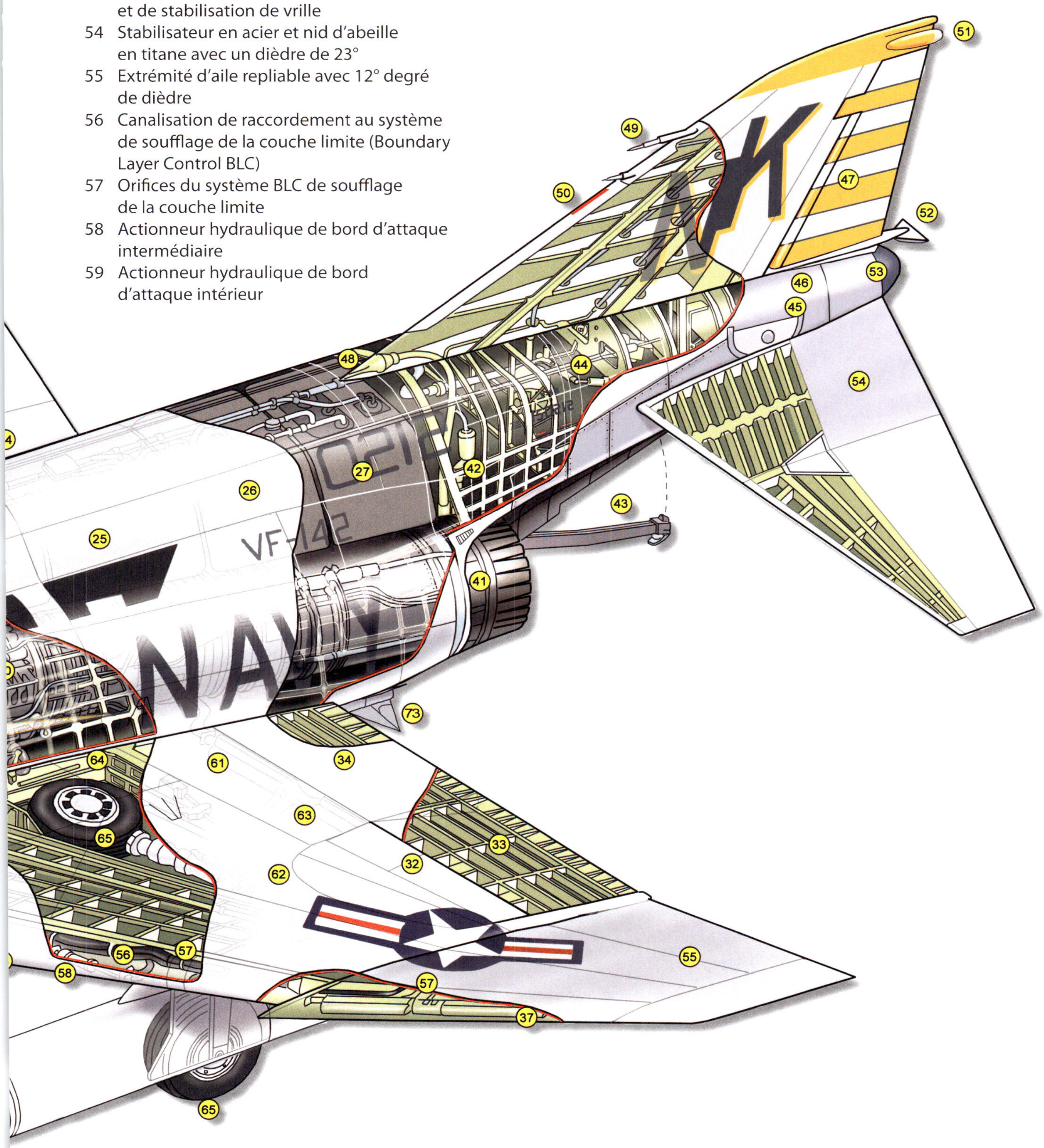

60 Conduite principale du système BLC
61 Contrôles d'aileron
62 Contrôle de déporteurs
63 Contrôle des volets
64 Puit du train principal
65 Train principal gauche
66 Entrée d'air du turboréacteur J–79 babord
67 Piège à couche limite
68 Train avant rétractable vers l'arrière
69 Perche de ravitaillement escamotable à tribord

70 Capteur infrarouge AAA–4R
71 Pilone d'emport de charges externes multi–usage
72 Rail lance–missile
73 Missile longue portée AIM–7E Sparrow III (deux sous le fuselage à l'avant et deux à l'arrière)
74 Missile courte portée à guidage infrarouge AIM–9C/D Sidewinder
75 Réservoir externe de 370 gallons US (1402 litres)

La conception du McDonnell F–4B.

Si l'aspect général reste assez voisin, on se rend compte très vite à l'examen qu'il y a beaucoup de différences entre le prototype *F3H–G* et le *F4H–1/F–4B*. Le *F3H–G* était un monoplace à aile basse sans dièdre, pourvu d'une dérive très classique et dont l'armement principal était à base de canons de 20 mm.

Les ailes

La forme générale n'a guère évolué. Il s'agit d'une voilure avec un bord d'attaque en flèche de 45° et un bord de fuite moins prononcé pour maximiser l'efficacité des gouvernes. Son allongement d'aile (le rapport entre l'envergure au carré par la surface de l'aile) est assez bas, inférieur à 3, ce qui donne de bonnes performances au–dessous de Mach 1, au dépend toutefois de la portance et de la vitesse de décollage et d'atterrissage. Le *F–4B* est doté de becs de bord d'attaque mobiles et de volets afin d'augmenter la portance à basse vitesse.

Les essais en soufflerie révélèrent une instabilité latérale du *F3H–G*. L'aile devait donc comporter un dièdre mais la structure en titane nécessitait d'être entièrement redessinée pour donner un angle. Aussi, les techniciens utilisèrent une astuce. Ils inclinèrent seulement les extrémités d'aile repliables à 12° afin d'obtenir le dièdre moyen de 5° nécessaire. C'est ainsi que naquit l'aile caractéristique du *Phantom II* ! La partie repliable de l'aile est également munie d'un bec qui fait un décrochement afin de provoquer un vortex qui empêche une rupture prématurée de la couche limite en extrémité de voilure. (« Tip Stalling », décrochage des extrémités d'ailes) Le *Phantom II* est un des premiers appareils à utiliser le BLC (*Boundary Layer Control*, contrôle de couche limite), un système de soufflage de *l'aile* destiné à augmenter l'efficacité des volets à basse vitesse et donc lors d'une approche pour un appontage.

Les entrées d'air

Les entrées d'air du *F3H–G* ont été entièrement redessinées sur les prototypes du *F4H–1*, qui sont aussi différentes sur les *F4H–1* de série. Afin d'éviter tout interférence de la couche limite dans le fonctionnement des réacteurs, les entrées d'air sont écartées du fuselage. Une rampe mobile sert à créer une onde de choc en avant afin de ralentir l'air admis pas les réacteurs qui ne peuvent fonctionner qu'en « ingérant » un flux d'air subsonique.

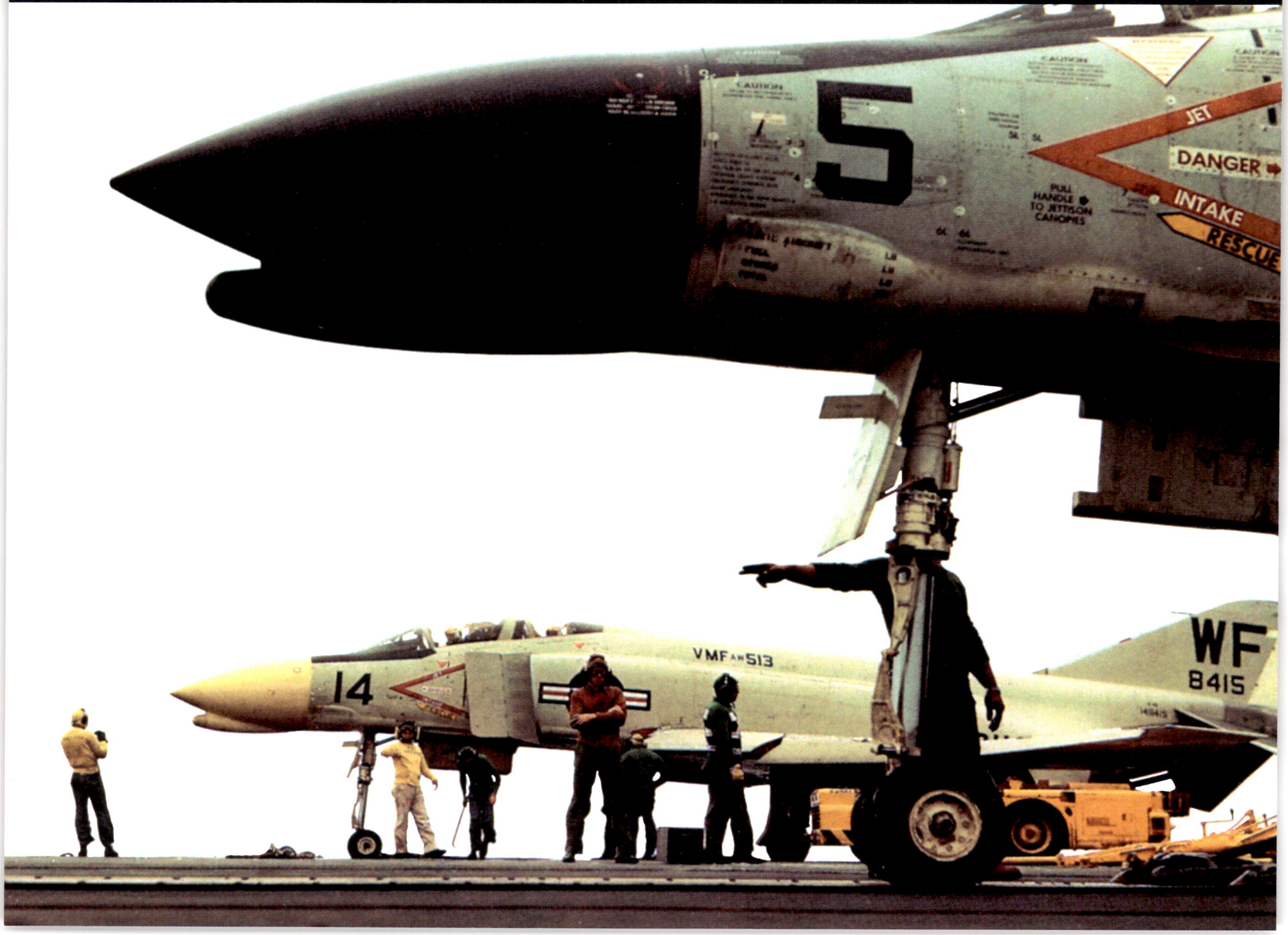

Des *F–4B* du *All–Weather Marines Fighter Squadron 513 «Flying Nightmares»*. Le 1 août 1963, l'unité est redésignée *VMFA–513*. Deux ans plus tard, ce sont eux qui opèrent en soutien du 7th *Marine Regiment*durant l'*Operation Starlite*, première bataille d'ampleur au Vietnam en août 1965.**

L'empennage

Au départ, le *F3H–G* utilisait un empennage assez classique mais des dizaines de tests en soufflerie menèrent à une modification radicale de celui–ci. La dérive verticale fut allongée, avec une flèche de 25° et les stabilisateurs monoblocs furent calés à un dièdre négatif de 23°. Cette inclinaison caractéristique du *F–4* permettait à ces organes d'être toujours efficaces même sous forte incidence et de participer à la stabilité latérale. Une écope placée à la base de la dérive apporte de l'air frais pour refroidir le fuselage au niveau de la postcombustion du *General Electric J–79*.

Les réacteurs

Les moteurs du *F–4B* sont deux *General Electric J–79–GE–8A* ou *8B*. Ce sont des turboréacteurs axiaux de 4945 kg de poussée unitaire, augmentée à 7710 kg avec la réchauffe. Leur longueur est de 5,30 m, de 1 m de diamètre et d'une masse de 1750 kg. Equipé d'un compresseur à 17 étages et d'une turbine à trois étages, le *J–79* est capable d'atteindre des taux de compression supérieurs aux autres réacteurs grâce aux ailettes qui peuvent s'orienter selon le régime du moteur. Le *J–79* connut de nombreux problèmes (extinction, retour de flammes, émission de fumée noire...) mais une fois ces petits soucis de jeunesse réglés, il devint un réacteur largement utilisé et construit à plus de 17 000 exemplaires. Un grand nombre de *J–79* seraient encore en utilisation de par le monde.

Le fuselage

Le nez du *Phantom F–4B* est redessiné pour accueillir l'antenne de 81 cm du radar *Westinghouse AN/APQ–72* et le détecteur infrarouge *AAA–4*. L'avion, autrefois monoplace avec une verrière noyée dans les lignes du fuselage est devenu biplace avec un pilote et un RIO assis sur des sièges éjectables *Martin Baker Mk.H5* surélevés sous une verrière plus bulbeuse afin d'améliorer la visibilité. Une perche de ravitaillement en vol s'escamote dans le flanc droit à la verticale du cockpit. Le fuselage affecte une forme dite « *Coke Bottle shape* » afin de tenir compte de la loi des aires de Whitcomb. La conception intègre en grande partie des alliages d'aluminium mais 10 % de la structure est en titane. Afin de s'écarter de la couche limite, qui a tendance à ralentir au voisinage des parois de l'avion, les entrées d'air sont écartées du fuselage. Une plaque située en avant permet la formation d'une onde de choc qui ralentit les filets d'air admis dans le réacteur.

L'armement

Bien que conçu au départ pour emporter 4 canons de 20 mm, le *F3H–G* est remanié à la demande du BuAer pour « le tout missile ». En effet, avec l'apparition du missile, les autorités militaires pensaient que le « *dogfight* » (combat tournoyant) était devenu une pratique du passé et que l'emploi de canons n'avait plus lieu d'être. Cette théorie est bientôt démentie par les combats de la guerre du Vietnam.
Le *F–4B* est conçu pour combattre au moyen de *AIM–7 Sparrow* et possède quatre baies semi–noyées pour y loger les missiles. Devenu un avion polyvalent, le *Phantom II* emporte une large gamme de charges militaires réparties sur 5 points d'emport.

Avionique

Le Westinghouse *AN/APQ–72* est une amélioration du *APQ–50* qui a fait ses preuves sur le *Doulas F4D–1 Skyray*. Le nouveau radar a été conçu pour être utilisé avec le missile longue portée *AAM–N–6 Sparrow III* (renommé ensuite *AIM–7C*). C'est un missile semi–actif qui utilise l'écho du radar *APQ–72* pour se guider. Il peut être tiré à longue distance et le système fonctionne bien dans les circonstances pour les lesquelles il a été pensé, l'interception de bombardiers nucléaires. En fait, les tests effectués dans des conditions peu réalistes amènent les militaires à la conclusion, fausse en partie, que le combat tournoyant va disparaitre et que même les avions pilotés étaient peut–être devenus inutiles.
Malheureusement, au Vietnam, rien ne se passe comme lors des essais et les missiles doivent être utilisés dans des conditions pour lesquelles ils n'ont pas été conçus. Si le *Sidewinder* obtient quelques succès, le *Sparrow* est jugé décevant alors que le *Falcon* est tout bonnement rejeté par les pilotes.

Caractéristiques générales

- **Désignation :** F4H–1 (1961 – 1962), F–4B (à partir de 1962)
- **Equipage :** 2 (1 pilote, 1 Radar Intercept Officer)
- **Longueur :** 17,70 m
- **Envergure :** 11,71 m
- **Hauteur :** 4,90 m
- **Surface alaire :** 49,20 m²
- **Profil:** NACA 0006.4–64 implanture d'aile, NACA 0003–64 extrémité d'aile
- **Masse à vide :** 12 651 kg
- **Masse en charge :** 19 912 kg
- **Masse maximale au décollage:** 24 761 kg
- **Propulsion :** 2 × Turboréacteur axial à 17 étages General Electric J79–GE–8 de 48,48 kM de poussée à sec, 75,61 kN avec réchauffe.
- **Carburant :** JP–5 (Jet Propellant N°5) carburant spécial utilisé sur porte–avions.
- **Capacité interne en carburant :** 7.522 litres au total (6 réservoirs de fuselage totalisant 2 137 litres, 2 réservoirs d'aile totalisant 2385 litres) .
- **Capacité de carburant externe :** 2 réservoirs de 370 gallons US (2 x 1.400 litres) + 1 réservoir de 600 gallons ou 610 gallons (2.271 litres ou 2.309 litres)

Performance

- **Vitesse maximale:** Mach 2,23 environ 2 391 km/h à 12.190 m
- **Vitesse de croisière:** Environ 925 km/h
- **utonomie :** Environ 2 592 km avec trois réservoirs supplémentaires.
- **Plafond :** 18 897 m
- **Taux de montée:** 210 m/s
- **Charge alaire:** Environ 383 kg/m²

Armement

- **Jusqu'à 8 480 kg de charges externes.**

La loi de Whitcomb

Avec l'avènement du moteur à réaction et des vitesses de plus en plus élevées, les ingénieurs se trouvèrent face à un problème. Comment surmonter la traînée créée par les ondes de choc qui se forment au voisinage du mur du son ? Un jeune ingénieur, Richard T. Withcomb rejoint le centre de recherche de Langley en 1943. Il travaille sur la résolution de ce problème pendant plusieurs années mais l'expérimentation est cependant difficile car le laboratoire de Langley ne dispose pas d'une soufflerie capable de dépasser Mach 0,95. En 1948, Whitcomb expérimente plusieurs types d'aile en flèche mais aucune astuce ne fonctionne, rien ne semble pouvoir atténuer la traînée générée en vol transsonique. Toutes sortes d'alternatives sont essayées, dont l'utilisation de fusées, mais les scientifiques ne parviennent à rien avant d'avoir « bricoler » eux même le tunnel en 1950. Le résultat est surprenant, la traînée et la taille de l'onde de choc sont plus importantes que prévues et c'est en examinant une photo que Whitcomb comprend d'un coup que le fuselage et les ailes ne doivent pas être considérées comme deux entités différentes lors du calcul de section de fuselage. D'où le nom de « loi des aires », qui définit que la section totale d'un avion doit varier uniformément du nez à la queue. Cela suppose donc qu'à hauteur des ailes le fuselage doit se faire plus étroit, ce qui mène à la conception de fuselages en forme de « bouteille de coca » ou de « Marilyn Monroe ». Sans le savoir, Whitcomb aurait « redécouvert » ce qu'avaient mis à jour des ingénieurs de Junkers pendant la Seconde Guerre mondiale.
La découverte arrive à point nommé pour résoudre les problèmes d'aérodynamisme dont souffre *le **F–102 Delta Dagger*** **et qui l'empêche de passer le mur du son en vol horizontal. Cette forme particulière donnée au fuselage est visible ensuite sur tous les avions de cette époque et également sur le** ***F–4*.**

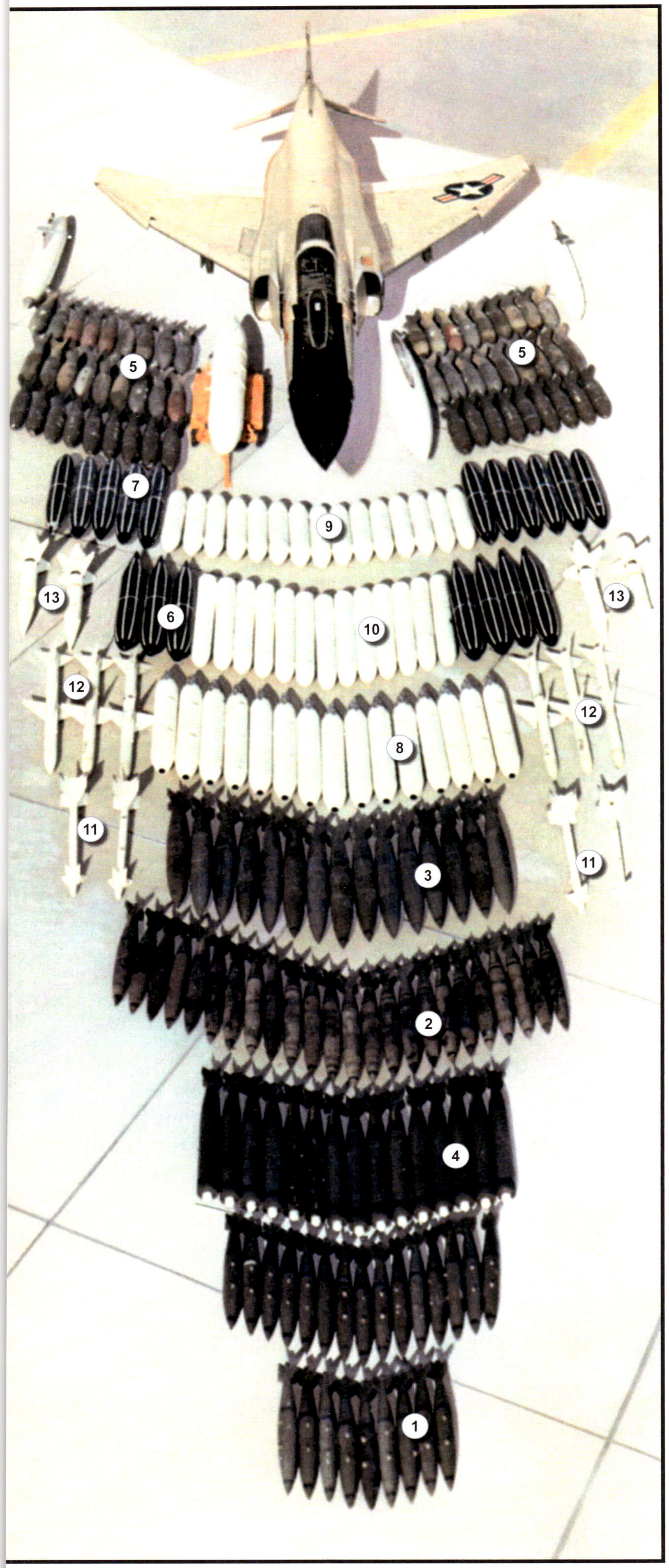

Armement

Il n'est pas possible ici de répertorier toutes les charges militaires emportées par le *Phantom* durant la Guerre du Vietnam, encore moins pendant toute sa carrière opérationnelle ! Voici donc quelques exemples de charges caractéristiques du conflit vietnamien.

Bombes

1– Mk.81 : Une bombe de 117,93 kg déclinée en version « lisse » avec ailettes coniques *LDGP* (*Low Drag General Purpose*) et version « *Snakeeye* » (*SE*) avec dispositif de freinage développée par le *Naval Air Warfare Center Weapons*. Les bombes freinées par le système *Snakeeye* sont prévues pour être larguées à basse altitude. Une vitesse de descente plus lente doit permettre à l'avion de s'éloigner du point d'impact.

2– Mk.82 : La *LDGP* de la *Navy* pèse 244,94 kg contre 231,33 kg pour la version *USAF*. La différence provient de l'enduit utilisé pour éviter leur explosion à bord d'un porte–avions en cas d'incendie.
La « *Snakeeye* » pèse 258,55 kg. La version *Mk.82R* possède également les « pétales » de freinage mais plus courtes que sur la version *SE* et avec un détonateur différent.

3– Mk.83 LDGP : Une bombe lisse de 471,74 kg.

4– BLU–31 (Bomb Live Unit): Une bombe de 340 kg prévue pour la pénétration des structures en béton armé, larguée à basse altitude. L'ogive est dessinée de manière à éviter les rebonds. Munition utilisée par l'*USAF*.

5– M–117 : Bombes de 340 kg utilisées durant la Guerre de Corée et encore largement utilisées au Vietnam. Utilisées ensuite à bord des B–52.

6– Mk.77 mod. 0 : Bombes au Napalm, s'enflamment à l'impact, sans empennage.

7– BLU–1 : Bombe au Napalm

8– SUU–7 (Suspension, Underwing Unit) : Il s'agit d'un container éjecteur de bombes à sous–munitions fumigènes, à fragmentation ou anti–personnelles.

Lance–roquettes

9– LAU–3 (Launcher Unit) : Nacelle lance–roquettes de 19 tubes pour roquettes de 70 mm (2,75").

10– LAU–10 : Nacelle lance–roquettes de 4 tubes pour roquettes Zuni de 5 '' (125 mm)

Missiles

11– AIM–9D (Air Intercept Missile) Sidewinder 1C : Version construite pour l'*US Navy* à 1 000 exemplaires. Tête GCS (Guidance Control section) Mk.18 refroidie à l'azote avant le tir.

12– AIM–7E Sparrow IIIB : Produit dés 1963 avec moteur fusée à carburant solide. Peu efficace en combat chasseur contre chasseur, il est remplacé par le *–7E–2* en 1969, avec une portée minimale plus courte et manœuvrabilité améliorée.

13– AGM–12B (Air–to–Ground Missile) Bullpup : Missile sol–air mis en service en 1960 dans l'U.S. Navy d'une portée de 15 km et vitesse de Mach 2,5. Charge militaire de 113 kg. Guidage par le pilote au moyen d'un joystick par l'observation d'un système traçant lumineux à l'arrière du missile.

Autres armes notables :

- **Paveway I (Precision Avionics Vectoring Equipement) :** La *Paveway I* inclut toutes les différentes versions de GBU (*Guided Bomb Unit*) développées durant la guerre du Vietnam.
- **AGM–45 (Air to Ground Missile) Shrike ARM (Anti Radiation Missile) :** Développé par la *Naval Weapons Center*, ce missile de 180 kg est le premier de ce type. Il est conçu pour se guider sur les impulsions du radar d'engagement Fan Song du SA–2 afin de le détruire.
- **Mk.20 Rockeye II :** Il s'agit d'une arme à sous–munitions. Elle libère 247 fléchettes perce–blindage ***Mk.118*** sur une grande zone.
- **Canon M61 :** Canon rotatif Vulcan de 6 canons de 20mm. Les *F–4C/D/E* utilisent ce canon embarqué dans une nacelle SUU–16, le canon reçoit la dénomination *GAU–4*. *Il* fonctionne par emprunt des gaz.
- **Réservoir de 1 400,91 litres** (370 gallons), sur les pilonnes externes.
- **Réservoir de 2 271,74 litres** (600 gallons), sur pilonne central.

Les principales variantes du Phantom II

Modèle	Nombre d'exemplaire	Année	Réacteur	Radar	Notes
F3H-(c)	–	1953	1 x Wright J-67-W-1	?	Version améliorée du F3H Demon
F3H-(E)	–	1953	1 x Wright J-67	?	Version améliorée du F3H Demon
F3H-G/H	Maquette échelle 1/1	1953	2 x Wright J-65-W-4	AN/APQ-150	Maquette seulement
AH-1 (F4H-1)	Maquette échelle 1/1	1954	2 x General Electric J-79	AN/APQ-150	Maquette seulement
YF4H-1	Deux prototypes	1955	2 x J-79-2	AN/APQ-150	N° 142259 et 142260
F4H-1 (F4H-1F/ F-4A)	45	1959	2 x J-79-GE-2A puis J-79-GE-8A et 8B	AN/APQ-150 puis APQ-172	Pré-production
F4H-1 (F-4B)	649	1961	2 x J-79-GE-8A et 8B	AN/APQ-172	Première version opérationnelle. Début au combat le 6 août 1964.
EF-4B	1	1977	2 x J-79-GE-8	?	N° 153070. Test de guerre électronique
NF-4B	2	?	2 x J-79-GE-8	?	Banc de test au Naval Air Developement Center
QF-4B	25	1971	2 x J-79-GE-8	Non	Reconvertis en drones cibles
F4H-1P (RF-4B)	46	1963 (?)	2 x J-79-GE-8 puis J-79-GE-10B	AN/APQ-99	Version de reconnaissance de l'U.S.M.C.
F-110 (A) (F-4C)	583	1962-63	2 x J-79-GE-15	AN/APQ-100	Version de l'USAF du F-4B
EF-4C	36	1969	2 x J-79-GE-15	AN/APQ-99	Version Wild Weasel IV (suppression des défenses anti-aériennes)
RF-4C	503	1964	2 x J-79-GE-15	AN/APQ-99	Reconnaissance photo US.AF
F-4D	825	1965	2 x J-79-GE-15B	AN/APG-109A	Version conçue uniquement pour l'USAF
EF-4D	4	?	2 x J-79-GE-15B	AN/APG-109A	Prototypes pour des versions Wild Weasel
YF-4E	3	1965	2 x J-79-GE-J1B	AN/APG-30	Variante de test du YRF-4C avec canon M61A1 de 20 mm
F-4E	1389	1967	2 x J-79-GE-17 puis 17C, 17E	AN/APQ-120	Nouvelle version de série avec canon de M61A1 de 20 mm
F-4E (F)	Non	?	2 x J-79-GE-17	?	Modèle monoplace simplifié demandé par l'Allemagne. Non construit.
F-4EJ	140	1971	2 x J-79-GE-17	AN/APQ-120	Version japonaise uniquement optimisée pour l'interception
F-4EJ Kai	96	1984	?	AN/APG-66J	Modernisation de 96 F-4EJ aux nouveaux standards
F-4F	175	1973	2 x J-79-GE-17	AN/APQ-120	Version allégée et simplifiée du F-4E commandée par la Luftwaffe.
F-4F ICE	150	1989	2 x J-79-GE-17	AN/APG-65	Improved Combat Efficiency. Programme de modernisation des F-4F de la Luftwaffe.
F-4G (Navy)	12	1963	2 x J-79-GE-8	?	Versions avec réseau de données et automatisation de l'appontage
F-4G (USAF)	116	1975	2 x J-79-GE-17	AN/APQ-120	Version Wild Weasel V
F-4J	522	1966	2 x J-79-GE-10	AN/AWG-10	Successeur du F-4B dans l'US Navy
F-4J (UK)	15	1984	2 x J-79-GE-10	AN/AWG-10	Exemplaires fournis à la Grande-Bretagne en attente du Tornado. Désignation non officielle Phantom FGR. Mk.3
F-4K Phantom FG.Mk 1	50	1966	2x Rolls-Royce Spey 203	AN/AWG-11	Version britannique de la Royal Navy
F-4M Phantom FGR.Mk 2	116	1967	Rolls-Royce Spey 202	AN/AWG-12	Version de la Royal Air Force
F-4N	228	1972	2 x J-79-GE-8	?	Modernisation de F-4B
F-4S	248	1977	2 x J-79-GE-10B	AN/AWG-10B	Modernisation de F-4J

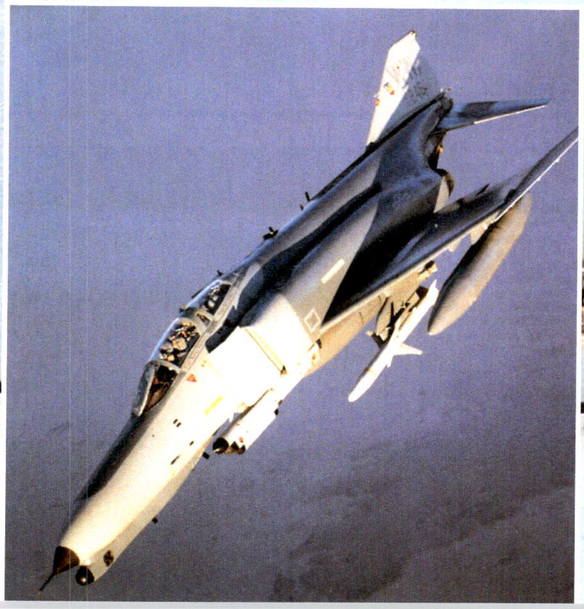

Un *F-4G Phantom II Advanced Wild Weasel* équipé d'une nacelle *ALQ-184* et armé de missiles *HARM* vole au dessus du désert irakien durant «*Desert Storm*» en 1991.

Utilisateurs du F-4 Phantom II

- *United States Air Force* (Etats-Unis)
- *United States Navy* (Etats-Unis)
- *United States Marine Corps* (Etats-Unis)
- Royal Australian Air Force (Australie)
- Al Quwwat al jawwiya il Misriya (Egypte)
- Luftwaffe (Allemagne)
- Elliniki Polemiki Aeroporia (Grèce)
- Imperial Iranian Air Force/ Islamic Republic of Iran Air Force (Iran)
- La Tsvah Haganah Le israel/ Heyl Ha'Avir (Israël)
- Nihon Koku Jietai (Japon)
- Hankook Kony Goon (Corée)
- Ejercito del Aire (Espagne)
- Turk Hava Kuvvetleri (Turquie)
- Royal Navy (Royaume-Uni)
- Royal Air force (Royaume-Uni)

Mai 1972: Randall Cunningham & William Driscoll, as du "U.S.S Collation"

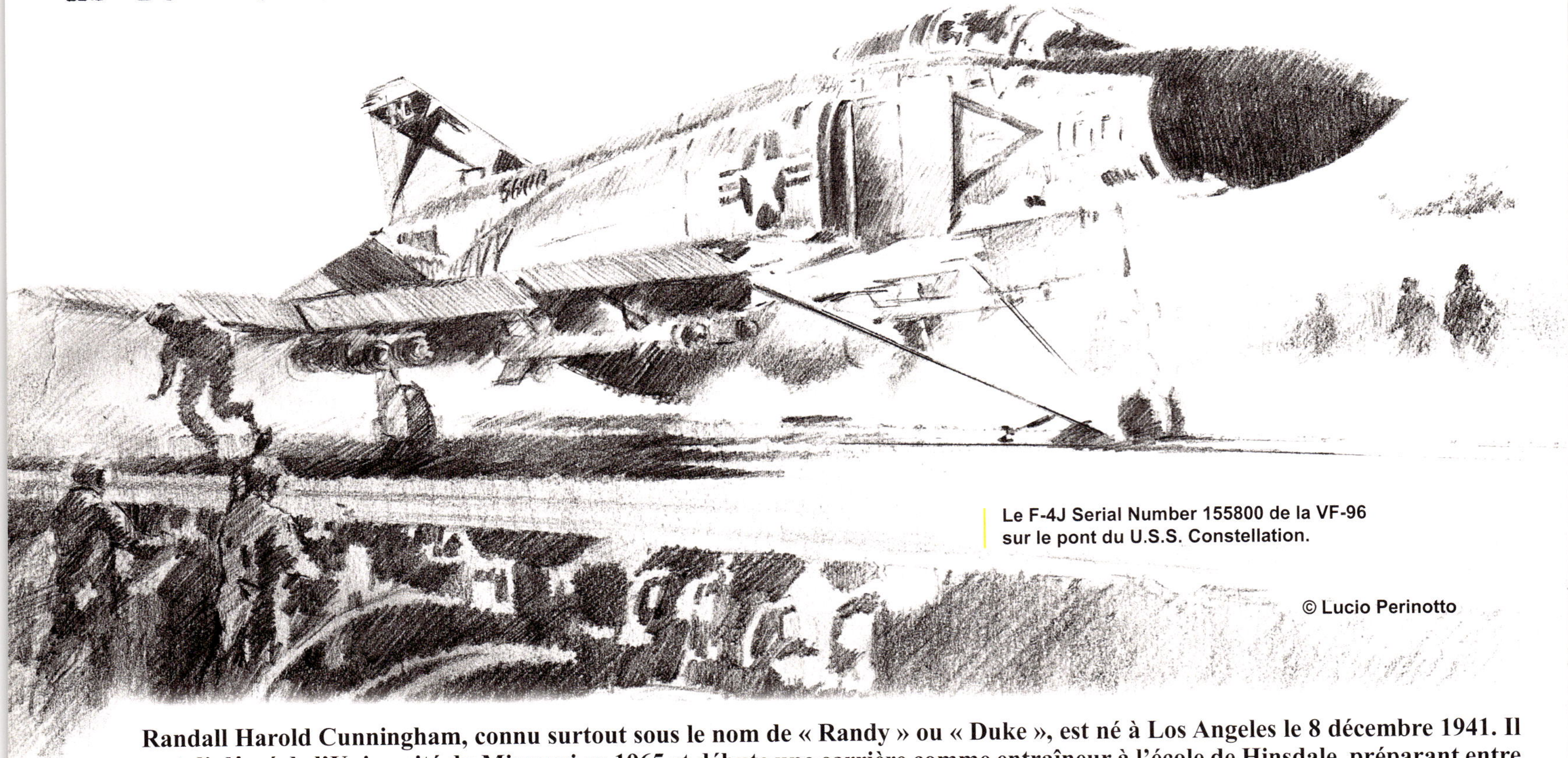

Le F-4J Serial Number 155800 de la VF-96 sur le pont du U.S.S. Constellation.

© Lucio Perinotto

Randall Harold Cunningham, connu surtout sous le nom de « Randy » ou « Duke », est né à Los Angeles le 8 décembre 1941. Il sort diplômé de l'Université du Missouri en 1965 et débute une carrière comme entraîneur à l'école de Hinsdale, préparant entre autre deux nageurs pour les Jeux Olympiques. Il rejoint l'US Navy en 1967 et vole sur F-4 à bord du US.S. America.
De retour aux Etats-Unis, il rejoint «Top Gun» (1) pour y suivre une formation. Il est ensuite affecté sur le porte-avions USS Constellation en tant que pilote de F-4 dans la VF-96 « Fighting Falcons ». Il effectue principalement des missions de bombardement alors qu'il rêve de pouvoir engager un combat avec un MiG nord-vietnamien.
Pourquoi pas avec ce fameux colonel Nguyen Toon, un mystérieux as vietnamien surnommé le « Colonel Tomb » ? S'il n'est en fait qu'un mythe répandu par la propagande américaine, il existe bien des as au nord-Vietnam tels Nguyen Van Coc ou Mai Van Cuong. Randy Cunningham, avec son RIO(2) William Driscoll, est déjà crédité d'une victoire sur un MiG 21 avec un AIM-9 « Sidewinder » lorsqu'il reprend du service pour l'opération Linebacker I en 1972. Il rejoint le Constellation le 8 mai, juste à temps pour participer à une attaque sur une aire de stockage de camions à une quarantaine de kilomètres à l'ouest de Hanoï.

Son *Phantom* vole environ à 10 000 pieds lorsqu'un MiG-17 «Fresco» surgit des nuages, faisant feu de tous ses canons sur son ailier, le lieutenant Brian Grant.
«*Brian, MiG dans tes 7 heures!*» prévient Cunningham.
Grant s'éloigne alors plein gaz mais le MiG réserve une mauvaise surprise aux pilotes de *F-4*. Contrairement à ce que les services de renseignement américains pensent, le «Fresco» est bien capable d'emporter des missiles air-air AA-2 «Atoll»!
«*Atoll! Break à tribord!*»
Grant s'engage dans un virage à gauche sous un facteur de charge de 6G, perturbant le verrouillage du missile, le MiG coupe alors le virage du *Phantom*, se rapprochant à portée de canon. Cunningham arrive derrière lui pour tirer un «Sidewinder» mais Driscoll l'avertit que deux autres MiG-17 passent à 200 pieds au-dessus d'eux.

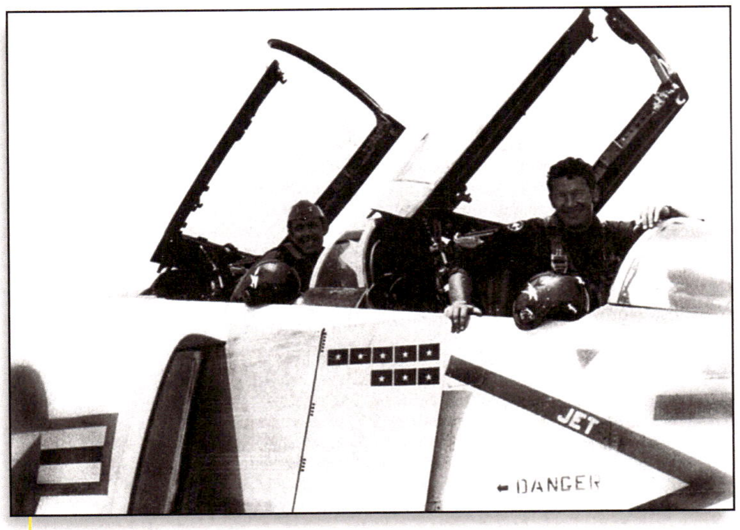

Les lieutenant William P. Driscoll (RIO) et Randall H. Cunningham (pilote) posent dans un *F-4J* de la *VF-96* après leur exploit du 10 mai 1972. Les drapeaux peints sur le déflecteur sont les victoires attribuées à la *VF-96*.

(1) Surnom de la Fighter Weapons School de Miramar en Californie, créée pour enseigner le combat aérien d'après les expériences du Vietnam.
(2) Radar Intercept Officer, officier radar en place arrière sur le F-4 Phantom.

Par Stéphane Morhain

« *Ne t'inquiètes pas, ils sont hors du coup* » lui dit Cunningham. Le temps qu'ils tournent, les *Phantom* seront en effet déjà loin. Malgré la distance, « Duke » tire un Sidewinder sur le « Fresco » qui fait un virage serré pour échapper au missile, la manoeuvre le plaçant face au *F-4*. Les deux autres MiG font demi-tour et commencent à tirer.

« *Duke !* » crie Driscoll « *Des MiG à 5 et 7 heures, ils tirent !* »

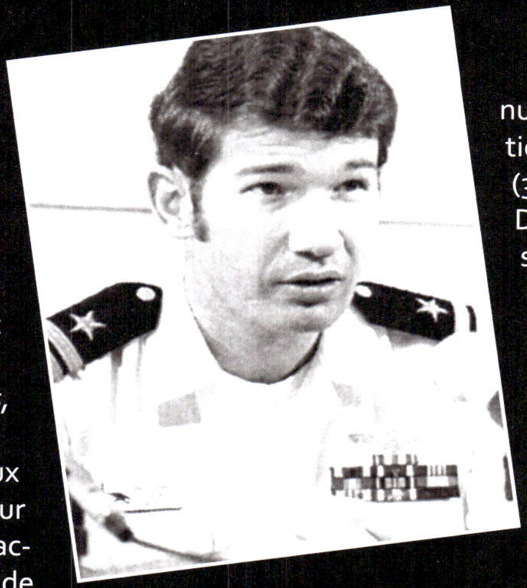

Refusant de se laisser distraire par ses deux poursuivants, Cunningham reste concentré sur sa cible et presse le bouton de tir. L'AIM-9 accroche le MiG qui est touché et s'écrase à flanc de colline. Ses poursuivants sont maintenant sur son arrière de chaque côté. Un virage le placerait donc immanquablement en face de l'un d'eux ; et s'il grimpe, il présenterait ses tuyères à un tir de « Atoll ». Il fait alors un tonneau et s'engage dans un piqué qui soumet l'appareil à d'importantes contraintes qui l'endommagent et font sauter des rivets. Il plonge dans un nuage où il peut alors allumer sa postcombustion sans craindre d'attirer un missile ennemi (3).

Deux jours plus tard, les appareils du « Connie » sont de sortie toute la journée mais sans l'avion de Cunningham et Driscoll, cloué au sol. Ils réussissent cependant à obtenir la permission d'utiliser le « *Showtime 100* »(4), le « *Phantom* » du *CAG* (*Commander Air group*, le chef des pilotes du *Constellation*) pour une mission dans l'après-midi sur le centre ferroviaire de Hai Duong, entre Hanoï et Haiphong, et les aérodromes de Kien An et Gia Lam.

Les sites de SAM et les aérodromes sont en alerte, l'aviation nord-vietnamienne rameute tous les MiG disponibles dans le

(3) *Les « Atoll » ont les mêmes défauts que les missiles américains, le système infrarouge est perturbé par les nuages.*
(4) *Showtime est l'indicatif radio de la VF-96.*

Le missile air-air AIM-9G Sidewinder

Le AIM-9G, un AIM-9D amélioré, est utilisé par l'*US Navy* pendant la guerre du Vietnam ; il est construit par Raytheon entre 1970 et 1972. C'est un missile à guidage infrarouge de conception et d'utilisation simple et relativement fiable. Conçu pour le combat à courte distance, il doit être tiré face à la tuyère de l'avion ennemi. Ses capacités sont dégradées par la pluie ou les nuages et il peut être facilement dévié par le soleil, des reflets ou des points chauds au sol. Il se révèle néanmoins plus efficace que le Sparrow.
« *Fox Two* » est le code radio utilisé par le pilote lorsqu'il tire ce missile.
Nombre construit : 2 120 pour l'*US Navy*
Longueur : 2,80 m
Masse : 86,18 kg
Vitesse : Mach 2,5
Portée : 4,2 km
Estimation de réussite au Vietnam sur le total de Sidewinder tirés : 18,2 % de coup au but

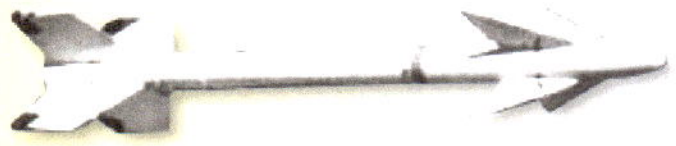

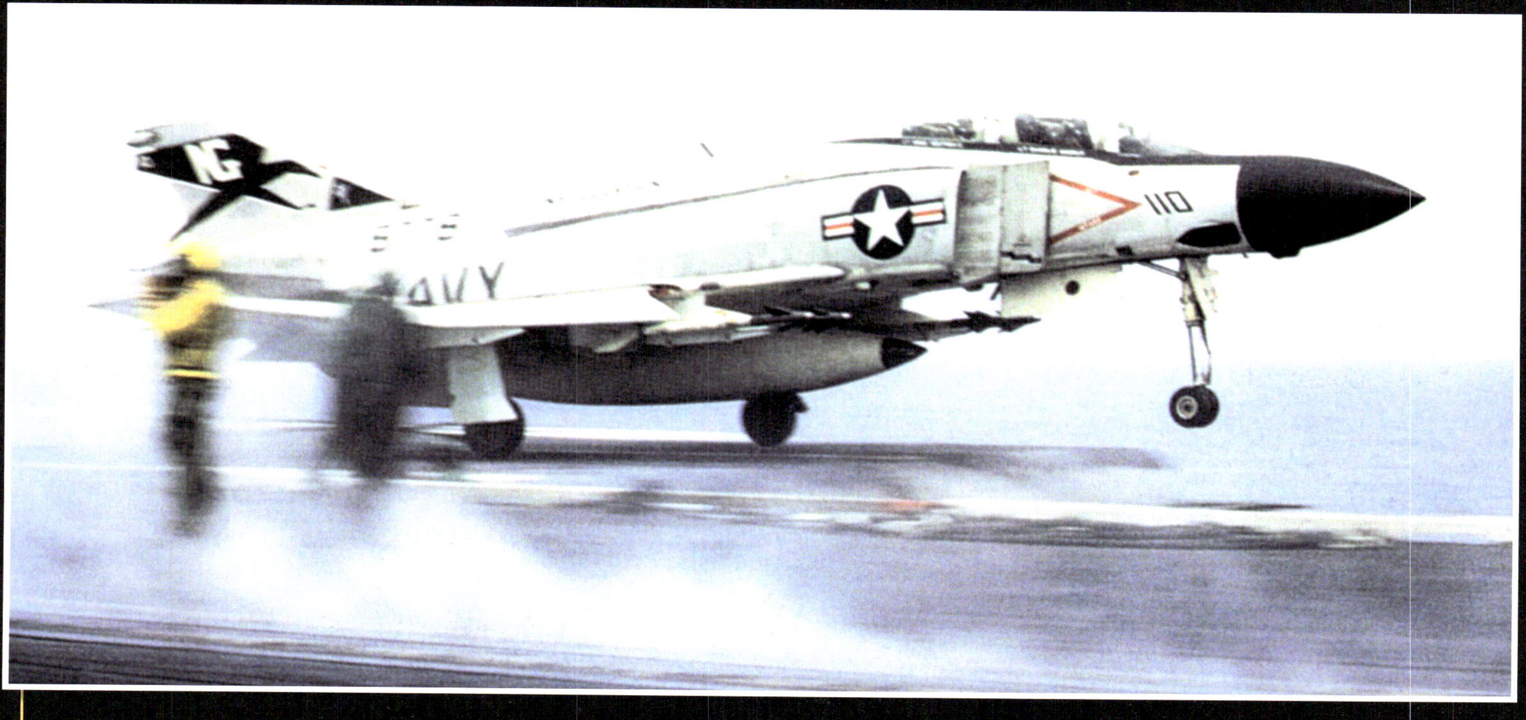

Catapultage d'un *Phantom F-4J* de la *VF-96 « Fighting Falcon »* depuis le pont du *USS Constellation (CVA-94)*. Ce *« Showtime 110 »* est armé de quatre Sidewinder et équipé d'un réservoir largable central de 600 gallons (2.271 litres). En médaillon : Le lieutenant Randall Harold Cunningham.

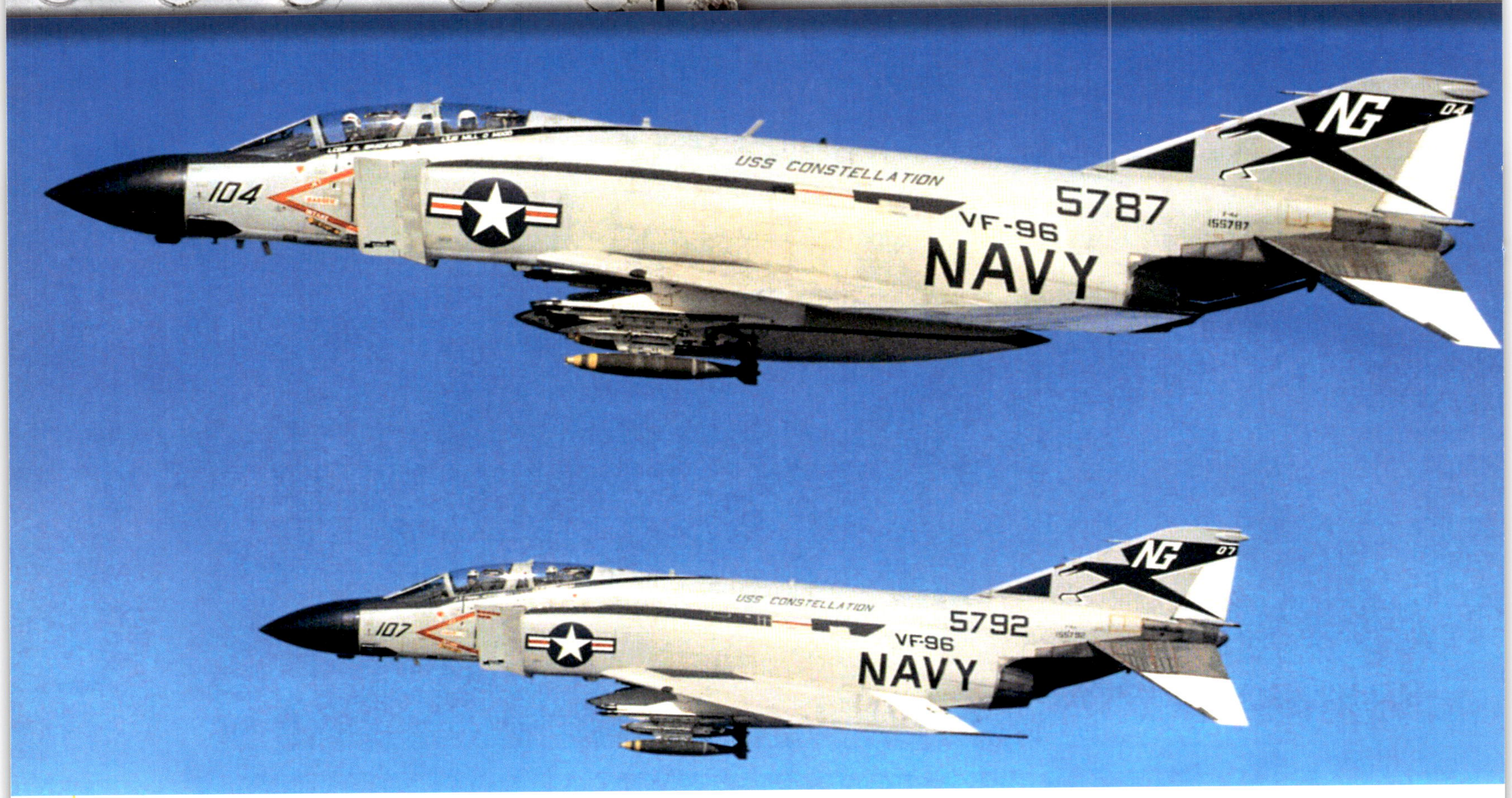

Deux F-4J Phantom II de la VF-96 en mission de bombardement. Les avions transportent des bombes Mk.82 LDGP (Low Drag, General Purpose- trainée réduite, usage général) de 540 livres (245 kilos).

... Le AIM-9 se précipite directement dans la tuyère du Klimov, transformant instantanément le MiG-17 en boule de feu.

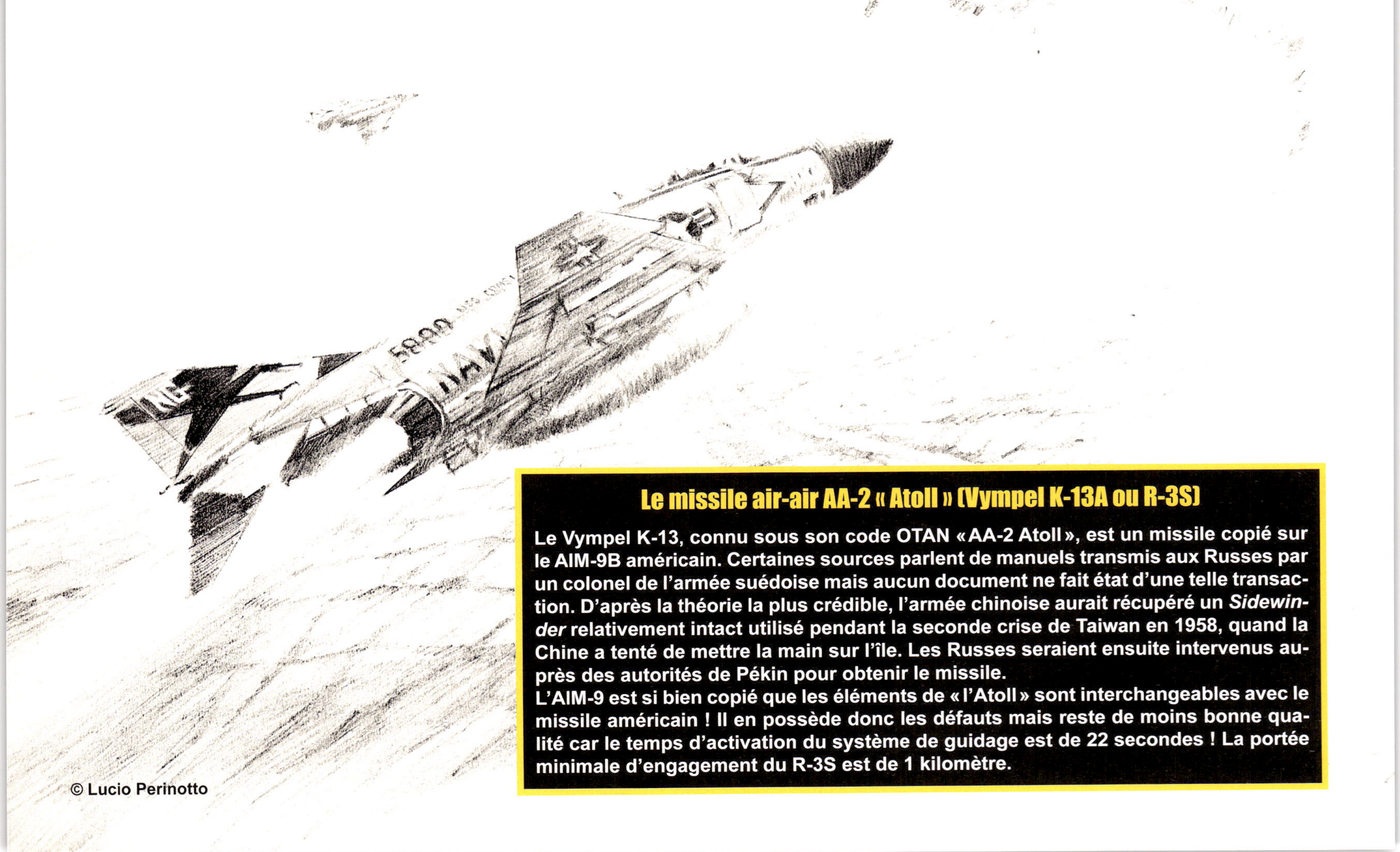

© Lucio Perinotto

Le missile air-air AA-2 « Atoll » (Vympel K-13A ou R-3S)

Le Vympel K-13, connu sous son code OTAN « AA-2 Atoll », est un missile copié sur le AIM-9B américain. Certaines sources parlent de manuels transmis aux Russes par un colonel de l'armée suédoise mais aucun document ne fait état d'une telle transaction. D'après la théorie la plus crédible, l'armée chinoise aurait récupéré un *Sidewinder* relativement intact utilisé pendant la seconde crise de Taiwan en 1958, quand la Chine a tenté de mettre la main sur l'île. Les Russes seraient ensuite intervenus auprès des autorités de Pékin pour obtenir le missile.
L'AIM-9 est si bien copié que les éléments de « l'Atoll » sont interchangeables avec le missile américain ! Il en possède donc les défauts mais reste de moins bonne qualité car le temps d'activation du système de guidage est de 22 secondes ! La portée minimale d'engagement du R-3S est de 1 kilomètre.

secteur. Cunningham a la tâche de neutraliser l'artillerie anti-aérienne, chaque appareil est alors équipé d'un réservoir supplémentaire, de deux Sparrows, de 8 Sidewinder et de deux racks de six bombes Mk.20 Rockeye II chacun. Le site de DCA est noyé dans la brume et Cunningham se rabat sur le bombardement de hangars à Hai Duong. Après leur passe, Driscoll se retourne pour observer les impacts au sol et remarque des points noirs se rapprochant rapidement sur l'horizon. C'est un groupe d'une vingtaine de MiG qui s'approche et des messages confus fusent sur la radio :

« *Bandits ! Bandits !* »

« *MiG 17 ! MiG 17 !... Il est derrière moi !* »

Grant prévient Cunningham :

« *Duke, tu as des MiG 17 dans tes 7 heures, ils tirent !* »

Cunningham fait alors l'erreur de virer à gauche contre un ennemi plus manœuvrant comme le MiG-17. Par chance, les Vietnamiens arrivent si vite qu'ils ne peuvent suivre le *Phantom* dans son virage et celui qui semble être le leader le dépasse.

Il se trouve alors à portée minimale d'engagement du AIM-9 lorsque « Duke » tire son missile. Le temps que le Sidewinder accélère, le MiG-17 s'est éloigné à distance suffisante pour le verrouillage du missile. Le AIM-9 se précipite directement dans la tuyère du Klimov, transformant instantanément l'avion en boule de feu.

Cunningham met alors la postcombustion et grimpe à 15 000 pieds pour regarder autour de lui. La scène qu'il voit alors semble tout droit sortie de « La patrouille de l'aube », un film de Howard Hawks sur les combats aériens de la Première Guerre mondiale. Alors qu'un MiG-17 plonge en flammes vers l'est, huit autres font des cercles avec trois *Phantom*, chacun essayant de couvrir ses arrières ainsi que ceux de son ailier tout en tentant de tirer sur un ennemi.

Cunningham et Grant virent pour rejoindre le combat et manquent de peu de rentrer en collision avec « *Showtime 112* » piloté par le commander Dwight Timm, le second de la *VF-96*, poursuivi par trois MiG. L'un d'eux est derrière lui et le son de l'AIM-9 retentit dans le cockpit de « *Showtime 100* », signifiant à Cunningham que l'une des tuyères a été accrochée mais il ne sait pas à quel avion elle appartient.

« *Vire à tribord !* » lance-t-il à Timm en espérant qu'il s'écarte.

Le missile air-air AIM-7D Sparrow III

Conçu pour être l'arme principale du *F-4*, il doit être tiré à grande distance, au-delà de la portée du AIM-9, sur une cible peu manœuvrante comme un bombardier nucléaire. Guidé par radar et pouvant être tiré sous tous les angles, il s'avère cependant trop complexe et manque de fiabilité. Les règles d'engagement au Vietnam, qui nécessitent une identification visuelle de la cible, annulant le seul avantage du Sparrow, le tir à distance. La procédure de traque radar et de verrouillage est trop compliquée pour être faite correctement lors d'un dogfight. De plus, l'environnement rude d'un porte-avion, les manutentions, les catapultages et apontages des appareils peuvent le détériorer rapidement. Les pilotes utilisent le code radio « *Fox One* » lorsqu'ils font usage de ce missile.

- **Nombre construit : 7 500**
- **Longueur : 3,66 m**
- **Masse : 226,80 kg**
- **Vitesse : Mach 4**
- **Portée : 45 km**
- **Estimation de réussite au Vietnam sur le total de Sparrow tirés : 9 % de coup au but.**

L'un des MiG est derrière le F-4 de Dwight Timm, le second de la VF-96, et le son de l'AIM-9 retentit dans le cockpit de « Showtime 100 », signifiant à Cunningham que l'une des tuyères a été accroché mais il ne sait pas à quel avion elle appartient.

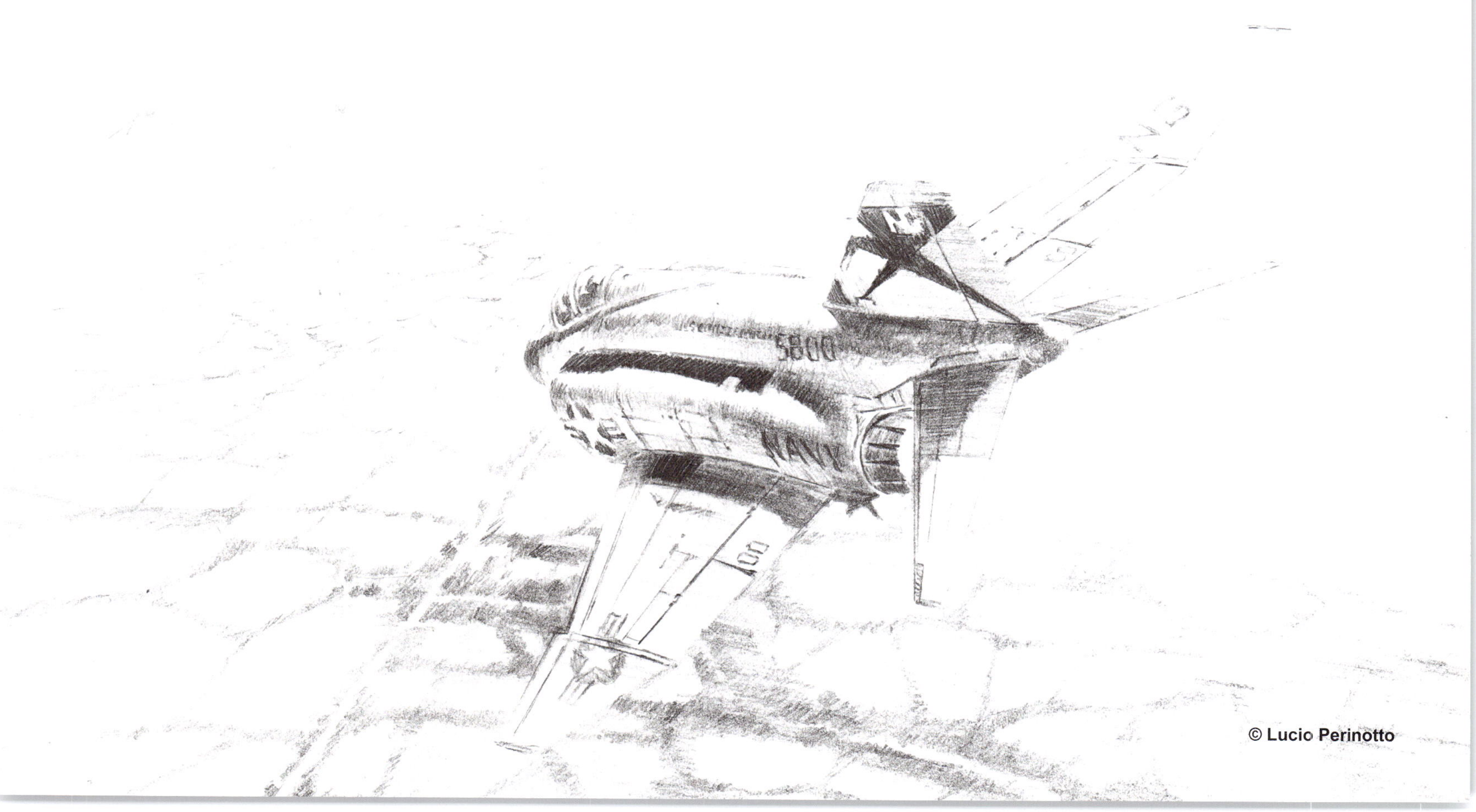

© Lucio Perinotto

Le Mikoyan-Gurevich MiG 17, code OTAN « Fresco »

Développé à partir du MiG 15, le MiG 17 est également un des chasseurs à réaction de première génération malgré quelques améliorations. Il est inférieur aux jets dits de « seconde génération » comme le *F-105* ou le *F-4* mais son poids lui permet de surclasser les avions américains en manœuvrabilité et en virage. Le « *Fresco* » est un formidable avion de dogfight entre des mains expertes. Son armement principal est composé de deux Nudelman-Rikhter NR-23 de 23 mm et d'un Nudelman N-37D de 37 mm. Les pilotes de MiG 17 sont donc contraints de combattre à courte portée mais les canons sont efficaces jusqu'à 1 500 m et peuvent délivrer une rafale de 5 secondes. Cela semble court mais un seul obus de 37 mm peut envoyer n'importe quel chasseur américain au tapis !
Les premières versions livrées au Vietnam du Nord sont des « Fresco A », dépourvus de réchauffe, dont la vitesse ascensionnelle est inférieure de moitié à celle du MiG 17F.
Le MiG-17F est la version dotée du réacteur Klimov K-1F avec post-combustion. Le collimateur et le radar de tir sont des dérivés de l'équipement du *F-86 Sabre* dont un exemplaire fut capturé durant la Guerre de Corée. Le *Fresco* ne possède pas de réservoir de carburant dans les ailes, amoindrissant ainsi sa vulnérabilité en combat, mais il ne possède que 2 082 litres au total avec les bidons largables, ce qui ne lui donne qu'une autonomie limitée. Très agile à basse vitesse et à basse altitude, les systèmes de commande manuelle ne permettent pas de garder une maniabilité et une stabilité acceptables à plus de 500 nœuds. Au dessus de 595 nœuds, les commandes sont quasi-inutiles. L'avion est cependant idéal pour un pays comme le Vietnam car il requiert un outillage basique et nécessite une maintenance simple. La facilité de ravitaillement en carburant et en munitions permet de le renvoyer au combat en seulement 20 minutes.
Armement : 1 x Nudelman N-37D de 37mm, cadence de tir 400 coups/minute, capacité de 40 obus. 2 x Nudelman Rikhter NR-23 de 23 mm, cadence de tir de 65 coups/minute, capacité de 80 obus chacun. Collimateur ASP-4N et radar de tir SRD-3

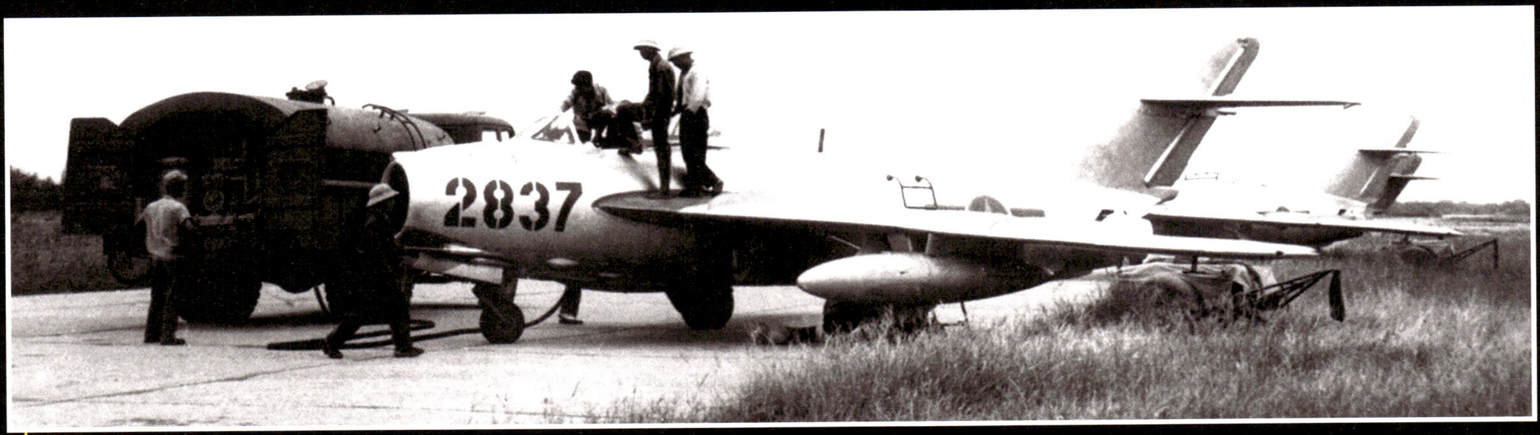

Un MiG-17 « Fresco » C flambant neuf est ravitaillé en carburant sur la piste de Gia Lam en 1965. Simple et robuste, le MiG-17 convenait parfaitement à l'infrastructure du Nord-Vietnam.

Mais Timm ne comprend pas qu'il y a un autre MiG dans ses 6 heures et sait seulement qu'un virage le placerait en position de tir pour l'un des poursuivants. Il continue donc sur sa trajectoire et le MiG remonte lentement son nez vers lui.
« *Duke, il y a quatre MiG dans nos 7 heures !* » le renseigne Driscoll. « *Regarde à 2 heures en haut !* » Cunningham relève la tête pour voir l'éclat du soleil sur les verrières de deux Shenyang J-6 (5) qui s'élancent à l'attaque.

Avec six appareils essayant maintenant de se placer pour l'abattre, Cunningham doit abandonner sa position derrière Timm et vire face aux J-6 qui le dépassent. Il peut distancer les MiG 17 mais il choisit de basculer vers la gauche pour se replacer derrière les poursuivants de Timm. L'alerte du Sidewinder retentit de nouveau dans le cockpit mais Cunningham ne peut tirer sans être sûr de sa cible. Driscoll le prévient que quatre MiG 21 se rapprochent d'eux. « Duke » tente une dernière fois de prévenir Timm : « *Showtime,*

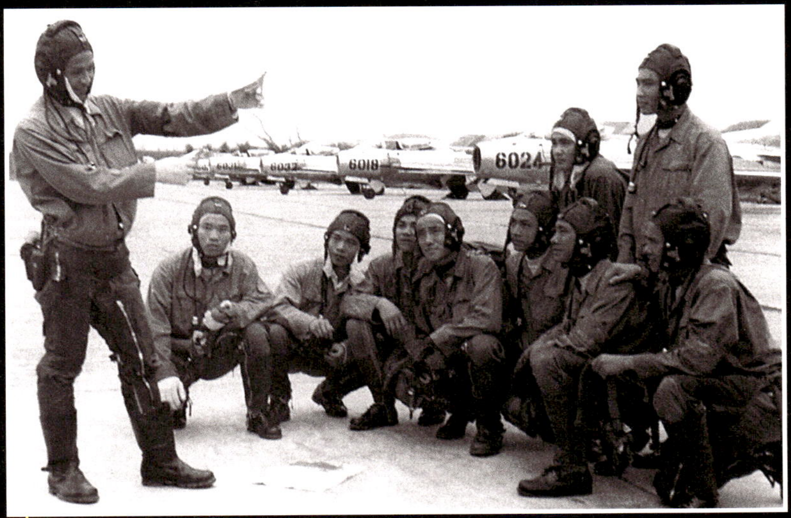

Un pilote nord-vietnamien donne à ses collègues quelques conseils de tactiques au moyen de maquettes. Les appareils situés derrière eux sont des Shenyang J-6, la version chinoise du MiG-19 «Farmer».

Les pilotes nord-vietnamiens

Les premiers candidats de la Force Aérienne doivent apporter la preuve qu'ils ont combattu les Français afin de montrer leur engagement dans la cause communiste. Ils doivent également être officiers de l'Armée ou de la Marine. Ces conditions ont pour conséquence un âge moyen (27 ans) plus élevé que dans les autres armées de l'air. Les pilotes reçoivent des cours de physique et de maths supplémentaires pendant un an selon leur niveau d'étude, avant d'apprendre à piloter. Equipés d'un nombre réduit de biplaces, les élèves vont au combat avec un nombre insuffisant d'heures de vol derrière eux. Selon le service historique de l'armée, douze nouveaux pilotes arrivent en unités chaque mois. On découvre par la suite que les pilotes doués d'un trop grand zèle patriotique sont trop confiants, ce qui entraîne des pertes inutiles.
A partir de 1970, les élèves reçoivent de meilleures formations et l'âge moyen descend à 23 ans, les conditions de recrutement devenant plus souples.

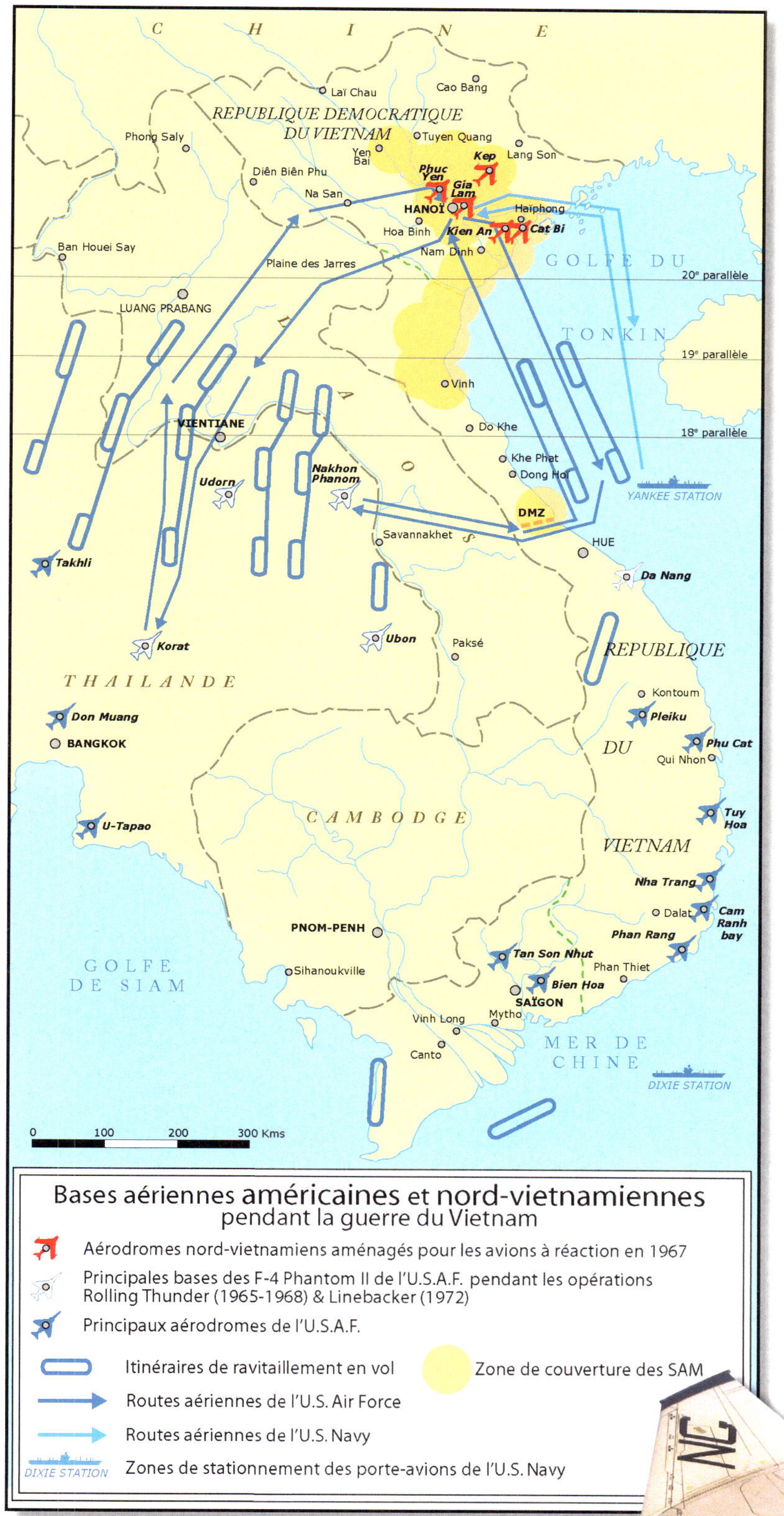

vire à tribord ! Vire à tribord bon dieu ! » Timm, ayant réussi à distancer les deux appareils qui l'encadraient, vire brutalement vers la droite. Le Fresco n'arrive pas à le suivre et Cunningham appuie sur la commande de tir : « *Fox Two !* » (6) Le missile atteint le MiG qui explose, le *F-4* frôle le pilote vietnamien qui vient de s'éjecter. Les MiG se rapprochent et Driscoll hurle : « *Break ! Break ! Donne-moi tout ce que tu as !* »

« *Showtime 100* » vire face aux MiG 21, et dans une éclaircie, Cunnigham se rend compte qu'ils sont seuls ! Il ne voit aucun *F-4*, sauf celui de Timm qui s'éloigne vers la côte. Grant, son ailier, est invisible. Partout, il ne voit que des MiG. « *Il est temps de partir.* » pense Cunningham.

Alors qu'ils se dirigent vers la côte à 10 000 pieds, ils repèrent un autre MiG 17 arrivant dans leur 12 heures. Cunningham se dit que, pour lui échapper, il s'agit simplement d'appliquer une manœuvre qu'il a déjà utilisé à « Top Gun » contre des *A-4* : Il suffit de passer au plus près de l'ennemi pour qu'il ait le moins de champ possible pour virer et se placer rapidement dans ses 6 heures. Mais le pilote vietnamien n'est jamais allé à « Top Gun » et fonce droit sur le *Phantom*, ses canons de 23 mm et 37 mm crachant leurs obus sur lui ! Stupéfait, Randy fait soudainement cabrer *le F-4*, pensant naturellement que le MiG ne le suivra pas en montée (7).

Mais à sa grande surprise, le « Fresco » ne le lâche pas. « *Le MiG restait avec moi, verrière à verrière, à 300 pieds de moi ! Je pouvais voir son casque de cuir, ses lunettes, son écharpe et son expression... Il n'y avait aucune peur dans son regard.* » Comme le MiG commence à vaciller, le pilote américain met la postcombustion, ce qui le place au-dessus de son adversaire. S'il peut rester dans cette situation, il pourra alors se placer dans ses 6 heures lors de la descente.

Mais même sur le point de décrocher, le pilote vietnamien vient placer son nez sur son adversaire et presse la détente. Ses trois canons crépitent. Il tire posément, professionnellement, par courtes rafales.

Driscoll est étonné par les capacités du pilote ennemi : « *Mais c'est qui ce gars ?* » « *Ce Viet est vraiment chanceux ! Mais on l'aura !* » Randy fait basculer son *Phantom* sur le dos pour piquer, le pilote ennemi le laisse passer puis se jette derrière lui : « *comme s'il était attaché à notre avion avec une corde !* » Le MiG est toujours der-

(5) *Version chinoise du MiG 19 « Farmer ».*
(6) *Code radio qui prévient d'un tir de Sidewinder.*
(7) *Généralement, les MiG 17 manoeuvraient surtout dans le plan horizontal et ne suivaient pas le F-4, plus puissants, dans le plan vertical.*

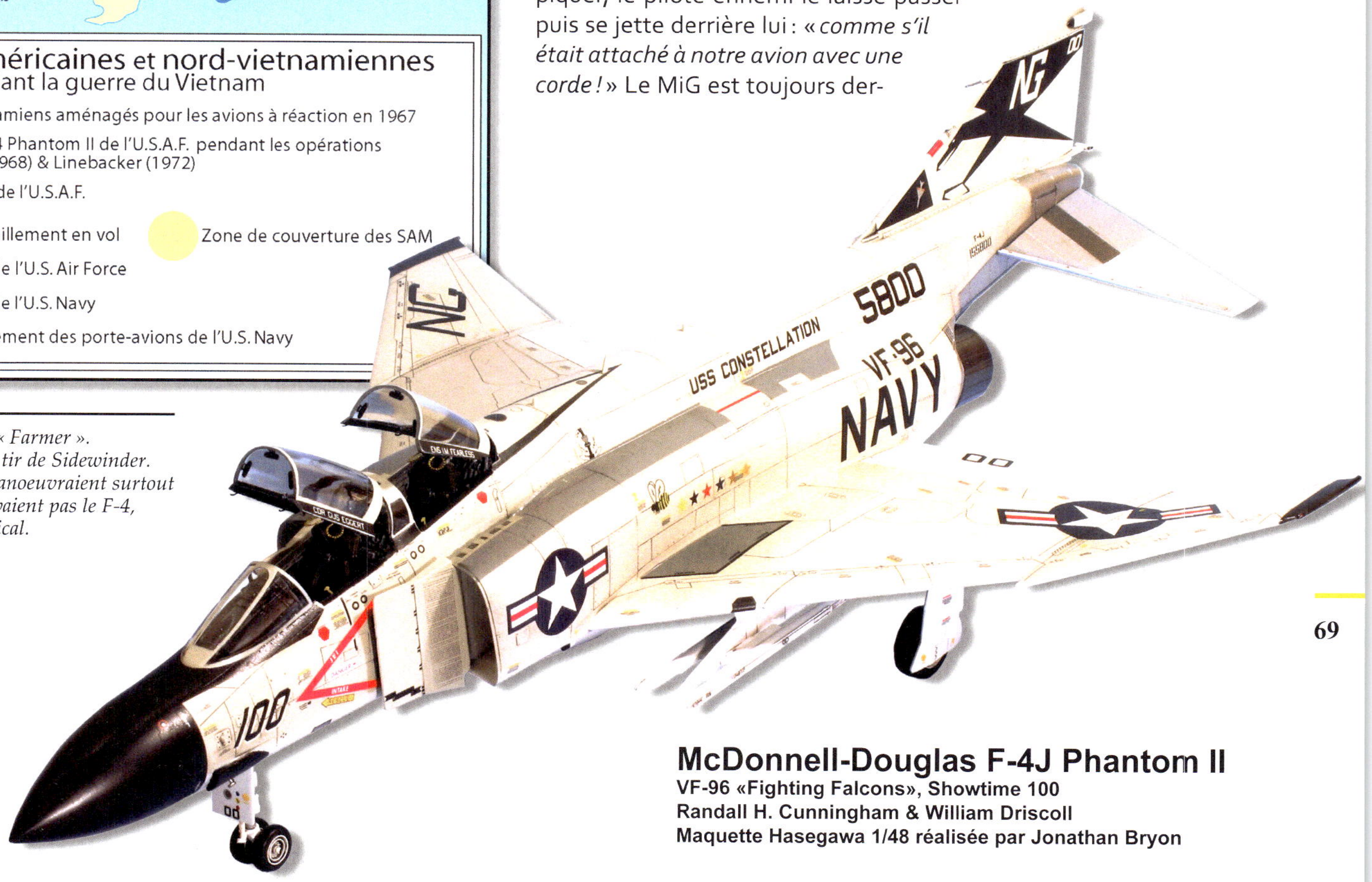

McDonnell-Douglas F-4J Phantom II
VF-96 «Fighting Falcons», Showtime 100
Randall H. Cunningham & William Driscoll
Maquette Hasegawa 1/48 réalisée par Jonathan Bryon

La naissance de la Force Aérienne Populaire du Vietnam

Le 9 mars 1949, Ho Chih Minh passe un décret pour la mise en place d'un comité d'étude pour la possibilité de créer une force aérienne pour son pays. Des instructeurs japonais et allemands sont recrutés. Les 30 premiers élèves sont alors entraînés sur un *Tiger Moth* et un *Morane-Saulnier MS-500 « Criquet »* (version française du *Fieseler Storch* allemand) avec moins de 4 heures de cours théoriques. En 1955, le ministère de la défense décide de moderniser et de remettre en état les aérodromes français et japonais. Les trois principales pistes sont Cat Bi, Do Son et Kien An, cédées par les Français. Des aérodromes supplémentaires sont ensuite remis en état : Gia Lam, Vinh, Dong Hoi, Lang Son, Lao Cai et Tien Yen. En mars 1956, les 110 premiers élèves partent en formation à l'étranger dont certains en U.R.S.S. La première école est créée avec l'aide des Chinois mais elle ne dispose pas de cours de vol. L'instruction sur MiG-15 ne débute qu'en 1957.
Avec l'introduction des jets, les pistes doivent être rallongées ; deux nouvelles bases sont implantées à Do San et Cao Bang. En 1959, la Force Aérienne Populaire du Vietnam possède 44 aérodromes. Le 24 janvier 1959, le bureau de la Force Aérienne voit le jour et contrôle l'aviation militaire et civile.
En 1960, soixante pilotes partent en U.R.S.S pour se reconvertir sur MiG-17 ainsi que 30 à Son Dong, une base chinoise. 70 autres élèves s'entrainent sur hélicoptères et 200 autres pour le soutien au sol. En décembre 1962, le Nord-Vietnam a pris livraison de 40 MiG-17 et MiG-15 biplaces. Le premier régiment de chasse, le 921e Sao Dao, est créé sur ordre du général Hoang Van Thai le 3 février 1964 et devient opérationnel quelques semaines après.

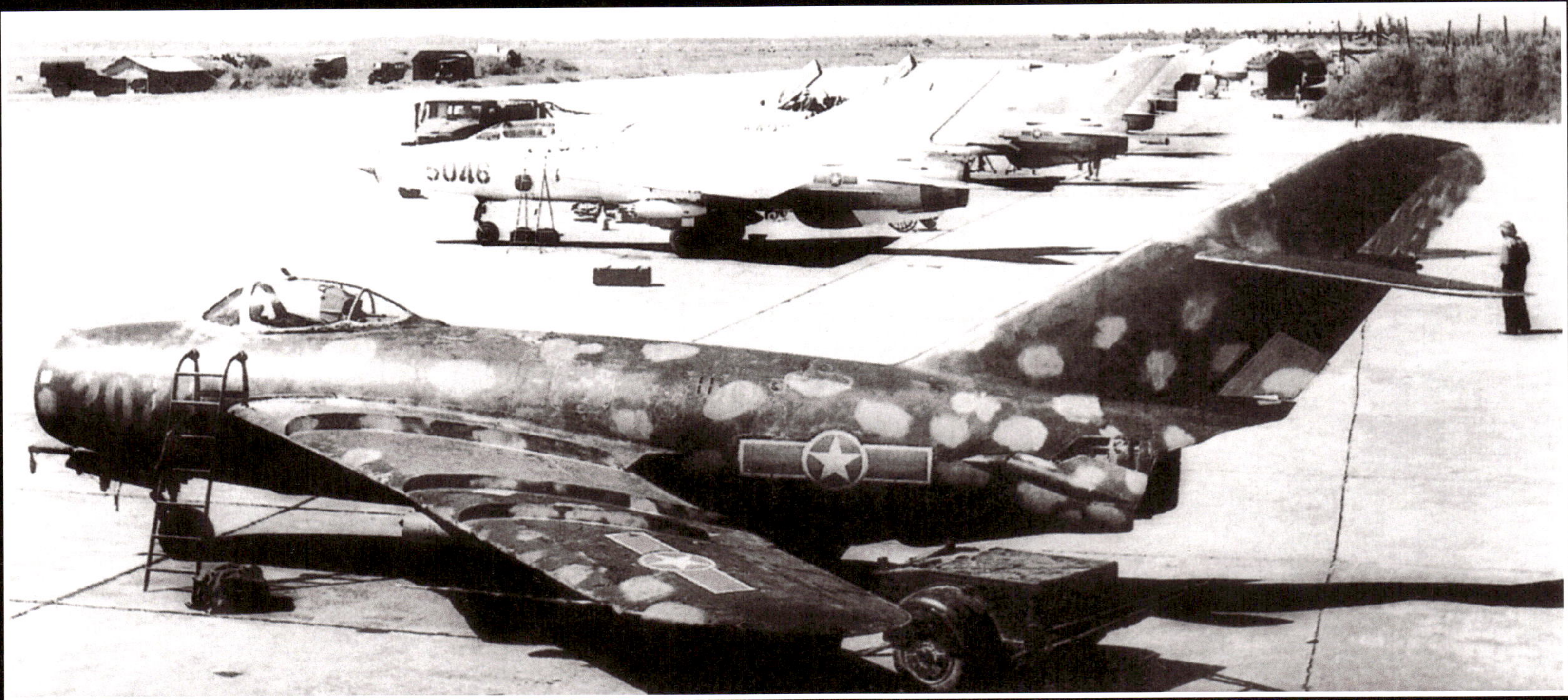

Photo de fin de conflit montrant un MiG-17 aux cotés de MiG-21 sur la base de Nội Bài, une piste devenue opérationnelle très tardivement dans le conflit. A cette époque, le MiG-21 a remplacé son prédécesseur dans le rôle de chasseur, le reléguant dans un rôle d'attaque au sol uniquement. Le camouflage est vert sur un fond aluminium.

Le *F-4J « Showtime 100 »* vu ici lors du déploiement de la *VF-96* à bord de l'*USS America (CVA-66)* entre avril et décembre 1970.

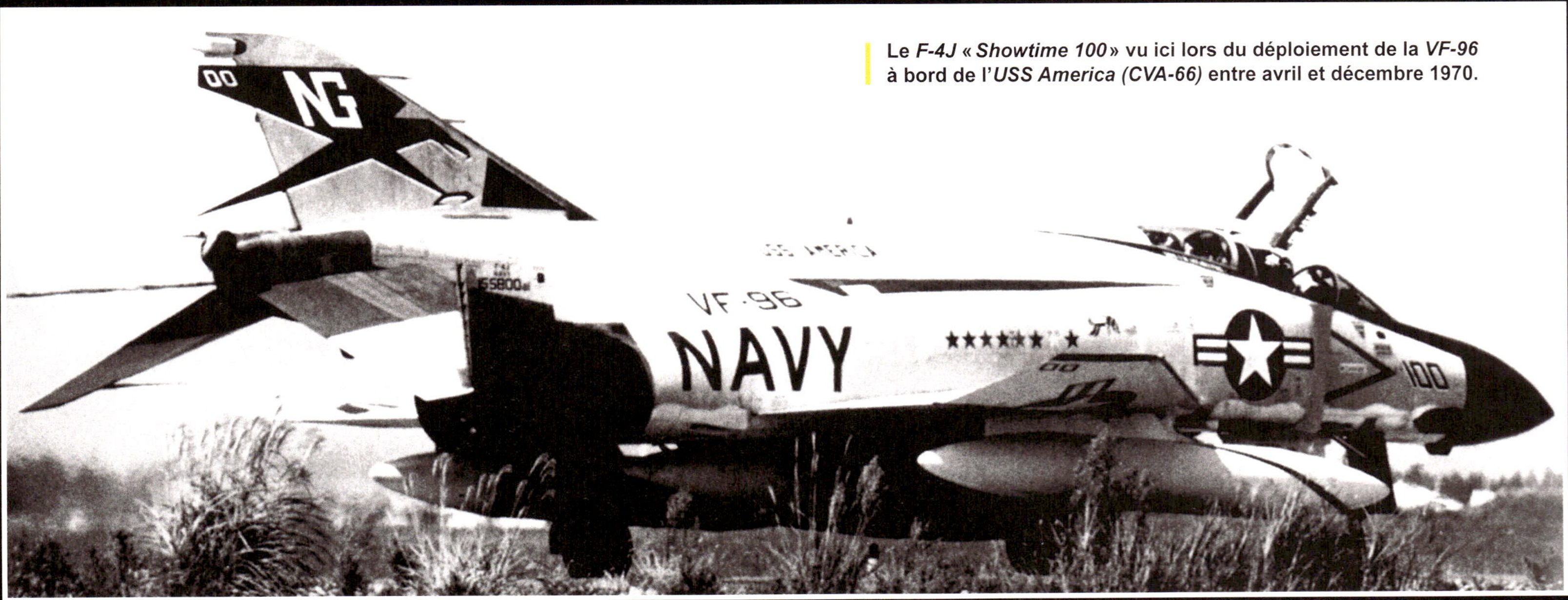

rière lui lorsqu'il sort de son piqué. Cunningham se dit qu'après tout, ce gars n'était peut être pas chanceux mais tout simplement un bon pilote ! Il s'agissait peut-être de ce fameux colonel Tomb, s'il existait, ou du moins d'un as.

Les deux chasseurs s'engagent dans un « piqué en spirale », chacun essayant de passer derrière son adversaire en faisant des tonneaux barriqués. En ralentissant à 200 nœuds, le pilote américain fait néanmoins le jeu du MiG, plus manœuvrant à basse vitesse et « Duke » se dit qu'il est alors temps de rompre le combat.

Alors que le MiG amorce une montée, le *F-4* s'éloigne à grand renfort de postcombustion et accélère à 600 nœuds. Mais le MiG revient sur lui et les deux chasseurs recommencent les mêmes manœuvres : inversion verticale, puis piqué en spirale et dégagement. Mais l'américain n'arrive pas se placer en position : *« Tout ce que mon avion faisait, il y réagissait instinctivement. Il volait dans un sacré bon appareil ! »*

Mais Cunningham ne s'imagine pas dire au reste de l'unité qu'il a eu peur et a préféré rompre le combat. Maintenant, la seule façon de quitter le combat est d'abattre l'autre. Pour le pilote vietnamien, il en va de même : A court de carburant, le contrôle au sol lui ordonne sans doute de rentrer. Il ignore purement et simplement l'ordre.

Le *Phantom* se met une fois de plus en grimpé, mais cette fois le pilote américain tente une manœuvre surprenante pour placer l'ennemi devant lui. Il ramène les manettes des gaz au neutre, sort ses volets et ses aérofreins.

Le MiG dépasse alors le *Phantom* qui est cabré à 60° et prêt à décrocher avec une vitesse de seulement 150 nœuds. Cunningham rentrent les volets et les aérofreins et pousse en avant les gaz. « *Ne vous éteignez pas maintenant, mes petit J-79 !* » Les réacteurs ne s'éteignent pas et l'avion bondit en avant. Il se trouve derrière le MiG qui fait un tonneau pour essayer de garder à portée de vue le *Phantom* dans ses 6 heures. La manœuvre fait décrocher l'appareil qui pique vers le sol. Cunningham le suit à son tour. Il tente alors de tirer un Sidewinder malgré les grandes probabilités pour que le guidage soit attiré par le sol et non la tuyère du Klimov VK-1.

« *Fox Two !* » Le missile quitte son rail et se dirige vers le MiG. Une lueur jaillit de l'appareil qui continue sans broncher sur sa lancée et Cunningham se prépare à lancer son dernier AIM-9 lorsqu'un panache de flammes et de fumée jaillit à l'arrière du MiG-17. Toujours sous contrôle, l'avion pique à 45° droit vers le sol mais le pilote vietnamien ne s'éjecte pas.

« *Ok, un MiG au tapis.* » dit Driscoll *« Duke, t'en as eu un de plus ! »* Mais ils ne sont pas encore tirés d'affaire. Alors qu'ils grimpent à 16 000 pieds pour éviter la DCA, quelqu'un hurle sur la radio : « *SAM ! SAM ! SAM !* » Cunningham regarda à sa droite et voit une sorte de poteau téléphonique blanc surmontant un pilier de flammes monter vers eux. C'est un missile sol-air SA-2 « Guideline » ! Il est trop tard pour l'éviter et son détonateur de proximité le fait exploser à moins de 100 m de l'avion américain.

Le souffle propulse le *Phantom* sur son aile gauche, Cunningham le ramène sur son cap et jette un coup d'œil à ses systèmes. Tout semble bien fonctionner et il continue à grimper à 27 000 pieds. Soudain, l'avion se met à obliquer sur la gauche et le pilote se rend compte qu'il n'a plus de pression hydraulique.

Le temps que le système de secours prenne le relai, le feu prend à l'arrière de son appareil. Il reste encore 24 kilomètres jusqu'à la côte et le manuel ne laisse aucun doute sur la procédure à adopter dans ces cas-là : s'éjecter !

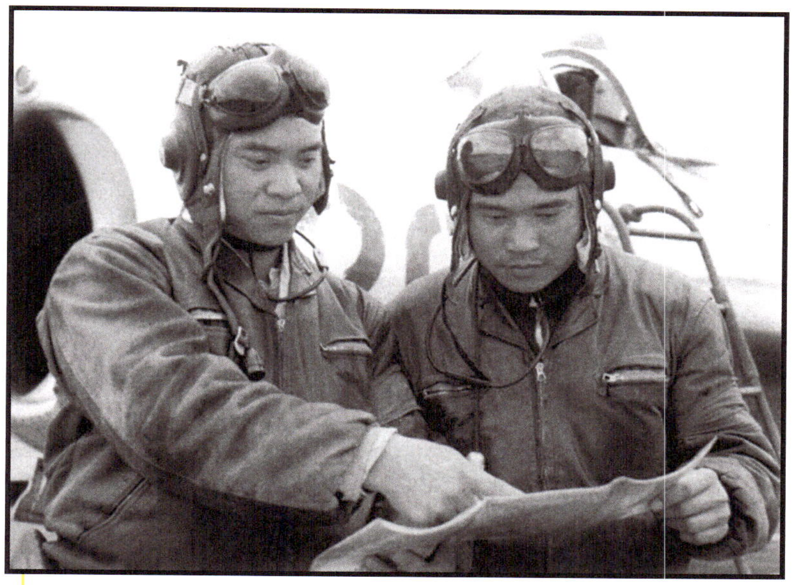

Deux pilotes nord-vietnamiens : Ngô Đức Mai et Nguyễn Hiếu consultent une carte avant de partir en mission au début de 1967. Le premier détient un palmarès de trois victoires sur des appareils américains à bord d'un MiG-17.

« Le MiG restait avec moi, verrière à verrière, à peine à 300 pieds de moi ! Je pouvais voir son casque de cuir, ses lunettes, son écharpe et son expression… Il n'y avait aucune peur dans son regard. »

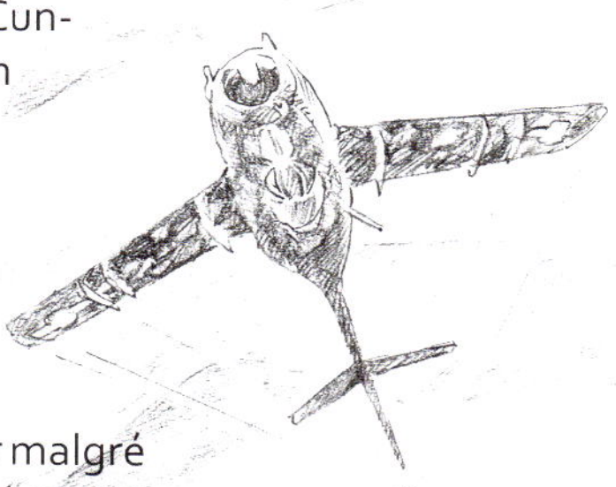

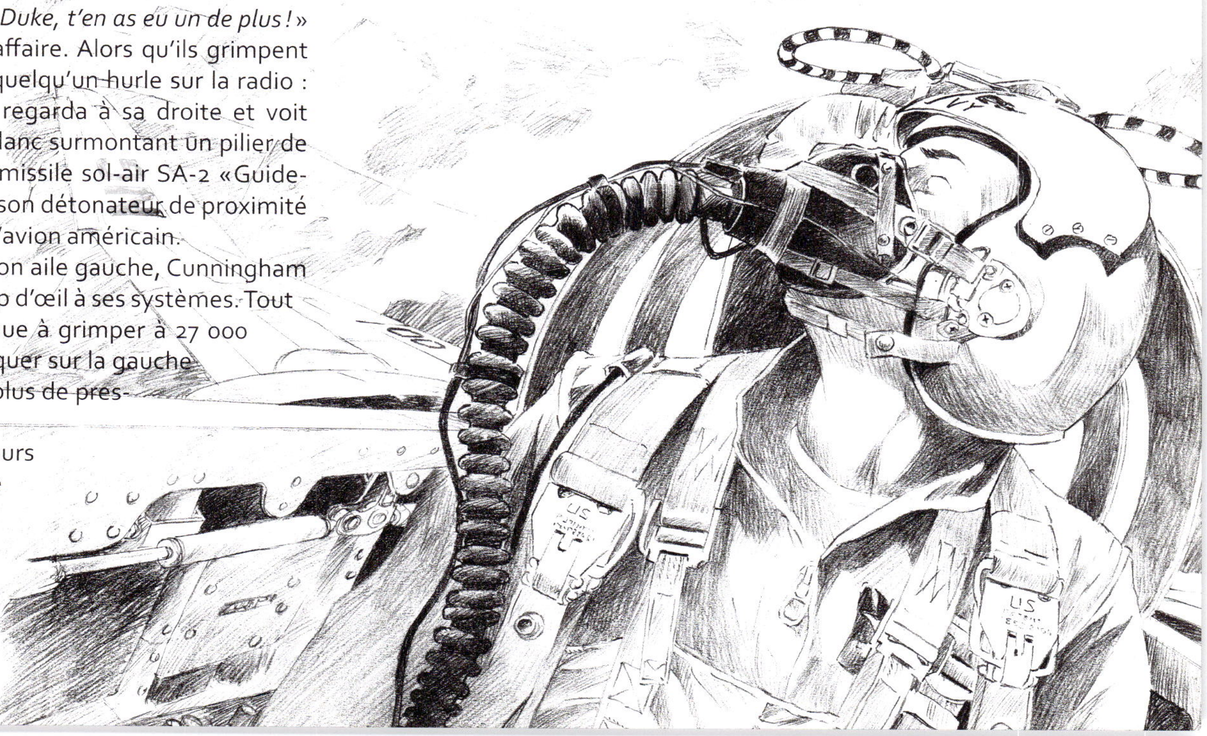

© Stéphane Morhain

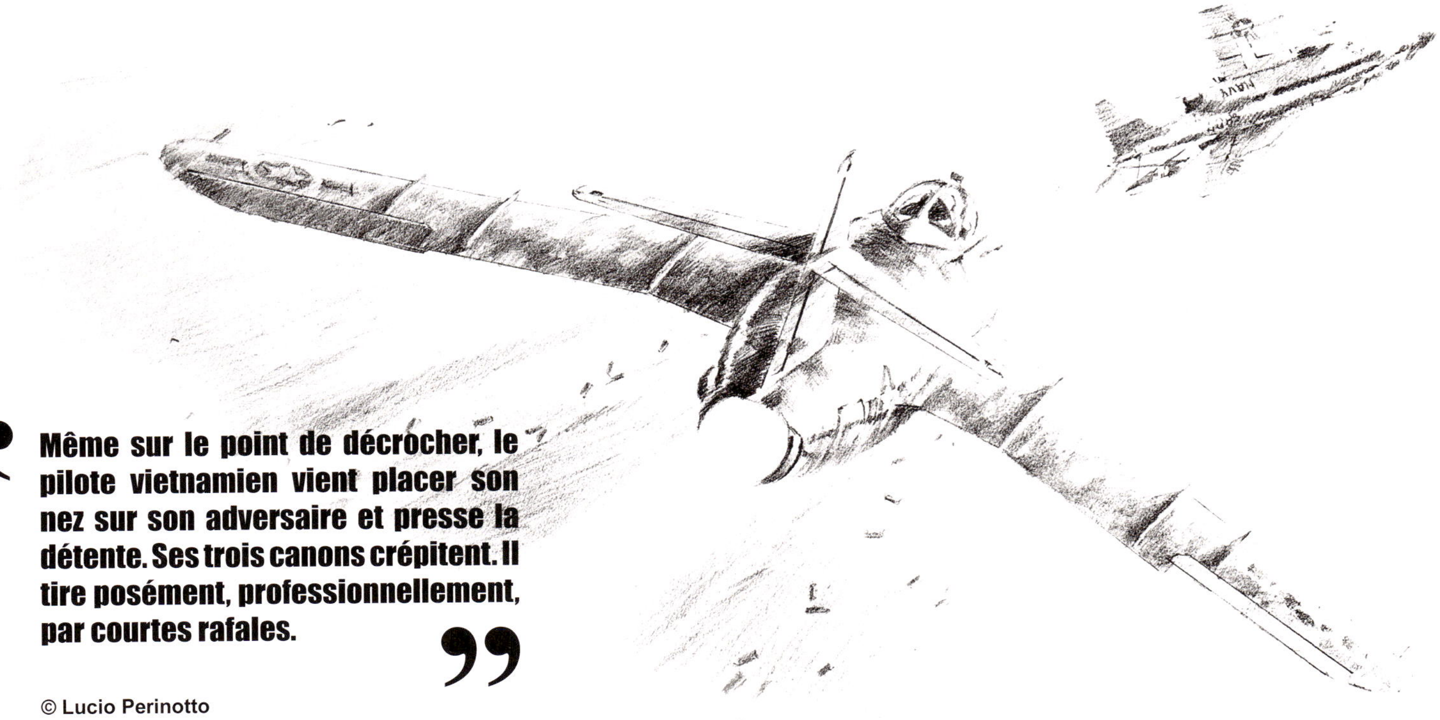

“ Même sur le point de décrocher, le pilote vietnamien vient placer son nez sur son adversaire et presse la détente. Ses trois canons crépitent. Il tire posément, professionnellement, par courtes rafales. ”

© Lucio Perinotto

Mais s'il y a bien une chose que Cunningham ne veut pas faire, après avoir remporté ses cinq victoires, c'est passer le reste de la guerre comme « invité » au « Hanoï Hilton » ! (8)
Lorsque le *F-4* arrive au-dessus de la mer, le feu dévore complètement l'arrière de l'appareil et le système hydraulique rend l'âme. L'appareil devient incontrôlable et part dans une vrille à plat. Randy déploie le parachute de freinage pour essayer de stabiliser l'avion, sans succès. Le vent de la mer risquant de les ramener sur le sol nord-vietnamien, le pilote convainc son équipier de rester quelques secondes de plus dans l'appareil en perdition et de ne s'éjecter que lorsqu'il criera trois fois « *Eject !* » Voyant que le parachute n'a aucune influence sur le comportement de l'avion, Cunningham prend la décision de l'évacuer. Il a à peine le temps d'entamer le mot « Eject » que le siège de William Driscoll quitte déjà l'avion !

S'en est fini pour « *Showtime 100* » qui s'abîme en mer. Les deux aviateurs sont repêchés par un *Sikorsky HH-3A Sea King* du *USS Okinawa* à l'embouchure de la Song Hong, la « Rivière Rouge ». Ce jour là, les pilotes de l'*US Navy* abattent 8 MiG dont 6 à mettre au crédit la VF-96. 11 appareils vietnamiens au total sont perdus pour deux *Phantom* attribués au lieutenant Le Thanh Dao (9) des forces aériennes populaires du Vietnam.
Avec leur 3 victoires du jour qui portent leur total à 5, Cunningham et Driscoll détiennent un triple record : celui du plus grand nombre d'appareil ennemis abattu en une journée, celui du meilleur palmarès de la *Navy* pendant la guerre du Vietnam ; enfin, ils ont obtenu toutes leurs victoires avec des missiles AIM-9.
Randy Cunnignham va devenir l'un des pilotes de l'*US Navy* parmi les plus décorés du conflit avec une *Navy cross*, deux *Silver Stars*, 15 *Air Medals* et la *Purple Heart*.

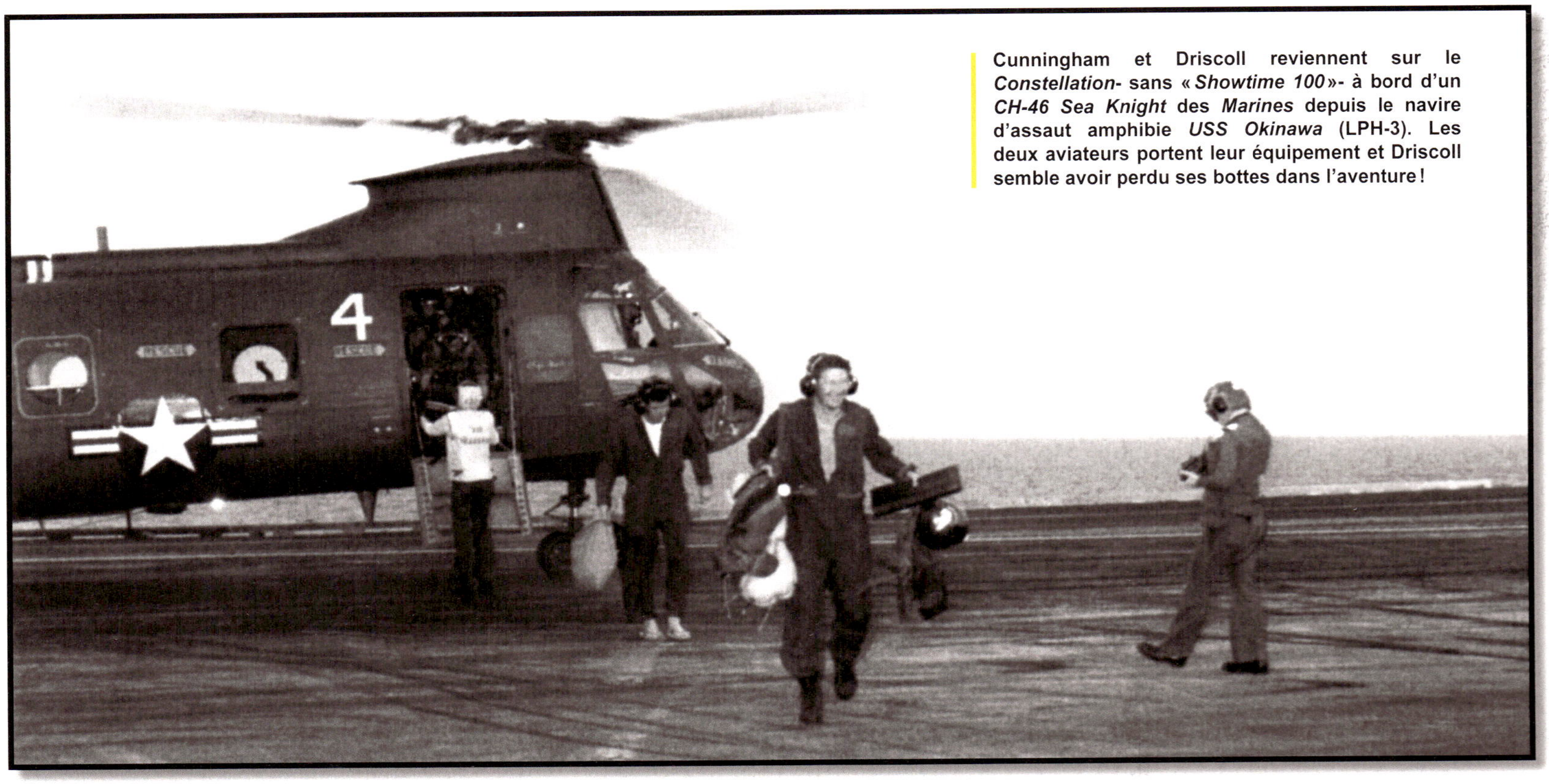

Cunningham et Driscoll reviennent sur le *Constellation*- sans « *Showtime 100* »- à bord d'un *CH-46 Sea Knight* des *Marines* depuis le navire d'assaut amphibie *USS Okinawa* (LPH-3). Les deux aviateurs portent leur équipement et Driscoll semble avoir perdu ses bottes dans l'aventure !

> **« Un panache de flammes et de fumée jaillit à l'arrière du MiG-17. Toujours sous contrôle, l'avion pique à 45° droit vers le sol mais le pilote vietnamien ne s'éjecte pas. »**

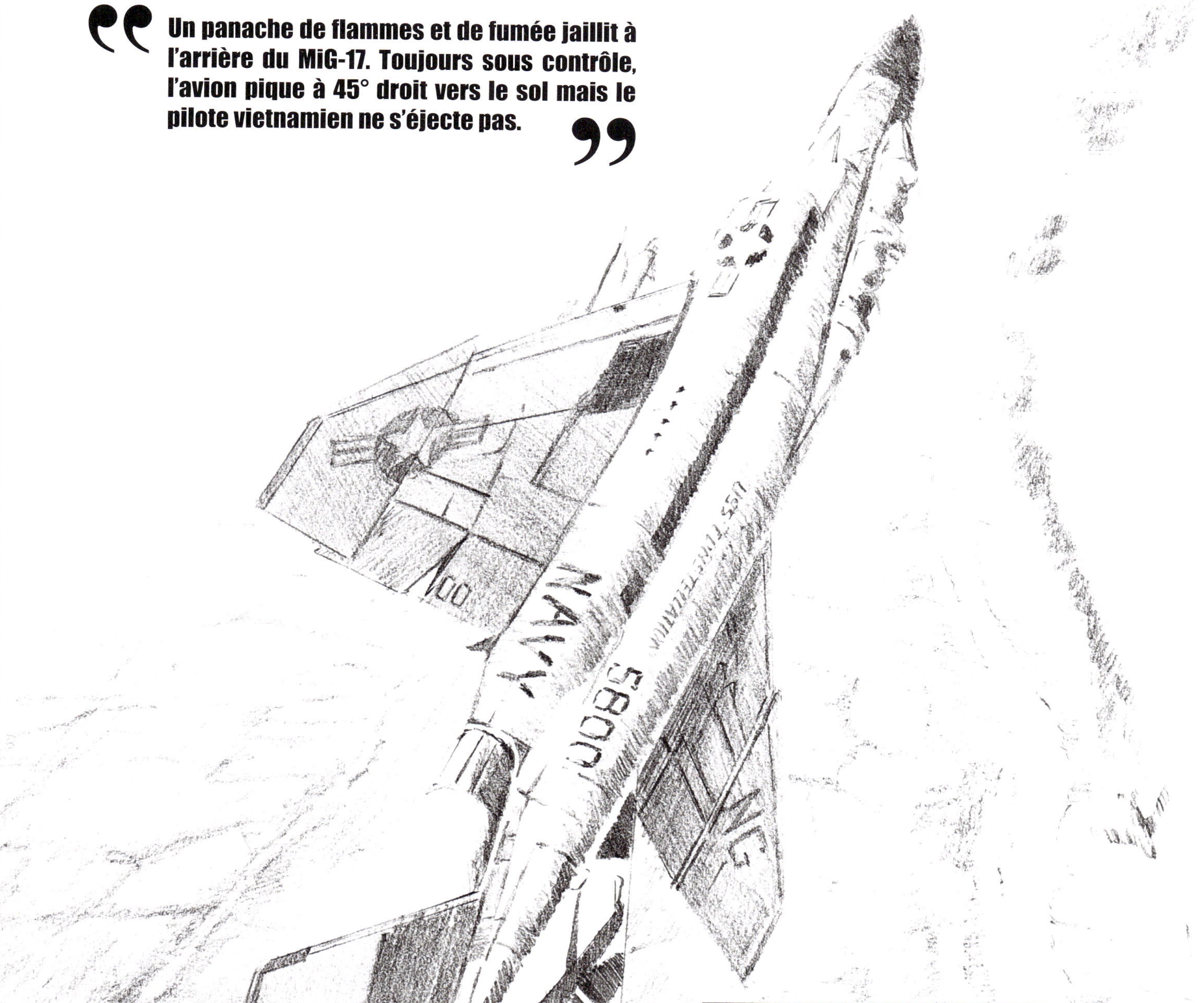

© Lucio Perinotto

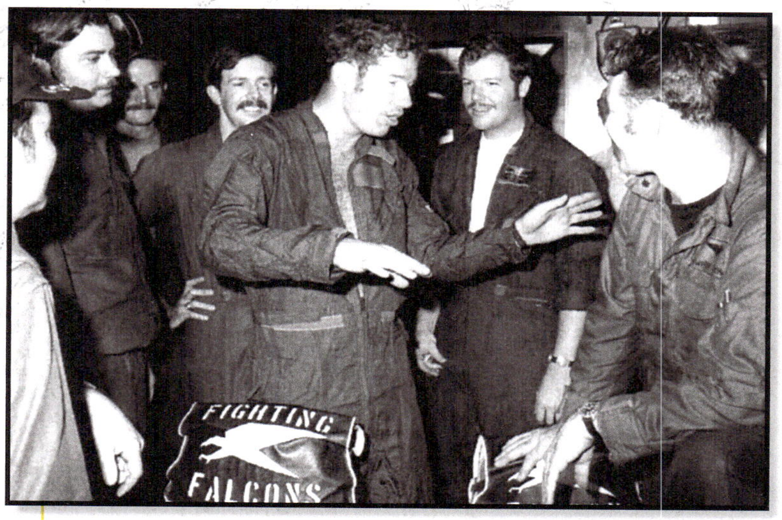

De retour dans la *VF-96* sur le *USS Constellation*, Randy raconte aux copains, à grands renforts de gestes maints fois utilisés depuis la Première Guerre mondiale par les pilotes, comment il a abattu les appareils nord-vietnamiens.

Structure de la Force Aérienne Populaire du Vietnam

L'unité de base de l'armée de l'air nord-vietnamienne est le régiment de chasseurs qui est sous le commandement d'un major ou d'un capitaine. Trois régiments composent une division aérienne commandée par un colonel ou un major général. Chaque régiment est constitué de deux à trois escadrons de 2 à 8 avions chacun. Un escadron est habituellement commandé par un capitaine ou un lieutenant, même si dans la pratique c'est au plus expérimenté qu'échoit ce rôle. L'escadron est divisé en deux groupes ou plus. Un groupe peut servir à l'interception et l'autre, composé de pilote moins expérimentés, en couverture ou en leurres.

(8) Prison de Hoa Lo à Hanoï où étaient emprisonnés les pilotes américains qui étaient souvent soumis à la torture. La prison fut surnommée « Hanoï Hilton », par dérision, en référence à la chaine d'hôtels Hilton.

(9) Lê Thanh Đao fut un as des Forces Aériennes Populaires Vietnamiennes avec 6 victoires à son actif qu'il obtint sur MiG 21 au sein du 927e régiment de chasse « Lam Son ».

Avril 1966 : John Trotti & Jerry Wright
Les Marines au-dessus du Vietnam du Nord

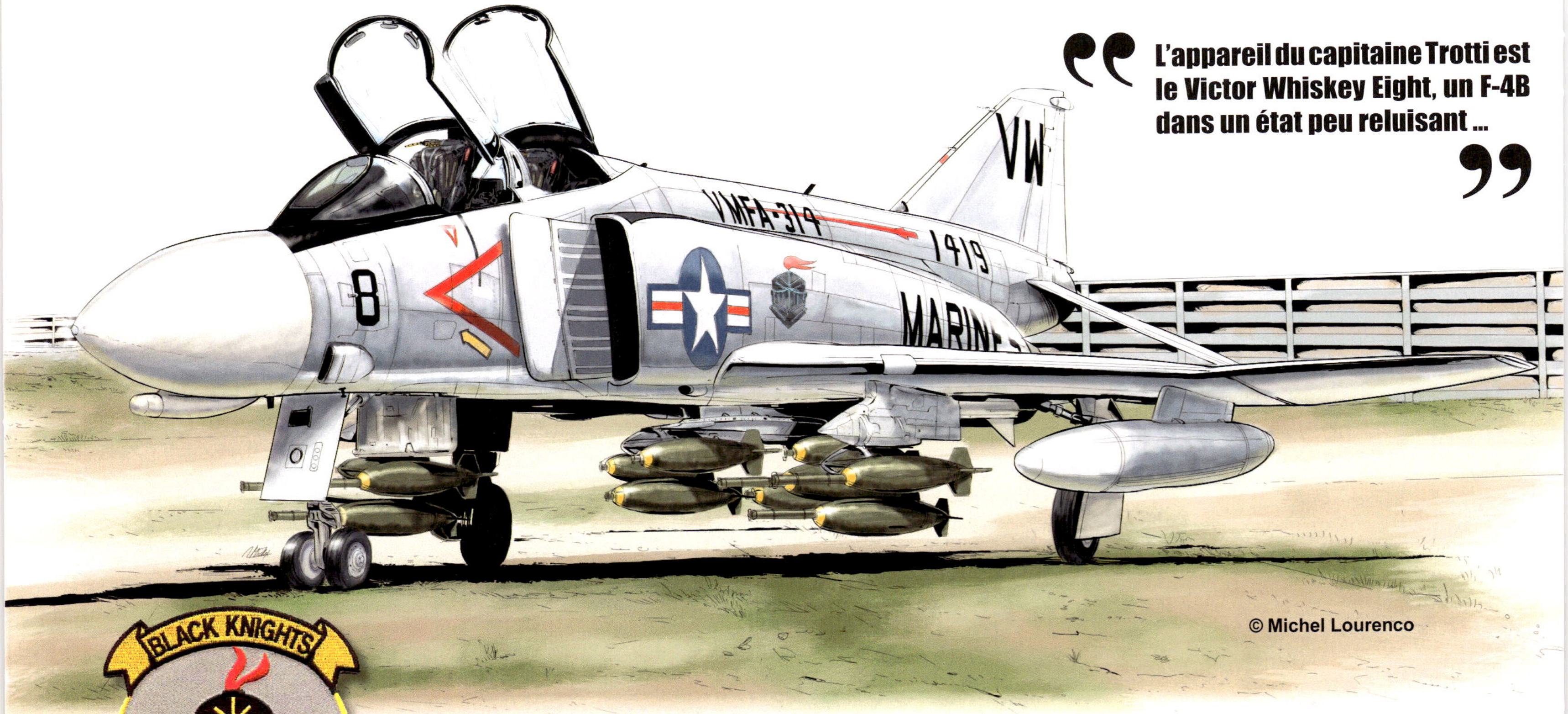

© Michel Lourenco

« L'appareil du capitaine Trotti est le Victor Whiskey Eight, un F-4B dans un état peu reluisant ... »

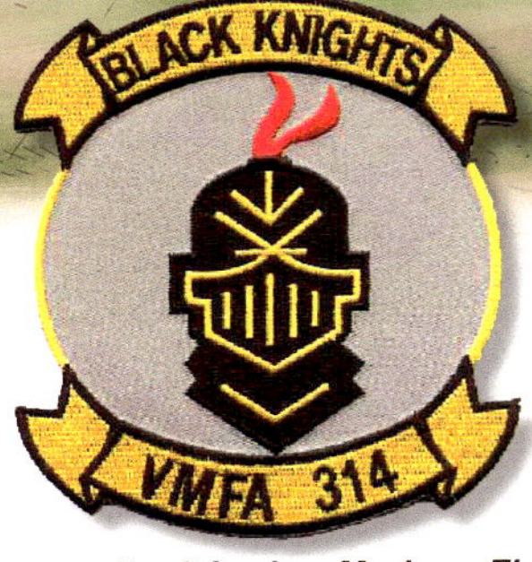

Blason d'unité du *Marine Fighter-Attack Squadron 314* « *Black Knights* »

John Trotti sort diplômé d'anthropologie de l'Université de Stanford en 1959 et décroche une licence de pilote privé en 1956. Il rejoint le corps des Marines et vole sur *F-6A Skyray, F-4 Phantom* ou *A-4 Skyhawk*. En 12 années de service, il fait deux « Tour of Duty » au Vietnam, entre 1965 et 1966 puis de 1969 à 1970. Durant ce temps, il accomplit environ 600 missions de bombardement et de soutien. Début 1966, John Trotti est pilote de *F-4B* dans la *VMFA-314* (*Marine Fighter/Attack Squadron 314*).

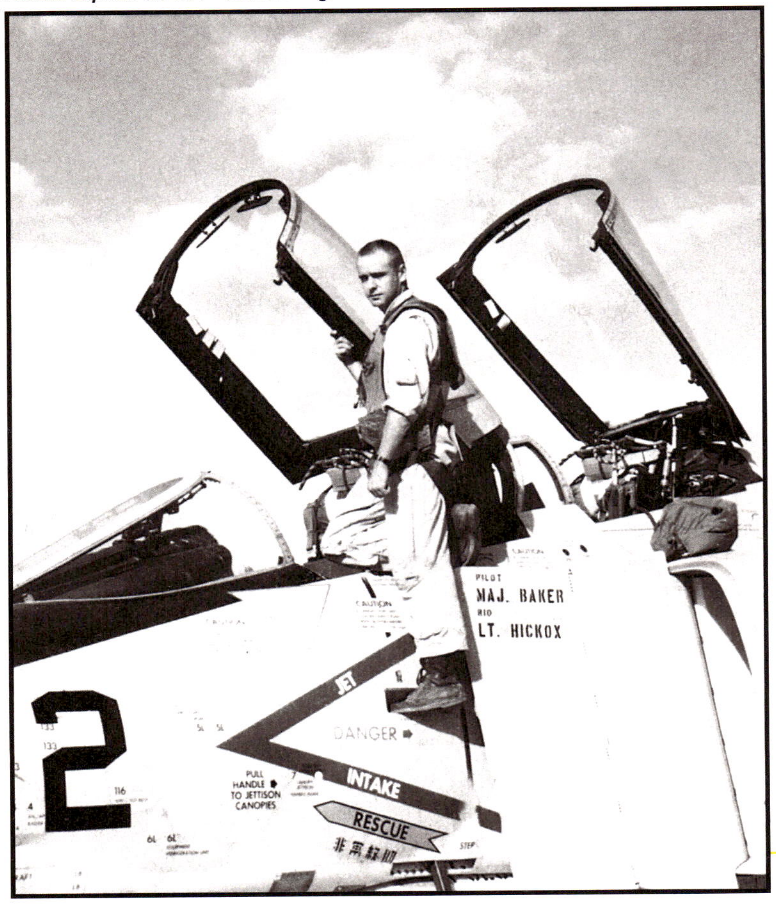

Le capitaine John Trotti, pilote de la *VMFA-314* sur *F-4B Phantom II*.

Au début de l'année 1966, la *VMFA-314* quitte le Japon et rejoint la base de Da Nang via Okinawa et les Philippines. Trotti remarque en premier la lourdeur de l'atmosphère presque à demie-solide, mélange de vapeur d'eau, de poussière et de gaz de combustion. Tout semble calme et, mis à part quelques tirs d'obusiers de 155 mm, il est difficile de penser qu'une guerre se déroule non loin. Sous une tente où l'air est difficilement respirable, un lieutenant-colonel explique tous les raffinements du combat aérien au Vietnam aux nouveaux venus, en agitant son cigare. Pendant ce temps, le reste du personnel de l'unité arrive par « *Hercules* » depuis les Philippines.

L'aérodrome de Da Nang est assez unique : il y règne un joyeux désordre avec des véhicules qui klaxonnent, bloqués par des Pouss-Pouss, les tentes attachées aux murs en terre des maisons vietnamiennes ; des flots de civils en pyjama noir descendent *de DC-3* ou de *Curtiss Condor* vers le terminal, surveillés par des soldats du Sud aux treillis trop grands pour eux.

Da Nang est essentiellement une base de l'*Air Force* à cette époque et la *314* est la seule unité des *Marines* aux cotés des *F-102 Delta Dagger* et *F-100 Super Sabre* de l'*USAF*. A la fin janvier, quatre *Phantom* ont déjà été abattus. Au bout de trois mois, la *VMFA-314* n'aligne plus que 9 avions sur les 18 arrivés du Japon.

Lors de la dernière semaine d'avril 1966, la *314* se voit assigner l'attaque d'une cible prés de Vinh, une capitale provinciale à mi-chemin entre la DMZ et Hanoï. La ville est le point de départ pour les convois qui se dirigent vers les cols de Mu Gia et de Ban Karoi pour

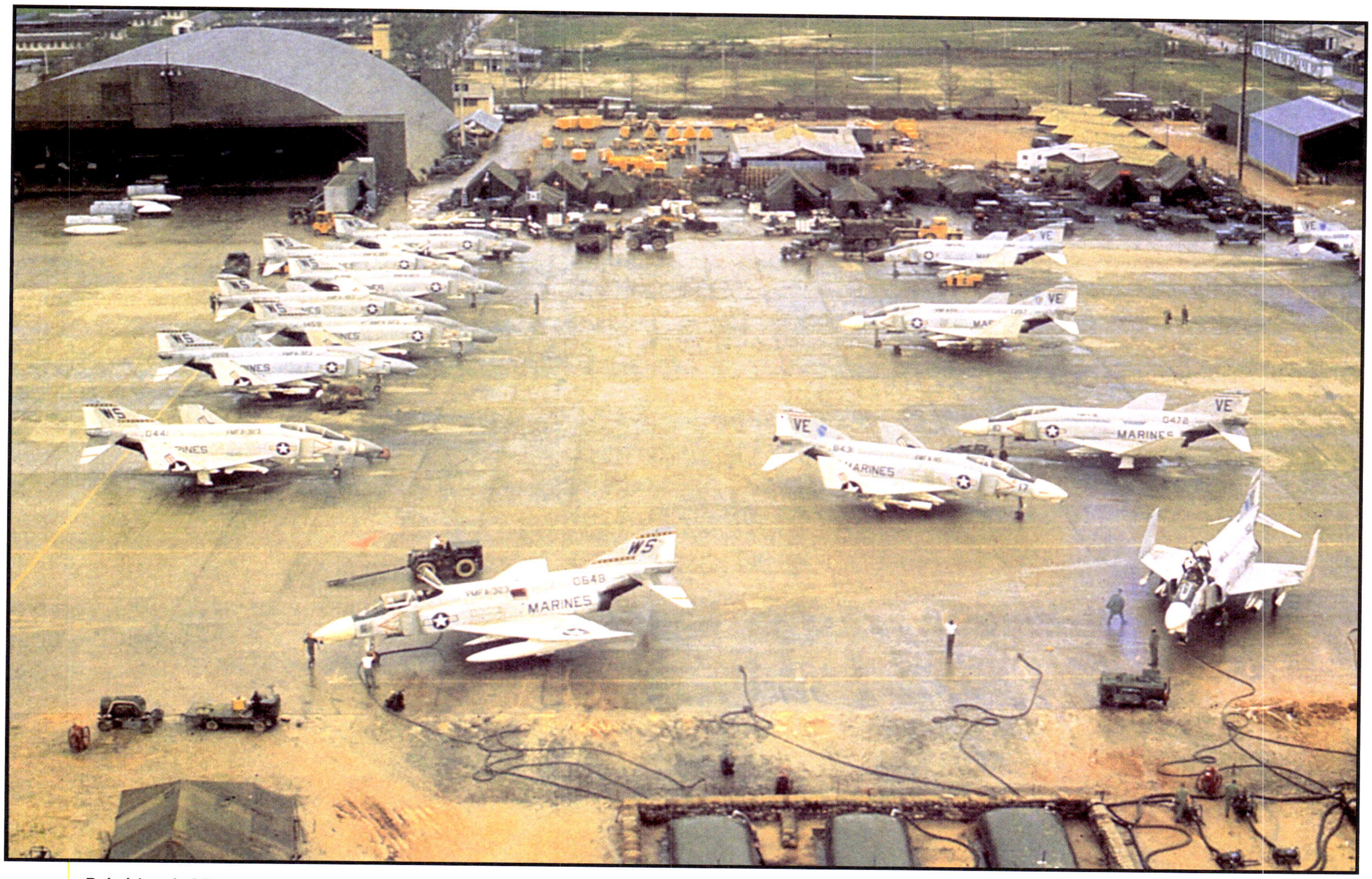

Précédant la *VMFA-314* sur la base, les *McDonnell F-4B Phantom II* des *VMAF-323* et *VMAF-115* sont ravitaillés en carburant sur l'aérodrome de Da Nang en janvier 1966.

rejoindre la piste Ho Chi Minh au Laos. Durant les semaines précédant la mission, les défenses antiaériennes se sont accrues autour de la ville, montrant que l'activité allait certainement s'intensifier dans la région. Quatre sites de SAM avaient été installés autour de Vinh et un à Dong Hoi, à quelques 80 km au sud. La mission est donc de neutraliser les défenses d'une zone de rassemblement de camions afin de permettre à quatre appareils de l'*Air Force* de la bombarder en tout quiétude. Les *Republic F-105 Thunderchief*, familièrement appelés « *Thuds* », viennent de la base de Korat en Thaïlande et sont prévus sur cible à 7 h 05. Deux « *Phantom* » de Da Nang doivent neutraliser la défense antiaérienne 2 minutes auparavant.

Le temps est moyennement couvert mais les *Marines* bénéficient d'un avion *ELINT* (*Electronic Intelligence*) chargé de

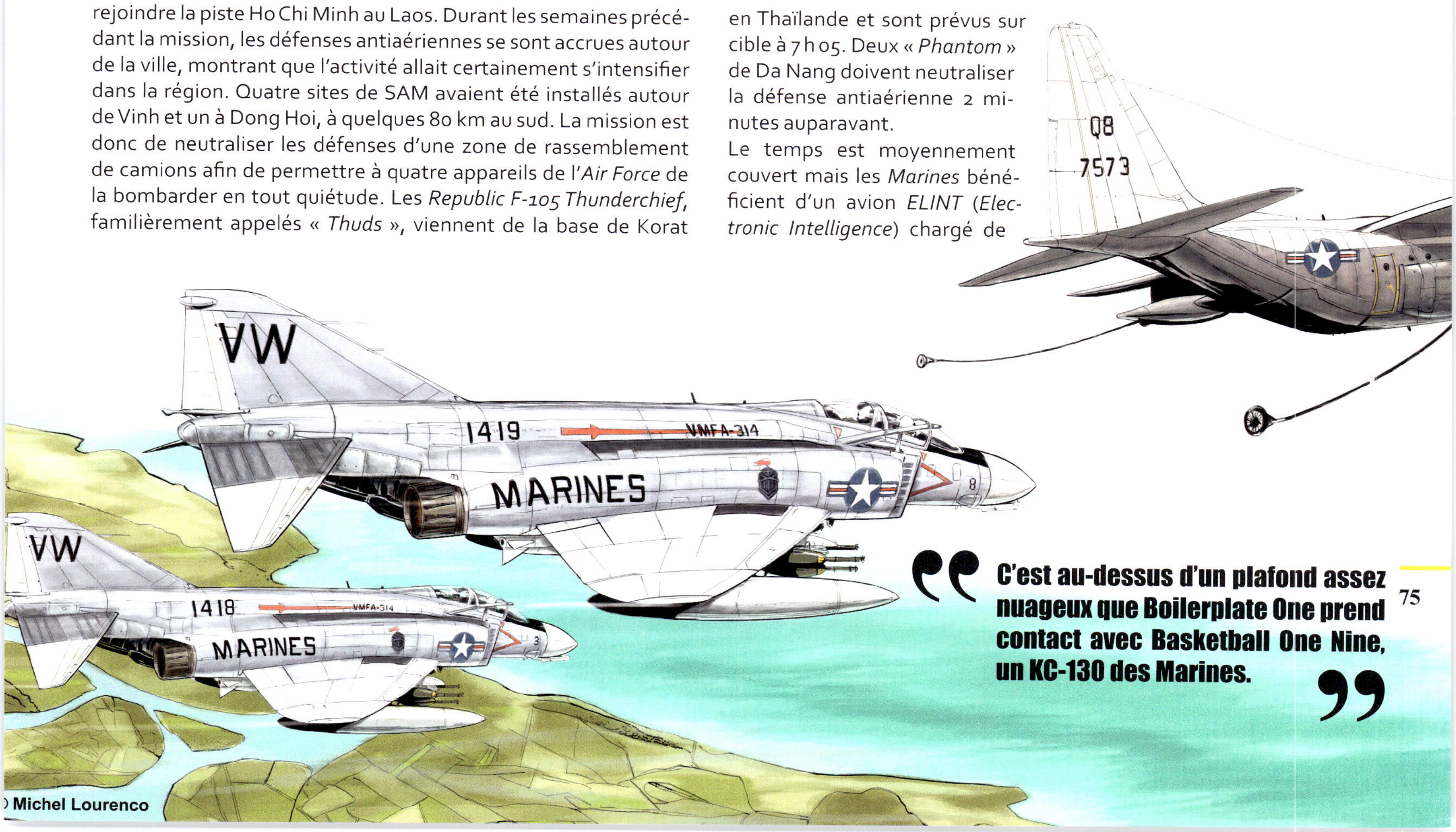

© Michel Lourenco

> « C'est au-dessus d'un plafond assez nuageux que Boilerplate One prend contact avec Basketball One Nine, un KC-130 des Marines. »

> **Le SA-2 tente de poursuivre les deux Phantom qui essaient de lui échapper dans un virage sous 6g de facteur de charge…**

repérer et d'identifier les armes équipées d'un radar, missiles ou canons. Cet appareil, surnommé « *Willie the Whale* » (Willie la baleine), est un *Douglas F-3D Skyknight*, un ancien chasseur de nuit reconverti. Sa carrière aurait pu se terminer en même temps que la guerre de Corée mais le besoin en appareils de guerre électronique lui a conféré une seconde vie. Il est capable de repérer et de dégrader les capacités antiaériennes de l'ennemi sur une zone assez importante et même s'il ne parvient pas à brouiller l'ennemi, il peut tout au moins donner l'alerte en cas de présence de missiles.

Le briefing a lieu à 4 h 15, le décollage à 6 h 10. Les *Marines* doivent ensuite procéder à un ravitaillement en carburant avec un *KC-130F Hercules* puis ensuite rejoindre « *Willie* » au dessus de la mer. L'attaque doit ensuite avoir lieu à 7 h 03.

L'appareil du capitaine Trotti est le *Victor Whiskey Eight*, un *F-4B* dans un état peu reluisant : le revêtement a été endommagé par les bombes à fragmentation et trois obus de 23 mm lors de la bataille de la vallée de Ashau, six semaines auparavant. En temps normal, aux Etats-Unis, il serait cloué au sol pour de longues réparations. En plus de l'usure et de la saleté, il souffre de fuites de carburant et d'hydraulique en une demi-douzaine d'endroits, sans compter les pièces manquantes ou abîmées. Un pneu du train principal est usé jusqu'à la corde et menace d'éclater. Mais les moyens manquent ; les pièces détachées, les équipements de tests ainsi que des conditions correctes de travail et des contrôles techniques solides font cruellement défaut ; l'état des avions s'en ressent. Au Vietnam, c'est avant tout le système D qui prévaut. Par exemple, ce sont des tracteurs agricoles Ford qui tirent les avions de l'escadron ; et comme les engins de manutention sont en panne, ce sont les armuriers qui hissent à mains nues les bombes et missiles sous les ailes des avions.

C'est donc dans un avion dans un état assez moyen et avec un radar en panne que le capitaine John Trotti et son *RIO* Jerry Wright prennent place. Après avoir exécuté la check-list et démarré les deux General Electric J-79, *Boilerplate One dash One* (1) teste brièvement ses freins et roule vers la zone où les techniciens enlèvent les sécurités de l'armement. Trotti et son ailier, le capitaine Mike James, emportent 3 bombes Mk. 82 avec extensions « Daisy Cutter » sous chaque aile et 6 bombes Mk. 82 avec détonateur classique sous le fuselage. Sa défense air-air est assurée par deux AIM-7 Sparrow ; pour augmenter son autonomie, un bidon largable de 1 022 litres a été ajouté sur chaque pilonne externe.

Boilerplate One est en retard de 30 secondes sur le timing de mission, ce qui va demander une vitesse de 28 km/h supplémentaire soit 90 kg de carburant brûlé en plus pour rejoindre le *KC-130* à l'heure fixée. Lors d'une mission, la gestion de la consommation des *Phantom* est un paramètre crucial. Il suffit d'une surconsommation lors d'une étape et l'équipage peut se trouver bêtement obligé de s'éjecter. Pendant ce temps, Jerry Wright vérifie les systèmes ; mais il ne suffit que d'un coup d'œil à Trotti pour comprendre que leur capacité radar air-air est nulle.

C'est au dessus d'un plafond assez nuageux que *Boilerplate One* prend contact avec *Basketball One Nine*, un *KC-130* des *Marines* en train de tourner sur un circuit prédéterminé au-dessus de la mer.

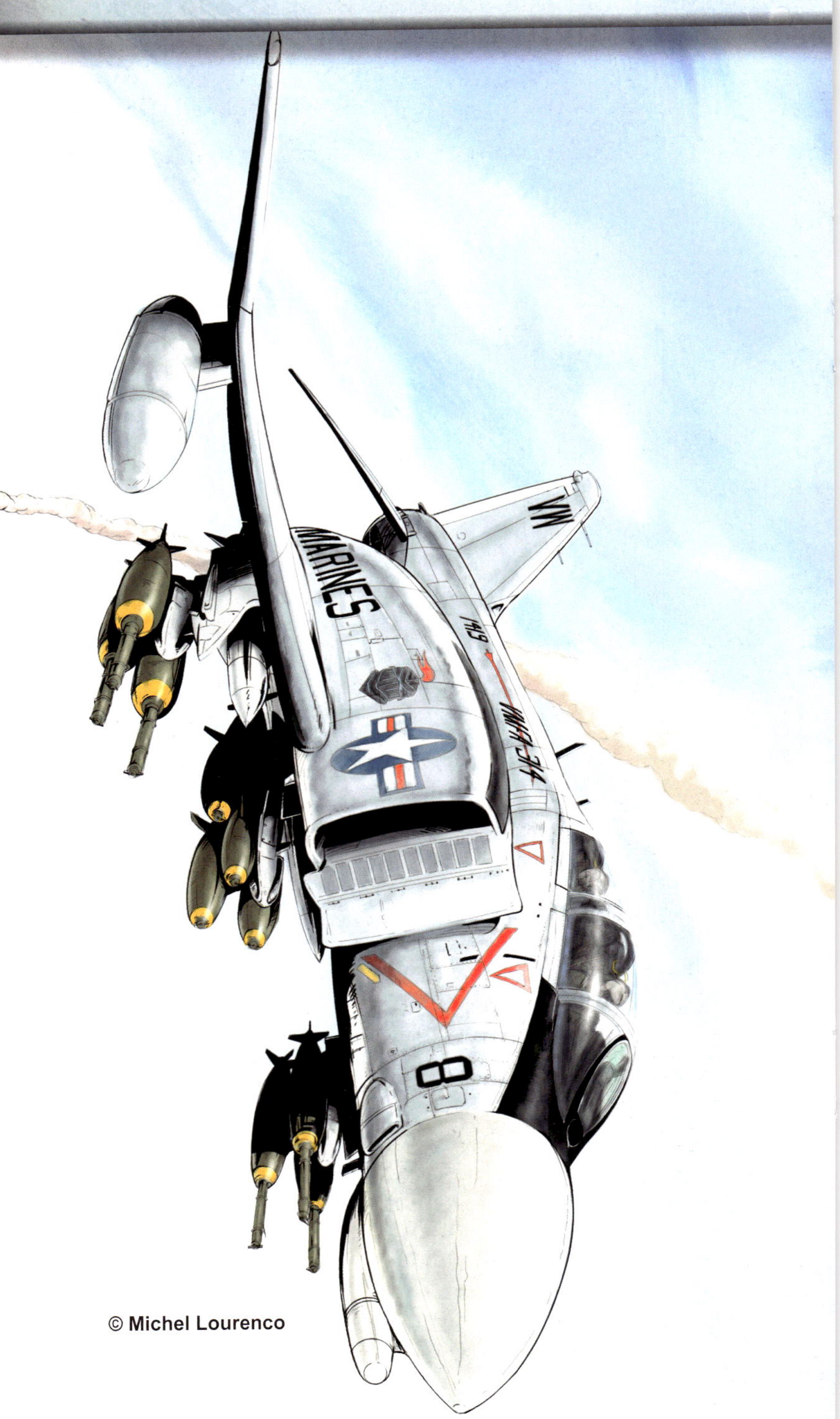

© Michel Lourenco

Le ravitailleur est maintenant visible, il se dirige dans la direction opposée aux *Phantom* :

« Basketball 1-9, Boilerplate 1 *dans vos une heure à 13 kilomètres, demande virage à bâbord pour suivre votre trajectoire.* »

- « *Roger* (2), Boilerplate, *nous virons à bâbord au 3-3-0. Je vois votre fumée.* »

En effet, le *J-79* avait la fâcheuse tendance à émettre un panache de fumée noire qui était visible à plus de 30 kilomètres. En zone amie, cela s'avérait pratique et fort utile pour éviter les collisions mais cela devenait un vrai problème au-dessus du Vietnam du Nord. La seule solution pour éviter cette fumée était de mettre la postcombustion au minimum. Comme cette méthode faisait doubler la consommation, elle n'était utilisée qu'en dernier ressort.

L'*US Navy* et les *Marines* utilisent le système de ravitaillement « *Hose and Drogue* », contrairement à l'*US Air Force*. Sous chaque aile du *Hercules* se trouve une nacelle d'où sort un tuyau de 38 m

(1) *Pour cette mission, Boilerplate One est l'indicatif du groupe des deux F-4, Boilerplate One Dash One (1-1) est l'indicatif de Trotti et Boilerplate One Dash Two (1-2) celui de son ailier, le capitaine Mike James. Généralement l'indicatif de Trotti est Asp ou Asp One.*

(2) *Roger : Information reçue, bien reçu.*

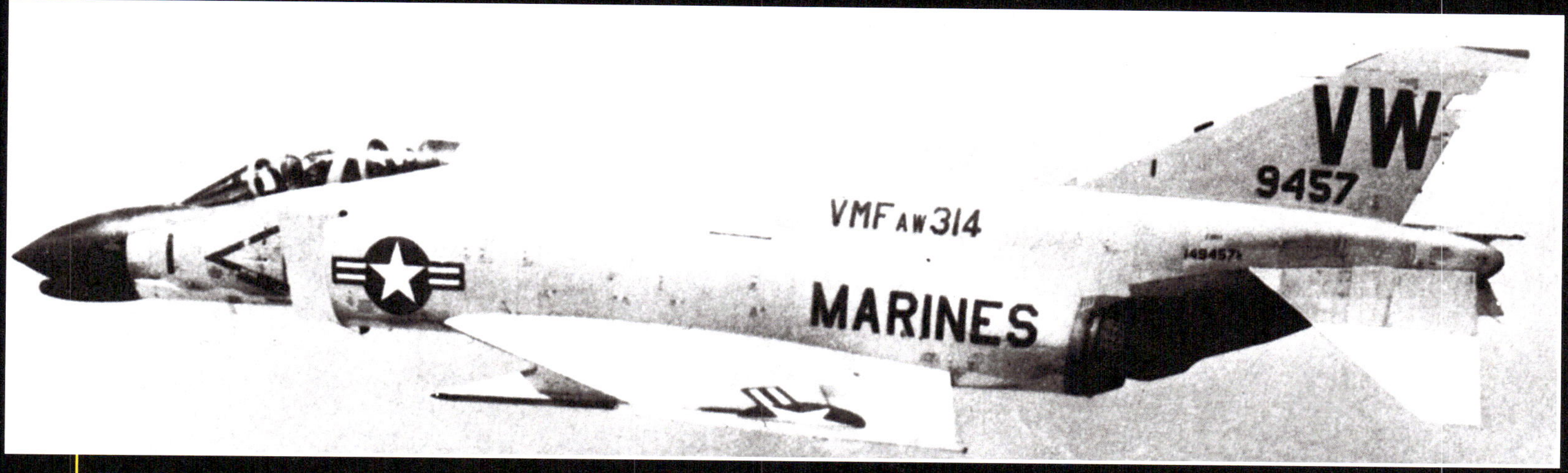

Un *F-4B* de la *VMFA-314* pris en photo en 1962 à El Toro. A cette date, l'unité est encore nommée *VMFaw, Marine Corps All-Weather Fighter Squadron.*

terminé par un panier. La méthode laisse la responsabilité du ravitaillement à l'avion qui veut récupérer du carburant. La perche de ravitaillement *du F-4* sort de son logement à droite du cockpit. A une vitesse de 200 nœuds (370 km/h), Trotti l'engage dans le panier et un témoin vert sur celui-ci s'allume, signifiant que les 2 268 kg de JP-5 (3) sont livrés. Le ravitaillement se termine à 6 h 28 et 15 minutes plus tard, les deux *F-4B* rejoignent le *Skyknight* « *Willie* ». Il reste ensuite 20 minutes à *Boilerplate* pour accomplir sa mission. *Tricky Six Five*, un groupe de quatre *F-105 Thunderchief*, doit descendre à 4 572 m puis ensuite piquer à 60° et larguer ses charges à 2 440 m puis quitter la zone à 1 520 m. Au mieux, les bombes sont larguées à 4,8 kilomètres de la cible, ce qui, de l'avis de Trotti, semble trop éloigné pour que les pilotes puissent espérer une frappe efficace. Le *Marine* contacte *Hillborough*, un *Lockheed EC-121 Warning Star* AWACS (4) qui suit tous les mouvements au-dessus du Nord-Vietnam pour se faire connaître.

« *Roger* Boilerplate One, *je vous ai au radar au 23 au nord-ouest de Quang Tri.* Playboy One One *est à vos 10-30 par 15. Amenez à gauche à 3-0-5, maintenez votre altitude et votre vitesse. Augmentez le temps sur cible plus 1-0 minutes.* »

Les *F-105* sont donc en retard de 10 minutes sur l'horaire. Trotti est curieux d'en connaître la raison mais préfère ne rien dire. Lorsque les deux *F-4* rejoignent le *Skyknight*, l'équipage de celui-ci redéfinit un nouvel itinéraire qui doit les tenir au sud d'un site de SAM et ils profiteront du temps supplémentaire pour repérer la position du radar.

Un *Douglas EF-10B Skyknight* des *Marines* de la *VMCJ-1* « *Golden Hawks* » *(Marine Composite Reconnaissance Squadron)* sur la base de Da Nang vers 1966. C'est en 1962 que le *F3D* a été renommé *F-10*.

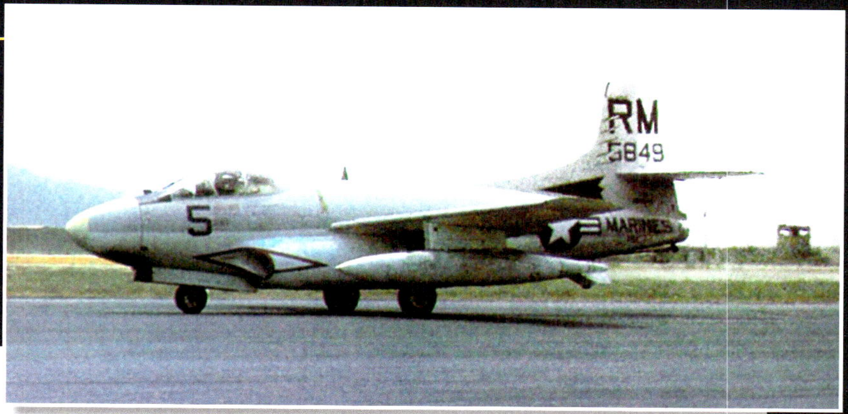

Un *Lockheed EC-121D Warning Star* de l'*US Air Force*. Cette version de guerre électronique de l'avion de ligne Constellation était bardé d'équipements de détection. Cet ancêtre du *Boeing C-135 AWACS* fut utilisé tout au long de la guerre du Vietnam.

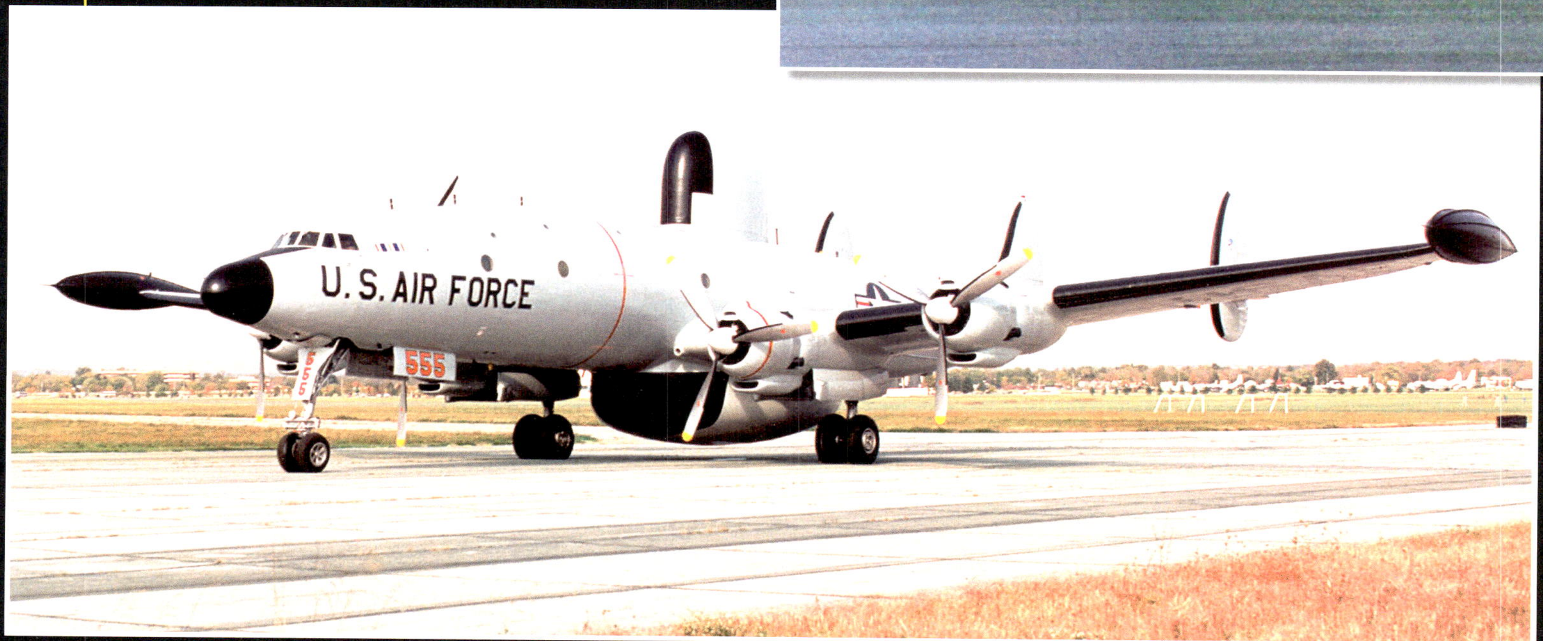

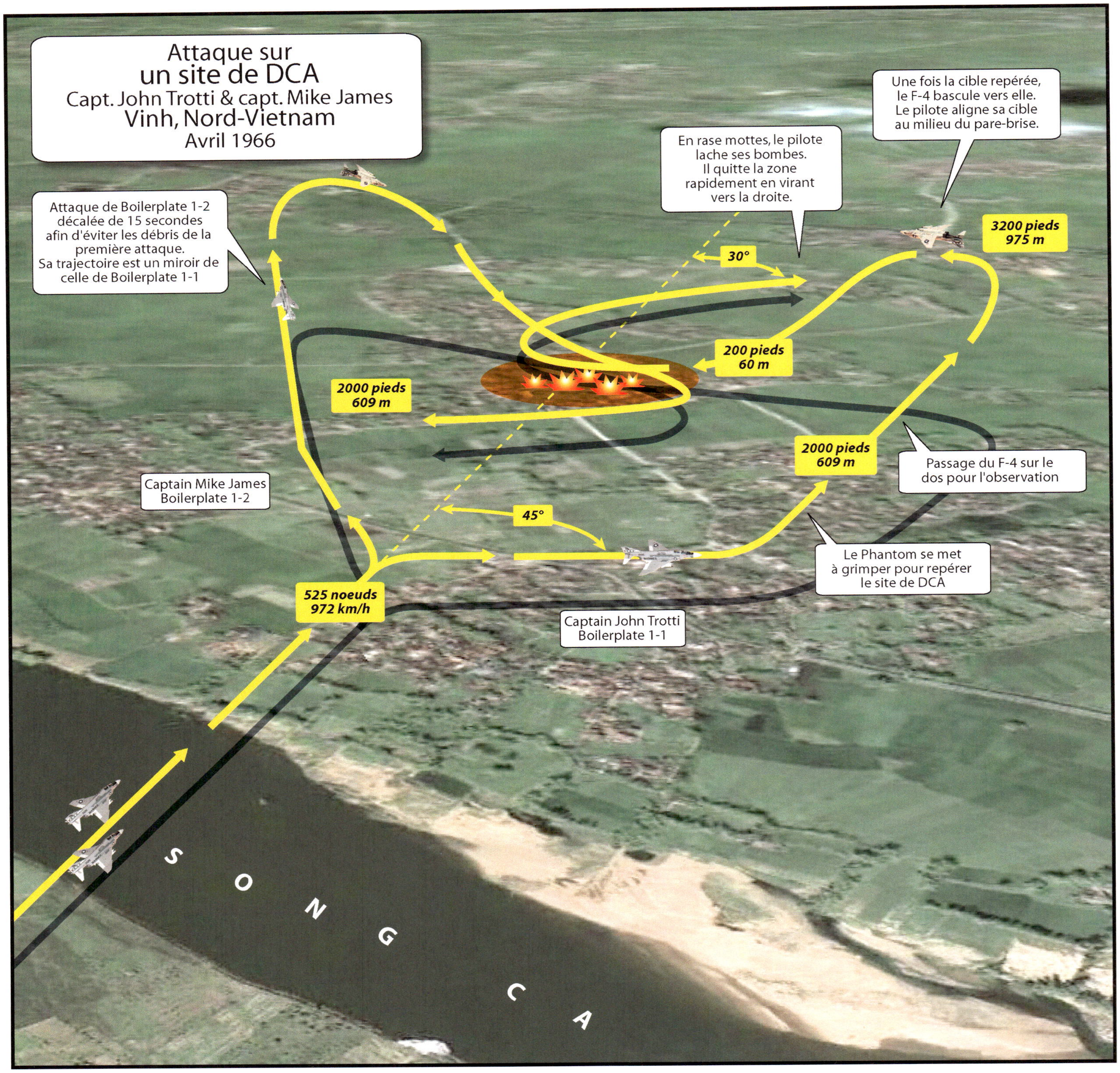

Alors que les trois appareils évoluent ensemble, Trotti aperçoit un éclair du coin de l'œil, à sa droite, où se trouvait « *Willie* ». Il ne reste plus qu'un nuage de fumée.
« *Asp, Break à gauche ! Willie s'est fait avoir !* »
Les *Phantom* s'engagent dans un virage très serré lorsque Trotti aperçoit un objet sortir des nuages. Un *SA-2* monte vers eux, puis un deuxième ! Les deux *F-4* poursuivent leur virage sous un facteur de charge de 6 g. Le premier « *Guideline* » explose sans atteindre les appareils, le deuxième se rapproche mais il est incapable de « coller » à la trajectoire des *Phantom* et il finit par exploser lui aussi sans toucher les Américains. Il est difficile de dire pourquoi le *Skyknight* n'a pas détecté le radar de la batterie de SAM et le départ des missiles mais l'un d'entre eux, le premier tiré, l'a touché de plein fouet et littéralement pulvérisé en vol.
Malgré la disparition de l'avion et de son équipage, Trotti et James doivent continuer leur mission ; les deux avions font un détour pour éviter l'emplacement présumé du site de SA-2 et se dirigent à basse altitude vers leur cible. Par deux fois, ils survolent des convois de camions qui roulent vers le pont passant sur la rivière Ca (5), ce sont des cibles tentantes mais les pilotes ne peuvent se

(3) Jet Propellant n°5, nom donné au carburant utilisé pour les avions à réaction embarqués depuis 1952. (4) Airborne Early Warning And Command Ship.
(5) La Song Ca (ou Song Lem) est un cours d'eau qui prend sa source au Laos et qui coule depuis le nord ouest vers le sud est, en passant par le sud de Vinh.
(6) Mark ! dans la version originale.

permettre d'utiliser leurs bombes sur une autre cible que celle qui a été désignée. Il ne leur reste plus que 4 minutes.
« *Tricky 6-5, Boilerplate à 4 minutes de la cible.* »
Les pilotes mettent alors leur réchauffe au minimum pour faire disparaître leurs traînées de fumée et pour accélérer à 525 nœuds (970 km/h). Ils descendent alors à 250 pieds. Sous leurs ailes, le paysage devient flou, à cette altitude et à cette vitesse, ils ne sont qu'à une fraction de seconde derrière leur son. Le temps de la séparation arrive :
« *Asp two, à babord au 0-1-0. A la fin de votre virage la cible sera dans vos 2-30 pendant 4 kilomètres.* »
Il est temps maintenant pour John Trotti de se concentrer sur sa manœuvre (voir schéma):
Ok, à bâbord au 90... regardez les collines... Tout doux. Encore 20 secondes avant la montée... Pas de tirs du sol... Ne pas laisser monter...
Jerry Wright, à sa place arrière, fait les ultimes vérifications :
« *Je vérifie le panneau d'armement. Commandes ok.* »
« *Carburant 3 400 kg ... pas de témoin lumineux... 10 secondes...* »
« *Vérification du collimateur, ok.* »
Cinq secondes... c'est interminable... allons-y doucement... MAINTENANT !
« *Asp One, je grimpe !* »
« *Two, roger. C'est parti pour 15 secondes.* »
Victor Whiskey Eight cabre à 60°, les aiguilles de l'altimètre tournent à toute vitesse et semblent devenir immatérielles. L'avion fait un tonneau sur la gauche et se stabilise à 3 200 pieds, son inclinaison permettant au pilote de disposer d'une vue dégagée vers le sol. En quelques secondes, Trotti repère l'artillerie antiaérienne et le radar de tir. Il termine son tonneau en plaçant la zone visée au centre de son pare-brise. 15 secondes se sont écoulées, c'est au tour du capitaine James d'entamer la même manoeuvre en « miroir ».
« Asp Two, je grimpe ! »
Le RIO indique la distance et la vitesse au pilote :
« Trois milles [pied], 470 [nœuds] »
Ca y est Jerry... sommes bientôt à bonne vitesse... encore un peu... Bonjour ! Regardez les courir ! ...
« ... 490 [nœuds] »
Malgré la vitesse, il voit les soldats Viet paniqués qui courent se mettre à l'abri.
On s'arrête là... courez mes petites dindes... j'y suis.
« *Paré... Largué !* (6)»

« Les Mk.82 touchent le sol, les débris volent en tous sens... »

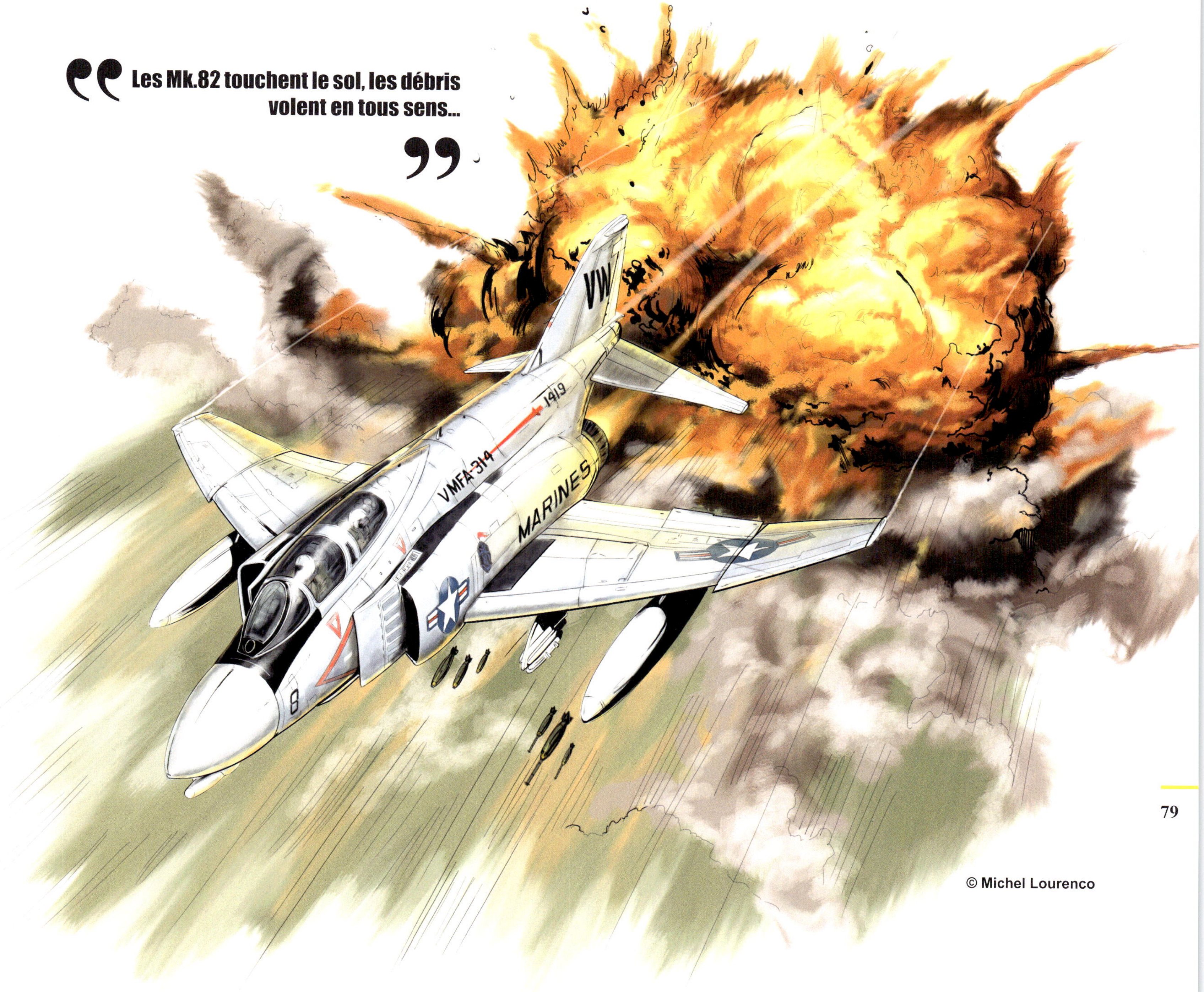

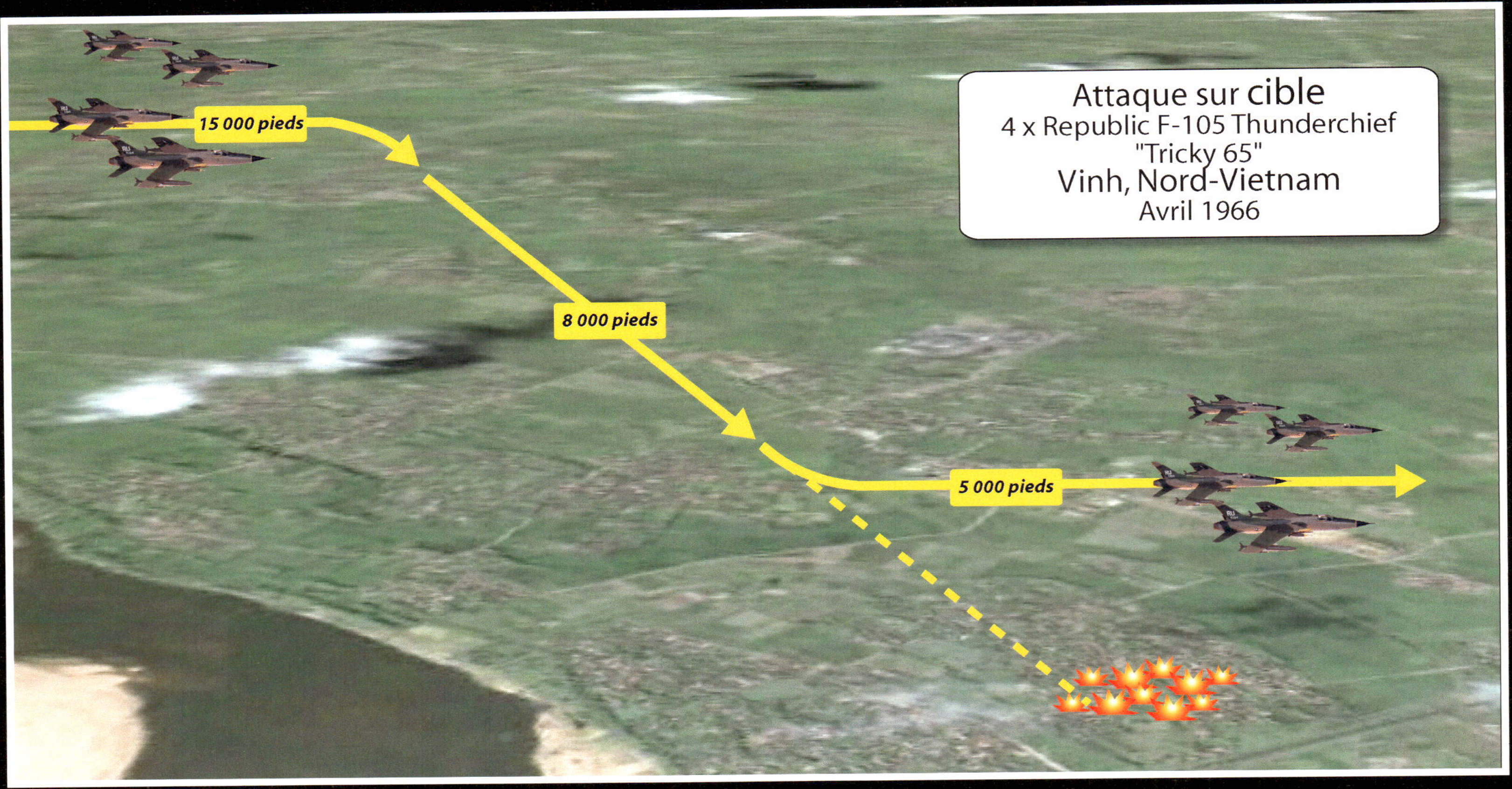

Pendant une fraction de seconde le *F-4B* tangue tandis que les Mk. 82 sont éjectées de leurs racks.
Voilà l'appareil soudain allégé de plus de 2 500 kg alors que les 12 bombes tombent vers leur cible.
« Asp One terminé ! »
Les Mk.82 éclatent au sol, les débris volent dans tous les sens. L'attaque retardée de James et son cap différent doivent lui permettre d'éviter tous les fragments envoyés en l'air par les bombes de la première attaque. Du moins théoriquement !
« Tricky 6-5 engagé. »
Les F-105 attaquent leur cible au moment où le capitaine James termine sa manœuvre.
« Asp Two, terminé. »
Il est temps pour *Boilerplate One* de repartir vers la mer, en espérant que la perte du *Skyknight* ne mettra pas les *F-105* à la merci de quelques SAM dissimulés. Un coup d'œil à la jauge de carburant pour constater qu'il y a 2 950 kg de carburant à bord...
« Asp Two, je suis au 10 à 2 miles. Rapport. »
« Asp Two, 5-6. » (7)
Quelque chose est anormal, la différence entre les deux appareils ne devrait pas dépasser quelques centaines de livres!
« Asp Two, je viens à tribord au 110. Je viens vers vous. »
Trotti constate rapidement une traînée vaporeuse derrière l'avion de son ailier.
« Asp Two. J'ai maintenant 4-8. (8) Que voyez vous ? Over. »
Le réservoir externe ainsi que l'aile droite ont été endommagés, et Trotti découvre une fuite de kérosène sous le fuselage. Il est impossible à James de rejoindre Da Nang en perdant autant de carburant, il pourrait tout au plus s'éjecter au sud de la DMZ. A moins qu'ils ne puissent retrouver le *Hercules* ravitailleur.
« Asp Two, larguer toutes vos charges externes et montez au 2-4. Vous perdez du carburant sur le côté droit du fuselage et du fluide hydraulique. »
James largue aussitôt les racks vides ainsi que les bidons.
« Asp Two je suis maintenant à 3-9. Pas de fluctuation hydraulique. »
« Prends le cap 1-5-0 et passe entre la DMZ (9) et l'Ile du Tigre (10). *»*
Trotti contacte le *EC-121 Warning Star* pour signaler le problème.
« Hillsborough, Boilerplate One s'éloigne de la cible à 4-2, Winchester (11), grimpons à 2-4. Dash Two avec une importante fuite de carburant. Nous dirigeons vers Basketball. Demandons que vous informiez Joyride (12) de notre décision. Basculons sur fréquence ravitailleur pour rendez-vous. »
« Roger Boilerplate, nous suivons votre vol aussi longtemps que possible. Quel est le temps de vol estimé de Dash Two ? »
« Dash Two rapport 2-9 »
« Boilerplate One, Dash Two a 12 minutes de carburant restant. »
Soit James arrivait à rejoindre au plus tôt le KC-130 ou lui et son RIO allaient boire la tasse dans la Mer de Chine. Mais s'il y avait vraiment une fuite d'hydraulique la perche de ravitaillement ne pourrait peut-être pas sortir.
L'opération nécessite que le Hercules de déroute au dessus du Nord Vietnam, ce qui a déjà été fatal pour un ravitailleur. Cependant, il accepte de le faire et apparait bientôt dans les 11 heures des deux *Phantom*, il amorce un virage pour suivre leur cap. Asp Two se présente alors pour le ravitaillement.
« Asp Two, sortait votre perche et monter de 500 pieds. »
Trotti, qui observe son ailier, voit alors un grand nuage surgir de l'avion.
« J'ai un témoin hydraulique et la perche est restée bloquée en position intermédiaire. »
Le pilote reste calme même si cela plus aucun doute maintenant que sa mission va finir par un bon bain.

(7) 5 600 livres de carburant soit 2 540 kg. (8) 4 800 livres soit 2 177 kg.
(9) Demilitarized Zone, Zone démilitarisée. (10) Il semble que Trotti parle de l'île de Con Co. (11) Terme qui signifie généralement être à court de munitions.
(12) Nom de code du TACC, Tactical Air Control Center, de Da Nang, qui contrôle le trafic de la zone du I Corps, zone située le plus au nord du Sud-Vietnam.
(13) Search & Rescue. Service de récupération héliporté des pilotes.

Des centaines de pilotes ont été ramenés dans leur base grâce à l'action de ces hommes. Leurs hélicoptères sont surnommés « Jolly Green » (par rapport au « Géant Vert » de la marque de maïs). Le plus connu étant le HH-53 « Jolly Green Giant ».
(14) Dans la séquence d'éjection du Martin-Baker Mk.H-5 sur le F-4J Phantom, c'est le siège du RIO qui part en premier ou alors le pilote provoque à distance son départ. Le pilote ne peut pas s'éjecter tant que le siège du RIO n'a pas quitté l'avion.

Le missile sol-air S-75 Dvina, Code OTAN : SA-2 « Guideline »

Le SA-2 est un missile tout d'abord destiné à abattre les bombardiers lourds évoluant à moyenne et haute altitude. Il devient opérationnel dès 1957 sous la désignation soviétique de S-75 Dvina. Les premiers SA-2 sont livrés aux Vietnamiens en 1965 pour défendre Hanoï mais aussi pour servir de test grandeur nature aux Russes. En 1972, plus de 200 sites protègent le Nord.
Une batterie est composée de six lanceurs V-750 disposés en hexagone. Un radar de veille P-12 (« Spoon Rest ») désigne les cibles potentielles de la batterie, c'est ensuite le radar « Fan Song » qui guide le missile jusqu'à sa cible. Il peut engager six cibles et guider trois missiles.
Lors de son départ, le premier étage à carburant solide accélère le missile jusqu'à sa vitesse maximale, puis le second étage à carburant liquide prend le relais. Le « Fan Song » compare continuellement la position du missile par rapport à la cible et apporte les corrections de trajectoire. La charge explosive explose à l'impact ou à l'aide d'un détonateur de proximité. Conçu tout d'abord pour attaquer des cibles peu manœuvrantes, il ne pouvait pas suivre un appareil évoluant avec des manœuvres brutales, comme lors d'un virage serré, et il était sensible aux contre-mesures. Même si le taux d'avions abattus restait faible, le déploiement du SA-2 au Vietnam du Nord exerce un fort impact sur les choix tactiques américains.

SA-75M Dvina (SA-2B), missile V-750V

- **Production :** 1958
- **Radar d'engagement associé :** Fan Song B
- **Vitesse maximale du missile :** 1 500 km/h
- **Altitude minimale et maximale d'utilisation :** de 3 à 25 km
- **Portée minimale et maximale d'engagement :** de 7 à 29 km
- **Longueur :** 10,29 m
- **Masse :** 2 163 kg
- **Explosif :** 190 kg

« Basketball, Dash Two a une défaillance hydraulique et ne pourra pas prendre de carburant. Pouvez-vous alerter les gars du SAR ? (13) »
« Roger Boilerplate. Jolly Green se dirige vers le 0-9-0 depuis Quang Tri estimant la chute à 2-6. »
Il faut maintenant amener le *F-4* de James à une vitesse et une altitude optimale pour une éjection, c'est-à-dire environ 220 nœuds (400 km/h) et 10 000 pieds (3 000 m). La séparation d'avec le siège pourra se faire presque immédiatement et en cas de problème, les deux aviateurs auront le temps nécessaire d'exécuter la séparation manuellement et d'ouvrir leur parachute. Mais malgré toutes les précautions une éjection n'est pas une chose anodine. La compression d'un disque de vertèbre à l'éjection n'est pas inhabituelle et la violence de l'ouverture du parachute provoque des douleurs qui sont ressenties pendant plusieurs semaines.
La jauge de *Asp Two* indique 200 livres de carburant, la panne sèche est proche mais l'équipage est prêt à s'éjecter. Le lieutenant Slacom, le RIO de James, se saisit des poignées d'éjection au dessus de sa tête et rabat le rideau devant son visage. En un instant, la verrière est éjectée et ses jambes sont rabattues contre le siège, enfin le moteur fusée propulse le Martin-Baker Mk.H-5 hors du cockpit. Une fraction de seconde plus tard le capitaine le suit (14).
Trotti suit des yeux le malheureux avion, vide et livré à lui-même. Il vole quelques secondes en ligne droite puis bascule sur l'aile gauche et disparait dans les nuages. Les deux corolles de parachutes descendent vers le tapis nuageux et disparaissent de sa vue.
« Ok Jolly Green, ils ont disparu dans les nuages, vous devriez les voir dans 3 ou 4 secondes. »
« Je vois un parachute… J'ai les deux, Boilerplate… Ok, ils sont dans l'eau à environ 800 m l'un de l'autre. Le premier s'est débarrassé de son parachute… il gonfle son canot et il a l'air en forme… l'autre gars

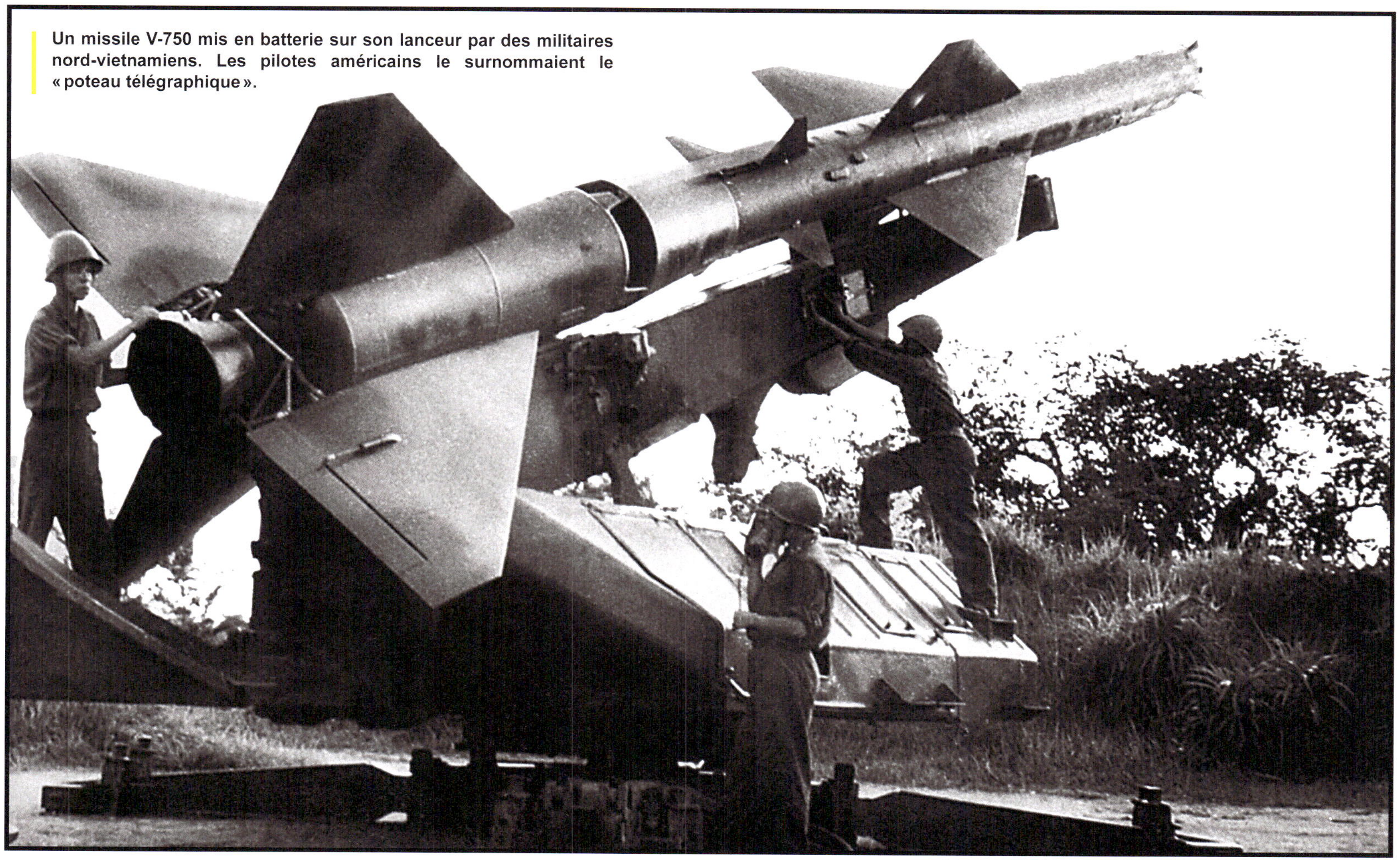

Un missile V-750 mis en batterie sur son lanceur par des militaires nord-vietnamiens. Les pilotes américains le surnommaient le « poteau télégraphique ».

a un problème. Je vais préparer l'homme grenouille. Ok, il est libre. Je descends le harnais…ne vous inquiétez pas Boilerplate, il monte… »

« *Boilerplate, vos camarades sont à bord et se portent bien.* »

Rassuré par le sauvetage sans problèmes de son ailier et son RIO, Trotti doit maintenant regagner la base de Da Nang. Il reste 3 000 livres de carburant ce qui, d'après ses estimations, lui confère 1 500 livres pour rentrer et 1 500 livres comme marge de sécurité.

En cas d'indisponibilité de la piste unique de Da Nang, il lui faudrait se dérouter vers la Thaïlande, ce qui serait impossible avec le carburant restant. Il est tentant de prendre quelques centaines de kilos de carburant auprès du *KC-130* mais Trotti juge finalement qu'il peut s'en passer. Voilà le *Phantom* en descente. Il prévient le contrôle qu'il a un niveau de carburant minimum et que cela peut le mettre dans une situation inconfortable au moindre retard. La météo s'est détériorée et la piste est mouillée. Le pilote est confronté à deux problèmes, un risque d'aquaplanage et l'éventualité que le parachute de freinage ne puisse se déployer à cause de l'humidité importante de la région. Comme il le redoutait, le parachute ne se déploie pas mais il réussit heureusement à s'en passer.

Ainsi se termine cette mission qui, de l'aveu même du capitaine John Trotti, peut se résumer à « … *une centaine d'heures de travail pour 15 secondes au-dessus de la cible. Nous avions consommé 13 600 kg de carburant et gaspillé 2,5 millions de dollars d'avion pour lâcher 6 tonnes de bombes sur 40 000 m² de terrain…* »

Le capitaine John H. Trotti se verra décerner la *Distinguished Flying Cross* pour avoir réussi à sauver un groupe de reconnaissance de six hommes pris à partie par un ennemi supérieur en nombre

Des soldats se mettent à l'abri des tirs adverses alors qu'un *Phantom II* intervient pour écraser les positions ennemies. Le *F-4* n'était pas conçu pour ce genre de mission et sa vitesse d'approche était trop importante pour des attaques de soutien rapproché.

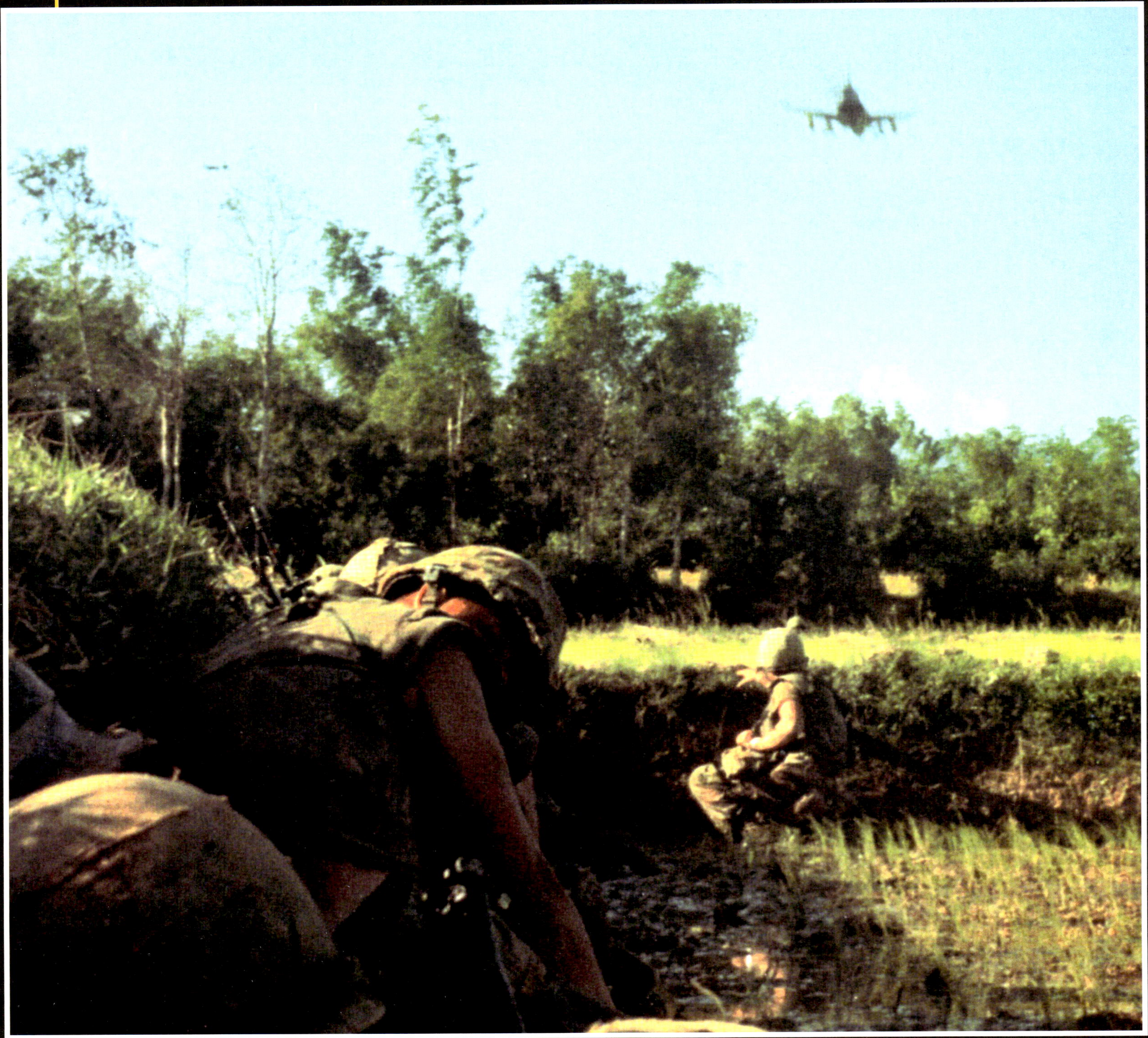

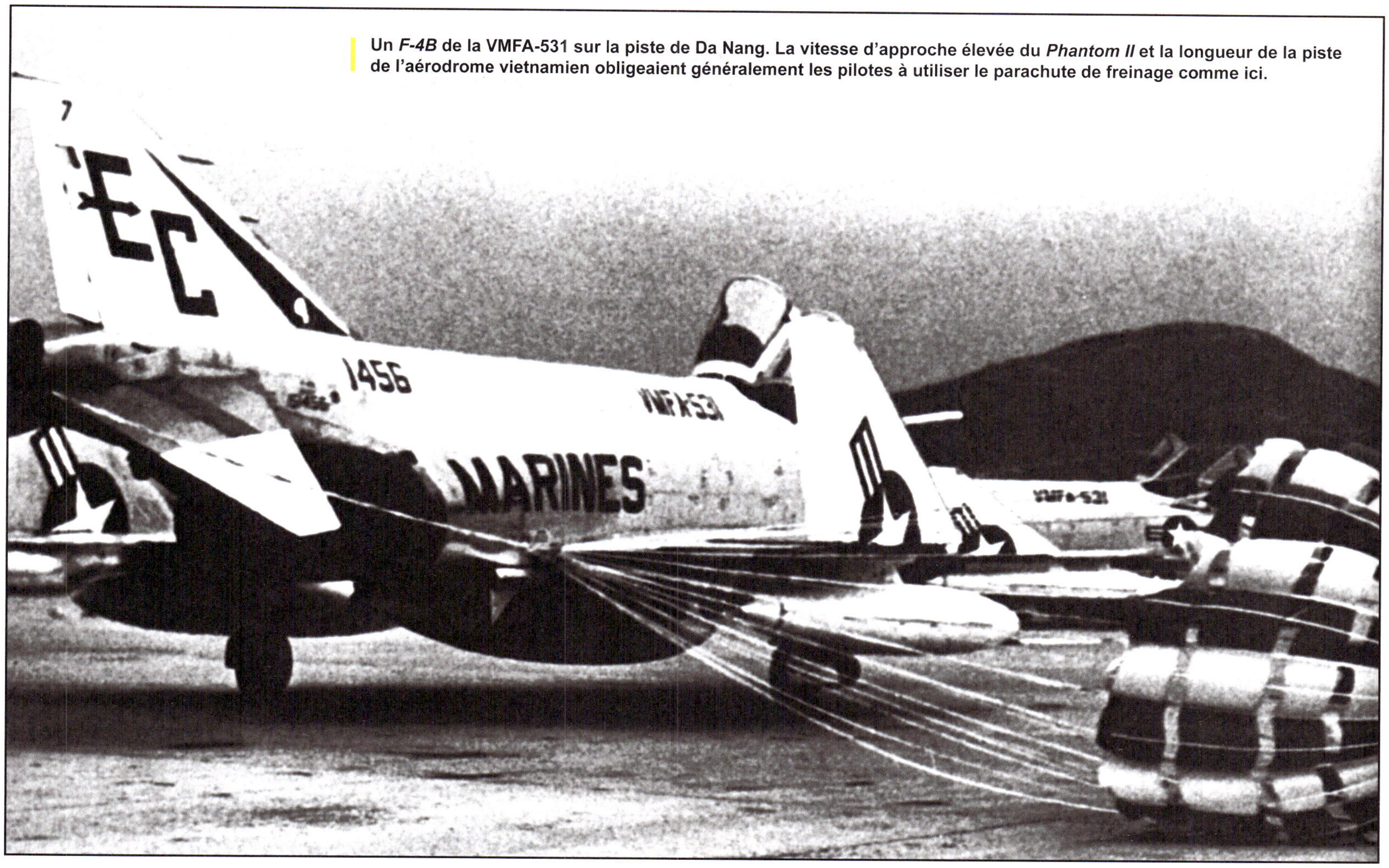

Un *F-4B* de la VMFA-531 sur la piste de Da Nang. La vitesse d'approche élevée du *Phantom II* et la longueur de la piste de l'aérodrome vietnamien obligeaient généralement les pilotes à utiliser le parachute de freinage comme ici.

alors que la météorologie et le relief rendaient toutes tentatives de soutien dangereuses. En ce 31 janvier 1970, malgré les tirs de l'ennemi et les mauvaises conditions, il va intervenir plusieurs fois à basse altitude, provoquant la panique des soldats adverses et laissant le temps à l'unité américaine de quitter le secteur pour évacuer leur blessé.

Un Republic F-105D Thunderchief du 354th Tactical Fighter Squadron de Takhli, base aérienne thaïlandaise. On note les trois victoires inscrites sous la verrière. Les bombes emportées ne sont pas du type «Low Drag» et peu adaptées aux jets mais des charges adéquates n'étaient pas toujours disponibles et durant certaines périodes de bombardement intensif il fallut faire appel aux vieux stocks. Un détonateur M904 est monté sur l'une d'entre elle. Cette tige de 46 à 91 cm de long permettait à la bombe d'éclater au-dessus du sol avant qu'elle ne s'enfonce dans le sol meuble. Le dispositif était connu sous le nom de «Daisy Cutter».
Les appareils de «Tricky 6-5» étaient de type similaire à celui-ci.

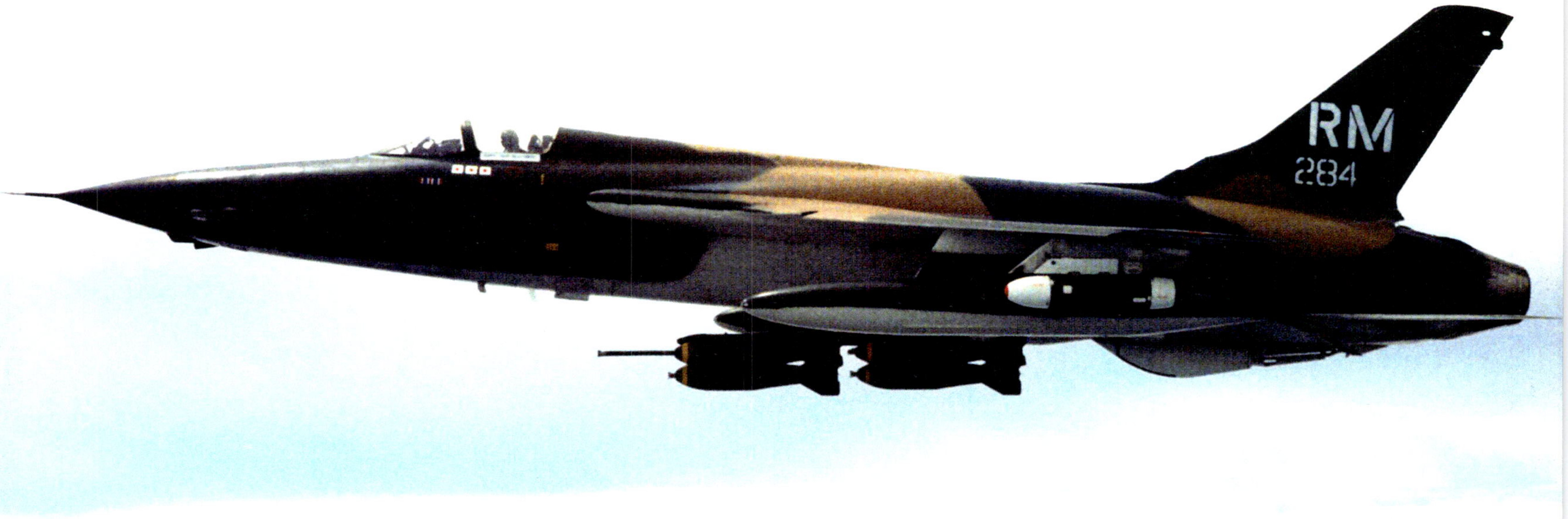

Rafale LEADER

Frédéric Zumbiehl
& Matthieu Durand

Edition limitée

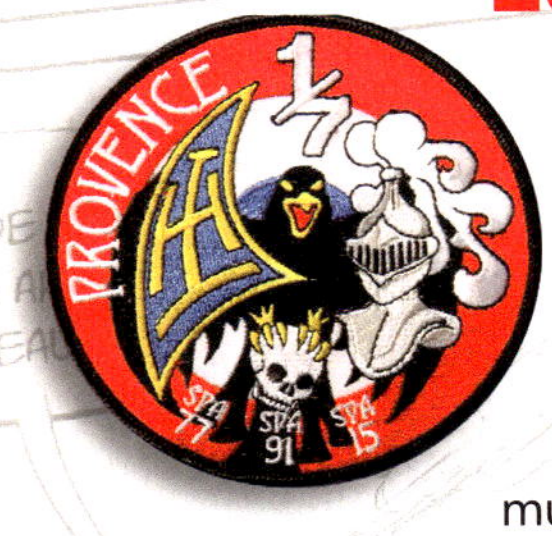

Place à la nouvelle garde, de jeunes loups aux dents longues qui veulent en remontrer aux anciens !
Nos nouveaux héros sont les lieutenants Léo le Banner et Thibault Turcat, deux pilotes de chasse de 25 ans récemment promus chefs de patrouille sur Mirage 2000 et nouvellement affectés sur Rafale.
Adeptes des sensations fortes, des sports extrêmes, du pilotage aux limites et des femmes, Léo et Tibs vont nous emmener aux confins de l'aventure aérienne contemporaine aux commandes du plus moderne des chasseurs.

1. FOXBAT

Trois Mig 25 Foxbat azéris sont volés par de mystérieux pirates en mer Caspienne pendant un transfert vers la Russie. Malgré une intense recherche de tous les services de renseignements occidentaux, le cargo sur lequel ils étaient transportés disparaît sans laisser la moindre trace.
Pour l'OTAN, c'est l'affolement général, car ces appareils volant à Mach 3 sont capables de percer les meilleures défenses aériennes.
Alors que Léo et Tibs, reviennent d'une affectation à Djibouti pour être transformés sur Rafale au sein de l'escadron 1/7 Provence, à la Direction Centrale des Renseignements Intérieurs, c'est l'effervescence. Ses meilleurs agents sont lancés sur la piste des Mig car la minutie avec laquelle a été réalisé ce vol ne laisse planer aucun doute sur l'extrême compétence de ces mystérieux antagonistes.
Qui sont-ils ? Quels sont leurs buts ? Quelle opération d'envergure vont-ils mener avec ces trois appareils surpuissants et hyper rapides ?
Tandis que le monde s'attend au pire, Léo et Tibs s'entraînent à piloter le Rafale afin d'être prêts, lorsque le moment fatidique de faire face à cette redoutable menace viendra...

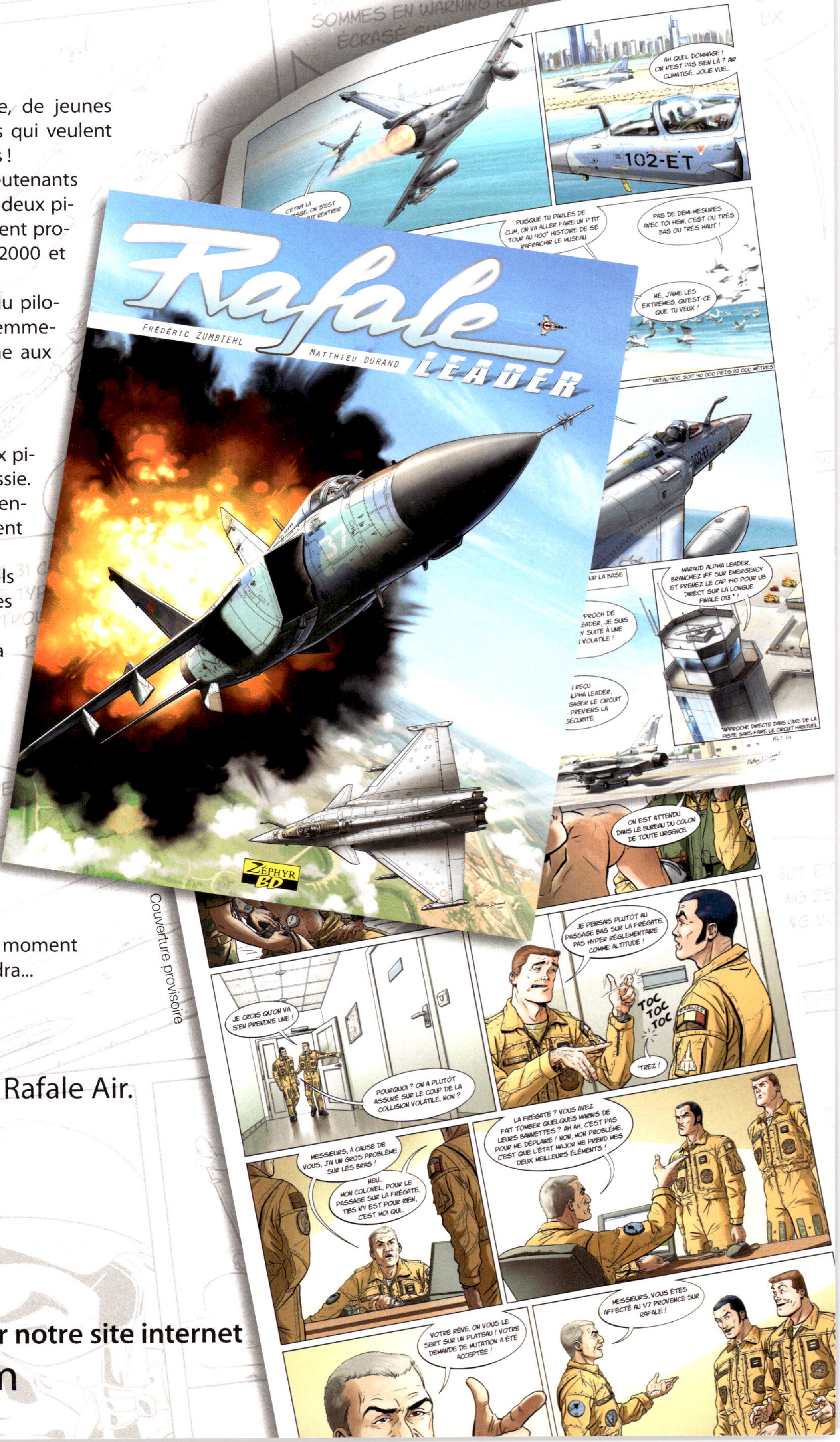

Couverture provisoire

Cette bd est accompagnée
d'un livre photos de 88 pages sur le Rafale Air.

ISBN: 978-2-36118-025-6

**UNE BANDE DESSINÉE
EN LIBRAIRIE LE16 JUIN 2011**

**Venez réserver votre BD numérotée
avec son ex-libris signé de l'auteur sur notre site internet**

www.zephyreditions.com

Patrice Buendia
Marc-Olivier Cayre
Giuseppe De Luca

LES ENRAGÉS DU NORMANDIE-NIEMEN

2. L'escadrille de l'espoir

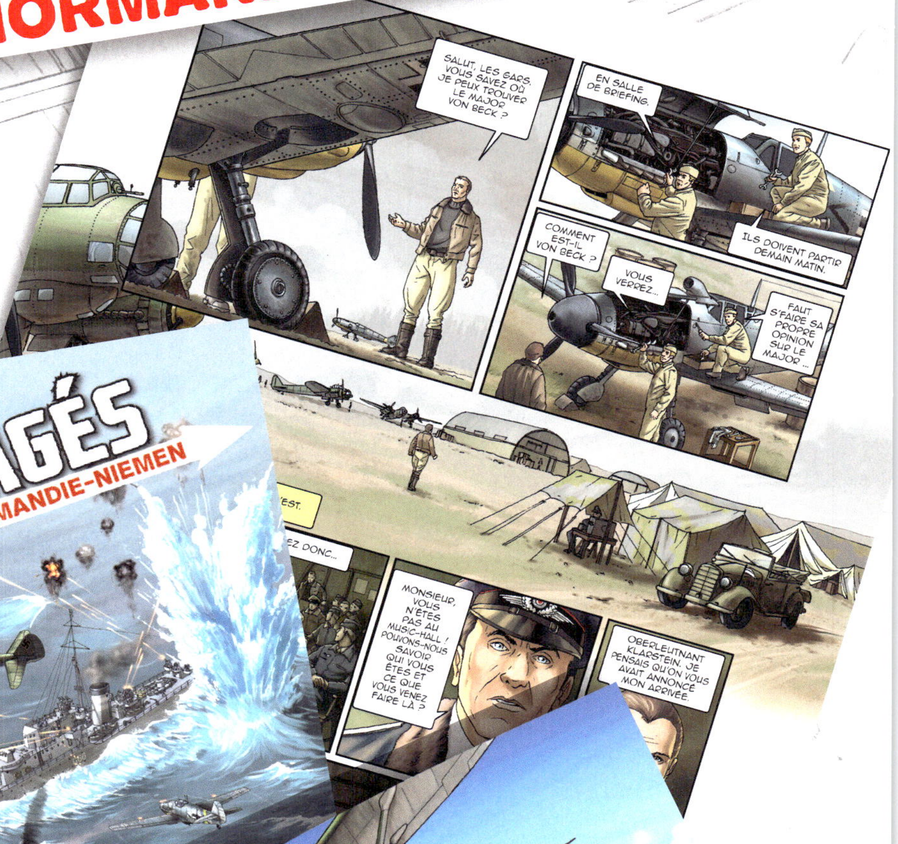

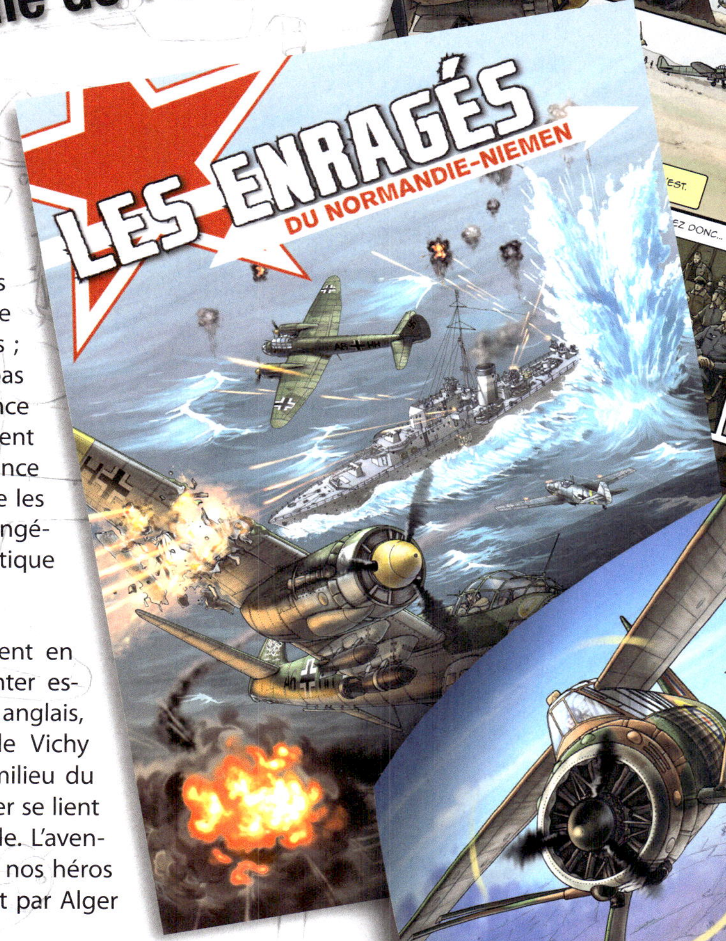

Envoyer des pilotes français sur le front russe ? Un projet de fous ! A peu près tout le monde a intérêt à ce que cela n'arrive pas : Les anglais qui ne veulent pas perdre de bons pilotes qu'ils ont formés ; les allemands qui espèrent ne pas rencontrer une trop forte résistance à l'Est ; les vichyssois qui tiennent à donner une image de la France proche de l'Allemagne ; et même les soviétiques qui refusent toute ingérence étrangère dans leur politique de défense.

Pourtant quelques enragés croient en cette initiative et devront affronter espions allemands, group captain anglais, colonel soviétique, et pilotes de Vichy pour atteindre cet objectif. Au milieu du chaos de 1942, des volontés de fer se lient pour rendre possible l'impensable. L'aventure est au rendez-vous et mène nos héros de Londres à Moscou, en passant par Alger ou Reykjavik.

De l'action, de l'espionnage et des séquences aériennes impressionnantes, c'est ce que vous proposent « Les Enragés » dans une vision résolument fictionnelle de l'aventure du Normandie-Niémen.

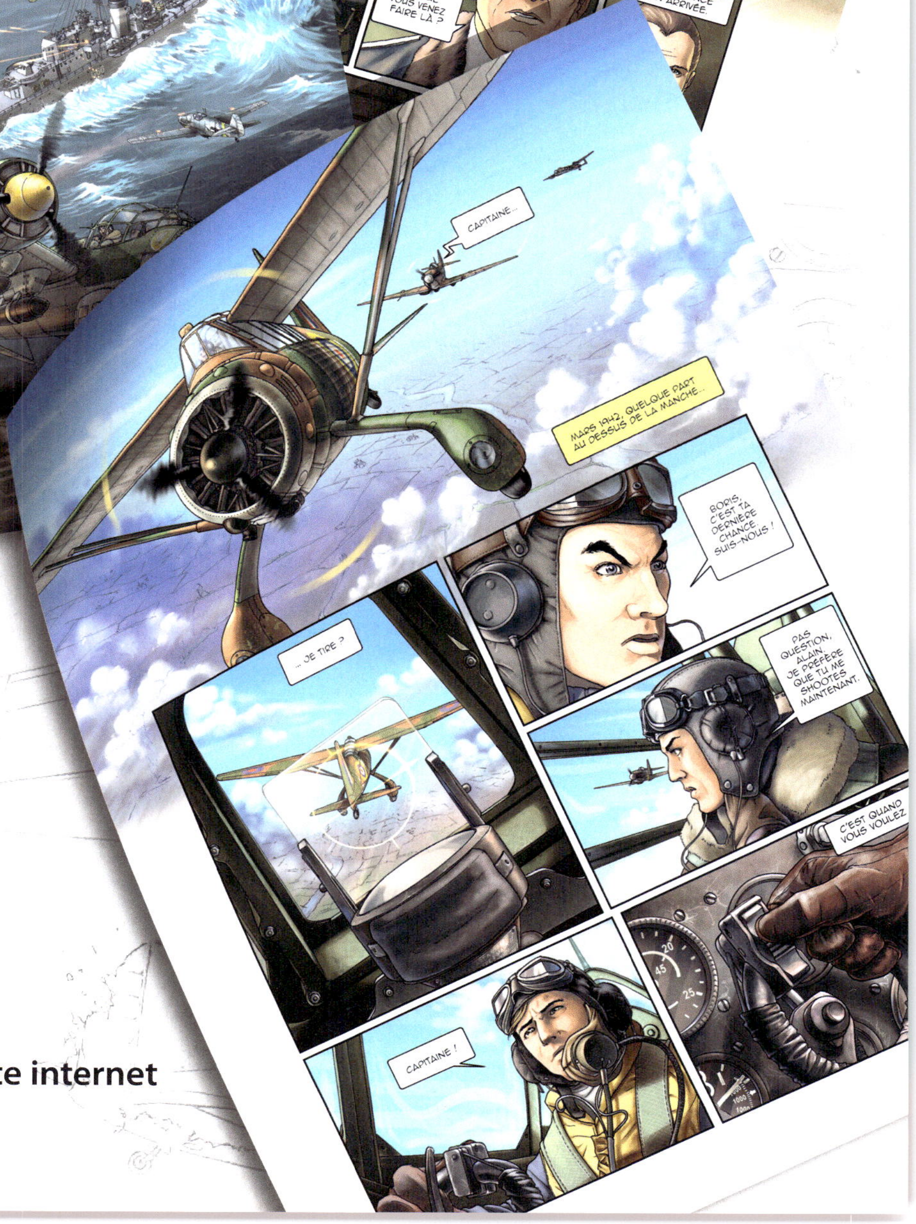

ISBN: 978-2-36118-020-1

UNE BANDE DESSINÉE EN LIBRAIRIE EN MARS 2011

Venez réserver votre BD numérotée avec son ex-libris signé de l'auteur sur notre site internet

www.zephyreditions.com

Les Éditions Zéphyr

ZÉPHYR ÉDITIONS

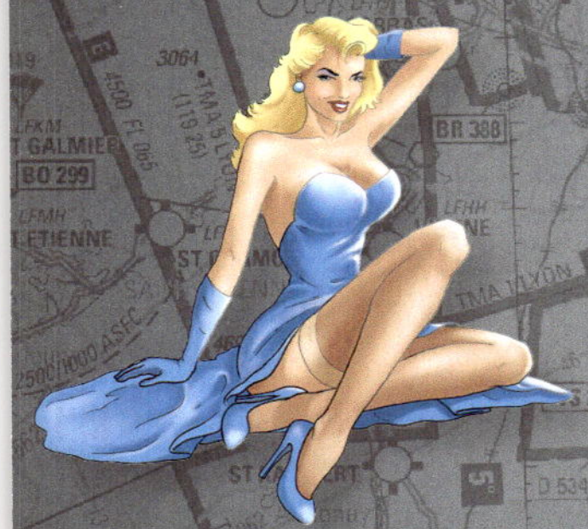

Les Éditions Zéphyr sont spécialisées dans la production de livres, bandes dessinées, DVD, plaquettes et supports publicitaires liés à l'aéronautique, à l'espace et plus généralement à la défense.

À ce jour, les Éditions Zéphyr ont déjà conçu, réalisé et publié en propre douze ouvrages de prestige sur les armées réalisés avec le soutien du ministère de la Défense et divers industriels français.

Les Bandes Dessinées

ZÉPHYR BD

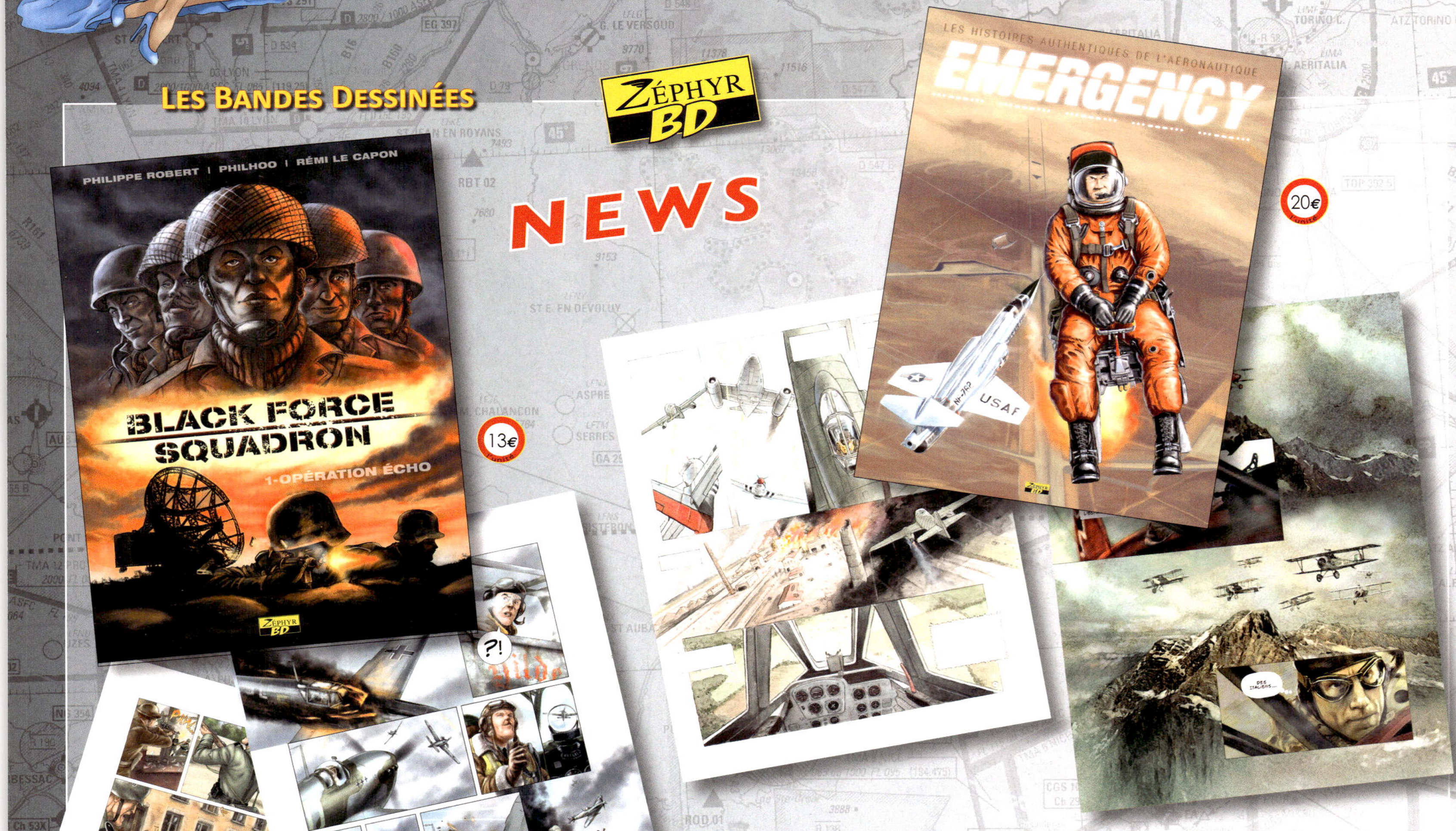

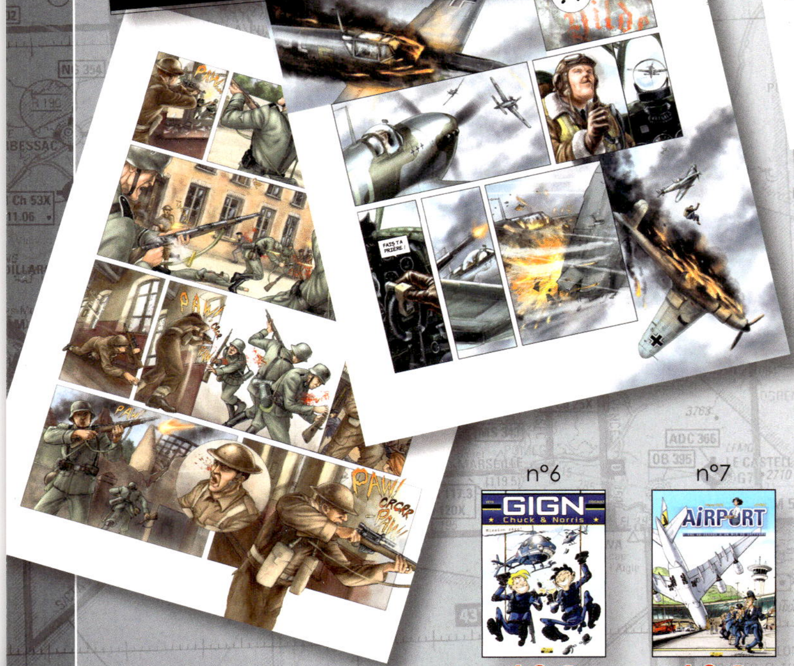

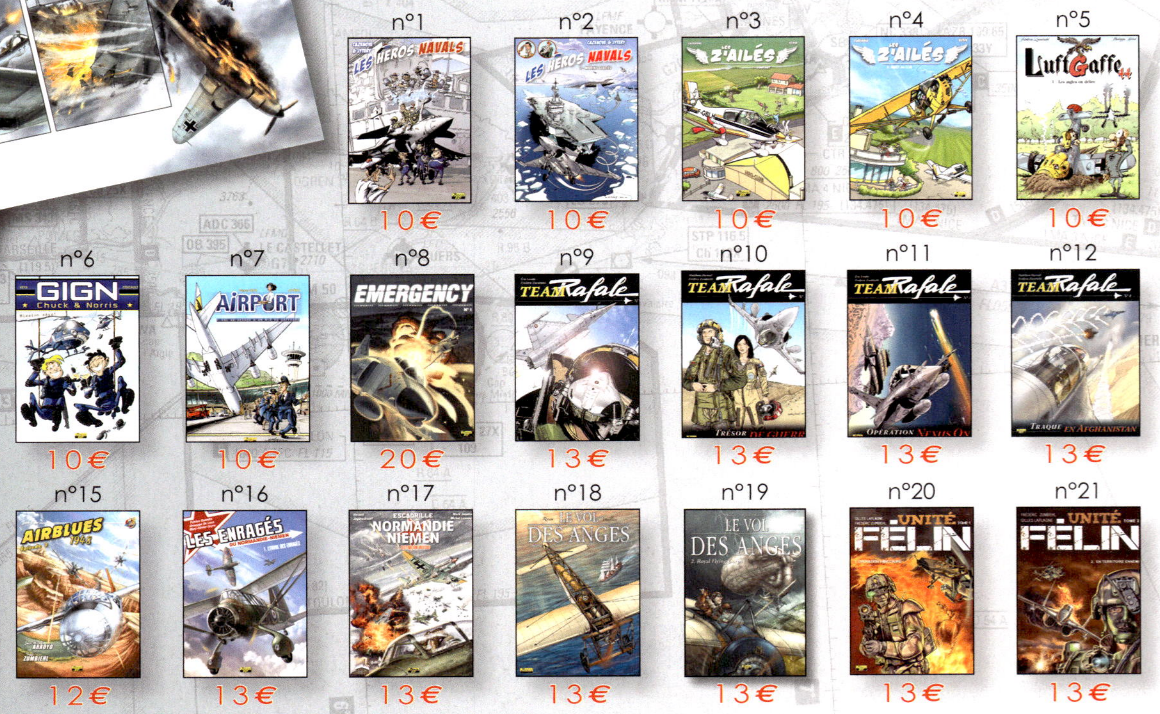

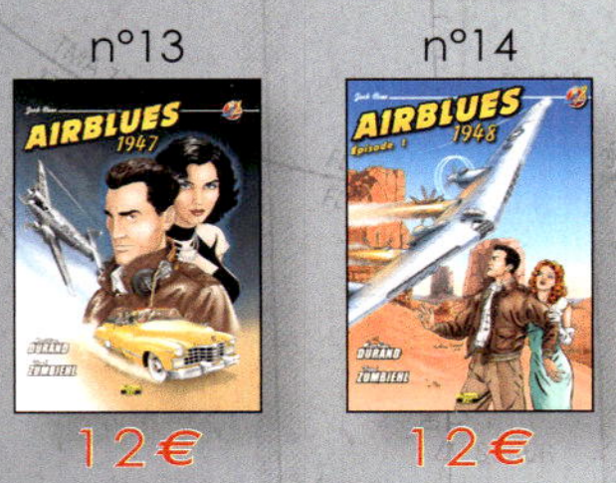

Pour tous renseignements téléphoniques, contactez le : 06 16 30 46 24

*Port offert pour la France métropolitaine, pour l'étranger nous contacter au 06 16 30 46 24.

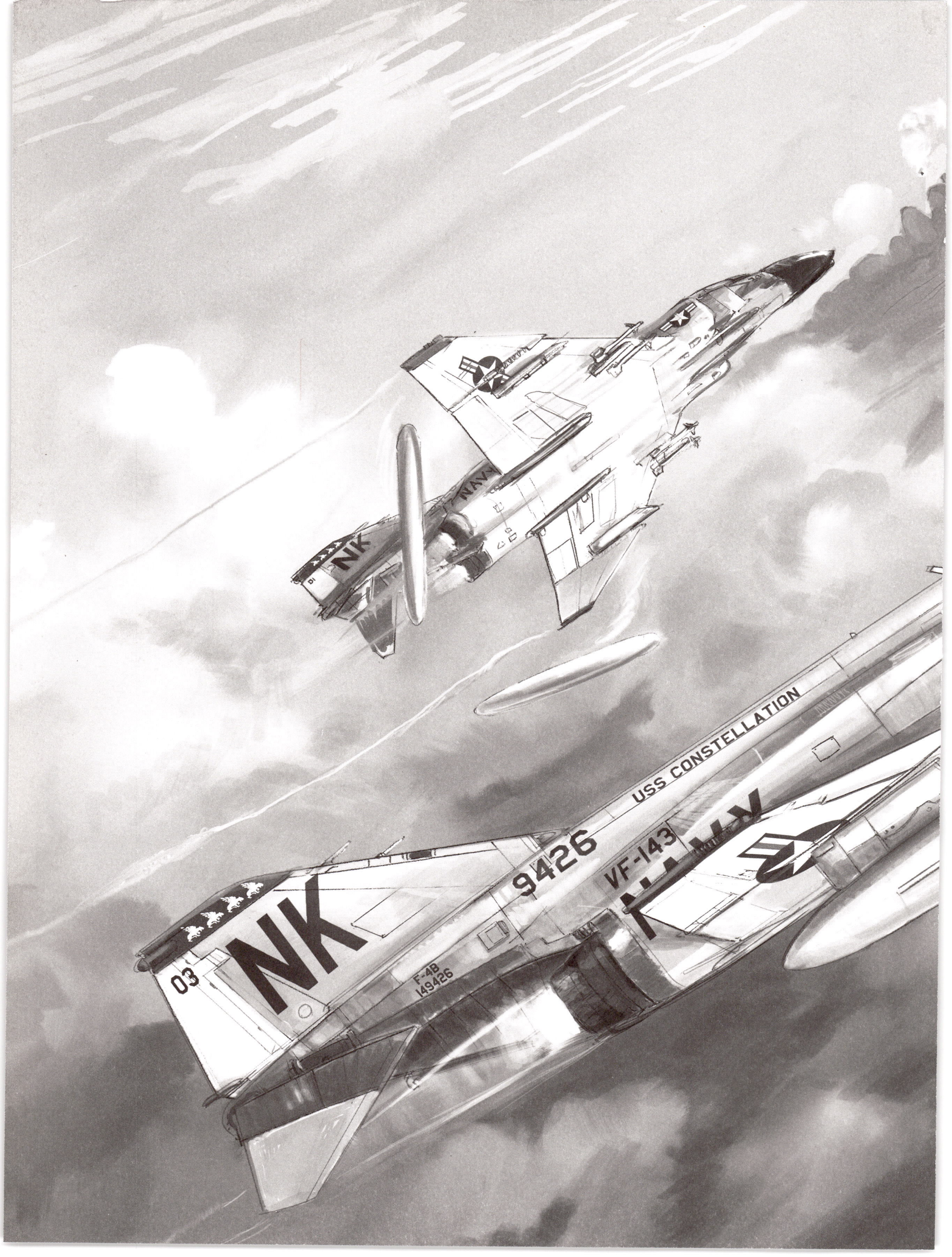
NK
NAVY
USS CONSTELLATION
9426
VF-143
NAVY
NK
03
F-4B
149426